Die auswärtige Gewalt in der Russischen Föderation und die Rolle des Völkerrechts in der russländischen Rechtsordnung

Europäische Hochschulschriften
Publications Universitaires Européennes
European University Studies

Reihe II
Rechtswissenschaft

Série II Series II
Droit
Law

Bd./Vol. 3938

PETER LANG
Frankfurt am Main · Berlin · Bern · Bruxelles · New York · Oxford · Wien

Bettina Giesecke

Die auswärtige Gewalt in der Russischen Föderation und die Rolle des Völkerrechts in der russländischen Rechtsordnung

PETER LANG
Europäischer Verlag der Wissenschaften

Bibliografische Information Der Deutschen Bibliothek
Die Deutsche Bibliothek verzeichnet diese Publikation in der Deutschen Nationalbibliografie; detaillierte bibliografische Daten sind im Internet über <http://dnb.ddb.de> abrufbar.

ISSN 0531-7312
ISBN 3-631-52283-5

www.peterlang.de

Vorwort

Am 12. Dezember 1993 hat das russische Volk die erste demokratische Verfassung auf russischem Boden angenommen. Seither konnten wir Zeugen des umwälzenden, aber noch nicht abgeschlossenen Prozesses der Umsetzung der Buchstaben dieses Grundgesetzes in die Verfassungswirklichkeit werden. Die neue Verfassung eröffnete nicht nur die Chancen zu umfangreichen Reformen in Richtung Marktwirtschaft und Rechtstaatlichkeit; auch das Verhältnis der Russischen Föderation gegenüber der internationalen Gemeinschaft wurde neu bestimmt. Diese Neubestimmung betraf sowohl die Akteure der Außenpolitik als auch die Bedeutung der international gesetzten Normen, also des Völkerrechts.

Ziel der Untersuchung ist es, die Ausfüllung der verfassungsrechtlichen Vorgaben durch die Verfassungsorgane im Bereich der Außenpolitik zu analysieren. Zudem sollen Grundfragen des Verhältnisses von Völkerrecht und russischen Recht geklärt werden, um so Vorarbeiten für weitergehende Forschungsarbeiten insbesondere zur Vereinbarkeit einzelner Rechtsnormen des russischen Rechts mit dem Völkerrecht zu leisten.

Die vorliegende Arbeit wurde im Februar 2003 abgeschlossen und im Sommersemester 2003 von der Juristischen Fakultät der Europa-Universität Viadrina als Dissertation angenommen. Für die Veröffentlichung habe ich teilweise neuere Entwicklungen in Gesetzgebung und Rechtsprechung sowie Literatur bis zum Dezember 2003 eingearbeitet.

Meinem Erstgutachter, Herrn Prof. Dr. Theodor Schweisfurth, danke ich sowohl für die großzügigen Freiräume, die er mir während der Tätigkeit an seinem Lehrstuhl gelassen hat, wie auch für die hilfreichen Kommentare während der Betreuung der Arbeit. Herrn Prof. Dr. Wolff Heintschel von Heinegg danke ich für die schnelle Erstellung des Zweitgutachtens.

Zu Dank verpflichtet bin ich ferner meinen Gesprächspartnern in Moskau, insbesondere den Richtern am Verfassungsgericht L. M. Ėbzeev und V.A. Četvernin sowie ihrem Mitarbeiter V. I. Andrianov und den Mitarbeitern am Institut für Gesetzgebung und vergleichende Rechtswissenschaft bei der Regierung der RF, insbesondere B. S. Krylov und L.A. Okunkov. Meinem Kollegen Dr. Ralf Alleweldt danke ich für kritische Fragen während ausgedehnter Spaziergänge, die halfen, den Wald von Fragen zu lichten. Dank für Diskussionen und Hilfestellungen ganz unterschiedlicher Art schulde ich Prof. Dr. Elena Gritsenko, Dr. Carmen Thiele, Lada Vulprecht-Košatova, Manja Hussner, Igor Panasiuk, Dr. Henrike Franz sowie Marion Pflüger.

Meinem Mann, Jens Peter Brune, gebührt für seine Unterstützung, sein stets offenes Ohr und seine Anregungen aus anderen Blickwinkeln ganz besonderer Dank.

Berlin, im Februar 2004 *Bettina Giesecke*

Inhaltsverzeichnis

Abkürzungsverzeichnis

a.A.	anderer Ansicht
a.a.O.	an angegebenem Ort
Abs.	Absatz
a.E.	am Ende
AEMR	Allgemeine Erklärung der Menschenrechte vom 10. Dezember 1948 (UN GA Res. 217 [III])
AHG	Gesetz über die staatliche Regulierung der Außenhandelstätigkeit vom 13. Oktober 1995
AJIL	American Journal of International Law
Art.	Artikel
ASIL	American Society of International Law
AVR	Archiv des Völkerrechts
BGBl.	Bundesgesetzblatt der Bundesrepublik Deutschland
BIOst	Bundesinstituts für Internationale und ostwissenschaftliche Studien
BIOst-AA	Aktuelle Analysen des BIOst
Bjull.MD	Bjulleten' Meždunarodnych Dogovorov (Bulletin internationaler Verträge)
Bjull.VS	Bjulleten' Verchovnogo Suda Rossiiskoj Federacii (Bulletin des Obersten Gerichtshofes der RF)
bspw.	beispielsweise
BVerfG	Verfassungsgericht der Bundesrepublik Deutschland
bzgl.	bezüglich
Cal.W.Int'l.L.J.	California Western International Law Journal
CIK	Central'nyj Ispolnitel'nyj Komitet (Zentralexekutivkomitee)
CIK SSSR i VCIK	Central'nyj Ispolnitel'nyj Komitet SSSR i Vserossijskoj Central'nyj Ispolnitel'nyj Komitet
ders.	derselbe
d.h.	das heißt

Dipl.V	Diplomatičeskij Vestnik (Diplomatisches Informationsblatt)
EECR	East European Constitutional Review
EGMR	Europäischer Gerichtshof für Menschenrechte
EJIL	European Journal of International Law
EMRK	Europäische Konvention zum Schutze der Menschenrechte und Grundfreiheiten vom 4. November 1950 (BGBl. 1952 II, 685)
EPIL	Encyclopedia of Public International Law
Erl.	Erläuterung
ESSR	Estnische Sozialistische Sowjetrepublik
EuGRZ	Europäische Grundrechte Zeitschrift
EWI	East West Institute, New York, Prag, Kiew, Brüssel
f.	folgende (Seite)
ff.	folgende (Seiten)
Fn.	Fußnote
FinYbIL	Finish Yearbook of International Law
FödV	Föderationsverträge zwischen der RF und den jeweiligen Subjekten der Föderation vom 31. März 1992, RG vom 18. März 1992
FS	Festschrift
FSB	Federal'nye Služba Bezopasnosti. Föderaler Sicherheitsdienst, Nachfolgeorganisation des KGB
GG	Grundgesetz für die Bundesrepublik Deutschland vom 23. Mai 1949
GIP	Gosudarstvo i Pravo
GO	Geschäftsordnung
GUS	Gemeinschaft Unabhängiger Staaten
GVG	Gerichtsverfassungsgesetz der Russländischen Föderation
GYIL	German Yearbook of International Law
H.	Heft
Hb	Handbuch

Hrg.	Herausgeber
HRLJ	Human Rights Law Journal
IGH	Internationaler Gerichtshof
IGH-Statut	Statut des Internationalen Gerichtshofs vom 26. Juni 1945, BGBl. 1973 II S. 505
ILC	International Law Commission
ILM	International Legal Materials
insb.	insbesondere
IPrax	Praxis des Internationalen Privat- und Verfahrensrechts
i.V.m.	in Verbindung mit
IWF	Internationaler Währungsfonds
IPBPR	Internationaler Pakt über bürgerliche und politische Rechte vom 19. Dezember 1966 (BGBl. 1973 II, 1533)
IPWSR	Internationaler Pakt über wirtschaftliche, soziale und kulturelle Rechte vom 19. Dezember 1966 (BGBl. 1973 II, 1569)
Izvestija CIK SSSR i VCIK	Izvestija Central'nyj Ispol'nitel'nyj Komitet SSSR i Vserossijskoj Central'nyj Ispol'nitel'nyj Komitet; Zeitschrift des Zentralen Exekutivkomitees der SSSR und des gesamtrussischen Exekutivkomitees
Jb Ostrecht	Jahrbuch Ostrecht
JÖR	Jahrbuch des Öffentlichen Rechts
KAG	Kompetenzabgrenzungsgesetz vom 4. Juni 1999
KoordG	Föderales Gesetz über die Koordinierung der internationalen und außenwirtschaftlichen Verbindungen der Subjekte der RF vom 2. Dezember 1998
KPdSU	Kommunistische Partei der Sowjetunion
KS	Konstitucionnoe Soveščanie. Stenogrammy. Materialy. Dokumenty, Moskau, 1996, Bd. 1 – 21.
KVD	Kongress der Volksdeputierten
Lit.	litera (Buchstabe)
Loy.L.A.Int'l & Comp.L.J	Loyola of Los Angelos International and Comparative Law Journal
lt.	laut

MJIL	Moscow Journal of International Law
MVD	Ministerstvo Vnutrennych Del
m.w.N.	mit weiteren Nachweisen
NATO	Nordatlantic Treaty Organisation
Nr.	Nummer
OER	Osteuropa Recht
OrgG	Föderales Gesetz „Über die allgemeinen Prinzipien der Organisation der gesetzgebenden (vertretenden) und ausführenden Organe der staatlichen Gewalt der Subjekte der Russländischen Föderation“
Parker School J'l of EELaw	Parker School Journal of East European Law
Pos.	Position
REMP	Rossijskij ežegodnik meždunarodnogo prava (Russian year-book of international law)
Rev. CEEL	Review of Central and Eastern European Law
RF	Russländische Föderation
RFE/RL	Radio Free Europe/Radio Liberty
RGBl.	Reichsgesetzblatt
RJu	Rossijskaja Justicija
RJuŽ	Rossijskij Juridičeskij Žurnal
Rn.	Randnummer
RRR	Russian Regional Report, hrg. vom EWI
RSFSR	Russische Sozialistische Föderative Sowjetrepublik
s.	siehe
S.	Seite
SAPP	Sobranie Aktov Prezidenta i Pravitel'stva Rossijskoj Federacii
sog.	sogenannt
START	Strategic Arms Reduction Talks
StGB	Strafgesetzbuch der RF
StPO	Strafprozessordnung der RF

SZRF	Sobranie Zakonodatel'stva Rossijskoj Federacii (Sammlung der Gesetzgebung der RF)
UdSSR	Union der Sozialistischen Sowjetrepubliken
UNTS	United Nations Treaty Series
VerfG	Verfassungsgericht der Russländischen Föderation
VerfGG	Gesetz über das Verfassungsgericht der Russländischen Föderation vom 24. Juni 1994
VerfRF	Verfassung der Russländischen Föderation vom 12. Dezember 1993
VerfRFSFR 1978	Verfassung der RSFSR vom 12. April 1978
VerfUdSSR 1977	Verfassung der UdSSR vom 7. Oktober 1977
Vestnik CIK, SNK i STO Sojuza SSSR	Vestnik Central'nyj Ispolnitel'nyj Komitet SSSR, Sovet Narodnych Kommissarov i Sovet truda i oborony; Gemeinsames Gesetzes- und Verordnungsblatt der Vertragsrepubliken vor formeller Errichtung der UdSSR
vgl.	vergleiche
VKS	Vestnik Konstitucionogo Suda
VN	Vereinte Nationen
VN-Charta	Charta der Vereinten Nationen vom 26. Juni 1945, BGBl. 1973 II, 430, 505; 1974 II, 769; 1980 II, 1252.
VRG	Gesetz über die völkerrechtlichen Verträge der Russländischen Föderation vom 15. Juli 1995.
vs.	versus
VSO	Verfassungs- und Verwaltungsrecht der Staaten Osteuropas; Georg Brunner (Hrg.)
Vol.	Volume
VVDStRL	Veröffentlichungen der Vereinigung der Deutschen Staatsrechtslehrer
VVS	Vedomosti Verchovnogo Soveta; Nachrichten des Obersten Sowjets
VVS RF	Vedomosti s'ezda narodnych deputatov Rossijskoj Federacii i Verchovnogo Soveta Rossijskoj Federacii
VVS RSFSR	Vedomosti (s'ezda narodnych deputatov RSFSR i) Verchovnogo Soveta RSFSR

VVS SSSR	Vedomosti Verchovnogo Soveta SSSR; Nachrichten aus (dem Kongress der Volksdeputierten und) dem Obersten Sowjet der SSSR – Gesetzesblatt der UdSSR
VSND i VSSSR	Vedomosti s'ezda narodnych deputatov SSSR i Verchovnogo Soveta SSSR von 1989 – 1991
WGO-MFOR	Die wichtigsten Gesetzgebungsakte in den Ländern Ost-, Südosteuropas und in den ostasiatischen Volksdemokratien – Monatshefte für osteuropäisches Recht
WVK	Wiener Übereinkommen über das Recht der Verträge vom 23. Mai 1969, BGBl. 1985 II, S. 927
YBILC	Yearbook of the International Law Commission
ZaöRV	Zeitschrift für ausländisches öffentliches Recht und Völkerrecht
ZfPolitik	Zeitschrift für Politik
Ziff.	Ziffer
zit.	zitiert
ZParl	Zeitschrift für Parlamentsfragen
ŽRP	Žurnal Rossijskogo Prava

Verzeichnis zitierter russischer Normen

Verfassungen und Rechtsakte des Russischen Reiches vor 1917

Die Staatsgrundgesetze von 1906, deutsch in *Dennewitz, B. und Meißner, B.*, 1947, S. 154-163.

Rechtsakte 1917 bis 1923

Deklaration der Rechte der Völker Russlands vom 2. (15.) November 1917, verabschiedet vom Volkskommissar für Angelegenheiten der Nationalitäten *J. D. Stalin* und vom Vorsitzenden des Rats der Volkskommissare *V. Uljanov Lenin*, No. 4 Gazety Vremennogo Rabočego i Krest'janskogo Pravitel'stva vom 16. (3.) November 1917; deutsch in *Schützler, H. und Striegnitz, S.*, 1987, S. 67-69.

Deklaration der Rechte des werktätigen und ausgebeuteten Volkes vom 12. (25.) Januar 1918, verabschiedet auf dem 3. Gesamtrussischen Kongress der Arbeiter-, Soldaten- und Bauerndeputierten, Sobranie izakonij i rasporjaženij raboče-krest'janskogo pravitel'stva RSFSR 1918, No. 15, Pos. 215; abgedruckt in *Vyšinskij, A. J.*, 1938, S. 355-357.

Resolution „Über die föderativen Einrichtungen der Russländischen Republik" („O federal'nych učreždenija") vom 15. (28.) Januar 1918, abgedruckt in *Vyšinskij*, 1938, S. 363f.

Verfassung der RSFSR vom 10. Juli 1918, Sobranie izakonij i rasporjaženij raboče-krest'janskogo pravitel'stva RSFSR 1918, Nr. 51, Pos. 582; deutsch in *Dennewitz und Meißner*, 1947, S. 164-179.

Verfassungen und Gesetze der UdSSR

Verfassung vom 31. Januar 1924, Vestnik CIK, SNK i STO Sojuza SSSR 1924, Nr. 2, Pos. 24; deutsch in *Dennewitz und Meißner*, 1947, S. 179-191.

Verfassung vom 5. Dezember 1936, Izvestija CIK SSSR i VCIK 1936, S. 283; deutsch in der Fassung von 1941 in *Dennewitz und Meißner*, 1947, S. 191-214, in der Fassung vom Februar 1955 in *Maurach*, R., 1955, Hb Sowjetverfassung.
Änderung vom 11. Februar 1957 (Zakon ob otneščenii k vedeniju sojuznych respublik zakonodatel'stva ob ustrojstve sudov sojuznych respublik, prinjatija graždanskogo, ugolovnogo i processual'nych kodeksov), VVS SSSR 1957, Nr. 4, Pos. 63.
Änderung vom 11. Februar 1957 (Zakon ob otneščenii k vedeniju sojuznych respublik rasrašenija voprosov oblastnogo, kraevogo administrativno-territorial'nogo ustrojstva), VVS SSSR 1957, Nr. 4, Pos. 80.
Änderung vom 13. Dezember 1962 (Zakon Sojuza Sovetskych Socialističeskich Respublik ob utverždenii Ukazov Preziduma Verchovnogo Soveta SSSR i o Vnešenii ismenenij i dopolnenij v stati'i 70, 77 u 78 Konstitucii (Osnovnogo Zakona) SSSR), VVS SSSR 1962 Nr. 50, 529.
Änderung vom 19. Dezember 1963 (Zakon Sojuza Sovetskych Socialističeskich Respublik ob utverždenii Ukazov Preziduma Verchovnogo Soveta SSSR ob obrasovanii Vysšego soveta narodnogo chosjajchosa, Gosstroja i Gosplana iz obščesojuznych v sojuzjo-respublikanskie organy, preobrsovanii i pereomenovanii rjadanij idopolnenij v nekotorye stat'i Konstitucii (Osnovnogo Zakona) SSSR), VVS SSSR 1963, Nr. 52, Pos. 551.

Verfassung der UdSSR vom 7. Oktober 1977 (Konstitucija (osnovnoj zakon) Sojuza Sovetskych Socialističeskich Respublik), VVS SSR 1977, Nr. 41, Pos. 617

O porjadke zaključenija, ispolnenija i denonsacii meždunarodnych dogovorov SSSR, VVS SSSR vom 12. Juli 1978, Nr. 28, Pos. 439.
Übersetzung: Das *Gesetz über die völkerrechtlichen Verträge der UdSSR*, deutsche Übersetzung von P. Bedick in WGO – MfOR 1978, S. 240-247, englische Übersetzung 17 ILM 115 (1978)

Zakon SSSR „O konstitucionnom nadzore v SSSR“, vom 23. Dezember 1989, in VSNDiVS SSSR 1989, Nr. 29, Pos. 572, geändert 1990, Nr. 12, Pos. 189
Übersetzung: Über das *Komitee für Verfassungsaufsicht*
Änderung: VSNDiVS SSSR 1990, Nr. 12. Pos. 189.

Zakon „O porjadke rešenija voprosov, svjasannych s vychodom sojuznoj respubliki iz SSSR" vom 3.April 1990, in VSND VSSSR, 1990, Nr. 15, Pos. 252.
Übersetzung: Über die Ordnung der Lösung von Fragen, die mit dem *Austritt einer Unionsrepublik aus der UdSSR* verbunden sind

Zakon „Ob osnovach ėkonomičeskich otnošenij Sojuza SSR, sojuznych i avtonomnych respublik" vom 10. April 1990, in VSND VSSSR 1990, Nr. 16, Pos. 270.
Übersetzung: Über die *Grundlagen der Wirtschaftsbeziehungen* der UdSSR, der Unions- und der Autonomen Republiken

Zakon „O rasgraničenii polnomočij meždu Sojuzom SSR i sub'ektami federacii" vom 26. April 1990, in VSND VSSSR 1990, Nr. 19, Pos. 329.
Übersetzung: Über die *Abgrenzung der Vollmachten* zwischen der UdSSR und den Subjekten der Föderation

Rechtsakte der RSFSR

Verfassung vom 21. Januar 1937, teilweise abgedruckt in *Meder, W.*, 1971.

Verfassung vom 12. April 1978, VVS RSFSR 1978, Nr. 15, Pos. 407.
Grundlegende Änderungen im Zeitraum von 1989 bis 1993, vgl. *Frenzke, D.*, 1995 mit Fundstellen.

Zakon „O sudustrojstve RSFSR" vom 8. Juli 1981, VVS RSFSR 1981, Nr. 28, Pos. 976, Änderungen VSND i VSS RF (1992) Nr. 27, Pos. 1560; Nr. 30, Pos. 1794; SZ RF 1994, Nr. 32 Pos. 3300.
Übersetzung: Gesetz der RSFSR über die *Gerichtsorganisation*

Deklaracija „O gosudarstvennom suverenitete Rossijskoj Sovetskoj Federativnoj Socialističeskoj Respubliki" vom 12. Juni 1990, VSND i VS RSFSR 1990 Nr. 2, Pos. 22, deutsch in VSO IV, Russland, Pos. 1.2.a
Übersetzung: Erklärung über die *Souveränität* der RSFSR
Zakon „O konstitucionnom sude RSFSR" vom 12. Juli 1991, VVS RSFSR 1991, Nr. 30, Pos. 1017; dt. Übersetzung von *Luchterhandt* in JbOstrecht 1992, S. 169ff.
Übersetzung: Gesetz über das *Verfassungsgericht der RSFSR.*

„O deklaracii prav i svobod čeloveka i graždanina"vom 5. September 1991, VSNDRF 1991, Nr. 52, Pos. 1865
Übersetzung: Erklärung über die Rechte und Freiheiten der Person und des Bürgers

Zakon Rossijskoj Federacii „O bezopasnosti" vom 5. März 1992 und Postanovlenie Verchovnogo Soveta Rossijskoj Federacii „O vvedenii v dejstvie zakona Rossijskoj Federacii ‚O bezopasnosti'" vom 5. März 1992, RG vom 6. Mai 1992 oder VSNDRF i VSRF 1992, Nr. 15, Pos. 769.
Übersetzung: Gesetz über die *Sicherheit*

Zakon Rossijskoj Federacii „O gosudarstvennom tajne" vom 21. Juli 1993, RG 21. Juli 1993
Übersetzung: Gesetz über das *Staatsgeheimnis*

Gesetze der Russländischen Föderation

Zakon „O Kraevom, oblastnom Sovete narodnych deputatov i kraevoj, oblastnoj administracii" vom 5. März 1992, in VVS RF 1992, Nr. 13, Pos. 663.
Übersetzung: Über den *Rat der Deputierten der Regionen* und Gebiete und deren Verwaltung

Federativny dogovor vom 10. April 1992, in VSND RF 1992, Nr. 17, Pos. 898.
Übersetzung: Föderationsvertrag, deutsch in *Frenzke*, 1995, S. 230-242.

Zakon „Ob osnovach gradostroitel'stva v Rossijskoj Federacii" vom 14. Juli 1992, in VVS RF 1992, Nr. 32, Pos. 1877.
Übersetzung: Über die Grundlagen des *Städtebaus* in der RF

Konstitucija Rossijskaja Federacija vom 12. Dezember 1993, in RG vom 25.12.1993
Übersetzung: Verfassung der Russländischen Föderation, kurz VerfRF

Federal'nyj Konstitucionnij Zakon „O Konstitucionnom Sude Rossijskoj Federacii" vom 24. Juni 1994, SZ RF 1994, Nr. 13, Pos. 1447 (letzte Änderung vom 15. Dezember 2001, SZRF 2001, Nr. 51, Pos. 4824)

Übersetzung: Verfassungsgesetz über das Verfassungsgericht der RF, kurzkürzt VerfGG

Federal'nyj Konstitucionnij Zakon „Ob arbitražnych sudach v RF" vom 20. Mai 1995 , SZ RF 1995, Nr. 18, Pos. 1589
Übersetzung: Verfassungsgesetz über das *Arbitragegericht*

Federal'nyij Zakon „O Prokurature" vom 17. November 1995, SZ RF 1995, Nr. 47, Pos. 4472
Übersetzung: Gesetz über die *Staatsanwaltschaft*

Federal'nyj Zakon „O Porjadke predostavlenija Rossijskoj Federaciej Voennogo i graždanskogo personala dlja učastija v dejatel'nosti po podderžaniju ili vosstanovleniju meždunarodnogo mira i bezopasnosti" vom 26. Mai 1995, SZRF 1995, Nr. 26, Pos. 2401
Übersetzung: Gesetz über das Verfahren der Gewährung von militärischem und zivilem Personal durch die RF für die Teilnahme an Maßnahmen für die Aufrechterhaltung oder die Wiederherstellung des internationalen Friedens und der Sicherheit, kurzkürzt: *EntsendeG*

Federal'nyj Zakon „O Meždunarodnych Dogovorach Rossijskoj Federacii" vom 15. Juli 1995; SZRF 1995, Nr. 29, Pos. 2757. Englische Übersetzung von W.E. Butler in 34 ILM 1370ff. (1995)
Übersetzung: Gesetz über die völkerrechtlichen Verträge der RF, kurz *VRG*

Federal'ny Zakon „O gosudarstvennom regulirovanii vnešnetorgovoj dejatel'nosti" vom 13. Oktober 1995, in Kraft getreten am 1. Juli 1996; SZRF 1995, Nr. 42, Pos. 3923.
Übersetzung: Gesetz über die staatliche Regulierung der *Außenhandelstätigkeit*, kurz *AHG*

„Reglament Soveta Federacii Federal'nogo Sobranija Rossijskoj Federacii" vom 6. Februar 1996, SZRF 1996, Nr. 7, Pos.655;
Neufassung vom 30. Januar 2002, SZRF 2002, Nr. 7, Nr. 635, letzte Änderung vom 8. April 2002, SZRF 2002, Nr. 14, Pos. 1241.
Übersetzung: Geschäftsordnung des *Föderationsrates*

Federal'ny Zakon „Ob oborone" vom 24. April 1996, SZRF 1996, Nr. 23, Pos. 2750; Änderung vom 30. Dezember 1999, RG vom 6. Januar 2000.
Übersetzung: Gesetz über die *Verteidigung*

Federal'ny Konstitucionnyj Zakon „O sudebnoj sisteme Rossijskoj Federacii" vom 23. Oktober 1996, in Kraft getreten am 1. Januar 1997; SZRF 1997 Nr. 1 Pos. 1.
Übersetzung: Verfassungsgesetz über das *Gerichtssystem*, kurz *GVG*

Federal'ny Konstitucionnyj Zakon „O Pravitel'stve Rossijskoj Federacii" vom 14. Mai 1997, in Kraft getreten am 1. Januar 1998, SZRF 1997, Nr. 51, Pos. 5712; Änderung vom 25. Dezember 1997, in Kraft getreten am 4. Januar 1998, SZRF 1998 Nr. 1 Pos. 1.
Übersetzung: Föderales Verfassungsgesetz *„Über die Regierung"*, kurz *RegG*

„Reglament Gosudarstvennoj Dumy Federal'nogo Sobranija Rossijskoj Federacii" vom22. Januar 1998, SZRF 1998, Nr. 7, Pos. 801.
Übersetzung: Geschäftsordnung der *Staatsduma*, kurz *GODuma*

Federal'ny Zakon „O koordinacii meždunarodnych i vnešneėkonomičeskich svjazej sub'ektov Rossijskoj Federacii" vom 2. Dezember 1998, SZRF 1999, Nr. 2 Pos. 231; in Kraft getreten am 11. Januar 1999.
Übersetzung: Über die *Koordinierung der internationalen und außenwirtschaftlichen Verbindungen der Subjekte* der RF, kurz *KoordG*

Federal'ny Zakon „O principach i porjadke razgraničenija predmetov vedenija i polnomočich meždu organami gosudarstvennoj vlasti Rossijskoj Federacii i organami gosudarstvennoj vlasti sub'ektov Rossijskoi Federacii" vom 4. Juni 1999, SZRF 1999, Nr. 26, Pos. 3176; in Kraft getreten am 24. Juli 1999; letzte Änderung vom 23. Mai 2002, SZRF 2002, Nr. 21, Pos. 1915
Übersetzung: Über die Prinzipien und die Ordnung der *Abgrenzung der Gegenstände der Kompetenzen und der Vollmachten zwischen den Organen der staatlichen Gewalt der Russländischen Föderation und den Organen der staatlichen Gewalt der Subjekte* der Russländischen Föderation, kurz *KAG*

Federal'ny Zakon „Ob obščich principach organisacii zakonodatel'nych (predstavitel'nych) i ispolnitel'nych organov gosudarstvennoj vlasti sub'jektov Rossijkoj Federacii" vom 6. Oktober 1999, SZRF 1999, Nr. 42, Pos. 5005.
Übersetzung: Föderales Gesetz „Über die *allgemeinen Prinzipien der Organisation der gesetzgebenden (vertretenden) und ausführenden Organe der staatlichen Gewalt der Subjekte* der Russländischen Föderation", kurz *OrgG*
Änderung vom 19. Juli 2000, SZRF 2000, Nr. 31, Pos. 3205 (kurz: OrgGÄ)

Änderung vom 4. Juli 2003, SZRF 2003, Nr. 27, Pos. 2709.

Federal'nyj zakon „O porjadke formirovanija Soveta Federacii Federal'nogo Sobranija Rossijskoj Federacii" vom 26. Juli 2000, SZRF 2000, Nr. 32, Pos. 3336, in Kraft getreten am 8. August 2000
Übersetzung: Föderales Gesetz über das Verfahren der *Bildung des Föderationsrates*

Rechtsakte des Präsidenten der RF

Ukaz Prezidenta Rossijskoj Federacii Nr. 1612 „O konstitucionnom sude Rossijskoj Federacii" vom 7. Oktober 1993, in SAPP 1993, Nr. 41, Pos. 3921.
Übersetzung: Über das *Verfassungsgericht* der RF

Ukaz Prezidenta Rossijskoj Federacii Nr. 1633 „O provedenii vsenarodnogo golosovanija po proekty Konstitucii Rossijskoj Federacii" 15. Oktober 1993, in KV Nr. 3, 1993, S. 79 – 87.
Übersetzung: Ukaz des Präsidenten über die Durchführung einer *russlandweiten Abstimmung* über das Projekt der Verfassung der RF

Ukaz Prezidenta Rossijskoj Federacii Nr. 2335 „O Sudebnoj palate po informacionnam sporam pri Prezidente Rossijskoj Federacii" vom 31. Dezember 1993, SAPP RF 1994, No. 2, Pos. 75
Übersetzung: Ukaz des Präsidenten der RF Nr. 2335 „Über eine *Schiedsstelle* beim Präsidenten für Streitigkeiten im Medienbereich".
Änderung vom 31. Januar 1994, SAPP RF 1994, Nr. 6, Pos. 434.

Ukaz Prezidenta RF „O strukture Federal'nych orgoanov ispolnitel'noj vlasti" vom 10. Januar 1994, SAPP 1994, Nr. 3, Pos. 190.
Übersetzung: „Über die *Struktur der Organe der ausführenden Gewalt*"

„Položenie o Ministerstve inostrannych del Rossijskoj Federacii", Ukaz vom 14. März 1995, SZRF 1995, Nr. 12, Pos. 1033.
Übersetzung: Verfügung über das *Außenministerium* der RF
Änderung vom 31. Mai 2001, SZRF 2001, Nr. 23, Pos. 2329.

Ukaz Prezidenta RF „O koordinirujuščeij roli Ministerstva inostrannych del Rossijskoj Federacii v provedenii edinoj wnešnepolitičeskoj linij Rossijskoj

Federacii" vom 12. März 1996, SZRF 1996, Nr. 12, Pos. 1061
Übersetzung: Ukaz des Präsidenten „Über die *koordinierende Rolle* des Ministeriums für Auswärtige Angelegenheiten der RF für die Durchführung einer einheitlichen außenpolitischen Linie der RF"

Ukaz „O poėtapnom sokraščenii primenenija smertnoj kazni v svjazi s vchoždeniem Rossii v Sovet Evropiy" vom 16. Mai 1996, SZRF 1996, Nr. 21, Pos. 2468.
Übersetzung: „Über die etappenweise Verringerung der *Anwendung der Todesstrafe* im Zusammenhang mit dem Beitritt Russlands zum Europarat."

Ukaz „Voprosy Soveta Bezopasnosti Rossijskoj Federacii" vom 10. Juli 1996, SZRF 1996, Nr. 29, Pos. 3479.
Übersetzung: „Zu Angelegenheit des *Sicherheitsrates* der RF"

Ukaz „Položenie o Posol'stve Rossijskoj Federacii" vom 28. Oktober 1996, SZRF 1996, Nr. 45, Pos. 5090.
Übersetzung: Über die *Botschaft*
Ukaz Prezidenta RF „O polnomočnom predstavitele Prezidenta Rossijskoj Federacii v regione Rossijskoj Federacii" vom 9. Juli 1997, SZRF 1997, Nr. 28, Pos. 3421.
Übersetzung: „Über die *bevollmächtigten Vertreter* des Präsidenten der RF in den Regionen der RF"

Ukaz „Ob utverždenii koncepcii nacional'noj bezopasnosti" vom 7. Dezember 1997, SZRF 1997, Nr. 52, Pos. 5909.
Übersetzung: Über die Bestätigung des Konzepts der *nationalen Sicherheit*

Rasporjaženie Prezidenta Rossijskoj Federacii „Ob obespečenii realizacii položenij Deklaracii o dal'nejšem edinenii Rossii i Belarussi" vom 17. März 1999, Dipl. V. 1999, H. 4, S. 8-9.
Übersetzung: „Über die Sicherstellung der Umsetzung der Deklaration über die weitere *Einheit Russlands und Weißrusslands*"

„Položenie o Postojannom predstavitel'stve Rossijskoj Federacii pri meždunarodnoj organizacii" vom 29. September 1999, SZRF 1999, Nr. 40, Pos. 4819.
Übersetzung: Verfügung über den ständigen Vertreter der RF bei *internationalen Organisationen*

Ukaz „Ob utverždenii koncepcii nacional'noj bezopasnosti" vom 10. Januar 2000, SZRF 2000, Nr. 2, Pos. 170.
Übersetzung: Konzept der *nationalen Sicherheit*; in Osteuropa-Archiv 2000, A 88-107

Ukaz „Ob organizacii učastija Rossijskoj Federacii v meždunarodnych programmach, proektach i operacijach po gumanitranomu razminirovaniju" vom 17. Januar 2000, SZRF 2000, Nr. 4, Pos. 368.
Übersetzung: Die Organisation der Teilnahme der RF in internationalen Programmen, Projekten und Operationen zur humanitären Zusammenarbeit

Ukaz „Ob utverždenii voennoj doktrin RF" vom 21. April 2000, SZ RF 2000, Nr. 17, Pos. 1852.
Übersetzung: Kriegsdoktrin der RF

Ukaz „O postanovlenii glavy administracii Amurskoj oblasti ot 23 ijunja 1999 g. N 365 ,Ob organizacii propuska graždan RF v torgovyj kompleks g. Chėjchė (KNR)'" vom 5. Mai 2002, SZRF 2000, Nr. 20, Pos. 2098.
Übersetzung: Über eine Verordnung des Verwaltungschefs des Amurer Oblast vom 23. Juni 1999

Ukaz „O polnomočnom predstavitele Prezidenta Rossijskoj Federacii v federal'nom okruge" vom 13. Mai 2000, SZRF 2000, Nr. 20, Pos. 2112.
Übersetzung: „Über die *bevollmächtigten Vertreter* des Präsidenten der RF in den föderalen Bezirken"

Ukaz Prezidenta RF „O postanovlenii glavy administracii Smolensoj oblasti ot 26 junija 1998 g. N 271 ,O bzimanii platežej za zagrjaznenie okružajuščej prirodnoj sredy ot inostranny juridičeskich lic, i graždan, ėkspluatirujuščich avtotransportnye sredstva na avtodorach Smolenskoj oblasti'" vom 15. Mai 2000, SZRF 2000, Nr. 21, Pos. 2167.
Übersetzung: „Über die Verordnung des Leiters der Verwaltung des *Smolensker Oblastes* vom 26. Juni 1998 Nr. 271 ,Über die Erhebung von Gebühren für die Verunreinigung bezirklicher Naturschutzgebiete durch ausländische juristische Personen und Bürger, die von den Kraftverkehrsmitteln auf den Autostraßen des Smolensker Gebietes verursacht werden"

Ukaz Prezidenta RF „O strukture Federal'nych orgoanov ispolnitel'noj vlasti" vom 17. Mai 2000, SZRF 2000, Nr. 21 Pos. 2168.
Übersetzung: „Über die *Struktur der Organe* der ausführenden Gewalt"

Ukaz Prezidenta „Ob utverždenii sostava Soveta Bezopsnosti Rossijskoj Federacii“ vom 27. Mai 2000, SZRF 2000, Nr. 22, Pos. 2290.
Übersetzung: „Über die Bestätigung der Zusammensetzung des *Sicherheitsrates*“

Ukaz Prezidenta “O formirovanii Administracii Prezidenta Rossijskoj Federacii” vom 3. Juni 2000, SZRF 2000, Nr. 23, Pos. 2387.
Übersetzung: Über den Aufbau der *Verwaltung des Präsidenten* der RF

„Koncepcija vnešnej politiki Rossijskoj Federacii“, RG vom 11. Juli 2000 oder Dipl.V No. 8, 2000, S. 3-11.
Übersetzung: Konzept der Außenpolitik; englisch auf der Homepage des Außenministeriums unter http://www.mid.ru/mid/eng/econcept.htm

Ukaz Prezidenta „O Gosudarstvennom Sovete Rossijskoj Federacii“, vom 1. September SZRF 2000, Nr. 36, Pos. 3633.
Übersetzung: Über den *Staatsrat* der RF

Ukaz Prezidenta „Voprosy mežvedomstvennych komissij Soveta Bezopsnosti RF“ vom 1. September 2000, SZRF 2000, Nr. 37, Pos. 3701.
Übersetzung: Über Angelegenheiten der *zwischenbehördlichen Kommission* des Sicherheitsrates der RF

Ukaz Prezidenta „Ob utverždenii Položenija ob Organizacionnom upravlenii Prezidenta Rossijskoj Federacii“ vom 9. September 2000, SZRF 2000, Nr. 38, Pos. 3780.
Übersetzung: Über die Änderung der Verfügung über die *organisatorische Verwaltung* des Präsidenten der RF

Ukaz Presidenta RF „O Komissii pri Presidente Rossijskoj Federacii po podgotovke predloženij o razgraničenii predmetov vedenija i polnomočij meždu federal'nymi organami gosudarstvennoj vlasti, organami gosudarstvennoj vlasti sub'ektov RF i organami mestnogo samoupravlenija“ vom 21. Juni 2001, SZRF 2001, Nr. 26, Pos. 2652.
Übersetzung: Über die *Kommission* beim Präsidenten der RF zur Ausarbeitung von Vorschlägen über die Abgrenzung der Kompetenzen und Vollmachten zwischen den föderativen Organen der staatlichen Gewalt, der Organen der staatlichen Gewalt der Subjekte der RF und den Organen der örtlichen Selbstverwaltung”

Rechtsakte der Regierung der RF

Reglament Pravitel'stva Rossijskoj Federacii vom 18. Juni 1998, SZRF 1998, Nr. 27, Pos. 3176.
Übersetzung: Geschäftsordnung der Regierung (kurzk: GeschOReg)

Postanovlenie Pravitel'stva Rossijskoj Federacii „O prinjatii pravitel'stvom Rossijskoj Federacii rešenij o soglasii na osuščestvlenij sub'ektami Rossiskoj Federacii meždurnarodnich i vnešneėkonomičeskich svjazej s organami gosudarstvennoj vlasti inostrannych gosudarstv" vom 1. Februar 2000, MJIL 2000, Heft 3, S. 397.
Übersetzung: Über das Verfahren der Entscheidungsfindung der Regierung der RF über die Zustimmung zu internationalen und außenwirtschaftlichen Verbindungen der Subjekte der Föderation mit den Organen der staatlichen Gewalt ausländischer Staaten

Postanovlenie „O podpisanii Soglaščenija meždu Pravitel'stvom RF i Pravitel'stvom SŠA ob utilisacii plutonija, zajavlennogo kak plutonij, ne javljajučijsja bolee neobchodimym dlja selej oborony, obraščenii s nim i sotrudničestve v ëtoj oblasti i Sovmestnogo zajavlenija o neizvlečenii oružejnogo plutonija" vom 17. Juli 2000, SZRF 2000, Nr. 30, Pos. 3163.
Übersetzung: Über die Unterzeichnung des Abkommens zwischen den Regierungen der RF und der USA ob die Benutzung nicht mehr waffenfähigen Plutoniums

Postanovlenie Pravitel'stva Rossijskoj Federacii „Ob utverždenii Pravil gosudastvennoj registracii soglašenij ob osuščestvlenii meždunarodnych i vnešneėkonomičeskich svjasej, saključennych organami gosudarstvennoj vlasti sub'ektov Rossijskoj Federacii" vom 24. Juli 2000, SZRF 2000, Nr. 31, Pos. 3293.
Übersetzung: Verordnung der Regierung der RF „Über das Verfahren der staatlichen Registrierung der Abkommen über die Durchführung internationaler und außenwirtschaftlicher Verbindungen, die von den Organen der staatlichen Gewalt der Subjekte der RF abgeschlossen worden sind"

Postanovlenie Pravitel'stva Rossijskoj Federacii „O vzaimodejstvii Pravitel'stva Rossijskoj Federacii i federal'nych organov ispolnitel'noj vlasti s polnomočnymi predstaviteljami Presidenta Rossiskoj Federacii v federal'nych okrugach i scheme pazmešenija territorial'nych organov federal'nych organov ispolniterl'noj vlasti" v. 12. August 2000, SZRF 2000, Nr. 34, Pos. 3473.

Übersetzung: Verordnung der Regierung der RF „Über die Zusammenarbeit der Regierung der Russländischen Föderation und den föderalen Organen der ausführenden Gewalt mit den bevollmächtigten Vertretern des Präsidenten der Russländischen Föderation in den föderalen Bezirken und Schema der Aufteilung der territorialen Organe der föderalen Organe der ausführenden Gewalt"

Rechtsakte der Subjekte der RF

Konstitucija Respubliki Tatarstan vom 30. November 1992, Kazanskie Vedomosti, 15. Dezember 1992, geändert am 29 November 1994, 30 März und 8 Dezember 1995, 27 November 1996, 26 Mai und 21 Juli 1999, 3 März und 31 Mai 2000

Zakon Respublik Tatarstan „O Meždunarodnych dogovorach Respubliki Tatarstan" vom 14. Juli 1999, Nr. 2282, in „Respublika Tatarstan", Zeitung, vom 28. August 1999; http://www.tatar.ru/00001076.html, Stand vom 20. Dezember 2000

Verträge der RF mit den Subjekten der RF

Dogovor Rossijskoj Federacii i Respubliki *Tatarstan* „O rasgraničenii predmetov vedenija i vzaimnom delegirovanii polnomočij meždu organami gosudarstvennoj vlasti Rossijskoj Federacii i organami gosudarstvennoj vlasti Respubliki Tatarstan" vom 15. Februar 1994, in Rossijskie Vesti, 22. Februar 1996; englische Übersetzung in Statutes and Decisions, vol 34, Nr. 2, 1998, S. 13-19.
Übersetzung: Vertrag der RF und der Republik Tatarstan „Über die Abgrenzung der Bereiche der Kompetenzen und der gegenseitigen Übertragung von Vollmachten zwischen den Organen der staatlichen Gewalt der RF und den Organen der staatlichen Gewalt der Republik Tatarstan"; kurz: KAV-Tatarstan

Soglašenie meždu Pravitel'stvom Rossijskoj Federacii i Pravitel'stvom Respubliki Tatarstan o razgraničenii polnomčij v oblasti Vnescheëkonomičeskich Svjazej vom 15. Februar 1994, *Guboglo, M. N.*, 1997, Federalism vlast, S. 437
Übersetzung: Abkommen zwischen den Regierungen der RF und Tatarstans über die Abgrenzung der Vollmachen auf dem Gebiet der außenwirtschaftlichen Beziehungen

Dogovor Rossijskoj Federacii i *Kabardino-Balkarskoj Respubliki* „O rasgraničenii predmetov vedenija i vzaimnom delegirovanii polnomočij meždu organami gosudarstvennoj vlasti Rossijskoj Federacii i organami gosudarstvennoj vlasti Kabardino-Balkarskoj Respubliki" vom 1. Juli 1994, in Rossijskie Westi, 29. Februar 1996; englische Übersetzung in Statutes and Decisions, vol 34, Nr.2, 1998, S. 20-28.
Übersetzung: Vertrag der RF und der Republik Kabardino-Balkar „Über die Abgrenzung der Bereiche der Kompetenzen und der gegenseitigen Übertragung von Vollmachten zwischen den Organen der staatlichen Gewalt der RF und den Organen der staatlichen Gewalt der Republik Kabardino-Balkar"

Dogovor Rossijskoj Federacii i Respubliki *Baschkortostan* „O rasgraničenii predmetov vedenija i vzaimnom delegirovanii polnomočij meždu organami gosudarstvennoj vlasti Rossijskoj Federacii i organami gosudarstvennoj vlasti Respubliki Baschkortostan" vom 3. August 1994, in Rossijskie Westi, 22. Februar 1996; englische Übersetzung in Statutes and Decisions, vol 34, Nr.2, 1998, S. 28-35.
Übersetzung: Vertrag der RF und der Republik Baschkortostan „Über die Abgrenzung der Bereiche der Kompetenzen und der gegenseitigen Übertragung von Vollmachten zwischen den Organen der staatlichen Gewalt der RF und den Organen der staatlichen Gewalt der Republik Baschkortostan"

Soglašenie meždu Pravitel'stvom Rossijskoj Federacii i Pravitel'stvom Respubliki Baschkortostan o rasgraničenii polnomčij v oblasti Vnescheëkonomičeskich Svjazej vom 25. Mai 1994, *Guboglo*, 1997, Federalism vlast, S. 463f.
Übersetzung: Abkommen zwischen den Regierungen der RF und Baschkortostans über die Abgrenzung der Vollmachen auf dem Gebiet der außenwirtschaftlichen Beziehungen

Dogovor Rossijskoj Federacii i Permskoi oblasti i avtonomnogo *okruga Komi-Permjazkij* „O rasgraničenii predmetov vedenija i vzaimnom delegirovanii polnomočij meždu organami gosudarstvennoj vlasti Rossijskoj Federacii i organami gosudarstvennoj vlasti Permskoi oblasti i avtonomnogo okruga Komi-Permjazkij" vom 31. Mai 1996, Rossijskije Vesti, 25. Juli 1996, S. 5; englische Übersetzung in Statutes and Decisions, 1998, Vol. 34, No. 3, S. 45-53;
Übersetzung: „Vertrages über die Verteilung der Gegenstände der Hoheitsgewalt und Kompetenzen zwischen den Organen der staatlichen Gewalt der Russländischen Föderation und der Organe der staatlichen Gewalt des Permer Oblastes und der Organe der staatlichen Gewalt des Autonomen Bezirkes der Komi-Permjaken" kurz: KAV Perm
Sämtliche Verträge veröffentlicht in *Guboglo*, 1997, Federalism vlast, S. 247-409

Sonstige russische Dokumente

Beschluss (Postanovlenie) der Zentralen Wahlkommission vom 20. Dezember 1993 „Über die Ergebnisse der Volksabstimmung zum Entwurf der Verfassung der Russischen Föderation", Rossijskie Vesti v. 25. Dezember 1993, deutsche Übersetzung in *Frenzke*, 1995, S. 268f.

Vertrag zwischen der Regierung der RF und der Regierung Kanadas über die Prinzipien und Grundlagen der Zusammenarbeit zwischen den Subjekten der RF und den Provinzen und Territorien Kanadas, am 14. Dezember 2000 in Kraft getreten, BjullMD 2001, Nr. 6, S. 51f.

Internationale Dokumente

Convention on Rights and Duties of States von 1934, 165 League of Nations Treaties Series 19.

Fitzmaurice, G. G. , Report on the Law of treaties. (Doc. A/CN.4/101) YBILC,1956, 104-128.

Beratungsprotokolle der ILC zur WVK, YbILC 1962 I S. 57-71; YbILC 1965 I S. 23-31.
United Nations Conference on the Law of Treaties, Vienna, 9 April–22 May 1969 UN Doc. A/Conf.39/11.

Verzeichnis von Verfassungsgerichtsentscheidungen*

Urteil vom 4. Februar 1992, *Arbeitsgesetz-Fall*
VKS 1993, Nr. 1, S. 29

Urteil vom 13. März 1992, *Tatarstan-Urteil*
VVSRF 1992, Nr. 13, Pos. 671.

Urteil vom 23. März 1995 über die *Auslegung des Art. 105 Abs. 4 und Art. 106 VerfRF*
SZRF 1995, Nr. 13, Pos. 1207.

Urteil vom 17. Mai 1995, *Streikverbot in der Luftfahrt*
SZRF 1995, Nr. 21, Pos. 1976; deutsche Übersetzung von M. Hartwig *und* T. Beknazar *in EuGRZ 1997, S. 500-502.*

Urteil vom 10. Juli 1995 zum *tschuwaschischen Wahlrecht*,
SZRF 1995, Nr. 29, Pos. 2860.

Urteil vom 31. Juli 1995, „*Tschetschenien-Entscheidung*"
SZRF 1995, Nr. 33, Pos. 3424, deutsche Übersetzung von *Beknazar* in ZaöRV 1997, S. 180-193.

Urteil vom 30. November 1995, „*Kaliningrad-Urteil*"
SZRF 1995 Nr. 50, Pos. 4969.

Urteil vom 2. Februar 1996, „*betreffend die Art. 371, 374 und 384 StPO RSFSR*"
SZRF 1996, Nr. 7 Pos. 701, auszugsweise englische Übersetzung in *Danilenko*, 1999, S. 543-546.

Urteil vom 27. März 1996 „*Über das Staatsgeheimnis – Fall Nikitin*"
SZRF 1996, Nr. 15, Pos. 1768.

Urteil vom 30. April 1996 „*Maßnahmen, um das einheitliche System der ausführenden Gewalten in der RF zu stärken*"

Der russische Begriff „Postanovlenie" wird als „Urteil", der Begriff „Opredelenie" als Beschluss übersetzt. Beide können auch nach einer mündlichen Verhandlung ergehen.

SZRF 1996, Nr. 19, Pos. 2320.

Urteil vom 16. Mai 1996, „*Fall A. B. Smirnoff*"
SZRF 1996, Nr. 21, Pos. 2579, deutsche Übersetzung von *Hartwig* und *Beknazar* in EuGRZ 1997, S. 410-413.

Urteil vom 30. April 1997 zu *gesetzesersetzenden Ukasen*
SZRF 1997, Nr. 20, Pos. 2383.

Urteil vom 3. Juli 1997 zum Grundsatz des *ne bis in idem*,
VKS 1997, Nr. 5, S. 31.

Urteil vom 9. Januar 1998 *zum Forstgesetz*,
SZRF 1998, Nr. 3, Pos. 429.

Urteil vom 6. April 1998, „*Erste Beutekunstentscheidung*"
SZRF 1998, Nr. 16, Pos. 1879 (deutsche Übersetzung von *Hartwig* in EuGRZ 1998, S. 378-380).

Urteil vom 20. Juli 1999, „*Zweite Beutekunstentscheidung*"
SZRF 1999, Nr. 30, Pos. 3989 (deutsche Übersetzung von *Hartwig* in EuGRZ 1999, S. 589-600 und *Schröder*, OER 2000, S. 35-43).

Urteil vom 7. Juni 2000, über die Frage der Verfassungsmäßigkeit einzelner Bestimmungen der Verfassung der Republik Altaj und des OrgG, *Altaj-Entscheidung*
VKS 2000, Nr. 5, S. 2.

Beschluss des Verfassungsgerichts vom 27. Juni 2000 über „die Anfrage einer Gruppe von Abgeordneten der Staatsduma über die Verfassungsmäßigkeit einiger Bestimmungen der Verfassungen der Republiken Adygeja, Baschkirien, Inguschetien, Komi, Nord-Ossetien – Alanija und Tatarstan", *Adygeja-Beschluss*
VKS 2000, Nr. 5, S. 59.

Beschluss des Verfassungsgerichts vom 19. April 2001 über „die Auslegung des Beschlusses vom 27. Juni 2000" auf Antrag des bevollmächtigten Vertreters der RF in der Wolgaregion.
SZRF 2001, Nr. 20, Pos. 2059.

Beschluss des Verfassungsgerichts vom 6. Dezember 2001 über „die Auslegung des Beschlusses vom 19. April 2001" auf Antrag des Präsidenten der Republik Baschkortostans.
SZRF 2002, Nr. 4, Pos. 374.

Urteil des Verfassungsgericht vom 4. April 2002 über die Verfassungsmäßigkeit des OrgG auf Antrag der staatlichen Versammlung El Tumen, der Republik Sacha (Jakutien) und und Adygeja.
http://ks.rfnet.ru/pos/postan.htm

Urteil des Verfassungsgerichts vom 18. Juli 2003 über die Verfassungsmäßigkeit der Art. 115 und 231 GPK RSFSR, Art. 26, 251 und 253 GPK RF und Art. 1, 21 und 22 des Gesetzes über die Staatsanwaltschaft der RF auf Antrag der gesetzgebenden Versammlungen der Republiken Baschkortostan und Tatarstan und des Obersten Gerichts der Republik Tatarstan.
SZRF 2003, Nr. 30, Pos. 3101

Einleitung

Die Entwicklungen im mittelbaren Nachbarn Russland – Russländische Föderation stoßen in Deutschland auf beträchtliches Interesse: zum einen ist das Verhalten Russlands als Großmacht von erheblicher Bedeutung für die politische Stabilität in Europa, aber auch in der Welt. Zum anderen hat Deutschland schon seit der Zeit Katharinas der Großen intensive kulturelle, politische und wirtschaftliche Verbindungen mit Russland. Die positiven Seiten dieser jahrhundertealten Beziehung sind nach dem Fall der Berliner Mauer wieder stärker in das Bewusstsein der deutschen Öffentlichkeit gerückt.

Russland befindet sich in der Phase der Transformation von einem zentralstaatlich organisierten und gelenkten Staat mit kommunistischem Selbst- und sozialistischem Rechtsverständnis zu einem demokratischen und föderalen Rechtsstaat. Die noch andauernden, tiefgreifenden Veränderungen betreffen alle Bereiche der Gesellschaft wie Recht, Wirtschaft, Politik und Sozialstrukturen. Ebenso wie die frühere Sowjetunion ist die Russländische Föderation ein Vielvölkerstaat. Um ein Auseinanderbrechen ähnlich der UdSSR zu vermeiden, hat Russland seit den 90er Jahren mit dem Umbau seines aus der Sowjet-Zeit ererbten Scheinföderalismus in ein funktionierendes föderales Gebilde zu tun. Die Analyse dieses Umbaus und das Erarbeiten von Vorschlägen für teilweise bekannte, teilweise neuartige Konstellationen ist eine Herausforderung auch für die deutsche vergleichende Rechtswissenschaft.

Aufgabe dieser Untersuchung soll es sein, die Aufgabenverteilung zwischen der Föderation und deren Subjekten sowie zwischen den föderalen Verfassungsorganen im Bereich der auswärtigen Gewalt in einem föderalen Staat mit semipräsidentiellem Regierungssystem auf ihre Stimmigkeit und Praktikabilität zu überprüfen. Für die Rolle Russlands in der Völkerrechtsgemeinschaft sind auch die veränderte Stellung und Bedeutung des Völkerrechts in der russländischen Rechtsordnung zu berücksichtigen. Beide Aspekte werden in der Arbeit als konstitutionelle Rahmenbedingungen der Außenpolitik behandelt.

Der Begriff „auswärtige Gewalt"

Das Thema „Die auswärtige Gewalt in der Russländischen Föderation und die Rolle des Völkerrechts in der russländischen Verfassung" ist an der Schnittstelle von Politik und Recht gelegen. Der Begriff der „auswärtigen Gewalt", 1892 von *Haenel* in die deutsche Staatsrechtslehre eingeführt[1], bezeichnet in seiner weitesten und dieser Ausarbeitung zugrunde liegenden Definition die „verfassungsrechtlichen Kompetenzen, die auswärtigen Angelegenheiten zu gestalten"[2]. Es handelt sich bei ihr also nicht um eine sich neben die drei klassischen Gewalten der Legislative, Exekutive und Judikative stellende eigenständige vierte Gewalt. Der genannte weite Begriff umfasst neben völkerrechtlich unmittelbar auch völkerrechtlich nicht unmittelbar relevantes Verhalten, somit auch Erklärungen des Parlaments ohne unmittelbare verfassungsrechtliche Bindungswirkung.

Sie lässt sich aufteilen in die formelle auswärtige Gewalt, das ist die Zuständigkeit für die völkerrechtliche und außenpolitische Vertretung eines Staates, und in die materielle auswärtige Gewalt. Diese bezeichnet die innerstaatliche Zuständigkeit der Organe der Staatsgewalt bei der Vorbereitung oder Durchführung von Handlungen, die über die nationalen Hoheitsgrenzen hinausweisen.[3] Die formelle auswärtige Gewalt umfasst weitestgehend die notariellen Funktionen der formellen Vertragsschließungskompetenz und Erklärungsbefugnis. Die operative und die kontrollierende Funktion gehört in den Bereich der materiellen Gewalt.[4]

Stammt der Begriff auch aus der deutschen Staatsrechtlehre und findet er so in der russländischen Literatur keine Verwendung, können er und seine Unterteilungen doch als Ordnungsmerkmal für die internationale Tätigkeit Russlands dienen. Allerdings sind die Antworten der deutschen Rechtswissenschaft auf die Frage, ob die auswärtige Gewalt „wesensgemäß der Regierung und Verwaltung" zugehört oder von der Regierung und dem Parla-

---

1 *Haenel, A.*, 1892, S. 531, als Überschrift seines 5. Kapitels.

2 *Wolfrum, R.*, 1997, S. 39. Ähnlich auch *Hailbronner, K.*, 1997, S. 9; *Grewe, W. G.*, 1988, HbStR, § 77 Rn. 1.

3 *Grewe* a.a.O., § 77 Rn. 2.

4 Zu den Funktionen und ihrer Zuordnung nach deutschem Verfassungsrecht siehe *Grewe*, a.a.O., § 77 Rn. 52.

ment gemeinsam ausgeübt wird[5], auf den russländischen Kontext nicht übertragbar. Um zu klären, wie sich die auswärtige Gewalt aus verfassungsrechtlicher Sicht auf die Verfassungsorgane verteilt, müssen die Besonderheiten der Geschichte und der Verfassungsgegenwart berücksichtigt werden. Hierfür müssen der föderale Staatsaufbau sowie die Arbeitsteilung in einem semipräsidentiellen Regierungssystem untersucht werden.

Stand der Forschung

Bisher gibt es kein deutschsprachiges rechtswissenschaftliches Schrifttum, das sich ausführlich und umfassend mit diesen Fragen auseinander gesetzt hätte. Auch russländische Literatur betrachtet nur Einzelaspekte und diese in recht unterschiedlicher Intensität. Zwar haben sich europäische und angloamerikanische Politikwissenschaftler bereits häufiger mit dem Föderalismus und dem Regierungssystems Russlands auseinandergesetzt. Allerdings ist zu beachten, dass die Politikwissenschaft einen eigenen Forschungsansatz und eine eigene Forschungsmethode hat, so dass ihre Ergebnisse für eine rechtsvergleichende juristische Perspektive zwar hilfreich sind, eine juristische Arbeit aber nicht ersetzen können.

Die vorliegende Arbeit stellt zunächst die russländischen Rechtsgrundlagen dar, um sie anschließend in ihrem Zusammenspiel zu analysieren. Hierbei sind einige Besonderheiten der russländischen Rechtswissenschaft zu beachten. Zum einen gibt es bislang nur ein eingeschränktes Maß an Verfassungspraxis und Rechtsprechung unter der Verfassung von 1993. Zum anderen unterscheidet sich die Methode der russländischen Rechtswissenschaftler teilweise von der ihrer deutschen Kollegen: In Publikationen wird häufig ein Gesetz dargestellt, ein Problem aufgeworfen, aber häufig kein Lösungsvorschlag unterbreitet. Wo Vorschläge zu finden sind, beruhen sie nicht auf einer Auseinandersetzung mit anderen Lehrmeinungen oder mit der Rechtsprechung, sondern entspringen unklaren Auslegungsmethoden. In einigen Fällen wird zum Beleg die aktuelle Verwaltungspraxis herangezo-

---

[5] So einerseits *Grewe*, a.a.O. § 77, Rn. 48-51 mit Verweis auf die Rechtsprechung des BVerfG, andererseits *Wolfrum* a.a.O.. Ausführlich mit Nachweisen *Grewe*, a.a.O., § 77, Rn. 41-51.

gen. Hier wirkt sicher noch die Idee des sozialistischen Rechtsbegriffs nach: Recht als bloßes Mittel und Moment einer Politik, die ihre Orientierung aus einem vermeintlich objektiven Verlauf gesellschaftlicher Entwicklung bezieht. Interpretationsmonopol für den Stand der gesellschaftlichen Entwicklung hatte die regierende kommunistische Partei.[6] Literatur und Rechtsprechung hatten diese Interpretation nachzuvollziehen. Das Recht stand damit im Dienste der Macht, galt als bloßes Instrument einer anderweitig legitimierten Autorität, während im jetzt angestrebten Rechtsstaat das Recht der Macht auch Grenzen setzen soll.[7]

Gang der Arbeit

Die Teile 1 bis 3 befassen sich mit der Verbands- und Organkompetenz im Bereich der auswärtigen Gewalt. An die Analyse der russländischen Ausprägung des Föderalismus in Teil 1 schließt sich die Untersuchung der Kompetenzverteilung zwischen der Russländischen Föderation und ihren Subjekten im Bereich der auswärtigen Gewalt und hier insbesondere die Frage nach der Völkerrechtssubjektivität der Subjekte an.

Teil 3 behandelt das Regierungssystem im Allgemeinen und die Kompetenz der Verfassungsorgane im Bereich der auswärtigen Gewalt im Besonderen. Die Kompetenzfragen spielen insbesondere eine große Rolle im Verfahren des Vertragsabschlusses, Gegenstand des vierten Teils.

Teil 5 befasst sich mit dem Verhältnis von Völkerrecht und nationalem Recht, Teil 6 untersucht die Anwendung des Völkerrechts durch das Verfassungsgericht. Beziehen sich diese beiden Teile thematisch zwar nicht mehr unmittelbar auf die auswärtige Gewalt, zeigt die Öffnung der Rechtsordnung gegenüber dem Völkerrecht doch Berührungspunkte mit der Tätigkeit der Staatsorgane in diesem Bereich.

Die westeuropäischen Staaten wie auch Russland selbst streben dessen Integration in „Europa" oder zumindest eine enge Zusammenarbeit mit ihm

---

6 Vgl. zur Rolle des Rechts nach der leninistischen Staatstheorie bspw. *Schroeder, F.-C.*, 1979 sowie *Böckenförde, E.*, 1967, insb. S. 36-38.

7 Vgl. zum Stand der Rechtsstaatlichkeit in Russland statt Vieler *Luchterhandt, O.*, 2000. Auch der Titel des Sammelbandes: „Rußland in Europa?" ist geradezu beispielhaft für die Skepsis und die Hoffnung vieler Deutscher angesichts der russländischen Entwicklung.

an. Dies wird in der Kooperation mit dem Europarat, der Europäischen Union und der NATO deutlich. Das Recht, und hier insbesondere das Völkerrecht in Form völkerrechtlicher Verträge, kann und soll als Motor dieser Bewegung dienen. Eine besondere Rolle spielen in diesem Zusammenhang die vom Europarat erarbeiteten Konventionen, nicht zuletzt der durch die Europäische Menschenrechtskonvention (EMRK) verbürgte Grundrechtsschutz. Die vorliegende Untersuchung widmet sich nicht der Frage, ob einzelne Normen des russländischen Rechts mit dem Völkerrecht und insbesondere der EMRK vereinbar sind; diese weiterführende Frage bleibt künftigen Untersuchungen vorbehalten. Hier werden die Grundlagen für das Verständnis des Zusammenspiels von Völkerrecht und russländischem Recht erörtert: Welchen Einfluss kann das Völkerrecht überhaupt ausüben? In welchem Verfahren wird es für Russland verbindlich? Welche Entscheidungsträger sind an diesem Verfahren beteiligt?

Terminologie, Übersetzungen und Schreibweise, Zitate

In der Arbeit wird der umfassendere, russische wie nichtrussische Nationalitäten einschließende Ausdruck „rossijskij" durch „russländisch" übersetzt, da hiermit der Unterschied zu „russkij", also „russisch", am besten verdeutlicht wird. Für die „Russländische Föderation" wird teilweise im Sinne der Lesbarkeit der Ausdruck „Russland" verwendet.

Die Übersetzungen halten sich nah am Originaltext. Um keine Assoziationen mit deutschen verfassungsrechtlichen Einrichtungen zu erwecken, wurde auf Übersetzungen, die das Wort „Bund" enthalten, weitgehend verzichtet und der auch im Russischen als Lehnwort bekannte Ausdruck „Föderation" benutzt.

Für die Übersetzung der Verfassung von 1993 hat die Verfasserin auf den Text des Lehrstuhls für Ostrecht an der Universität Passau von 1996 zurückgegriffen. Andere Übersetzungen stammen, soweit nichts anderes angegeben ist, von ihr selbst. Der Bezeichnung der Absätze mit Buchstaben liegt das deutsche Alphabet zugrunde.

Mit Ausnahme sehr geläufiger Namen von Personen und Regionen Russlands wurde die wissenschaftliche Transkription des Kyrillischen benutzt.

Zitierte Gerichtsentscheidungen und Gesetze finden sich ausführlich mit russischem Titel und deutscher Übersetzung in den entsprechenden Verzeichnissen. Im Text werden sie nur mit Fundstelle und Datum und ggf. der Abkürzung zitiert. Von der Russländischen Föderation angenommene völkerrechtliche Verträge werden nur im Text zitiert.

Erster Teil: Die föderale Gestaltung des Russländischen Staates

Bereits in dem offiziellen Staatsnamen spiegelt sich der Anspruch der Russländischen Föderation wider, ein föderativ aufgebautes Staatsgebilde zu sein. Bei der Untersuchung der auswärtigen Gewalt in einem föderalen Staat ist demnach zunächst die Verbandskompetenz für diesen Bereich zu klären; hieraus ergibt sich die Notwendigkeit, die Kompetenz des Gesamtstaates Russländische Föderation von den Kompetenzen seiner Gliedstaaten, der Subjekte der Russländischen Föderation (im Folgenden Subjekte), abzugrenzen.

Auf dem Gebiet der auswärtigen Gewalt stellt sich die Frage der Verbandskompetenz am markantesten beim Abschluss völkerrechtlicher Verträge durch die Gliedstaaten sowie bei der Beteiligung dieser Gliedstaaten am Abschluss völkerrechtlicher Verträge durch die Föderation. Sie beschäftigt sowohl die deutsche[8] und russische Rechtswissenschaft[9] als auch die Juristen anderer Föderationen wie Kanada, Schweiz und den USA.[10] In der Russländischen Föderation gibt es bereits Beispiele für die Tätigkeit der Gliedstaaten auf dem Gebiet der auswärtigen Gewalt, etwa den Abschluss

---

8 Für die deutsche Rechtswissenschaft statt vieler: *Fastenrath, U.*, 1986, *Tomuschat, C* , 1978, *B. Kempen* in *von Mangoldt, H., F. Klein et al.*, 2000,GG-Kommentar, Art. 32, Rn. 92 sowie die Zusammenstellung bei *I. Pernice* in *Dreier, H. (Hrg.)*, 1998, GG Kommentar, Art. 32. Auch in der deutschen Rechtswissenschaft und Praxis sind nicht alle Probleme einer „föderalisierten" auswärtigen Gewalt gelöst. Siehe nur den Hinweis *H.-P. Schneiders* (in 56 VVDStRL (1996), S. 142 „Kontrolle der Auswärtigen Gewalt") auf die Besuche dreier Landesinnenminister und nachfolgend des Bundesinnenministers in Namibia, die zu einigen Irritationen geführt hatte. Dem Bundesminister sei die Frage gestellt worden, wie die innere Sicherheit der Bundesrepublik einen solch raschen Wechsel von Innenministern verkraften könne.

9 Für die russische Rechtswissenschaft siehe die Nachweise im Text.

10 Siehe die Nachweise im Text. Zu Kanada siehe *Friesen, J. L.*, 1994 und *McWhinney, E.*, 1969, m.w.N. sowie *Nikravesh, B.*, 1999 und *Tremblay, A.*, 1993, S. 158-165; zur Schweiz nach der alten Verfassung auch *Lejeune, Y.*, 1984. Allgemein zu diesen Fragen auch *Di Marzo, L.*, 1980, S. 21-100.

eines Freundschaftsvertrages zwischen der Republik Tatarstan und Abchasien, eines abtrünnigen Teils Georgiens, am 17. August 1994 auf fünf Jahre.[11] Die Karatsch-Tscherkessische Republik und die Region Krasnodar, beide im Nordkaukasus gelegen, diskutierten sogar die Eröffnung diplomatischer Vertretungen mit Abchasien und durchkreuzten damit die diplomatischen Bemühungen der Föderation.[12]

Die Rechte der Gliedstaaten im Bereich der internationalen Beziehungen sind unterschiedlich ausgestaltet. Die Palette der Möglichkeiten reicht von der alleinigen Zuständigkeit des Gesamtstaates für die auswärtigen Beziehungen wie in den USA bis zu einer eigenständigen Vertragsschlusskompetenz nach Schweizer Vorbild.

Die US-amerikanische Verfassung weist der Union die ausschließliche Zuständigkeit im Bereich der auswärtigen Beziehungen zu.[13] Die Union ist der einzige Vertreter der Vereinigten Staaten in den Beziehungen zu ausländischen Staaten und hat die alleinige Vertragsgewalt inne.[14] Die Bundesstaaten können Abkommen mit anderen Staaten nur mit Zustimmung des Kongresses abschließen (Art. 1 § 10 der Verfassung USA); hierunter fallen auch die für die Eröffnung der zahlreichen Handelsvertretungen ausländischer Staaten in den Bundesstaaten sowie einiger Bundesstaaten im Ausland

---

11 RG vom 23. August 1994. Die Republik Tatarstan verweist auf ihrer offiziellen Homepage auf diesen Vertrag, der nach fünfjähriger Laufzeit verlängerbar war, aber wohl nicht verlängert wurde (http://www.tatar.ru/00000078, Stand 26. Mai 2002).

12 Hierzu auch *Sergunin, A.*, 2000, S. 30, *Perovic, J.*, 2000, S. 41 mit Verweis auf Itogi, 3. Februar 1998, S. 16f. Nach Aussage *Vel'jaminov, G.*, 1995, S. 6, schlossen auch Baschkortostan und Kabardino-Balkarien einen ähnlichen Vertrag.

13 Art. 1 § 10 Abs. 3 der Verfassung der USA verbietet den Staaten ausdrücklich, ohne die Zustimmung des Kongresses Verträge mit auswärtigen Staaten abzuschließen oder den Krieg zu erklären. Der Supreme Court der USA hat bereits in einer Entscheidung von 1942 (United States vs. Pink, 315 U.S. 203, 233) erklärt: „Power over external affairs is not shared by the States; it is vested in the national government exclusively." Für die Literatur *Henkin, L.*, 1997, S. 149ff., der allerdings darauf hinweist, dass neben der reinen Vertragsschlusskompetenz die Staaten durch andere Mittel – etwa die Durchführung völkerrechtlicher Verträge – auf die *Außenpolitik* der USA Einfluss nehmen können. In diese Richtung anlässlich des Breard-Falles auch *Bradley, C. A. und J. L. Goldsmith*, 1998.

14 So bereits 1920 der Supreme Court in der Entscheidung Missouri vs. Holland, 252 U.S. 416 (1920).

erforderlichen Verträge.[15] Der Abschluss völkerrechtlicher Verträge wird den Bundesstaaten nicht zugestanden.[16]

Erhebliche Rechte genießen auf diesem Gebiet hingegen die Kantone der Schweiz. Nach Art. 56 der neuen Schweizer Bundesverfassung vom 18. April 1999 besitzen sie eine eigenständige Vertragsschlusskompetenz im Bereich ihrer ihnen innerstaatlich übertragenen Aufgaben auch auf dem Gebiet des Völkerrechts.[17] Das Erfordernis der vorherigen Zustimmung durch den Bundesrat (der Bundesregierung) wurde in eine Informationspflicht des Bundes durch die Kantone umgewandelt. Diese Stärkung der Eigenständigkeit der Kantone im Bereich auch völkerrechtlich relevanter Tätigkeit ist Ausdruck einer sich in Europa verbreitenden Tendenz, die bereits vorhandene Zusammenarbeit der Gliedstaaten verschiedener Staaten innerhalb regionaler Zusammenschlüsse im grenznahen Bereich im Interesse einer erhöhten Effektivität zu vereinfachen.[18]

Auch in der Russländischen Föderation muss die Verbandskompetenz im Bereich der auswärtigen Gewalt geklärt werden. Hierzu gehören insbesondere die Völkerrechtssubjektivität ihrer Gliedstaaten und deren außenwirtschaftliche und außenpolitische Kompetenzen. Um Umfang und Bedeutung dieser Kompetenzen besser einordnen zu können, sollen die historischen Grundlagen und die Entwicklung des Föderalismus in Russland vorgestellt werden. Dabei wird auch zu prüfen sein, ob die jüngsten Veränderungen in den Beziehungen zwischen den Republiken und der Föderation den föderativen Aufbau Russlands berührt haben. Vorab werden die Begriffe „Bundesstaat" und „Souveränität" geklärt. Hierbei wird auch auf die Entstehungsmöglichkeiten von Bundesstaaten eingegangen.

---

15 Einen guten Überblick über die Tätigkeit der Staaten, Städte und Gemeinden in außenpolitisch relevanten Bereichen gibt *Bilder, R. B.*, 1990, S. 115-125 in *Henkin, L., M. J. Glennon et al.*, 1990.

16 *Bilder, R. B.*, a.a.O., S. 117f.

17 Siehe hierzu *Kayser, M. und D. Richter*, 1999, S. 1012f. Zur Lage nach der alten Verfassung *Sturny, T.*, 1998, S. 67-92.

18 Ebenso *Kayser, M. und D. Richter*, a.a.O., S. 1013.

1. Kapitel: Begriffsklärung

Für die Aufteilung der auswärtigen Gewalt im Bereich der Verbandskompetenz und insbesondere für die Beteiligung der Gliedstaaten der Russländischen Föderation an den auswärtigen Beziehungen ist das Verständnis des föderalen Aufbaus Russlands von grundlegender Bedeutung. Dafür sollen zunächst die Merkmale eines Bundesstaates sowie die Möglichkeiten seiner Entstehung in der gebotenen Kürze erläutert werden. In einem zweiten Schritt soll der Begriff „Souveränität“ in seinem staatrechtlichen Gehalt untersucht werden.

1 „Bundesstaat“ – Begriff und Entstehung

Seit *Jellinek* bezeichnet der Begriff Bundesstaat im Gegensatz zum Einheitsstaat einen „aus einer Mehrheit von Staaten gebildete(n) souveräne(n) Staat, dessen Staatsgewalt aus seinen zu staatlicher Einheit verbundenen Gliedstaaten hervorgeht.“[19] Wesentliches Merkmal des Bundesstaates ist damit die Staatlichkeit seiner Glieder. Ihre Gesamtheit ist Träger der Staatsgewalt, der die einzelnen Gliedstaaten unterliegen. Der Staatscharakter der Gebietskörperschaft, das wesentliche Unterscheidungskriterium gegenüber einem (auch hochdezentralisierten) Einheitsstaat, beruht darauf, dass sie ihre Staatsgewalt von keiner anderen Staatsgewalt ableitet und sich auf keine Ermächtigungsnorm stützt, die eine andere Staatsgewalt gesetzt hat.[20]

Unabhängig von der Entstehungsform eines Bundesstaates, auf die weiter unten eingegangen wird, stellt die gesamtstaatliche Verfassung die Grundlage des Bundesstaates dar. Die Staatsangehörigen bilden ein Gesamtvolk, das den Gesetzen des Bundes unmittelbar untersteht.[21] Aus der Staatsqualität der beiden Teile ergibt sich eine echte Verteilung der Kompetenzen und Aufgaben zwischen dem Zentralstaat und seinen Gliedern, wozu

---

19 *Jellinek, G.*, 1913/1959, S. 769. Ebenso in der Weimarer Republik *Kelsen, H.*, 1925, S. 207.

20 *Herzog* in Maunz-Dürig, Art. 20, IV, Rn. 9ff. Ähnlich *Stern, K.*, 1984, Staatsrecht I, § 19 I 1 m.w.N. der deutschen Staatsrechtslehre.

21 Vgl. hierzu auch *Kimminich, O.*, 1987, Hb Staatsrecht, § 26, Rn. 5.

neben administrativen auch legislative Funktionen gehören.[22] Die Verteilung der Aufgaben erfordert die Koordination und die Kooperation der Gliedstaaten mit dem Gesamtstaat, die durch eine Territorialkammer oder Ländervertretung institutionell abgesichert ist und durch die Prinzipien der Homogenität und Solidarität gewahrt wird. Voraussetzung für einen Bundesstaat ist weiterhin ein gewisses Maß an Finanzautonomie der Gliedstaaten sowie des Gesamtstaats und die Beteiligung der Gliedstaaten an einer Änderung der Verfassung des Gesamtstaates. Außerdem besteht ein organisierter Konfliktlösungsmechanismus für föderale Streitigkeiten; diese Aufgabe übernimmt häufig ein (verfassungs-)gerichtliches Verfahren.[23]

Das wesentliche Kriterium der Staatlichkeit der Glieder lässt sich in rechtsvergleichender Analyse vielen Bundesstaaten als Gemeinsamkeit entnehmen.[24] Das rechtstheoretische Problem der Doppelstaatlichkeit – d.h. der Staatlichkeit der Gliedstaaten sowie des Bundesstaates – löste bereits *Jellinek* überzeugend: soweit die Herrschaft des Bundesstaates reicht, verlieren die Gliedstaaten ihre Staatlichkeit und fungieren nur noch als Organe der Bundesgewalt. Soweit der Bundesstaat verfassungsgemäß seine staatliche Gewalt ausübt, kann er unmittelbar, d.h. ohne Zwischenschaltung der Gliedstaaten, auf die Bürger einwirken. Auf den Gebieten, die in der Zuständigkeit der Gliedstaaten verbleiben, also der „bundesgewaltfreien Sphäre", behalten diese ihre Staatlichkeit.[25]

---

22 So bereits *Kelsen, H.*, 1925, S. 208f. Die Mitwirkung am bundesstaatlichen Entscheidungsprozess gilt auch in den USA als elementarer Grundsatz der amerikanischen Bundesstaatlichkeit, vgl. *Annaheim, J.*, 1992, S. 61 m.w.N.

23 Zu diesen institutionellen Anforderungen ausführlich *Bothe, M.*, 1977, S. 9-12, und *Wendland, K.*, 1998, S. 26-48. Zu Recht weisen *Bothe* und ihm folgend *Wendland* darauf hin, dass der Begriff des Bundesstaates überwiegend von der untersuchten Rechtsordnung geprägt ist. Daher sind lediglich die genannten institutionellen Anforderungen Grundprinzipien des Bundesstaatlichkeitsbegriffs, nicht aber die feinen Ziselierungen der deutschen Staatslehre in dieser Frage auf ausländische Rechtsordnungen wie etwa der russischen anwendbar. Ausführlich auch aus rechtsvergleichender Sicht zu den Anforderungen an föderative Staaten *Čirkin, W. E.*, 2000.

24 Den Gliedstaaten in der Bundesrepublik Deutschland (Ländern), den Kantonen der Schweiz (Art. 3 Eidgenössische Verfassung vom 18. April 1999, AS 1999, S. 2556-2611, spricht den Kantonen sogar ausdrücklich die Souveränität zu), den Staaten der Vereinigten Staaten von Amerika (siehe hierzu ausführlich *Annaheim, J.*, 1992) sowie den Staaten der Föderation Brasiliens (Art. 1 und 18 Abs. 1 Verfassung vom 5. Oktober 1988) wird Staatlichkeit zuerkannt. Für Kanada ebenso *Tremblay, A.*, 1993, S. 146.

25 *Jellinek, G.*, 1913/1959, S. 769-774.

Ein Bundesstaat kann idealtypisch auf zwei Arten entstehen: ein „Bundesstaat von unten" entsteht durch den freiwilligen Zusammenschluss zunächst unabhängiger Staaten, wie im Fall der Gründung der Vereinigten Staaten von Amerika mit der Verfassung von 1787 oder der Gründung des Deutschen Reiches 1867/1871. Ein „Bundesstaat von oben" entsteht im Zuge der Umwandlung eines Einheitsstaates; Anfang einer solchen Entwicklung ist meistens die Dezentralisierung des Einheitsstaates. Als Beispiele hierfür kann der Prozess der Föderalisierung in Belgien dienen. Der belgische Einheitsstaat wurde in einem 23-jährigen Prozess, der 1970 mit der Bildung von (Sprach-)Gemeinschaften mit beschränkter Kompetenz begonnen wurde, in einen föderativen Staat umgewandelt (Verfassung vom 14. Juli 1993). Auch Spanien scheint auf dem Weg von einem Einheitsstaat zu einem Bundesstaat zu sein.[26]

Bei einer „Föderalisierung von unten" übertragen die Teilstaaten als ursprüngliche Träger der Souveränität diese zunächst per Vertrag auf den Gesamtstaat. Nach *Kelsen*[27] und *Lauterpacht*[28] entstehen föderale Staaten typischerweise in zwei Schritten: zwei oder mehr Staaten schließen zunächst einen Vertrag, in dem sie einem Organ der Gemeinschaft Vollmachten über sich und ihre Bürger verleihen. Im zweiten Schritt nehmen sie eine Verfassung an, die die Kompetenzen der Föderation und ihrer Gliedstaaten festlegt. In diesem Moment verlieren sie ihre völkerrechtliche Souveränität und damit ihre Völkerrechtssubjektivität; der völkerrechtliche Staatenbund wandelt sich in einen Bundesstaat. Die Gliedstaaten behalten aber ihren verfassungsrechtlichen Staatscharakter, soweit sie zumindest noch teilweise die typischen Funktionen eines Staates (Legislative, Exekutive und Judikative) innehaben.[29] Der Vertrag könnte noch einseitig durch eine Vertragspartei, einem der Gliedstaaten oder dem Gesamtstaat, gekündigt werden, falls er eine Kündigungsklausel enthält. Die Verfassung des Gesamtstaates kann hingegen nur noch im Einvernehmen zwischen Gliedstaaten und Gesamt-

---

26 Vgl. *Wendland, K.*, 1998, die den Titel ihrer Arbeit „Spanien auf dem Weg zum Bundesstaat?" mit einem Fragezeichen versieht.

27 *Kelsen, H.*, 1966, S. 260.

28 *Lauterpacht, H. und Oppenheim*, 1955, S. 175.

29 *Kelsen, H.*, 1952, S. 170. *Pustogarov* meint, dass nach der herrschenden Lehre in der Föderalismustheorie sämtliche Föderationen auf diese Weise entstanden seien (*Pustogarov, V. V.*, 1992, S. 5); zu Recht kritisch hierzu *Tolstych, V. L.*, 1997, S. 6f., der darauf hinweist, dass die Entstehung einiger Föderationen durch Dissoziierung, wie etwa Belgien und die RF, so nicht erklärt werden kann.

staat geändert werden. Damit verlieren die Gliedstaaten das Recht, einseitig aus dem Bundesstaat auszuscheiden. Gründungsdokument ist damit in jedem Fall die Verfassung des Gesamtstaates. Aufgrund ihres verfassungsrechtlichen Staatscharakters besitzen die Gliedstaaten zwar Verfassungsautonomie; diese ist aber durch die Homogenitätsanforderung der Gesamtverfassung begrenzt. Ist die Föderation hingegen durch den Umbau eines Einheitsstaates in einen föderativen Staat „von oben" entstanden, ist die Föderation als ursprünglicher Träger der Staatsgewalt zu verstehen. Sie hat ihre Kompetenzen mit den Gliedstaaten qua Verfassung auf die Gliedstaaten teilweise übertragen. Sowohl die aus einem Staatenbund entstehende wie auch die aus der Dezentralisierung hervorgehende Föderation stellen Idealtypen dar, die in der Staatenpraxis regelmäßig als Mischformen auftreten. Im konkreten Fall kann es daher nur um die Frage gehen, welche der beiden Grundtendenzen überwiegt.

In der *rechtspolitischen* Debatte in der Russländischen Föderation wird häufig auf die Entstehungsgeschichte des Staates verwiesen, um Forderungen der Gliedstaaten oder des Zentrums zu begründen. Die vermeintlich vertragliche Fundierung der Föderation durch einen Föderationsvertrag und nicht durch die Verfassung wird herangezogen um zu betonen, dass ebendieser Vertrag von beiden Seiten einseitig gekündigt werden könne. Dies impliziert nicht nur ein Nachverhandlungsrecht einzelner Republiken gegenüber der Föderation, sondern – in der Konsequenz – auch das Recht auf ein Ausscheiden aus dem Gesamtstaat. Die Stichhaltigkeit dieser Behauptung wird weiter unten untersucht werden; dessen ungeachtet sollte bei der Konfliktlösung beachtet werden, dass die Integrität eines Bundesstaates dann am besten geschützt wird, wenn die divergierenden Interessen der Gliedstaaten und des Gesamtstaats durch Anhörungs- und Beteiligungsrechte oder Koordinationspflichten der Beteiligten in Ausgleich gebracht werden.

2 Die Souveränität im Bundesstaat

Wie bereits erwähnt ist die Doppelstaatlichkeit ein Wesensmerkmal des Bundesstaates. Diese Staatlichkeit ist von der *Souveränität* der Staaten zu unterscheiden, die sich in die innere und äußere Souveränität gliedert. Die

Existenz nichtsouveräner Staaten hat in Deutschland *G. Meyer* bereits 1872 herausgearbeitet und damit die Voraussetzungen für die gleichzeitige Staatlichkeit von Gesamt- und Gliedstaat erarbeitet.

Von *G. Jellinek* stammt die in der deutschen Staatslehre noch immer geläufige Definition der souveränen Staatsgewalt als der „(...) Gewalt, die keine höhere über sich kennt; sie ist daher zugleich u n a b h ä n g i g e und h ö c h s t e Gewalt".[30] Die innere Souveränität setzt die Verfassungsautonomie und Territorialhoheit des Staates voraus, die äußere Souveränität die Unabhängigkeit des Staates von anderen Staaten. Gerade im Hinblick auf die zunehmende zwischenstaatliche Einbindung „souveräner" Staaten im Rahmen des Völkerrechts wird der Begriff der äußeren Souveränität heute dahingehend verstanden, dass der Staat keiner anderen Rechtsordnung als der des Völkerrechts untersteht.[31] Souverän in diesem Sinne kann nur der Bundesstaat, nicht aber einer seiner Gliedstaaten sein.[32] Letztere sind ja gerade im Bereich der Zuständigkeit des Bundesstaates diesem untergeordnet und haben daher keine höchste Gewalt inne. Im deutschen und angloamerikanischen Schrifttum und in der Verfassungspraxis war die Frage der Souveränität der Föderationsmitglieder insbesondere in den Anfangszeiten einer Föderation heftig umstritten[33]; heute wird der Begriff der Souveränität aber weder in der staatsrechtlichen, noch in der völkerrechtlichen Debatte um die (beschränkte) Völkerrechtssubjektivität der Gliedstaaten herangezogen.[34]

---

30 *Jellinek, G.*, 1913/1959, S. 475; Hervorhebung im Original.

31 *Epping* in *Ipsen, K.*, 1999, § 5, Rn. 7. *Randelzhofer* in *Isensee, J. und P. Kirchhof*, 1995, Hb Staatsrecht, § 15 Rn. 23f., nimmt den Begriff „höchste Gewalt von Rechts wegen" auf. Damit wird das von *Kelsen* aufgezeigte Problem gelöst, dass ein souveräner Staat mit seiner Gleichordnung mit einem anderen Staat durch das von ihm anerkannte und anzuerkennende Völkerrecht seine Souveränität verlöre; *Kelsen, H.*, 1925, §§ 21, 22, insb. S. 104-107, 120.

32 So für die äußere Souveränität *Randelzhofer* in *Isensee, J. und P. Kirchhof*, 1995, Hb Staatsrecht, § 15 Rn. 25 sowie *derselbe* für die innere Souveränität a.a.O., § 15 Rn. 35.

33 Siehe die Nachweise bei *Bothe, M.*, 1977, S. 11f.

34 Bereits *Jellinek, G.*, 1913/1959, S. 769f. hielt fest, dass ein Bundesstaat, dessen Kriterium die Doppelstaatlichkeit ist, nur möglich ist, wenn die Staatlichkeit die Souveränität nicht voraussetzt. Die Gliedstaaten eines Bundesstaates sind nicht souverän, da über ihnen der Bundesstaat zumindest teilweise staatliche Gewalt ausübt. *Kimminich* in *Isensee, J. und P. Kirchhof*, 1995, Hb Staatsrecht, § 26, Rn. 11, 20f., führt aus, dass die Debatte um die Souveränität der Gliedstaaten zwar noch aktuell, aber die Frage gelöst sei. Im Bundesstaat geht es nicht um die Aufteilung der Souveränität, sondern der Kompetenz. *Ders.* auch zur geschichtlichen Entwicklung a.a.O., Rn. 15-21. Für die Schweiz nach der Bundesverfassung von 1874, die ebenso wie die Verfassung von 1999 in Art. 3 aus-

In der russländischen Verfassungspraxis, Verfassungsrechtsprechung und Verfassungslehre spielt der Begriff der Souveränität hingegen eine große Rolle.[35] Die Russländische Föderation ist ein Bundesstaat (Art. 1 VerfRF), deren Souveränität sich gemäß Art. 4 VerfRF auf ihr gesamtes Territorium erstreckt; die föderale Verfassung und ihre Gesetze genießen auf dem gesamten Territorium Vorrang. Die 21 Republiken werden anders als die übrigen 68 Subjekte der Föderation in einem Klammerzusatz als Staaten bezeichnet (Art. 5 Abs. 2 VerfRF). Das Verständnis der Souveränität gleicht dem der deutschen Verfassungslehre; nach der Definition des russländischen Verfassungsgerichts setzt Souveränität im Sinne der Art. 3, 4, 5, 67 und 79 VerfRF „den Vorrang („Verchovenstvo"), die Unabhängigkeit und die Selbständigkeit der staatlichen Gewalt, die Fülle der gesetzgebenden, ausführenden und rechtsprechenden Gewalt des Staates auf seinem Territorium und die Unabhängigkeit in den internationalen Beziehungen (...)" voraus.[36] Auch die russländischen Autoren unterscheiden zwischen der Unabhängigkeit in inneren Angelegenheiten, also der Territorialhoheit sowie der Verfassungsautonomie, und der Unabhängigkeit in internationalen Beziehungen.[37]

Allerdings nutzen die Vertreter der Föderation und ihrer Subjekte die Frage der Souveränität zur rechtspolitischen Auseinandersetzung um die Ausgestaltung der Föderation. Einige Republiken bezeichneten sich in ihren Verfassungen ausdrücklich als „souveräne Staaten" – und knüpften damit an ihre Souveränitätserklärungen aus den 90er Jahren an.[38] So gestalte sich die „Souveränität" der Republik Adygeja gemäß Art. 1 Abs. 2 ihrer Verfassung in der Fassung von 1995 entsprechend der Verfassung der RF, dem Föderationsvertrag und der eigenen Verfassung.[39] Aus dieser „Souveränität" leite-

---

drücklich die Souveränität der Kantone festschreibt, soweit sie nicht durch die Bundesverfassung beschränkt ist, *Eichenberger, K.*, 1990, S. 27.

35 *Čirkin, V. E.*, 2000a, S. 8-11, setzt sich sehr ausführlich, wenn auch kritisch, mit dieser Frage auseinander und kommt zu dem Ergebnis, dass die Souveränität der Gliedstaaten für eine Föderation nicht entscheidend sei.

36 Altay-Entscheidung vom 7. Juni 2000, VKS 2000, Nr. 5, S. 2, Punkt 2.1.

37 Bspw. *Kozlov, A. J.*, 1992, S. 135 und *Kutafin* in *Koslova, E. I. und O. E. Kutafin*, 2000, S. 114 und 120, der allerdings diesen Begriff für die Frage der Staatlichkeit von Gliedstaaten fruchtbar machen will. Ferner *Guliev* in *Topornin, B. N.*, 1997, Kommentar zu Art. 4, S. 105; *Engibarjan, R. V. und E. V. Tadevosjan*, 2000, S. 198.

38 Die einzelnen Souveränitätserklärungen sind unter Fn. 115 aufgeführt.

39 Verfassung vom 10. März 1995. Auch die Verfassungen anderer Republiken (Baschkortostan, Inguschetien, Komi, Nord-Ossetien und Tatarstan) haben die Souve-

ten die Republiken, allen voran Tatarstan, Forderungen auf eine größere Eigenständigkeit gegenüber der Föderation ab. Die Verfassungen mancher Republiken stellten den Vorrang der Verfassung und der Gesetze der Föderation auf ihrem Territorium in Frage; andere erhoben auch Anspruch auf eine eigenständige Außenpolitik.

Mit den entsprechenden Bestimmungen setzte sich das russländische Verfassungsgericht in seinem Beschluss vom 27. Juni 2000 auseinander.[40] Das Gericht stellte klar, dass sich aus der Bezeichnung der Republiken in der Verfassung der RF als „Staat" nicht ihre Souveränität ableiten ließe. Verfassungsrechtlich unterstünden sie der Territorialhoheit der Föderation und seien damit nicht souverän. Auch die äußere Souveränität fehle, da sie gerade einem Staat – der Föderation – untergeordnet und damit nicht unabhängig seien. Die Bezeichnung als „Staat" „reflektiere vielmehr bestimmte Charakteristika ihres verfassungsrechtlichen Status' in Zusammenhang mit Faktoren historischen, nationalen und anderen Charakters".[41]

Als vorläufiges Ergebnis lässt sich an dieser Stelle festhalten, dass das russländische Verfassungsgericht den Subjekten die Souveränität abspricht[42], ihnen aber dennoch Staatlichkeit einräumt. Außerdem sieht es die Souveränität der Subjekte nicht als Voraussetzung für die Existenz einer Föderation an. Auf die weitere Bedeutung der Souveränität wird in anderem Zusammenhang in Kapitel 3 und 4 zurückzukommen sein.

---

ränität ausdrücklich erwähnt. Diese Vorschriften hat das russländische VerfG in seinem Adygeja-Beschluss vom 27. Juni 2000 (VKS 2000, Nr. 5, S. 59) für verfassungswidrig erklärt. Hierzu weiter unten ausführlicher.

40 A.a.O. In dieser Entscheidung geht das Gericht auch auf die Frage der Völkerrechtssubjektivität der Republiken ein, die in Kapitel 4 erörtert wird.

41 VerfG, VKS 2000, Nr. 5, S. 59ff. unter 2.1.

42 In seinem Beschluss vom 6. Dezember 2001 über die Auslegung seines Beschlusses vom 19. April 2001 auf Anfrage des Präsidenten der Republik Baschkortostan, SZRF 2002, Nr. 4, Pos. 374, bestätigt das Gericht erneut ausdrücklich unter 3.1., dass die Souveränität der RF qua Verfassung die Souveränität der Subjekte ausschließe. Die am 3. Dezember 2002 nach intensiven Debatten angenommene neue Verfassung Baschkortostans bezeichnet die Republik nicht mehr als souverän.

2. Kapitel: Geschichtliche Entwicklung der territorialen Ordnung Russlands

In knappen Zügen soll nun die Entwicklung der territorialen Ordnung Russlands dargestellt werden, soweit dies für das Verständnis des aktuellen föderalen Aufbaus Russlands erforderlich ist. Hierbei darf die Bedeutung der ethnischen Spannungen innerhalb Russlands, des Nationalitätenproblems, nicht unterschätzt werden. Einerseits waren die föderativen Ansätze bereits im Staatsaufbau des zaristischen Russlands und anschließend auch der Sowjetunion dem Bemühen um eine Lösung des Nationalitätenkonfliktes geschuldet – es sollte sich nicht lediglich um eine administrative Einteilung des Gebietes handeln. Andererseits wurde die Nationalitätenfrage in anderen innenpolitischen Konflikten immer wieder als Trumpf ausgespielt. Um die Nationalitäten beim Kampf gegen das Zarenregime auf ihre Seite zu ziehen, verhießen ihnen die Bolschewiki die „Befreiung aus dem Völkergefängnis" Russland. Für die regierenden Kommunisten war die Gleichberechtigung der Nationalitäten allerdings nicht mehr vorrangig – zu Zeiten der Sowjetunion wurden föderale Ansätze nicht nur auf Unions-, sondern auch auf Republikebene zurückgedrängt.[43] Auch bei dem Machtkampf zwischen *Michail Gorbačev* als Präsident der Sowjetunion und *Boris Jelzin* als Präsident der RSFSR im Laufe des Jahres 1990 sowie bei den Auseinandersetzungen auf Föderationsebene im Jahr 1992 zwischen *Jelzin* und dem damaligen Parlament, dem Kongress der Volksdeputierten, versprach *Jelzin* den Republiken eine Stärkung ihrer Position, um diese für sich zu gewinnen. Die nachfolgende Verfassung erfüllte dann allerdings nicht die hohen Erwartungen der Republiken. Seit der Wahl *Putins* zum Präsidenten der Russländischen Föderation sind starke Rezentralisierungstendenzen zu beobachten.

[43] So auch *Muksinow, I.*, 1992, S. 35-37.

1 Die Situation vor 1917

Das zaristische Russland war ungeachtet seiner multinationalen Prägung durch die Expansion des Moskauer Reiches, das Mitte des 17. Jahrhunderts die jetzige Ausdehnung Russlands weitgehend erreicht hatte, ein zentralistischer Einheitsstaat.[44,45] Eine Ausnahme bildeten nur die Verwaltung des Großfürstentums Finnland[46], des Herzogtums Polens, des ukrainischen Hetmanats, die lange Zeit eine weitgehende Autonomie genossen, und einiger zentralasiatischer Emirate auf Grundlage eines eher losen Protektorats. Kleinste administrative Einheit des russischen Kernlandes war das Dorf („Sselo"), das mit mehreren Dörfern zur Landgemeinde („Volosti") zusammengeschlossen war. Mehrere Landgemeinden gehörten zu einem Landkreis („Ujesd"), die wiederum die Gouvernements („Gubernija") bildeten, in denen die von der Zentrale eingesetzten Gouverneure wirkten. Die Einteilung in Gouvernements ging auf Zar *Peter den Großen* zurück. Eine Sonderstellung hatten die Städte, die entweder direkt dem Gouvernement oder den Landkreisen unterstellt waren.[47]

Innerhalb dieses Einheitsstaates genossen die einzelnen Nationalitäten eine gewisse Autonomie, in deren Rahmen sie ihre Eigenheiten behalten konnten. Die vom Zentrum eingesetzten Statthalter mischten sich wenig in die Angelegenheiten der Nationalitäten ein, waren aber durchaus in der Lage, im gesamtstaatlichen Interesse jede Form von Separatismus zu unterbinden.[48] Russlandweit entlud sich im 17. und 18. Jahrhundert die Unzu-

---

44 Art. 1 Verfassung von 1906, lautet: „Der Russische Staat ist einheitlich und unteilbar."; deutsch in *Dennewitz, B. und B. Meißner*, 1947, S. 154.

45 Zur Zusammensetzung des russischen Reiches und der Eroberungspolitik ausführlich *Kappeler, A.*, 1996, S. 19-39, m.w.N. Zu Beginn des 19. Jahrhunderts war im Zusammenhang mit den damaligen Verfassungsplänen teilweise eine föderale Umgestaltung des Reiches erwogen, letztlich aber abgelehnt worden, *Meissner, B.*, 1996, S. 41f. m.w.N. Ausführlich zu den regionalpolitischen Bestrebungen unter Nennung der Hauptakteure *Heinemann-Grüder, A.*, 2000, S. 57-69.

46 Die Verfassung von 1906 hob die Sonderrechte Polens und der Ukraine auf. Die Sonderrechte Polens wurden bereits nach den polnischen Aufständen 1830/1831 und 1863/64 abgebaut. Nur Finnland wurde in Art. 2 weiterhin ein Sonderstatus zugestanden: „Das Großfürstentum Finnland, welches einen untrennbaren Teil des Russischen Staates bildet, wird in seinen inneren Angelegenheiten durch besondere Institutionen auf Grund einer besonderen Gesetzgebung verwaltet."

47 *Meder, W.*, 1971, S. 56. Ausführlich ferner *Dennewitz, B. und B. Meißner*, 1947, S. 105f.

48 *Avakjan, S.*, 1995, S. 9. Zu einer ähnlichen Einschätzung gelangt auch *Kappeler, A.*, 1996, S. 28.

friedenheit der Nationalitäten in Volkserhebungen. Schwerpunkte regionalpolitischer Bestrebungen in unterschiedlichem Ausmaß waren die Randgebiete, Sibirien und vor allem der Kaukasus, in dem Russland seit Ende des 18. Jahrhunderts bis 1864 Krieg gegen die muslimischen Bergvölker führte.[49]

2 Die RSFSR von 1917 bis 1924

Nach der Oktoberrevolution blieb die Nationalitätenfrage und damit auch die Frage der territorialen Ordnung Russlands aktuell. Gerade die Bolschewiki hatten im zaristischen Russland die Stärkung der Nationalitäten bis hin zur möglichen, allerdings als unzweckmäßig erachteten Abtrennung einiger Republiken auf ihre Fahne geschrieben. Sie versprachen den Nationalitäten die Autonomie in einem demokratisch zentralisierten Einheitsstaat. Zur Eindämmung der Separationsbestrebungen der Nationalitäten ließ sich *Vladimir Lenin* für die Idee des Föderalismus in einer Übergangsphase gewinnen.[50] Angelegt war das nationalitäten-politische Programm der Bolschewiki aber auf eine „völlige Einheit der Werktätigen verschiedener Nationen“[51] – der Untergang der Klassen sollte auch zum Verschwinden der Nationalitätenprobleme führen.[52]

Die Bolschewiki widmeten nach der Machtergreifung eine der ersten Deklarationen der Frage der Nationalitäten. Unmittelbar nach der sog. Oktoberrevolution, am 2. (15.) November 1917, verabschiedete die Sowjetregierung unter *Lenin* mit dem Nationalitätenkommissar *Josef Stalin* die „Deklaration der Rechte der Völker Russlands“[53], die neben der Gleichheit und Souveränität aller Völker Russlands auch deren Recht auf freie Selbstbe-

---

49 *Kappeler, A.*, a.a.O., S. 34 m.w.N., *Heinemann-Grüder, A.*, a.a.O., S. 55-69.

50 *Meissner, B.*, 1996, S. 42f. mit Verweis auf Lenins, am Vorabend der Oktoberrevolution verfassten Schrift „Staat und Revolution“, russisch in *Vyšinskij, A. J.*, 1938, S. 18-53; deutsch in *Lenin, W. I.*, 1960, S. 397-506. Zur Auseinandersetzung um die föderale Ausgestaltung der Verfassung s.a. Meissner, ebd., S. 44f.

51 *Lenin*, Ursprünglicher Entwurf der Thesen zur nationalen und zur kolonialen Frage, in *Lenin, W. I.*, 1959, S. 135.

52 Hierzu mit weiteren Nachweisen *Schweisfurth, T.*, 1979a, S. 779.

53 Abgedruckt in *Vyšinskij, A. J.*, 1938, S. 281f. sowie No. 4 Gazety Vremennogo Raboče-go i Krest'janskogo Pravitel'stva vom 16. (3.) November 1917; deutsch in *Schützler, H. und S. Striegnitz*, 1987, S. 67-69. Zum Ganzen instruktiv *Meissner, B.*, 1996, S. 44-49.

stimmung bis zur Abtrennung und Bildung eines selbständigen Staates enthielt. Dieser Aufforderung folgten die meisten nicht-russischen Völker, indem sie auf dem Gebiet des ehemaligen Russischen Reiches bis zu vierzig national-territoriale Einheiten, bspw. die baltischen, den ukrainischen oder die kaukasischen unabhängigen Nationalstaaten bildeten.[54] In der auf dem 3. Gesamtrussischen Kongress der Arbeiter-, Soldaten- und Bauerndeputierten am 12. (25.) Januar 1918 angenommenen „Deklaration der Rechte des werktätigen und ausgebeuteten Volkes" hieß es:

> „Die Sowjetische Russländische Republik wird aufgrund eines freien Bündnisses freier Nationen als Föderation sowjetischer nationaler Republiken geschaffen."[55]

In die Bezeichnung „Russische Sozialistische Sowjetrepublik – RSSR" wurde ein „F" für „Russländische Sozialistische Föderative Sowjetrepublik – RSFSR" eingefügt. Die genauere Ausgestaltung dieser Föderation – Beteiligung der Republiken an der Föderation, Abgrenzung der Vollmachten etc. – verwies die Deklaration „Über die föderativen Einrichtungen der Russländischen Republik" vom 15. (28.) Januar 1918 an das Gesamtrussische Zentrale Exekutivkomitee und die Zentralen Exekutivkomitees der Republiken.[56] Art. 1 dieser Deklaration wiederholte im Übrigen: „Die Russländische Sozialistische Sowjetrepublik wird auf der Grundlage eines freiwilligen Zusammenschlusses der Völker Russlands als Föderation der Sowjetrepubliken dieser Völker begründet."

Die erste Verfassung der RSFSR vom 10. Juli 1918[57], die die Deklaration in ihren Art. 1-8 wortgleich wiederholte, gestaltete die Idee des „Sowjetföderalismus" konkreter aus. Um den ethnischen Minderheiten in Russland die Angst vor einer russischen Dominanz zu nehmen, sah sie die Möglichkeit des Zusammenschlusses von Gebieten vor, deren Bewohner sich durch ihre besondere Lebensweise und ihre nationalen Zusammensetzung auszeichne-

---

54 Vgl. hierzu ausführlich *Meissner*, 1994, S. 164-171.

55 2. Unterpunkt des 1. Punktes; Sobranie izakonij i rasporjaženij raboče-krest'janskogo pravitel'stva RSFSR 1918, No. 15, Pos. 215; abgedruckt in *Vyšinskij, A. J.*, 1938, S. 355-357.

56 Punkt 7 der Deklaration, abgedruckt in *Vyšinskij, A. J.*, 1938, S. 363f. Die Deklaration wurde nach einer Rede des damaligen Nationalitätenkommissars *Stalin* angenommen. Siehe auch *Avakjan, S.*, 1995, S. 9ff.

57 Sobranie izakonij i rasporjaženij raboče-krest'janskogo pravitel'stva RSFSR 1918, Nr. 51, Pos. 582; deutsch in *Dennewitz, B. und B. Meißner*, 1947, S. 164-179.

ten. Diese als „Autonome Republiken“ oder „Autonome Gebiete“ bezeichneten Regionen, die der RSFSR „auf der Grundlage der Föderation“ beitreten sollten, hatten einen eigenen Sowjetkongress und eigene ausführende Organe, genossen also eine gewisse Autonomie.[58] Beispiele waren die Autonome Republik der Wolgatataren und die der Wolgadeutschen.[59,60] Das Territorialprinzip, das die Autonomie an ein bestimmtes Siedlungsgebiet anknüpfte, folgte dem vor allem von *Stalin* verfochtenen Verständnis der Nation als einem Territorial- und nicht Personalverband. Es benachteiligte verstreut siedelnde Minderheiten wie etwa die Juden, die Deutschen und die Polen.[61]

In der Zeit bis 1922 wurden Gebiete („Oblast“) gebildet, die als Zwischeninstanz zur Zentrale mehreren Gouvernements übergeordnet werden sollten – ein Aufbau, der in der derzeitigen Debatte um die Umstrukturierung des Föderalismus erneut eine Rolle spielt. Später wurden die Oblaste verkleinert und die Gouvernements als Zwischenstufe ganz aufgelöst. Die Landkreise und -gemeinden wurden in Bezirke („Rayon“) umgewandelt.

Im Überblick betrachtet ergibt sich, dass durch die Stärkung der Zentralgewalt bereits kurz nach der Revolution zumindest der russisch besiedelte Teil nicht mehr in einem föderalen, sondern in einem einheitsstaatlichen Sinne regiert wurde.[62]

---

58 Art. 11 Verfassung RSFSR vom 10. Juni 1918: „Die Sowjets der Gebiete, die sich durch eine besondere Lebensweise und nationale Zusammensetzung auszeichnen, können sich zu autonomen Gebietsverbänden zusammenschließen (...). Diese autonomen Gebietsverbände gehören der RSFSR auf der Grundlage der Föderation an“. Russisch in *Vyšinskij, A. J.*, 1938, S. 426.

59 Den Bolschewiki war sehr an dem Prinzip der „nationalen Abgrenzung“ gelegen: Pläne einer Wolga-Ural-Republik, zu der u.a. auch Tschuwaschen und Mordwinen stoßen wollten, wurden zugunsten eigener autonomer Republiken verworfen; *Kappeler, A.*, 1996, S. 36.

60 Zu den Nationalitäten in den Zeiten der Revolution und des Bürgerkrieges gibt *Kappeler, A.*, a.a.O., S. 35-39 einen kurzen Überblick; er weist darauf hin, dass die Baschkiren bereits im März 1919 die erste autonome Republik der RSFSR gegründet haben. Zu den weiteren Gründungen autonomer Republiken und Gebiete *Meissner, B.*, 1996, S. 47.

61 *Meissner, B.*, 1996, S. 42-44.

62 *Meder, W.*, 1971, S. 111f.

3 Die Gründung der UdSSR 1923/1924 und die Verfassung der RSFSR von 1925

Mit der Gründung der Union der Sozialistischen Sowjetrepubliken wurde der verfassungsrechtlichen Entwicklung Russlands ein enger Rahmen gesteckt. Die „Deklaration über die Bildung der Union“[63] und der „Unionsvertrag„ vom 31. Dezember 1922[64], der noch starke staatenbündische Elemente enthielt, wurden nach einer Überarbeitung am 31. Januar 1924 vom II. Sowjetkongress der UdSSR als Verfassung der UdSSR[65] verabschiedet.[66] Erstere stellte fest, dass die UdSSR lediglich eine Vorstufe zur Gründung einer Union aller sozialistischen Sowjetrepubliken weltweit sei, letztere war das institutionelle Organisationsstatut der gegründeten Union. Wenn es sich auch formal um eine Föderation handelte, in der die Republiken Träger aller Hoheitsrechte waren, soweit diese nicht der Union übertragen worden waren, zeichnete sich die Verfassungswirklichkeit durch zahlreiche Durchbrechungen dieses Grundsatzes aus. Die Verfassung hatte der Union selbst in einem verhältnismäßig weiten Bereich Kompetenzen – insbesondere im Bereich der auswärtigen Gewalt – zugeordnet und enthielt im Übrigen organisationsrechtliche Vorschriften für die Republiken. Insgesamt wurde die Stellung der Republiken erheblich geschwächt.

Der Forderung nach einer Anpassung der Republiksverfassungen an die Unionsverfassung nachkommend (vgl. Art. 5 Verf. UdSSR 1924) erließ die RSFSR am 11. Mai 1925 eine neue Verfassung, die die RSFSR nur noch teilweise föderal gliederte. Während die von der russischen Bevölkerung bewohnten Gebiete, die den größten Teil ausmachten, als Einheitsstaat mit

63 Abgedruckt in *Studenikin, S. S.*, 1957, S. 392ff.

64 Abgedruckt in *Studenikin, S. S.*, 1957, S. 394ff. Durch den Unionsvertrag schlossen sich die RSFSR, die Ukrainische Sozialistische Sowjetrepublik, die Weißrussische Sozialistische Sowjetrepublik sowie die Transkaukasische Republik (Armenien, Georgien, Aserbaidschan) zusammen. Nach Annahme der Verfassung der UdSSR wurde dieser Vertrag in den Republiken diskutiert, einschneidend (statt 24 nunmehr 72 Artikel) verändert und zum Bestandteil der Verfassung gemacht. Vgl. hierzu *Muksinow, I.*, 1992, S. 34.

65 Vestnik CIK, SNK i STO Sojuza SSSR (Gemeinsames Gesetzes- und Verordnungsblatt der Vertragsrepubliken vor formeller Errichtung der UdSSR) 1924, Nr. 2, Pos. 24.

66 Zu Einzelheiten der Verfassung und für einen Überblick über ihre Entstehung siehe *Meder, W.*, 1971, S. 98-106 sowie *Meissner* in *Fincke, M.*, 1983, Hb Sowjetverfassung, E IV e, S. 95-97 m.w.N.

rein administrativer Aufteilung verwaltet wurden,[67] gestand sie den überwiegend nicht-russisch besiedelten Territorien als *Autonomen Republiken oder Gebieten* (Art. 44 VerfRSFSR 1925) eine beschränkte nationale Autonomie zu. Diese Autonomie bezog sich insbesondere auf kulturelle Rechte bzgl. des Bildungs- und Erziehungswesens (Art. 47) und hatte vor der Zuwanderung russischer Bevölkerungsteile in die bis dahin ethnisch häufig noch strikt abgrenzbaren Gebiete große Bedeutung. Im Gegensatz zu den übrigen Einheiten konnten sich die Republiken eine Verfassung geben, die allerdings ebenso wie die Statuten der Autonomen Gebiete der Zustimmung der Zentralgewalt bedurften (Art. 44 Abs. 2).

4 Die Verfassung der UdSSR von 1936 und die Verfassung der RSFSR von 1937

Die Verfassung der UdSSR von 1936[68] wurde vor dem Hintergrund des Nationalbolschewismus Stalins, der die Überlegenheit der russischen Nation über die anderen sozialistisch geprägten Nationen propagierte[69], ausgearbeitet.[70] Nach Art. 13 der Verfassung waren die Unionsrepubliken zwar weiterhin gleichberechtigt, faktisch aber nahm die RSFSR gegenüber den anderen Unionsrepubliken und die russische Sprache gegenüber den sonstigen Sprachen eine hervorgehobene Stellung ein.[71] Neben den Unionsrepubliken blieben noch den jeweiligen Unionsrepubliken zugeordnete autonome Republiken sowie autonome Gebiete und nationale Oblaste bestehen, um den zahlenmäßig kleineren Völkern der UdSSR ein gewisses Maß an Selbstbestimmung zu gewähren. Die Verfassung der UdSSR regelte ebenfalls Grundzüge der staatlichen Organisation der autonomen Republiken, insbesondere die Aufgaben des Obersten Sowjets der Republiken (Art. 89-93), während die Verfassung keine Vorschriften für die Abgrenzung der

---

67 Art. 49 nennt Land, Gebiet, Gouvernement, Provinz, Kreis, Rayon oder Amtsbezirk.

68 Verfassung vom 5. Dezember 1936, Isvestija CIK SSSR i VCIK 1936, S. 283. Deutsch in der Fassung vom Februar 1955 in *Maurach, R.*, 1955, Hb Sowjetverfassung.

69 S. hierzu *Meder, W.*, 1971, S. 224-226.

70 Zur Entstehungsgeschichte s. *Maurach, R.*, 1955, Hb Sowjetverfassung, Einl. III, S. 32-38.

71 Siehe für einen Überblick *Meder, W.*, 1971, S. 228-256, insbesondere S. 232-236. Außerdem *Meissner, B.*, 1996, S. 50-53.

Kompetenzen zwischen den Autonomen und den Unionsrepubliken vorsah. Die Organe der Unionsrepubliken hatten das Recht, Verordnungen und Beschlüsse der Autonomen Republiken zu suspendieren (Art. 82), so dass ihre Stellung weitestgehend derjenigen der übrigen Einheiten gleichgestellt war. Anders als den Unionsrepubliken (Art. 15) räumte die Verfassung den Autonomen Republiken keine, auch nicht eine begrenzte Souveränität ein. Im Gegensatz zu den übrigen Verwaltungseinheiten gaben sich die Autonomen Republiken aber eine Verfassung, wodurch ihre Staatsqualität betont werden sollte[72] – eine Unterscheidung, die noch in der derzeitigen Verfassungsdiskussion eine Rolle spielt. Die tatsächliche Abhängigkeit der Autonomen Republiken im Bestand einer Unionsrepublik von der UdSSR zeigt sich deutlich in der Auflösung mehrerer Autonomer Republiken durch Verordnungen des Obersten Sowjets der UdSSR im Laufe des Zweiten Weltkrieges und unmittelbar danach (bspw. die ASSR der Wolgadeutschen, der Kalmükken und der Tschetschenen-Inguschen).[73]

Ebenso wie die Verfassung der UdSSR von 1924 zählte die Verfassung von 1936 die Zuständigkeit der Union, insbesondere wiederum auf dem Gebiet der auswärtigen Gewalt, abschließend auf (Art. 14), während die Restkompetenzen bei den Unionsrepubliken blieben (Art. 15). Durch die Erweiterung dieses Kataloges wurden die Vollmachten der Republiken im Vergleich zur Verfassung von 1924 noch weiter beschnitten. Die Unionsrepubliken genossen zwar formell Verfassungsautonomie (Art. 16), diese lief allerdings wegen der weitreichenden Bestimmungen der Unionsverfassung über den Staatsaufbau der Unionsrepubliken (Art. 79 – 88) und wegen der politischen Vorgaben der Zentralorgane der UdSSR weitestgehend leer. In der Verfassungswirklichkeit höhlte die Anwendung des Grundsatzes „Uni-

72 Die Staatsqualität der Republiken war in der sowjetischen Lehre unbestritten; *Maurach*, R., 1955, Hb Sowjetverfassung, Erl. 3 zu Art. 89, S. 253, verneint die Staatsqualität der Autonomen Republiken mit dem Hinweis darauf, dass aufgrund der eingeschränkten Souveränität der Unionsrepubliken bereits deren Staatsqualität äußerst fragwürdig gewesen sei. Die Einschränkung der Territorialhoheit der Autonomen Republiken als einem konstituierenden Element des Staates, etwa bei der einseitigen Auflösung einzelner Autonomer Republiken durch die Unionsrepublik, spreche ebenso gegen ihre Staatsqualität wie die Tatsache, dass ihre Verfassungen erst nach der Bestätigung durch die Unionsrepublik in Kraft treten konnte. Sie verfügten damit auch nicht über die Staatsgewalt.

73 S. hierzu auch *Maurach*, R., 1955, Hb Sowjetverfassung, Erl. 2 zu Art. 123 und Erl. 4 d zu Art. 22.

onsrecht bricht Recht der Unionsrepubliken" auch auf kompetenzwidrig erlassene Unionsrechtsakte zunehmend die den Unionsrepubliken verbliebenen Zuständigkeiten aus.[74] Die Grundvoraussetzung für einen föderativen Staatsaufbau – die eigenständige Wahrnehmung der Staatsgewalt durch die Gliedstaaten – war nun auch de jure nicht mehr gewährleistet.

Hiervon stellte auch der durch eine Verfassungsänderung am 1. Februar 1944 eingefügte Art. 18 a keine Ausnahme dar, der allen Unionsrepubliken das Recht einräumte, „unmittelbare Beziehungen zu auswärtigen Staaten aufzunehmen, mit ihnen Abkommen zu schließen und diplomatische sowie konsularische Vertreter auszutauschen". Während die Verfassung und ihre Durchführungsvorschriften den Republiken auf dem Papier das aktive und passive Gesandtschaftsrecht und die völkerrechtliche Handlungsfähigkeit zugestand, wurde dies mit Ausnahme der Einzelmitgliedschaft der Ukraine und Weißrusslands in den VN in der Praxis de facto nicht mit Leben gefüllt. Gerade diese Mitgliedschaft, die zu einer Erhöhung ihrer Stimmenanzahl führte, war von der UdSSR angestrebt.[75] Auch innerhalb der VN führten die beiden „privilegierten" Unionsrepubliken keine eigenständige Außenpolitik.

Die Verfassung der *RSFSR* vom 21. Januar 1937 lehnte sich ebenso wie die Verfassungen der anderen Unionsrepubliken insbesondere hinsichtlich des Staatsaufbaus in vielen Teilen an die Unionsverfassung an.[76] In Art. 14 zählte sie die Autonomen Republiken und sonstigen Gebietseinheiten auf, die Bestandteil der RSFSR waren, ohne auf ihren – angeblichen freien – Zusammenschluss hinzuweisen. Während die Autonomen Republiken unmittelbar der RSFSR unterstellt waren, gehörten die an sich dezentralisierten

---

74 *Meder, W.*, 1971, S. 236.

75 Siehe hierzu die Darstellung *V.M. Molotov*, Volkskommissar des Auswärtigen, auf der 10. Versammlung des Obersten Sowjets am 1. Februar 1944, zu der Reorganisation der Volkskommissariate der Landesverteidigung des Auswärtigen (Bericht abgedruckt in *Farner, K. H.*, 1945). Die erwähnte Ermächtigung der Sowjetrepubliken, selber inter nationale Verträge abzuschließen und damit eine eigene Außenpolitik zu betreiben, stellte *Molotov* in seiner Rede als weiteren Schritt zur Lösung des immer noch existenten Nationalitätenproblems dar. Zur völkerrechtlichen Seite s.a. *Hazard, J. N.*, 1987, EPIL 10, S. 420f. Ausführlich zum ganzen *Maurach, R.*, 1955, Hb Sowjetverfassung, Erl. zu Art. 18 a.

76 Diese Tatsache sieht *Meder, W.*, 1971, S. 235, als einen weiteren Beweis für die faktisch kaum vorhandene Verfassungsautonomie der Unionsrepubliken an. Tatsächlich geht der Umfang der Übereinstimmung weit über das durch das Prinzip der Homogenität gebotene Maß hinaus.

Verwaltungseinheiten der Autonomen Gebiete (avtonomnyje oblasti) und Nationalen Bezirke (nacionalnye okrugi) den streng zentralistischen Verwaltungsregionen (Kraij) und Gebieten (Oblast) an.[77] Nach der sowjetischen Lehre hatten die Autonomen Republiken das Recht der legislativen und administrativen Autonomie innerhalb ihres Zuständigkeitsbereiches. Faktisch wurde dies allerdings durch die bereits oben erwähnte Möglichkeit, die Beschlüsse der Organe der Autonomen Republiken aufzuheben, entwertet.[78]

Zusammenfassend lässt sich festhalten, dass weder auf Unions-, noch auf der Ebene der RSFSR von einem föderalen Staatsaufbau mit eigenen Rechten der Untergliederungen gesprochen werden kann. Auf Unionsebene trug hierzu der bereits oben erwähnte Vorrang selbst des kompetenzwidrig ergangenen Unionsrechts vor dem Recht der Republiken bei.[79] Auf Föderationsebene konnten die administrativen und legislativen Akte der Gebietseinheiten durch die Föderation aufgehoben werden. Verstärkt wurde diese Machtkonzentration durch die zentralistisch aufgebaute Einheitspartei der KPdSU. Die Ansätze für einen föderalen Umbau des zaristischen Einheitsstaates in den ersten Jahren nach der Revolution wurden in der Zeit der Stalin-Verfassung nicht nur auf der Ebene der Union, sondern erst recht auf der Ebene der RSFSR als Unionsrepublik fallengelassen.

---

77 Im Einzelnen s. *Maurach*, R., 1955, Hb Sowjetverfassung, Erl. 4 zu Art. 22 sowie zu Art. 89ff, 94 Erl. 1 b.

78 *Maurach*, R., 1955, Hb Sowjetverfassung, S. 123, hält die RSFSR insgesamt entgegen der sowjetischen herrschenden Auffassung nicht für eine Föderation. Unabhängig von der Staatsqualität der Republiken spreche der Staatsaufbau gegen eine Föderation. Die RSFSR sei gerade nicht aus autonomen Formationen zusammengesetzt, sondern sei überwiegend, d.h. insbesondere der russische Teil, zentral regiert worden mit einigen auf dem Staatsgebiet verstreuten mehr oder weniger autonomen Gebilden. Hinzu komme, dass die Föderation die angebliche Staatlichkeit den Republiken nicht nur durch einseitigen Akt zuerkannt habe, sondern sie diese ebenso leicht wieder habe entziehen können.

79 *Muksinow*, I., 1992, S. 36f., nennt weitere rechtliche Maßnahmen, die den Föderalismus beseitigten.

5 Die Unionsverfassung von 1977 und die Verfassung der RSFSR von 1978

Nach dem Tod *Stalins* im März 1953 leitete *Nikita Chruščev* umfassende Verwaltungsreformen ein. Sie zielten auf eine Dezentralisierung einzelner Teile der Verwaltung und fanden in einigen Änderungen der Unionsverfassung von 1957[80] sowie 1962/63[81] ihren Niederschlag: Die Stellung der Unionsrepubliken wurde durch die Übertragung von Kompetenzen der Union auf die Unionsrepubliken und durch die Dezentralisierung des Justizapparates und der inneren Verwaltung gestärkt.[82]

Leonid Brežnev nahm diese Verfassungsänderungen zugunsten einer Rezentralisierung und einer Stärkung des Staatsapparates zurück. Zwar bezeichnete Artikel 20 der auf einer langen Vorbereitungszeit[83] beruhenden Unionsverfassung vom 7. Oktober 1977[84] die UdSSR als einen „einheitlichen multinationalen Bundesstaat"; den in der Volksdiskussion vorgetragenen Vorschlag, die UdSSR in einen Einheitsstaat umzuwandeln, lehnte *Brežnev* hingegen mit dem Hinweis ab, dass trotz der sozial-politischen Einheit des Landes die nationalen Unterschiede keineswegs verschwunden seien.[85] Wesensmerkmal der Verfassung aber war die Schwächung des Sowjetföderalismus unter Beibehaltung einer gewissen Vormachtstellung Russlands, des „großen russischen Volkes" und seiner Sprache. Die Stärkung der zentralistischen Tendenz zeigte sich deutlich in der Kompetenzerweiterung der Union auf Kosten der Republiken im Rahmen einer Generalklausel[86]

---

80 Änderung vom 11. Februar 1957, VVS SSSR 1957, Nr. 4, Pos. 63, 80: Umverteilung von Kompetenzen auf gewissen Gebieten sowie Dezentralisierungsmaßnahmen.

81 Änderung vom 13. Dezember 1962, VVS SSSR 1962 Nr. 50, 529 (überträgt einige Aufgaben von Unions- auf Republiksministerien; vom 19. Dezember 1963, VVS SSSR 1963, Nr. 52, Pos. 551.

82 *Meissner* in *Fincke, M.*, 1983, Hb Sowjetverfassung, S. 102.

83 Zur Ausarbeitung der Verfassung *Meissner* in *Fincke, M.*, 1983, Hb Sowjetverfassung, S. 106-209 m.w.N.

84 VVS SSR 1977, Nr. 41, Pos. 617; deutsch in OER 1978, S. 154-187.

85 *Schweisfurth, T.*, 1979a, S. 779 mit Quellenangabe.

86 Art. 73 Nr. 12 Verf. UdSSR wies die „Entscheidung anderer Fragen von Bedeutung für die gesamte Union" der Union zu und kehrte damit die Kompetenzvermutung zugunsten der Republiken (Art. 76 Abs. 2) um.

sowie der Einfügung des Grundsatzes des „demokratischen Zentralismus"[87] in Art. 3 der Verfassung. Auch die Verfassung von 1977 unterscheidet zwischen den – souveränen – Unionsrepubliken (Art. 76) und den Autonomen Republiken, die Teil einer Unionsrepublik sind. Die Autonomen Republiken verfügten gemäß Art. 82 über die Restkompetenz in den Bereichen, die weder die Union, noch die Unionsrepublik wahrnahmen. Aufgrund der umfangreichen Kompetenzkataloge der UdSSR und der Unionsrepubliken war den Autonomen Republiken eine eigenständige inhaltliche Gesetzgebung weitestgehend versagt; tatsächlich vollzogen sie lediglich die Gesetze der übergeordneten Einheiten nach.[88] Gemäß Art. 86 sollten die Aufgaben der Autonomen Gebiete und Bezirke in einem gesonderten Unionsgesetz geregelt werden.

Die *Verfassung der RSFSR von 1978*[89], die mit zahlreichen grundlegenden Änderungen auch in den Jahren von 1989 bis 1993 fortgalt[90], wiederholte auf Föderationsebene die Entwicklung auf Unionsebene zum konsequenten Ausbau eines zentralistischen Einheitsstaates[91], der nur noch nominell eine Föderation war. Die in der RSFSR vereinten Völkerschaften und Nationen spielten keine eigenständige Rolle, als Träger der Staatsgewalt wird unterschiedslos „das Volk" genannt.[92] Die sich im Bestand der RSFSR befinden-

---

87 Diesem Grundsatz zufolge waren die Entscheidungen der übergeordneten Behörden für die nachgeordneten Behörden verbindlich – offensichtlich unabhängig von der föderalen Kompetenzverteilung.

88 Hierzu ausführlich *H.-J. Uibopuu* in *Fincke, M.*, 1983, Hb Sowjetverfassung, Bd. 2, Art. 82, insbes. Rn. 9, 13.

89 Verfassung vom 12. April 1978, VVS RSFSR 1978, Nr. 15, Pos. 407.

90 Die Verfassungsänderungen lassen sich bei *Frenzke, D.*, 1995, mit Fundstellen verfolgen.

91 *Luchterhandt, O.*, 1992a, S. 155, bezeichnete Russland 1991 als eine nominelle Föderation. *Busygina, I. M.*, 1998, S. 240 nennt die RSFSR eine „Halbföderation", die aber faktisch selbst „lediglich Teil des superzentralisierten und streng einheitlichen totalitären Systems" der UdSSR war. *Četvernin* in *Četvernin, V. A.*, 1997, S. 82 weist darauf hin, dass es in Russland keine föderale Tradition gegeben habe, auf der 1993 hätte aufgebaut werden können.

92 Art. 1 Verf. RSFSR lautet in der Fassung von 1978:
„Die RSFSR ist ein sozialistischer Staat des gesamten Volkes, der den Willen und die Interessen der Arbeiter, (...) der Werktätigen aller Nationen und Völkerschaften der Republik zum Ausdruck bringt."
Art. 2 Abs. 1: „Alle Gewalt in der RSFSR gehört dem Volk." Übersetzung von *Frenzke, D.*, 1995, S. 54.

den Autonomen Republiken wurden zwar als „sozialistische Sowjetstaaten" angesehen (Art. 78 Abs. 1 Verf. RSFSR 1978), die sich eigene Verfassungen gaben (Art. 78 Abs. 3 Verf. RSFSR 1978) und über eigenständige Gesetzgebungskompetenzen verfügten. Insofern unterschieden sie sich von den Autonomen Bezirken und Gebieten sowie den Regionen (Satzungsrecht). Die übrigen Territorien waren als reine Verwaltungseinheiten mittels der örtlichen Sowjets lediglich an verwaltungstechnischen Aufgaben beteiligt (Art. 137ff. Verf. RSFSR 1978), die bereits in Art. 145ff. der Unionsverfassung 1977 festgesetzt worden waren. Aber auch die Autonomen Republiken waren keine Staaten im verfassungsrechtlichen Sinne. Obwohl sie über Fragen, die in ihre Zuständigkeit gehörten, selbständig entscheiden konnten, genossen in der Praxis sämtliche Gesetze der Union und der RSFSR selbst bei Überschreitung der Kompetenzzuweisung Vorrang. Es gab keinen noch so eng gefassten Bereich an originärer Kompetenz der Autonomen Republiken (Art. 78 Abs. 3, Art. 81 Verf. RSFSR 1978). Sie genossen innerhalb der RSFSR keine Finanzhoheit und konnten, wie bereits oben ausgeführt, einseitig durch die Union oder die Unionsrepublik aufgelöst werden. Auf Unionsebene waren die Autonomen Republiken nie mit den Unionsrepubliken gleichgestellt, denen zumindest auf dem Papier Attribute der staatlichen Souveränität bis hin zur Unterhaltung eigener diplomatischer Beziehungen mit ausländischen Staaten und das Sezessionsrecht zuerkannt wurde (Art. 72, 76, 80 Verfassung UdSSR von 1977). Im Einklang mit dieser Bestimmung hatte gemäß Art. 75 Verf. RSFSR 1978 nur die RSFSR (und nicht ihre Autonomen Republiken) das Recht, Beziehungen zu ausländischen Staaten aufzunehmen und mit ihnen Verträge abzuschließen.

6 Zwischenergebnis

Der sog. Sowjetföderalismus bestand auf zwei Ebenen, der Ebene der UdSSR und der Unionsrepublik der RSFSR. Sowohl die Unions- wie auch die Unionsrepublikverfassung enthielten umfassende Vorgaben für die weitere staatliche Untergliederung. Auf der Ebene der Unionsrepublik wurde im Einklang mit der Unionsverfassung zwischen national-staatlichen Gebilden (Autonomen Republiken) und national-administrativen Gebilden (Autonomen Gebieten und Bezirken) unterschieden. Daneben bestanden Regionen (Kraij) und Gebiete (Oblaste) als territorial-administrative Einheiten. Die Autonomen Republiken waren Gebietskörperschaften mit beschränkter Gesetzgebungskompetenz, während die national-administrativen Einheiten rein administrative Gebilde waren, die den kleineren Nationen und Nationalitäten eine begrenzte Kulturautonomie zugestanden. Nur die Beziehungen der RSFSR zu den Autonomen Republiken waren formal föderaler Natur, während die RSFSR gegenüber den übrigen Einheiten als Einheitsstaat auftrat.[93] Diese formalen Unterschiede führten vor dem dogmatischen Hintergrund des „demokratischen Zentralismus" innerhalb der UdSSR aber keineswegs zu einem Kompetenzzuwachs für die Autonomen Republiken: Als formelle Halbföderation hatte die RSFSR innerhalb der superzentralisierten und nur formell föderal gegliederten UdSSR nur wenig eigene Kompetenzen, von denen sie daher noch weniger an die Autonomen Republiken abgeben konnte. Trotz ihrer geringen rechtlichen und tatsächlichen Kompetenzen pflegten die national geprägten Autonomen Republiken aber weiterhin ihren besondern Status.[94]

Für das Verständnis des föderalen Staatsaufbaus Russlands sind zwei Faktoren von Bedeutung: die Ungleichbehandlung der administrativ-territorialen Einheiten des (russisch geprägten) Einheitsstaates mit den nationalorientierten Republiken sowie die Rückbesinnung der verschiedenen Nationalitäten auf ihre „Besonderheit" und die daraus abgeleitete Forderung nach einer Bevorzugung gegenüber den „russischen" Gebieten – selbst wenn die Titularnationen in den meisten der Republiken kaum noch die Mehrheit der Bevölkerung stellte.[95]

93 So auch *Busygina, I. M.*, 1998, S. 240. Auf einem deutsch-sowjetischen Symposium „Föderalismus und Demokratie" am 1. und 2. Oktober 1991 an der Universität Bremen merkte der damalige Direktor der Abteilung für Rechtsfragen am Institut für Staat und Recht der Akademie der Wissenschaften der UdSSR/Russische Föderation *Irik Muksinow* an, dass auch auf höchster Ebene eingeräumt werde, dass der sog. Unionsstaat und in noch stärkerem Maße die RSFSR faktisch ein unitarischer Staat gewesen sei; *Muksinow, I.*, 1992, S. 33.

94 *Busygina, I. M.*, 1998, S. 241.

95 Die forcierte Zuwanderung von Russen in nicht-russische Gebiete schwächte die Stellung der als solche nicht anerkannten nationalen Minderheiten erheblich. Eine Aufstellung der Ethnien der RF insgesamt sowie ihre Verteilung auf die Republiken findet sich in *Kappeler, A.*, 1996, S. 319-327, Stand 1989.

7 Von der Souveränitätserklärung der Russländischen Föderation 1990 bis zur Verabschiedung der Verfassung von 1993

7.1 Auf Unionsebene

Mit der Wahl *M. Gorbačevs* zum Generalsekretär der KPdSU am 11. März 1985 setzte in der UdSSR ein grundlegender Umbauprozess („Perestroika") ein. Diese Veränderungen betrafen nicht nur die Wirtschaftspolitik und die führende Rolle der Einheitspartei. Vielmehr waren auch die Unionsrepubliken hieran beteiligt, die insbesondere eine wirtschaftliche und politische Absicherung ihrer in der Verfassung eingeräumten und von ihnen nunmehr auch faktisch eingeforderten Souveränität verlangten.[96] Der Oberste Sowjet der Estnischen Republik brachte durch seine Souveränitätserklärung[97] am 16. November 1988 die Idee eines erneuerten Unionsvertrages in die Debatte. Erst im Herbst 1989, nach der mehrfach verschobenen „Nationalitätenplattform" des ZK-Plenum der KPdSU vom 20. September[98], erkannte das Zentrum die Bestandskraft des alten Unionsvertrages von 1922 an und machte damit den Weg für die Ausarbeitung eines neuen Vertrages seit dem Sommer 1990 frei.[99]

Die Tendenz zu mehr Selbständigkeit erfasste die Autonomen Republiken und Gebiete, die neben ihrer Mitgliedschaft in den Unionsrepubliken ihre direkte Verbindung mit der Union herbeiführen wollten, um so den eigenen Status zu erhöhen. Mehrere im Frühjahr 1990 verabschiedete Gesetze der UdSSR stärkten die Rechte der Autonomen Republiken und Autono-

---

96 S. hierzu *Muksinow, I.*, a.a.O., S. 38f. Zum nationalitätenpolitischen Hintergrund *Halbach, U.*, 1990.

97 VVS i P ESSR 1988, Nr. 48, Pos. 685; Nr. 52; deutsch in: osteuropa-Archiv, 39 (1989), A 430; vom Obersten Sowjet der UdSSR am 26. November 1988 für nichtig erklärt, in: V SSSR 1988, Nr. 48, Pos. 720. Mit diesen Deklarationen sollte ausdrücklich nicht die Unabhängigkeit erklärt werden. Ihr folgten bis zum Juli 1990 in einer ersten „Parade der Souveränitäten" die Souveränitätserklärungen der anderen Unionsrepubliken, so auch der RSFSR am 12. Juni 1990, V (SNDi) VS RSFSR 1990 Nr. 2, Pos. 22, deutsch in VSO IV, Russland, Pos. 1.2.a.

98 Wortlaut von 37 Rednerbeiträgen in Prawda vom 21. und 22. September 1989.

99 Zur Phase der Ausarbeitung des Unionsvertrages s. *Simon, G.*, 1991, Desintegration, S. 5-9.

men Gebiete erheblich.[100] Sie sollten selbst über den Verbleib in der UdSSR oder in einer die UdSSR verlassenden Republiken sowie über ihren staatsrechtlichen Status entscheiden.[101] Mehrere Gesetze stellten Autonome und Unionsrepubliken zunächst in wirtschaftlichen Fragen[102] gleich und näherten sie auch in den übrigen Bereichen einander an.[103] Die daraus resultierende unmittelbare Unterstellung der Autonomen Republiken unter die Union anstatt unter die Unionsrepubliken sowie die ausschließliche Kompetenz der Union, über eine Änderung des Status der Autonomen Republik zu entscheiden[104], schwächte die Stellung der Unionsrepubliken und insbesondere der RSFSR gegenüber ihren Republiken. Erklärten sich die Unionsrepubliken für unabhängig, bestand für die auf ihrem Territorium befindlichen Autonomen Republiken die Möglichkeit, unabhängig von der Unionsrepublik im Bestand der Union zu bleiben. Die Souveränitätserklärung einer Unionsrepublik stand damit unter der Drohung eines partiellen Territorialverlustes. Stellten sich die Reformversuche des Föderalismus auf Unionsebene als in sich nicht stimmig dar, belasteten sie die RSFSR durch diese gewollte Schwächung[105] auch noch nach der Auflösung der UdSSR. Hierzu gehörte auch der Versuch, die Beziehungen zwischen der Unionsrepublik

---

100 Die Gesetze ersetzten eine Neufassung des Abschnittes über den nationalstaatlichen Aufbau der Verfassung der UdSSR. Für eine Aufstellung sämtlicher Gesetze s. *Meissner, B.*, 1991/1992, Unionsverfassung, S. 245.

101 Art. 3 des Gesetzes vom 3.April 1990 „Über die Ordnung der Lösung von Fragen, die mit dem Austritt einer Unionsrepublik aus der UdSSR verbunden sind", in VSND VSSSR, 1990, Nr. 15, Pos. 252.

102 Gesetz vom 10. April 1990 „Über die Grundlagen der Wirtschaftsbeziehungen der UdSSR, der Unions- und der Autonomen Republiken", in VSND VSSSR 1990, Nr. 16, Pos. 270. Dieses Gesetz nannte die Unionsrepubliken und die Autonomen Republiken in einem Atemzug und übertrug ihnen die gleichen Kompetenzen. Bemerkenswert ist ferner, dass in diesem Gesetz den Republiken die Möglichkeit eingeräumt wurde, die nicht durch föderale Rahmenvorgaben geregelten Beziehungen durch bi- oder multilaterale Verträge mit anderen Republiken zu regeln. Vgl. insgesamt und zu Auswirkungen auf die Republiken am Beispiel Tatarstans insb. *Michajlow, V.*, 1999, S. 369.

103 Art. 1 des Gesetz vom 26. April 1990 „Über die Abgrenzung der Vollmachten zwischen der UdSSR und den Subjekten der Föderation", in VSND VSSSR 1990, Nr. 19, Pos. 329. Allerdings wurden nur die Unionsrepubliken als „souverän" bezeichnet. Auch ihnen stand kein Sezessionsrecht zu.

104 Art. 6 Nr. 2 des Gesetzes über die Abgrenzung der Vollmachten.

105 Auch *Luchterhandt, O.*, 1992a, S. 155, geht davon aus, dass die Union die Stellung der Unionsrepubliken durch die Stärkung der Autonomen Republiken relativieren und nivellieren wollte. Zur Position der Autonomen Republiken s. auch *Heinemann-Grüder, A.*, 2000, S. 127-132.

und den Autonomen Republiken auf eine vertragliche Grundlage zu stellen[106] – ein Gedanke, der in dem Föderationsvertrag von 1992 verwirklicht werden sollte. Gerade dieser Föderationsvertrag hat aber zu mehreren Auseinandersetzungen zwischen der Russländischen Föderation und einigen ihrer Republiken geführt.[107]

Auf Unionsebene wurden insgesamt sechs verschiedene Entwürfe eines neuen Unionsvertrages ausgearbeitet.[108] Der vierte Entwurf wurde am 15. August 1991 als Entwurf eines „Vertrages über die Union Souveräner Staaten" der Öffentlichkeit vorgestellt und sollte durch die Republiken ab dem 20. August 1991 unterzeichnet werden.[109] Der Entwurf stellte die Union zwischen einen Bundesstaat und einen Staatenbund, wobei die föderativen Merkmale überwogen.[110] Die geplante Unterzeichnung dieses Vertrages war am 18. August 1991 Anlass des Putsches konservativer Mitglieder der Regierung der Union. Dessen Scheitern führte zu einer wesentlichen Stärkung der Position der Unionsrepubliken und, nachdem weitere Entwürfe eines Unionsvertrages gescheitert waren, letztlich auch zur Auflösung der UdSSR mit der Erklärung von Alma-Ata vom 21. Dezember 1991 und der Bestätigung der Auflösung der UdSSR durch den Republikenrat des Obersten Sowjet der UdSSR am 26. Dezember 1991.[111]

7.2 Auf der Ebene der RSFSR

Der Entwicklung auf Unionsebene entsprachen die zahlreichen Souveränitätserklärungen der Republiken auf der Ebene der RSFSR, die Punkt 9 der

---

106 Art. 1 Abs. 4 des Gesetze über die Abgrenzung der Vollmachten.

107 Hierzu ausführlicher unter 7.2.

108 Zu den Entwürfen der Unionsverträge s. ausführlich *Schweisfurth, T.*, 1992a, S. 607-626.

109 *Schweisfurth, T.*, a.a.O., S. 614. Abdruck des Entwurfes in Isvestija vom 15. August 1991.

110 Eine kurze Darstellung der beiden Vertragsentwürfe findet sich bei *Heinemann-Grüder, A.*, a.a.O., S. 122f.; Abdruck des ersten Entwurfes *Abdulatipov, R. G., L. Boltenkova et al.*, 1993, 2. Band, S. 122-130 und des zweiten Entwurfes, S. 230-238. Offizielle Quellen für Erstentwurf Isvestija vom 24. November 1990; Zweitentwurf Isvestija vom 9. März 1991, deutsche Übersetzung in *Meissner, B.*, 1991/1992, S. 284-289.

111 Dokumente auf deutsch abgedruckt in *Frenzke, D.*, 1992. Zum Augustputsch sowie dem Ende der Sowjetunion ausführlich *Meissner, B.*, 1992, insb. 212-217 und *Schweisfurth, T.*, a.a.O., S. 614f. m.w.N.; zum Ende der Sowjetunion *ders. ebenda* S. 626-641.

Souveränitätserklärung der RSFSR vom 12. Juni 1990[112] förmlich herausgefordert hatte. Der Kongress der Volksdeputierten der RSFSR bekräftigte hierin die

> „Notwendigkeit einer wesentlichen Erweiterung der Rechte der autonomen Republiken, des autonomen Gebiets, der autonomen Bezirke wie auch der Regionen und Gebiete der RSFSR. Die konkreten Fragen der Ausgestaltung dieser Rechte sind durch die Gesetzgebung der RSFSR über den national-staatlichen und territorialen Verwaltungsaufbau der Föderation zu bestimmen."

Zu einem entsprechenden Gesetz – zunächst sollte gerade kein Föderationsvertrag abgeschlossen werden – kam es nicht. *Jelzin* schlug allerdings in seinem auf dem ersten Kongress der Volksdeputierten der RSFSR (16. Mai bis 22. Juni 1990) vorgestellten 13-Punkte-Plan vor, die Beziehungen mit den nicht näher definierten Föderationssubjekten in einem Föderationsvertrag zu regeln.[113]

Jelzins Aufforderung im August 1990 an die Republiken: „Nehmt Euch soviel Souveränität, wie Ihr verdauen könnt! Den Rest gebt per Vertrag an Russland ab!"[114] kamen die autonomen Einheiten prompt nach. Es folgten die Erklärungen von 14 der 16 ehemals Autonomen Republiken[115] sowie der

---

112 V (SNDi) VS RSFSR 1990 Nr. 2, Pos. 22, deutsch in VSO IV, Russland, Pos. 1.2.a. Auch die RSFSR wollte durch die Souveränitätserklärung keineswegs aus der UdSSR ausscheiden, sondern innerhalb einer „erneuerten Union der SSSR" einen „demokratischen Rechtsstaat" schaffen (Präambel).

113 Der Plan ist dokumentiert bei *Abdulatipov, R. G., L. Boltenkova et al.*, 1993, Bd. 3, Teil 1, S. 20f.

114 Dieser Ausspruch wird häufig zitiert und beruht auf einer Äußerung *Jelzins* bei einem Besuch in Tatarstan. *Jelzin* wollte die Republiken in seinem Machtkampf mit *Gorbačev* auf Unionsebene benutzen. *Kim, W.-J.*, 1999, S. 78f., zeigt bspw. die Autonomiebestrebungen der sibirischen und fernöstlichen Regionen auf. Die russischen Gebiete Sibiriens schlossen sich 1990 in dem „Sibirischen Abkommen" zusammen, das als erster Schritt zu einer nie entstandenen Sibirischen Republik interpretiert wurde. Die fernöstlichen Gebiete drohten offen, ihre „Fernöstliche Ökonomische Assoziation" in eine Republik umzuwandeln. Gleichzeitig bürgerte sich im politischen Alltagsgeschäft die Rede von „Sibirien – ein souveräner Staat" ein (*Kim, W.-J.*, 1999, S. 85).

115 Erklärungen der einzelnen Republiken: Nord-Ossetien 20. Juli und 26. Dezember 1990, Karelien 9. August 1990, Komi 29. und Tatarstan 30. August, Udmurtien 20. September, Jakutien 27. September, Burjätien 8. Oktober, Baschkortostan 11. Oktober, Kalmückien 18. Oktober, Mari 22. Oktober, Tschuwaschien 24. Oktober, Tschetschenien-Inguschetien 27. November 1990, Tuwa 12. Dezember 1990, Kabardino-Balkarien 30. Januar 1991; keine Souveränitätserklärungen, sondern Erklärungen zum staatsrechtli-

meisten Autonomen Gebiete[116] und Bezirke (Okrug)[117] im Bestand der RSFSR. Ziel dieser Souveränitätserklärungen war allerdings nicht die Unabhängigkeit der Republiken, da sich mit Ausnahme Tatarstans und Tschetscheniens alle Republiken als souverän im Bestand Russlands erklärten. Die Republiken wollten vielmehr die Möglichkeit bekommen, freiwillig und gleichberechtigt den Unionsvertrag zu unterzeichnen. Von diesen Souveränitätserklärungen sollen nur die Tatarstans und Baschkortostans etwas genauer betrachtet werden, da gerade diese Republiken eine führende Rolle in der Auseinandersetzung um die Natur der Föderation einnahmen und noch immer einnehmen.[118]

Tatarstan erklärte sich am 30. August 1990 für souverän[119], benannte sich in „Tatarische Sozialistische Sowjetrepublik" um und hob seinen Status auf das Niveau einer Unionsrepublik. Die Souveränitätserklärung sollte Grundlage für die Ausarbeitung und für den Abschluss eines neuen Unionsvertrages und eines Vertrages mit der RSFSR und anderer Republiken sein; konsequenterweise wollte Tatarstan als Unionsrepublik den Unionsvertrag von 1992 unterzeichnen und Beziehungen mit der Russländischen

---

chen Status gaben Mordwinien am 7. Dezember 1990 und Dagestan am 13. Mai 1991 ab. Mit der Souveränitätserklärung erklärten sich einige Republiken auch zur Unionsrepublik: Komi, Tatarstan, Jakutien, Burjätien, Baschkirien, Kalmückien, Mari, Tschuwaschien. Erklärungen abgedruckt in *Abdulatipov, R. G., L. Boltenkova et al.*, 1993, 3. Band, 1. Teil, S. 82f. Ebd., Bd. 3 Teil 2, S. 20-57.

116 Nach der Aufzählung bei *Meissner, B.*, 1991/1992, S. 244f., erklärten sich am 11. August 1990 das Chakasissische, am 7. Oktober das Adygeische, am 25. Oktober das Gorno-Altajische, am 17. November 1990 das Karatsch-Tscherkessische Autonome Gebiet zu souveränen Autonomen Republiken. Die Statusänderungen wurden durch eine Verfassungsänderung am 3. Juli 1991 in Art. 71 Verf. RSFSR übernommen.

117 Nach *Meissner, B.*, 1991/1992, S. 245 haben eine Souveränitätserklärung abgegeben: die Autonomen Bezirke der Tschuktschen in Kamtschatka (29. September 1990), der Korjaken (9. Oktober), der Komi-Permjaken (11. Oktober) und der Jamalo-Nenzen (18. Oktober 1990). Die Autonomen Gebiete der Tschuktschen und der Korjaken hatten sich dabei zu Autonomen Republiken erklärt; diese Statusänderung wurde allerdings nicht in die Verfassung der RSFSR übernommen. Gestrichen wurde am 15. Dezember 1990 lediglich, dass die Autonomen Bezirke innerhalb von Regionen (Kraij) oder Gebieten (Oblast') liegen.

118 Eine besondere Rolle spielt auch Tschetschenien. Hierzu ausführlich *Heinemann-Grüder, A.*, 2000, S. 286-318.

119 Erklärung des Obersten Sowjets der Republik Tatarstan vom 30. August 1990, Nr. 334-XII, auf der Homepage Tatarstans unter: http://www.tatar.ru/append47.html, Stand vom 3. November 2000.

Föderation aufnehmen. Am 13. März 1992 erklärte das russische VerfG die Souveränitätserklärung teilweise für verfassungswidrig[120]: Die nur begrenzte Anwendung der Gesetze der RSFSR, wie auch die Änderung des Grundgesetztes Tatarstans, demzufolge die Beziehungen mit der UdSSR, der RSFSR und anderen Republiken auf vertraglicher Grundlage bestehen, verstießen nach Ansicht des Gerichts gegen Art. 78 und 81 Verfassung der RSFSR. Aus diesen Artikeln ergebe sich, dass die Beziehungen zwischen den Republiken und der Föderation auf der Verfassung der RSFSR beruhten, die Vorrang vor der Verfassung der Republiken genösse. Eine Veränderung der Beziehungen zwischen der Föderation und den Republiken werde zwar angestrebt, setze aber eine Änderung der Verfassung oder den Abschluss eines Föderationsvertrages voraus. Ferner habe der dritte Volksdeputiertenkongress die territoriale Unversehrtheit der RSFSR garantiert, die Tatarstan nicht einseitig durch die Erklärung seiner Unabhängigkeit verletzen dürfe.

Die baschkirische Souveränitätserklärung proklamierte hingegen die Zugehörigkeit Baschkortostans sowohl zur UdSSR, als auch zu einer „erneuerten" Russischen Föderation und vermied damit die oben beschriebenen Probleme.[121]

In der Diskussion um eine neue Verfassung für die RSFSR seit dem Frühjahr 1990 standen sich einige Republiken wie Tatarstan und Baschkortostan, die die Föderation „von unten", von den Republiken aus, auf Vertragsbasis aufbauen wollten, einer anderen Seite gegenüber, die die RSFSR „von oben" in gleichberechtigte Republiken und „Länder" mittels einer Verfassung im Sinne einer Dezentralisierung aufteilen wollte.[122] Zunächst gewannen die „Dogovorniki", die Befürworter der Vertragslösung, so dass ein Föderationsvertrag ausgearbeitet wurde. Besonders umstritten war hierbei die Frage der Vertragsparteien: sollten nur die Subjekte der Föderation untereinander einen Vertrag schließen, um eine neue Föderation zu gründen, oder aber die Föderation auf der einen und ihre Subjekte auf der ande-

---

120 VVS RF 1992, No. 13, Pos. 671. Zu Tatarstan vgl. im Übrigen *Michajlow, V.*, 1999, S. 370, der auch den Kampf Tatarstans um den Gewinn einer Staatlichkeit an einzelnen Beispielen (Präsidentenwahlen, Wappen etc.) darstellt. Zum Inhalt der verschiedenen Erklärungen mit einigen Ungenauigkeiten *Heinemann-Grüder, A.*, a.a.O., S. 131-135. Zu der Gerichtsentscheidung auch *Steingröver, U.*, 2000, S. 219-221, 185-189.

121 Hierzu auch *Grävingholt, J.*, 1999, S. 14.

122 *Luchterhandt, O.*, 1992a, S. 157.

ren Seite? Nach ausführlicher Debatte[123] und mehreren Schlichtungsversuchen kam es am 13. März 1992 zur Unterzeichnung eines „Vertrages über die Abgrenzung der Gegenstände der Kompetenz und der Befugnisse zwischen den föderativen Organen der Staatsgewalt der Russländischen Föderation und den Organen der (Staats-)Gewalt der souveränen Republiken im Verband der Russländischen Föderation".[124] Vertragsparteien waren die Russländische Föderation und sämtliche Republiken mit Ausnahme Tschetscheniens und Tatarstans. Am 18. März 1992 schloss die Russländische Föderation einen in einigen wesentlichen Punkten abweichenden Vertrag[125] mit den Regionen und Gebieten sowie den Städten Moskau und St. Petersburg und am 31. März einen inhaltlich vom vorgenannten nicht abweichenden Vertrag mit den Autonomen Gebieten und Autonomen Bezirken ab.[126] Alle drei Verträge zusammen wurden als „Föderationsvertrag" im Wortlaut durch Beschluss des KVD vom 10. April 1992 in die überarbeitete Verfassung der RSFSR von 1978 übernommen.[127] Die Änderung des Art. 1 der Verfassung am 21. April 1992 wandelte die Russländische Föderation auch formell in einen Bundesstaat um.[128]

In der Präambel des Föderationsvertrages kommt der Wille der Vertragsparteien zum Ausdruck, die Russländische Föderation zu erhalten und qualitativ zu erneuern. Die Befugnisse und Kompetenzen werden zwischen den als souveräne Staaten bezeichneten Republiken und der Föderation bzw. den sonstigen Subjekten und der Föderation umfassend aufgeteilt. Da-

---

123 S. die Darstellung bei *Luchterhandt, O.*, a.a.O. sowie sehr ausführlich *Heinemann-Grüder, A.*, a.a.O., S. 138-145.

124 RG Nr. 63 vom 18. März 1992, S. 2, deutsch in *Luchterhandt, O.*, a.a.O., S. 161-166.

125 Die Abweichungen betreffen die Zuständigkeit der Föderation für die allgemeine Ordnung des Systems der vertretenden und ausführenden Gewalt und den Schutz des geistigen Eigentums, sowie die gemeinsame Zuständigkeit für die territoriale Gliederung und der Grundzüge der örtlichen Selbstverwaltung und für allgemeine Prinzipien der Besteuerung. Isvestija vom 18. März 1992 S. 1.

126 Paraphiert am 23. März 1992, Nezavisimaja Gazeta vom 24. März 1992, S. 1.

127 Federativny dogovor VSND RF i VS RF 1992, Nr. 17, Pos. 898; deutsch in *Frenzke, D.*, 1995, S. 230-242.

128 Art. 1 Verfassung von 1978 in der Fassung vom 21.4.1992:
„(1) Die Russische Föderation – Russland ist ein souveräner Bundesstaat, der von den in ihm historisch vereinten Völkern geschaffen wurde.
(2) Unerschütterliche Grundlagen der Verfassungsordnung Russlands sind die Volksherrschaft, der Föderalismus, die republikanische Regierungsform und die Gewaltenteilung."
Übersetzung von *Frenzke, D.*, 1995, S. 54.

bei erhalten die Republiken in gewisser Hinsicht einen Sonderstatus, da sie selbständige Teilnehmer an den internationalen und außenwirtschaftlichen Beziehungen („otnošenii") sein dürfen (Art. 3 Abs. 2 des Vertrages mit den Republiken). Der Vertrag zwischen der Föderation und den übrigen Subjekten gesteht den Subjekten nur internationale und außenwirtschaftliche Verbindungen („svjazi") zu.

Als der Machtkampf zwischen dem Präsidenten *Jelzin* und dem Volksdeputiertenkongress unter Vorsitz *Ruslan Chasbulatovs* im Frühsommer 1993 einen vorläufigen Höhepunkt erreichte, ohne dass eine Verfassung verabschiedet worden war, berief *Jelzin* zum 5. Juni 1993 eine in der damaligen Verfassung nicht vorgesehene Verfassungsversammlung[129] nach Moskau ein.[130] Der von dieser Konferenz vorgeschlagene und in einem komplizierten Verfahren[131] mehrfach geänderte Entwurf wurde am 12. Dezember 1993 in einem Referendum der Bevölkerung zur Abstimmung vorgelegt. Gemäß Art. 22 lit. i des Ukazes des Präsidenten Nr. 1633 vom 15. Oktober 1993[132] galt die Verfassung bei einer Beteiligung von nicht weniger als 50% der registrierten Stimmberechtigten und einer Zustimmung von 50% der an der Abstimmung teilnehmenden Wähler als angenommen. Laut Beschluss (Postanovlenie) der Zentralen Wahlkommission[133] hatten insgesamt 54,8% der Wahlberechtigten am Referendum teilgenommen, von denen 58,4% für die Annahme der Verfassung gestimmt hatten. Die Verfassung galt damit als angenommen, auch wenn in einigen Republiken und Oblasti dieses doppelte Quorum verfehlt wurde.[134]

---

129 SAPP RF 1993 Nr. 20, Pos. 1757. Die 760 Mitglieder waren nicht durch das Volk gewählt, sondern vom Präsidenten bestimmt. Sie gliederten sich in eine Gruppe der Vertreter der Föderationsorgane (Volksdeputierte, Präsidentenvertreter und Regierung), der Subjekte der Föderation (jedes Subjekt entsandte zwei Vertreter) sowie sonstige Vertreter der örtlichen Selbstverwaltung, der Parteien, der Wirtschaft etc. Vgl. *Schweisfurth, T.*, 1994, S. 478.

130 Eine ausführliche Darstellung insbesondere auch der Rolle des Verfassungsgerichts in dieser Zeit findet sich bei *Steingröver, U.*, 2000, S. 283-290.

131 Vgl. zur Ausarbeitung des Verfassungsentwurfes *Schweisfurth, T.*, 1994, S. 474-481; *Schneider, E.*, 1999, S. 28-37.

132 KV Nr. 3, 1993, S. 79-87.

133 Vom 20. Dezember 1993 „Über die Ergebnisse der Volksabstimmung zum Entwurf der Verfassung der Russischen Föderation", Rossijskie Vesti v. 25. Dezember 1993, deutsche Übersetzung in *Frenzke, D.*, 1995, S. 268f.

134 Zu den einzelnen Zahlen s. *Frenzke* a.a.O., S. 268f.; nach *Kim, W.-J.*, 1999, S. 78, haben die Wähler in 14 von 21 Republiken die Verfassung abgelehnt.

3. Kapitel: Die Entwicklung des Föderalismus in der Russländischen Föderation von 1993 bis 2003

1 Der föderative Aufbau der Russländischen Föderation nach der Verfassung von 1993

Artikel 1 Absatz 1 der Verfassung von 1993 legt den föderativen Aufbau Russlands als Grundlage der Verfassungsordnung fest:

> „Die Russländische Föderation – Russland ist ein demokratischer föderativer Rechtsstaat mit republikanischer Regierungsform."

Geprägt wird die Föderation durch die „Einheit der Föderation", Art. 4 VerfRF:

> „1. Die Souveränität der Russländischen Föderation erstreckt sich auf ihr gesamtes Territorium.
>
> 2. Die Verfassung der Russländischen Föderation und die Föderationsgesetze haben auf dem gesamten Territorium der Russländischen Föderation Vorrang.
>
> 3. Die Russländische Föderation gewährleistet die Integrität und die Unverletzlichkeit ihres Territoriums."

Die Föderation gliedert sich in Gebietseinheiten, die „Subjekte der Föderation" (entsprechend den bundesdeutschen Ländern) genannt werden. Diese unterteilen sich in Republiken, Regionen („Kraj"), Gebiete („Oblast'"), föderalbedeutsame Städte, ein autonomes Gebiet und autonome Bezirke („Okrug"), die in ihren Beziehungen zu den Föderationsorganen gemäß Art. 5 Abs. 4 VerfRF gleichberechtigt sind. Wesentliches Element der Bundesstaatlichkeit ist die Aufgabenverteilung zwischen Föderation und Subjekten, Art. 5 Abs. 3 VerfRF:

> „Die Bundesstaatlichkeit der Russländischen Föderation gründet auf ihrer staatlichen Integrität, auf der Einheit des Systems der Staatsgewalt, auf der Abgrenzung der Zuständigkeitsbereiche und Befugnisse zwischen den Organen der Staatsgewalt der RF und den Organen der

Staatsgewalt der Subjekte der RF sowie auf der Gleichberechtigung und Selbstbestimmung der Völker in der RF."

Trotz dieser verfassungsrechtlichen Gleichstellung gibt es zwischen den 89 in Art. 65 VerfRF genannten Subjekten Unterschiede: nur die Republiken werden in Art. 5 Abs. 2 VerfRF ausdrücklich als „Staat" bezeichnet und geben sich eine Verfassung, die übrigen Subjekte geben sich ein Statut (Art. 66 VerfRF).[135] Als Anerkennung der Besonderheit ihrer Titularnation haben die Republiken das Recht, ihre eigene Staatssprache neben dem Russischen festzulegen (Art. 68 VerfRF). Eine gewisse Ausnahme stellen auch die autonomen Bezirke dar, die als einzige Subjekte zugleich auf dem Territorium eines anderen Subjektes, nämlich einer Region oder eines Gebietes, liegen können.[136]

Die Residualkompetenz belassen die die Kompetenzverteilung betreffenden Art. 71 bis 73 VerfRF bei den Subjekten; sie verfügen damit über originäre und nicht nur abgeleitete Staatsgewalt. Dies wird auch durch Art. 76 Abs. 6 VerfRF unterstrichen, der kompetenzgerecht erlassenen Rechtsakten der Subjekte Vorrang vor kompetenzwidrig erlassenen Rechtsakten der Föderation verleiht. Allerdings sind die Tätigkeitsbereiche der ausschließlichen Kompetenz der Föderation oder der gemeinsamen Kompetenz der Föderation und der Subjekte sehr umfangreich, so dass den Subjekten keine klar abgrenzbaren, ausschließlichen Zuständigkeitsbereiche verbleiben.[137] Gemäß Art. 11 Abs. 3 VerfRF werden die Zuständigkeiten ferner durch den Föderationsvertrag sowie durch andere Verträge über die Kompetenzverteilung zwischen der Föderation und den Subjekten geregelt. Die föderalen Organe der vollziehenden Gewalt können den Organen der

---

135 Aus dieser Bezeichnung versuchten einige Autoren einen Semiföderalismus abzuleiten, in der nur die Beziehungen zu den Republiken föderaler, die zu den sonstigen Subjekten einheitsstaatlicher Natur seien. Dies ist nicht nur wegen der Gleichberechtigung der Subjekte untereinander, Art. 5 Abs. 4 VerfRF, sondern auch wegen der Einräumung der Staatsgewalt an alle Subjekte, Art. 5 Abs. 3 VerfRF, abzulehnen. In seiner Entscheidung vom 18. Juli 2003 (SZRF 2003, Nr. 30, Pos. 3101), auf die weiter unten noch eingegangen wird, geht das Verfassungsgericht daher auch zu Recht nicht auf die verschiedene Bezeichnung der Texte ein, die den verfassungsrechtlichen Status der Subjekte begründet.

136 Im Frühjahr 2002 gab es erste Bestrebungen einer Fusion der autonomen Gebiete mit den Subjekten, auf deren Territorien sie liegen.

137 Hierzu ausführlicher im Teil 2.

Exekutive der Subjekte mit deren Zustimmung einen Teil ihrer Vollmachten übertragen (Art. 78 Abs. 2 VerfRF). Diese Bestimmungen und die in der Folge erlassenen Kompetenzabgrenzungsverträge zwischen der Föderation und einigen Subjekten führen in Theorie und Praxis zu großen Streitigkeiten hinsichtlich des föderativen Aufbaus der Russländischen Föderation.[138] Häufig werden auch die erheblichen Unterschiede in Bezug auf Größe, Einwohnerzahl und wirtschaftliche Leistungskraft zwischen den Subjekten als Hindernis für eine stabile Entwicklung des Föderalismus in Russland genannt.[139] Im Vergleich mit anderen, gefestigten Föderationen lässt sich aber feststellen, dass auch deren Glieder sich in zum Teil erheblicher Weise voneinander unterscheiden.[140]

Die Subjekte der Föderation wirken durch jeweils zwei Vertreter in der Territorialkammer, dem Föderationsrat, an der Gesetzgebung der Föderation mit, wobei die zustimmungspflichtigen Materien nicht sehr umfassend sind; auch grundlegende Gesetze zur Tätigkeit der Subjekte können gegen den Willen des Föderationsrates angenommen werden.[141] Die Verfassung der Föderation kann nur mit Zustimmung von zumindest Zweidritteln der Subjekte der Föderation geändert werden (Art. 136 VerfRF). Vor dem Verfassungsgericht können Kompetenzstreitigkeiten zwischen den Organen der Föderation und denen der Subjekte ausgetragen werden (Art. 125 Abs. 3 VerfRF). Sind damit beinahe alle Kriterien eines Bundesstaates erfüllt, fehlt es doch an einer verfassungsrechtlichen Absicherung einer gewissen finanziellen Autonomie der Subjekte: die Föderationsverfassung enthält keinerlei

---

138 Aus der beinah unüberschaubaren Zahl an Veröffentlichungen zum föderalen Aufbau Russlands seien genannt: *Ėbzeev, L. M. und L. M. Karapetjan*, 1995; *Vel'jaminov, G.*, 1995; *Avakjan, S.*, 1995; *Tschitschnikow, A. A.*, 1995; *Koslov, A. E.*, 1996; *Lysenko, V. I.*, 1997; *Bišnjakov, V. G.*, 1998; *Stepašin, S. V.*, 1998; *Umnova, I. A.*, 1999; *Uss, A., Viktorovič*, 1999; *Nekrasov, S. I.*, 1999; für Literatur zu den Entwicklungen seit 2000 siehe Hinweise unter 3. Aus der nicht-russischen Literatur: *Luchterhandt, O.*, 1996, *Schweisfurth, T.*, 1996, *Busygina, I. M.*, 1998, *Schneider, E.*, 1999, *Heinemann-Grüder, A.*, 2000.

139 Statistische Angaben zur Unterschiedlichkeit der 89 Subjekte finden sich bei *Schneider, E.*, 1999, Politisches System, S. 127f.: hinsichtlich der Bevölkerungszahl unterscheiden sich die Subjekte um das 375fache, hinsichtlich der Pro-Kopf-Produktivität um das 4,2fache.

140 So für die USA, Australien, Kanada, die Schweiz und die Bundesrepublik Deutschland *Bothe, M.*, 1977, S.65-72.

141 Eklatantes Beispiel ist die Änderung des OrgG vom 19. Juli 2000, das zum Teil erheblich in die Selbstbestimmung der Subjekte eingreift. Dazu ausführlicher unter 3.

Vorschriften zur Verteilung der Einkünfte zwischen den Subjekten und der Föderation. Die Gesetze zur Erhebung von Föderationssteuern unterliegen aber der obligatorischen Befassung durch den Föderationsrat (Art. 106 lit. b), so dass die Föderation die Einnahmequellen der Subjekte nur mit deren Zustimmung festsetzen kann.

2 Die Phase der Kompetenzabgrenzungsverträge

2.1 Die Kompetenzabgrenzungsverträge und ihr Inhalt

Weitere Rechtsquelle für die Beziehungen zwischen Föderation und Subjekten sind die Kompetenzabgrenzungsverträge. Bereits drei Monate nach Annahme der Verfassung per Referendum schloss die Russländische Föderation, vertreten durch den Präsidenten der RF, mit der Republik Tatarstan, vertreten durch deren Präsidenten, das den Föderationsvertrag nicht unterzeichnet hatte, einen „Vertrag über die gegenseitige Abgrenzung von Kompetenzen und die Übertragung von Vollmachten und Gegenständen in ihrer Kompetenz zwischen den Organen der staatlichen Gewalt der RF und den Organen der Staatsgewalt der Republik Tatarstan" (im Folgenden KATVertrag).[142] In den Jahren bis 1999 folgten noch weitere Verträge zwischen der Föderation und den Republiken und seit 1996 auch mit den Gebieten (als erste das Gebiet Sverdlovsk, im Januar 1996 unterzeichnet). Den KAVerträgen stimmten weder die Parlamente der Subjekte noch die Staatsduma zu. Insgesamt gibt es 42 KAVerträge mit 46 Subjekten der Föderation, deren Inhalt sich teilweise erheblich voneinander unterscheidet. Alle Verträge beabsichtigen, die Zuständigkeiten der Subjekte von der Zuständigkeit der Föderation deutlicher abzugrenzen als in den Artikeln 71 bis 73 VerfRF; gleichzeitig sehen sie rechtliche Regeln zur Lösung von Konflikten vor. Während die Verträge mit den Republiken Tatarstan, Kabardino-Balkar und Baschkortostan den Subjekten teilweise wesentlich weitere Befugnisse einräumt als die Föderationsverfassung, sind andere Verträge wie bspw. der Vertrag mit Udmurtien stark an die Kompetenzverteilung entsprechend der

142 Vom 15. Februar 1994, in Rossijskie Vesti, 22. Februar 1996; englische Übersetzung in Statutes and Decisions, Vol. 34 (1998), Nr. 2, S. 13-19. Sämtliche Verträge abgedruckt in *Guboglo, M. N.*, 1997; englische Übersetzungen in Statutes and Decisions, Vol. 34 (1998), Nr. 1-5.

Verfassung angelehnt und regeln lediglich Einzelfragen wie etwa die Vernichtung von Chemiewaffen oder die Übernahme finanzieller Belastungen durch die Föderation.[143]

Im März 1996, nachdem bereits elf Verträge abgeschlossen worden waren, erließ Präsident *Jelzin* einen Ukaz (Dekret), um das Verfahren des Abschlusses der Verträge und deren Inhalt zu vereinheitlichen.[144] Dementsprechend dürfen die Verträge die verfassungsrechtliche Kompetenzverteilung zwischen Föderation und Subjekten gemäß Art. 71 und 72 VerfRF nicht verändern. Erst 1999 stellte das „Föderationsgesetz über die Abgrenzung der Kompetenzen zwischen der Föderation und den Subjekten" (im Folgenden KAG abgekürzt) das Verfahren auf eine gesetzliche Grundlage, auf dessen Regelungsgehalt und Bedeutung noch unter 2.2 zurückzukommen sein wird.[145]

Die KAVerträge dienten als Grundlage für den Abschluss spezieller Abkommen zwischen den Organen der staatlichen Gewalt (der Regierung) der Föderation und einiger Subjekte, die die wirtschaftliche Zusammenarbeit, die Kriminalitätsbekämpfung, das Eigentum oder die Ausbeutung der natürlichen Ressourcen betreffen.[146] Anders als die KAVerträge wurden die Regierungsabkommen für eine begrenzte Zeitdauer, meistens für fünf Jahre, abgeschlossen. Ein Großteil dieser Verträge lief 1999 bis 2001 aus und wurde auch angesichts des Umbaus der föderalen Strukturen nicht mehr erneuert. Andere wurden explizit außer Kraft gesetzt.

So unterschiedlich wie die Inhalte der Verträge waren auch die Beweggründe zu deren Abschluss: die Verträge mit Tatarstan, Baschkortostan und Kabardino-Balkar schloss das Zentrum mit der Intention ab, deren separatistische Bestrebungen zu bändigen. Der Verhandlungsführer des russländischen Präsidenten, *Nikolai Medvedev*, sah den Vertrag mit Tatarstan gar als Modell für die Reintegration Tschetscheniens an.[147] Die Republiken er-

---

143 Bspw. KAV mit Udmurtien vom 17. Oktober 1995. Zum Vertrag mit dem Swerdlowsker Gebiet vgl. auch *Göckeritz, W.*, 1997.

144 Ukaz vom 12. März 1996, SZRF 1996, Nr. 12, Pos. 1058, englische Übersetzung in Statutes and Decisions Vol 34 (1998), Nr. 3, S. 11f.

145 SZRF 1999, Nr. 26, Pos. 3176, Teil 3 und 5 des Gesetzes.

146 Die Abkommen bis 1997 sind abgedruckt in *Guboglo, M. N.*, 1997.

147 So *Heinemann-Grüder, A.*, 2000, S. 230, mit Verweis auf ein Interview in der Nezavisimaja Gazeta vom 17. März 1994. Ähnlich auch *Busygina, I. M.*, 1998, S. 248. Den stabilisierenden Charakter der Verträge unterstreicht auch der Kazaner Dozent *Valeev, R. M.*, 1999, S. 47.

kannten die Verträge als eine Möglichkeit, ihre Position gegenüber den anderen Subjekten, mit denen sie nach der Verfassung formell gleichgestellt waren, aufzuwerten.[148] Hierzu gehörte neben ihrer Bezeichnung als „souverän“[149] auch die Ausweitung ihrer Kompetenzen im Bereich der Beziehungen mit dem Ausland.[150] Wirtschaftlich, sozial oder ökologisch benachteiligte Subjekte versuchten, durch eine Übertragung von Kompetenzen auf die Föderation oder zumindest in die gemeinsame Zuständigkeit die ihnen überlassenen schwierigen Aufgaben zu meistern.[151]

Ein weiterer Grund für die Föderation, mit den Subjekten Verträge abzuschließen, war der Wahlkampf der Jahre 1995 und 1996 und der sich gleichzeitig zuspitzende Machtkampf mit der Staatsduma. Sowohl gegenüber der Duma, als auch zu seiner Wiederwahl benötigte Präsident *Jelzin* die Unterstützung des Föderationsrates und seiner Mitglieder, der Präsidenten der Republiken und Gouverneure, deren Einfluss auch hinsichtlich des Inhalts der abgeschlossenen KAVerträge zunahm. Nach *Jelzins* Wiederwahl am 3. Juli 1996 nahmen die Einwirkungsmöglichkeiten ab und wurden erst nach der Augustkrise 1998 bis zum Rücktritt Jelzins am 31. Dezember 1999 wieder bedeutender.

2.2 Rechtsgrundlage und Rang der Verträge

Die Rechtsgrundlage und der Rang der Verträge in der Normenhierarchie sind umstritten.[152]

Bereits die verfassungsrechtliche Grundlage der Verträge ist nicht eindeutig. In Betracht käme ein Vertrag im Sinne des Art. 78 Abs. 2 und 3 VerfRF, der die einvernehmliche Übertragung von Befugnissen der Exeku-

---

148 *Višnjakov, V. G.*, 1998, S. 21, zitiert den Präsidenten der Republik Baschkortostan, dieser fände die Verfassung der RF bürokratisch; daher sollten die Beziehungen zwischen Zentrum und den Republiken auf individuell ausgehandelten Verträgen beruhen (in einer Sitzung des Vermittlungsausschusses zwischen Staatsduma und Föderationsrat am 12. März 1998).

149 Art. 1 KAV Baschkortostan.

150 Bspw. die Präambel des KAV mit Tatarstan, Art. 3 Ziff. 14 KAV Baschkortostan.

151 So bspw. im Swerdlosker Gebiet (vgl. Göckeritz, a.a.O.); Republik Burjatien (KAV vom 29. August 1995).

152 Zur Rechtsnatur dieser Verträge ausführlich *Vel'jaminov, G.*, 1995 und *Frommeyer, T. A.*, 1999.

tive der Föderation auf diejenige der Subjekte und *vice versa* vorsieht. Auf dieser Grundlage können aber nur Befugnisse der *Exekutive* übertragen werden, während die KAVerträge auch die Abgrenzung legislativer Befugnisse anstreben. Die Verträge müssen daher auf der Grundlage des Art. 11 Abs. 3 VerfRF beruhen, demgemäß die Abgrenzung der Befugnisse auf der Verfassung, dem Föderationsvertrag sowie sonstiger abzuschließender Verträge beruht.[153] Aus dieser Bestimmung lässt sich zugleich entnehmen, dass aus Sicht der Verfassungsgeber die Verfassung die Befugnisse nicht abschließend voneinander abgegrenzt hat.

Beruhen die KAVerträge auf Art. 11 Abs. 3 VerfRF, ist als nächstes ihre Stellung innerhalb des Normengefüges der Föderation zu bestimmen. Der Artikel nennt als weitere Normquellen zur Abgrenzung der Kompetenzen die Föderationsverfassung und den Föderationsvertrag. Vor allem Autoren aus den Republiken stellen die KAVerträge daher gemeinsam mit dem Föderationsvertrag über die Verfassung. Die Verfassung habe den Föderationsvertrag nicht abändern dürfen. Dies begründen sie mit der vertraglichen Fundierung der Föderation, die durch die KAVerträge fortgeschrieben werde.[154]

Andere vertreten die Auffassung, dass die Regelungen der KAVerträge zumindest den Bestimmungen über die Kompetenzverteilung zwischen der Föderation und den Subjekten gemäß Art. 71 bis 73 VerfRF vorgehen. Da Art. 11 Abs. 3 VerfRF in dem Kapitel über die Grundlagen der Verfassungsordnung stehe, genössen die entsprechenden Verträge Vorrang vor den nachfolgenden Artikeln der Verfassung.[155]

Beide Ansichten widersprechen dem Vorrang der Verfassung, der in Artikel 4 Absatz 2 und Artikel 15 Absatz 1 VerfRF sowie Absatz 4 Ziffer 1 der Schlussbestimmungen der Verfassung niedergelegt ist. Grundlegende Fragen der Kompetenzabgrenzung zwischen der Föderation und ihren Subjekten können nur für alle Subjekte gleich verbindlich geregelt werden, da sonst

---

153 Ebenso *Lysenko, V. I.*, 1997, S. 15 und der Dozent der Kasaner Universität in Tatarstan *Valeev, R. M.*, 1999, S. 44.

154 Siehe hierzu die Nachweise in der Fußnote 193 sowie *Muchamečin, F. C.*, 1997, S. 84. Er fordert im Übrigen den Abschluss anderer KAVerträge, allerdings nicht als Vertrag jeweils einzelner Republiken und Gebiete mit der Föderation, sondern vielmehr der Gesamtheit der Subjekte auf der einen Seite mit der Föderation. Nur dann könne der Anspruch der Gleichberechtigung eingelöst werden.

155 *Nekrasov, S. I.*, 1999, S. 70, nennt dieses Argument und verweist auf ein Verfassungsrechtslehrbuch von 1996. Er selber lehnt die Auffassung aber ab.

die Föderation in einen konföderativen Zusammenschluss einander nicht gleichberechtigter Subjekte verwandelt werden würde. Die Verträge können daher keine verfassungsändernde Wirkung haben, sondern dürfen nur ihren Inhalt in Zweifelsfragen konkretisieren.[156]

Die Grundsätze der Verfassungsmäßigkeit, des Vorrangs der Verfassung und der Föderationsgesetze sowie der Gleichberechtigung der Subjekte liegen auch dem KAG von 1999 zu Grunde. Das mit Zustimmung des Föderationsrates erlassene KAG klärt Fragen der gemeinsamen Kompetenz und der Beteiligung der Subjekte an der Föderationsgesetzgebung. Außerdem regelt es umfassend das Rechtsverhältnis der Verträge und Abkommen zwischen Föderation und ihren Subjekten.

Art. 4 KAG stellt fest, dass im Falle der Unvereinbarkeit der Bestimmungen von KAVerträgen mit Bestimmungen der Verfassung oder föderaler Gesetze diese im Bereich der ausschließlichen Kompetenz der Föderation und der gemeinsamen Kompetenz Vorrang haben. Art. 32 Abs. 2 KAG räumt der Föderation und den Subjekten für die Anpassung bereits existenter KAVerträge an das KAG eine Frist von drei Jahren nach Inkrafttreten des Gesetzes ein, also bis zum 24. Juli 2002. Das KAG selbst genießt Vorrang gegenüber den Verträgen mit den Subjekten: Gemäß Art. 76 Abs. 5 Satz 2 VerfRF geht bei einem Widerspruch zwischen einem Föderationsgesetz und einem sonstigen normativen Akt ersteres vor.[157] Daraus ergibt sich der Vorrang der Regelungen des KAG und anderer föderaler Gesetze vor den Verträgen zur Kompetenzabgrenzung mit den Subjekten der Föderation. Hierfür spricht ferner die fehlende Beteiligung der Legislative an der Entstehung der KAVerträge; nach den Grundsätzen der rechtsstaatlichen Normentheorie gehen Rechtsakte der Legislative Akten der Exekutive vor.

Dieses Ergebnis kann auch gegen zwei Haupteinwände aufrechterhalten werden. Zunächst ist fraglich, ob die KAVerträge Rechtsakte der Subjekte oder nicht eher gemeinsame Rechtsakte der Föderation und der Subjekte

---

156 Zu der Frage, ob die Föderation tatsächlich verfassungsrechtlich oder vertraglich begründet wurde, vgl. ausführlich im nächsten Kapitel.

157 Art. 76 Abs. 5 VerfRF lautet: „Die Gesetze und anderen normativen Rechtsakte der Subjekte der Russländischen Föderation dürfen den Bundesgesetzen nicht widersprechen, die in Übereinstimmung mit den Absätzen 1 und 2 dieses Artikels [d.h. entsprechend der Kompetenzbestimmungen, *Verf.*] verabschiedet wurden. Widersprechen ein Bundesgesetz und ein anderer in der RF erlassener Akt einander, so gilt das Bundesgesetz."

sind, so dass der Grundsatz des Art. 76 Abs. 5 Satz 2 VerfRF nicht ohne weiteres anwendbar wäre. Dieser Einwand ist angesichts des Wortlauts des Artikels aber nicht stichhaltig: im Falle eines Widerspruches gehen die Föderationsgesetze *jedem Akt*, der in der Russländischen Föderation gesetzt wird, vor. Diese Vorschrift muss daher auch die Verträge umfassen.

Auch in Hinsicht auf Art. 16 Abs. 2 VerfRF kommt man zu keinem anderen Ergebnis:

> „Keine anderen Bestimmungen dieser Verfassung dürfen den Grundlagen der Verfassungsordnung der RF widersprechen."

Zwar schließt er die Anwendung derjenigen Bestimmungen der Verfassung aus, die zu einem Widerspruch mit ihren grundlegenden Artikeln 1 bis 16 führen. Da Föderationsgesetze in Art. 11 Abs. 3 VerfRF nicht als Grundlage für die Abgrenzung der Kompetenzen genannt werden, könnte Art. 76 nicht auf die Kompetenzabgrenzungsverträge anwendbar sein. Da der Vorrang der Verfassung und der Föderationsgesetze aber bereits in Art. 4 Abs. 2 VerfRF festgeschrieben ist, also ebenfalls in dem Kapitel über die Grundlagen der Verfassungsordnung, führt selbst die Nichtanwendbarkeit des Art. 76 nicht zum Vorrang der Verträge gegenüber den Gesetzen.

Die KAVerträge stehen somit unterhalb der Föderationsverfassung und den Föderationsgesetzen, aber über den sonstigen Rechtsakten der Organe der Föderation und der Subjekte.

3 Entwicklungen seit 2000 – Die Durchsetzung des Vorrangs der Verfassung

Die große Anzahl der abgeschlossenen KAVerträge und ihre Verschiedenartigkeit führten zusammen mit der unterschiedlichen Leistungsfähigkeit der Subjekte zu einem „asymmetrischen" Zustand des Föderalismus, den viele zugleich als instabil ansahen.[158] Ferner stärkte die relative Schwäche des Zentrums seit der Rubelkrise im August 1998 bis zum Rücktritt *Jelzins* im Dezember 1999 insbesondere einige Republikpräsidenten und Gouverneure;

---

158 Vgl. etwa den Titel *Busygina, I. M.*, 1998; weitere Nachweise für diese Einschätzung bei *Heinemann-Grüder, A.*, 2000, S. 201, der aber selbst zu Recht kritisch ist.

diese wiederum verwiesen gerne auf den Föderationsvertrag und die KA-Verträge, um die vertragliche Fundierung der Föderation zu begründen. Mit der impliziten Aussage, Verträge auch kündigen zu können, verlangten insbesondere die Republiken größere Zugeständnisse der Föderation.

Seit dem Frühjahr 2000 befindet sich die Russländische Föderation in einem vom Zentrum ausgehenden Umstrukturierungsprozess.[159] Dieser begann mit einem Brief des neuen Präsidenten der RF, *Vladimir Putin*, Anfang Mai 2000, der die Aufforderung an die Subjekte der Föderation enthielt, ihr Recht in Einklang mit den Bestimmungen der Föderalverfassung und den Föderationsgesetzen zu bringen. Gleichzeitig leitete er in Zusammenarbeit mit der Staatsduma und dem Föderationsrat einen grundlegenden Umbau des föderativen Aufbaus ein, der allerdings auf eine bereits länger andauernde innerrussische Diskussion um eine föderale Neuordnung zurückgreifen konnte.[160] Ihn flankierte das Verfassungsgericht mit drei, teilweise bereits erwähnten, grundlegenden Entscheidungen zu den Verfassungen der Subjekte im Juni 2000 (*Altaj-Entscheidung*, *Adygeja-Beschluss*) und zur Verfassungsmäßigkeit der gesetzlichen Neuregelung der Organisation der Subjekte (Urteil vom 4. April 2002).

3.1 Durchsetzung des Vorrangs der Verfassung durch die Organe der Föderation

In dem bereits erwähnten Brief Anfang Mai 2000 an die legislativen Organe der Subjekte forderte Präsident *Putin* diese auf, die entsprechenden Bestimmungen der Subjektsverfassungen und der Gesetze und sonstigen Rechtsakte der Subjekte mit der Verfassung der Föderation und deren Gesetze in Einklang zu bringen.[161] Dieser Aufforderung folgte am 5. Mai ein Ukaz des

159 Vgl. hierzu auch *Krylov, B. S.*, 2000; *Heinemann-Grüder, A.*, 2000a.

160 Vgl. die Zusammenstellung von Beiträgen von Politikern der Subjekte und der Föderation aus den Jahren 1998 und 1999 bei *Genetzke, R.*, 1999. Bereits kurz nach der Annahme der Verfassung forderten die Mitautoren des Entwurfs, dass die Föderalversammlung in den ersten beiden Jahren ihrer Tätigkeit (1994-1996) die besonders aktuelle Frage überarbeiten sollten, ob die Subjekte so weit gestärkt werden sollen, dass sie in Gouvernements oder Länder umgewandelt werden könnten. Zu den angeregten Änderungsvorschlägen kam es nie. *Alekseev, S. S. und A. Sobčak*, 1994, S. 352.

161 Nach Aussage des Präsidenten in seiner „Rede an die Nation" vom 3. April 2001, RG, 4. April 2001, verstießen ein Viertel der regionalen Rechtsakte oder 3.500 Akte gegen

Präsidenten, der die Anpassung bestimmter Vorschriften des Gebietes Amur an die föderale Gesetzeslage verlangte.[162] Mit einem Ukaz vom 15. Mai 2000 machte er erstmalig von seinem Recht gemäß Art. 85 Abs. 2 VerfRF Gebrauch, den Vollzug von Akten der Exekutive der Subjekte wegen Verstoßes gegen föderales Recht auszusetzen. Dieser Ukaz betraf eine Verordnung des Gouverneurs von Smolensk.[163] Die Staatsanwälte der Subjekte, aber auch die Vertreter des Generalstaatsanwaltes, benutzten das Instrument der Rechtsaufsicht, um gegen entsprechende Rechtsakte der Subjekte im Wege der allgemeinen Rechtsaufsicht vorzugehen.[164]

3.1.1 Die Verfassungsgerichtsentscheidungen vom Juni 2000

Diese Maßnahmen des Präsidenten begleitete die *Altaj*-Entscheidung des Verfassungsgerichts und der Adygeja-Beschluss im Juni 2000 sowie eine wietere im April 2001.

In seiner *Altaj-Entscheidung* vom 7. Juni 2000 setzte sich das Gericht auf Antrag des Präsidenten der Republik Altaj ausführlich mit der Frage der Souveränität der Russländischen Föderation und ihrer Subjekte, insbesondere ihrer Republiken, auseinander.[165] Es stellte klar, dass die über das ganze Territorium der Russländischen Föderation sich erstreckende Souveränität der Föderation keine weitere Souveränität der Republiken oder anderer Subjekte zulasse. Wenn die Republiken wegen der ihnen zugebilligten Verfassungsautonomie auch grundsätzlich souverän sein könnten, schließe der Grundsatz der Gleichberechtigung der Subjekte dies aus. Auch die Bezeichnung der Republiken als Staat in Art. 5 Abs. 2 VerfRF bedeute keine Aner-

---

föderale Normen. Die Gesetzgebung der nicht-russischen Republiken verstieß dabei wesentlich häufiger gegen föderale Gesetze als die der anderen Subjekte. Allerdings können hieraus noch keinerlei Rückschlüsse auf die Rechtsstaatlichkeit der Tätigkeit der anderen Subjekte gezogen werden, wie *Robert Orttung*, Russian Regional Report, Vol. 6, Nr. 18, 16. Mai 2001, unter Hinweis auf Saratov und Uljanovsk zu Recht ausführt.

162 SZRF 2000, Nr. 20, Pos. 2098.

163 SZRF 2000, Nr. 21, Pos. 2167.

164 Vgl. Art. 1 des Gesetzes über die Staatsanwaltschaft SZRF 1995, Nr. 47, Pos. 4472. In seiner bereits erwähnten Entscheidung vom 18. Juli 2003 (SZRF 2003, Nr. 30, Pos. 3101) beschränkte das Verfassungsgericht die Anwendbarkeit dieser Bestimmung auf einfachgesetzliche Bestimmungen der Subjekte; die Verfassungen dürfen nur – allerdings auf Antrag der Generalstaatsanwaltschaft – vom Verfassungsgericht für ungültig erklärt werden.

165 VKS 2000, Nr. 5, S. 2.

kennung ihrer staatlichen Souveränität. Falls der Föderationsvertrag die Souveränität der Republiken tatsächlich anerkannt hätte[166], wären diese Bestimmungen wegen des Vorranges der Verfassung entsprechend den Schlussbestimmungen der Verfassung nichtig.

Auf Antrag eines Fünftels der Abgeordneten der Staatsduma befasste sich das Verfassungsgericht in seinem *Adygeja-Beschluss* vom 27. Juni 2000 mit einzelnen Bestimmungen der Verfassung einiger Republiken, u.a. Adygeja, Baschkortostan und Tatarstan.[167] Das Gericht betonte erneut den Vorrang der Föderationsverfassung auf den Gebieten, in denen die Föderation ausschließlich oder gemeinsam mit den Subjekten zuständig ist. Daher verstießen die Bestimmungen der Verfassungen der Subjekte, die die Souveränität oder die Völkerrechtssubjektivität der Republiken betreffen oder die Beziehungen auf eine vertragliche Grundlage stellen, gegen die Föderationsverfassung.

Diesen Beschluss legte das Verfassungsgericht am 19. April 2001 auf Antrag des bevollmächtigten Vertreters des Präsidenten im Wolga-Bezirk aus.[168] In seinen grundsätzlichen Ausführungen zur Umsetzung von Verfassungsgerichtsentscheidungen stellte es klar, dass verfassungswidrige Bestimmungen auch ohne einen weiteren Akt der Subjekte ihre Rechtskraft verlieren; den Subjekten sei zugleich verboten, neue Rechtsakte mit ähnlichem Inhalt zu erlassen. Im entgegenstehenden Fall könnten die ordentlichen Gerichte auf Antrag der Staatsanwaltschaft die Rechtsakte für ungültig erklären; gegen diese Entscheidung stehe den Subjekten der Rechtsweg zum Verfassungsgericht offen. Falls die Subjekte verfassungswidrige Gesetze erließen, könne dies auch die Grundlage für eine Verwarnung des Leiters der Exekutive der Subjekte durch den Präsidenten und die nachfolgende Entlassung gemäß den Bestimmungen föderaler Gesetze sein. Das Gericht ließ die Frage der Verfassungsmäßigkeit dieser Regelung aber ausdrücklich offen.

---

166 In seinem Beschluss vom 6. Dezember 2001 auf Antrag des Präsidenten von Baschkortostan, SZRF 2002, Nr. 4, Pos. 374, unterstellte es sogar, dass der Föderationsvertrag die Souveränität der Republiken anerkannt habe (Punkt 3.3). Zugleich stellte es aber klar, dass die Verfassung dem nicht gefolgt sei.

167 VKS 2000, Nr. 5, S. 59.

168 Über die Auslegung des Beschlusses vom 27. Juni 2000, SZRF 2001, Nr. 20, Pos. 2059. Insbesondere die Ausführungen zum Vorrang des föderalen Gesetzes und der mangelnden Souveränität bestätigte das VerfG in seinem Beschluss vom 6. Dezember 2001 auf Antrag des Präsidenten von Baschkortostan, SZRF 2002, Nr. 4, Pos. 374.

Abschließend betonte es die Verantwortlichkeit der Organe der Subjekte in ihrer Gesamtheit für die Verfassungsmäßigkeit ihrer Rechtsakte.

Das Verfassungsgericht hat in den ersten beiden genannten Entscheidungen die Grundlagen für die Durchsetzung der Verfassung geschaffen[169] und in dem Beschluss vom April 2001 der Exekutive förmlich den Weg gewiesen, wie sie gegen Subjekte vorgehen kann, die seine Entscheidungen nicht umsetzen.[170]

Im Sommer 2000 setzten die Subjekte und die Föderation gemeinsame Arbeitsgruppen in den Subjekten ein, die die Vereinbarkeit der Rechtsakte der Subjekte mit der Gesetzgebung der Föderation überprüften. Ende Juni 2001 sollten nach Aussage des Justizministeriums 94% der Rechtsakte der Subjekte in Übereinstimmung mit der Föderationsgesetzgebung sein, obwohl es noch eine Anzahl „problematischer Regionen", wie etwa Tatarstan, Kabardino-Balkarien, Komi und Sacha gebe.[171]

3.1.2 Die Kommission zur Überprüfung der Kompetenzabgrenzung

Im Juni 2001 gründete der Präsident auf Föderationsebene eine Kommission, um das System der Kompetenzabgrenzung zwischen der Ebene der Föderation und derjenigen der Subjekte bzw. örtlichen Selbstverwaltung zu

---

169 Das VerfG befasste sich schon in früheren Entscheidungen mit der Frage des Föderalismus in der RF und der Souveränität der Subjekte. *Pomeranz, W.*, 1997, S. 422-429 nennt die Entscheidungen zu Kaliningrad (SZRF 1995, Nr. 50, Pos. 4969), Udmurtien (SZRF 1996 Nr. 4 Pos. 708) und Altai (SZRF 1996, No. 4, Pos. 409). Wichtig sind ferner die Entscheidung zu Tatarstan vom 13. März 1992 und die im Teil 6 dargestellte Entscheidung zu Tschetschenien von 1995, die beide auf die Unverletzlichkeit des Territoriums abstellen. Zu letzteren vgl. *Karapetjan, L.*, 2001.

170 Dass zumindest einige Präsidenten der Republik Schwierigkeiten bei der Umsetzung dieser Entscheidungen empfinden, wird in der Anfrage des Präsidenten Baschkortostans, *M. Rachimov*, deutlich, der das Verfassungsgericht erneut mit der Frage befasst hatte, was unter einem „ähnlichen Gesetz" etc. zu verstehen sei. Das VerfG führte aus, dass die Republiken nicht nur zur Nichtanwendung verfassungswidriger Gesetze verpflichtet seien, sondern auch keine Normen ähnlichen Inhalts erlassen dürfen. Hierzu VerfG vom 6. Dezember 2001, SZRF 2002, Nr. 4, Pos. 374.

171 Die anderen, nicht offiziell genannten, Regionen sollen Nord-Ossetien und Pskov Oblast sein, vgl. RFE/RL Russian Federation Report, Vol. 3, No. 20, 4. Juli 2001.

überprüfen und Vorschläge für eine Verbesserung zu machen.[172] Des Weiteren soll sie Widersprüche zwischen den Rechtsnormen der Subjekte unter Berücksichtigung der verschiedenen KAVerträge und der in diesem Zusammenhang geschlossenen Abkommen und der Föderationsgesetzgebung herausarbeiten. Eine weitere Aufgabe ist der Entwurf eines bereits in Art. 85 Abs. 1 VerfRF vorgesehenen Schlichtungsverfahrens für Meinungsverschiedenheiten zwischen den Staatsorganen der Subjekte und der Föderation sowie der Subjekte untereinander; dieses Verfahren könnte bei den zu erwartenden Differenzen zwischen der Föderation und einigen Subjekten über einige KAVerträge zur Anwendung kommen.

Die Kommission ist mit Vertretern der Präsidialverwaltung, der Föderationsregierung, eines Ausschusses der Staatsduma sowie einer Leitungsperson aus dem Institut für Gesetzgebung bei der Regierung sowie mit Mitgliedern von Regionalparlamenten, Präsidenten von Republiken – darunter *M. Šamiev*, Präsident von Tatarstan –, Gouverneuren aus Oblasten, einem Bürgermeister und einem Vertreter des Kongresses der Gemeindeverbände besetzt. Die Subjekte stellen nur knapp ein Drittel der Mitglieder der Kommission; sie werden mit einer beratenden Stimme in die Entscheidungsfindung einbezogen, ohne das Ergebnis blockieren zu können. Auf der Ebene der föderalen Bezirke[173] hatten die Bevollmächtigten des Präsidenten ebenfalls eine Kommission unter Einbeziehung der Vertreter der örtlichen Selbstverwaltung zu gründen. Als ein erstes Ergebnis dieser Kommissionen lassen sich die Änderungen des OrgG vom 4. Juli 2003 bezeichnen.[174] In dem neu eingefügten Abschnitt VI-1 werden ausführlich die Verteilung der Aufgaben sowie deren Finanzierung zwischen der Föderation und den Subjekten geregelt. Das Gesetz führt ferner ein Verfahren zur Beteiligung der Subjekte an Gesetzgebungsverfahren zu Gegenständen ein, die in der gemeinsamen Zuständigkeit liegen, und klärt die Voraussetzungen und das Verfahren des Abschlusses von Verträgen über die Abgrenzung der Kompetenzen. Künftig sollen diese Verträge nur noch im Einzelfall abgeschlossen werden, um ökonomischen, geographischen oder sonstigen Besonder-

---

172 Ukaz vom 21. Juni 2001, SZRF 2001, Nr. 26, Pos. 2652; umbenannt am 27. November 2003 durch Ukaz 1395 in Kommission für die föderalen und kommunalen Selbstverwaltungsangelegenheiten.

173 S. hierzu sogleich unter 3.2.

174 SZRF 2003, Nr. 27, 2709. Die Kommission hat ferner den Gesetzesentwurf zur kommunalen Selbstverwaltung arbeitet; s. hierzu kritisch *Gel'man*, 2003.

heiten von Subjekten Rechnung zu tragen. Die zwingende Beteiligung der gesetzgebenden Körperschaften ist vorgeschrieben.[175]

Dieses Bemühen um eine Vereinheitlichung der Beziehungen zwischen der Föderation und den Subjekten ist mit der Aufhebung der meisten KA-Verträge zum Ende des Jahres 2003 fortgesetzt worden.[176] In der Präambel der entsprechenden Aufhebungsverträge wird festgehalten, dass das ursprüngliche Ziel des KAV erreicht sei. Den Aufhebungsvertrag unterzeichnen ebenso wie den ursprünglichen KAV der Präsident der RF einerseits und der Leiter der Exekutive des Subjektes – d.h. der Präsident der Republik oder der Gouverneur – andererseits.

3.2 Die Schaffung „föderaler Bezirke" als neue Ebene zwischen Föderation und Subjekten

Um die vertikale Machtverteilung zugunsten der Föderation zu stärken, teilte Präsident *Putin* die Föderation in sieben „föderale Bezirke" („federal'ny okrug") ein und benannte je einen bevollmächtigten Vertreter des Präsidenten im föderalen Bezirk.[177] Aufgabe der Bevollmächtigten – fünf von ihnen kommen aus dem Militär, der Polizei oder dem FSB[178] – ist die Kontrolle der Ausführung der politischen Entscheidungen der Föderation inklusive der Personalpolitik. Sie müssen der Ernennung von Föderationsbeamten zustimmen, die in den Subjekten stationiert sind, und haben das Recht,

---

175 Es ist durchaus fraglich, ob die sehr ins Detail gehenden Regelungen der Beteiligung der Legislative der Subjekte noch von der Ermächtigungsnorm des Art. 77 Abs. 1 VerfRF gedeckt ist. Diese Frage kann an dieser Stelle aber nicht ausführlich behandelt werden.

176 Von Dezember 2001 bis September 2002 wurden 32 Verträge über die Auflösung der gesamt 42KAVerträge mit 33 Subjekten geschlossen (vgl. Übersicht mit Fundstellen abgedruckt in SZRF 2002, Nr. 52 Teil 2, letzte Seite). Am 20. Mai 2003 wurde ein gleichartiger Vertrag mit dem Oblast' Murmansk geschlossen (SZRF 2003, Nr. 21, letzte Seite). Bis zum Ende des Jahres 2003 waren aber noch immer nicht alle Verträge aufgehoben, insbesondere die Verträge mit Baschkortostan, Tatarstan, Sacha und Sverdlovsk, die sehr problematische Bestimmungen enthalten, blieben unberührt.

177 Ukaz des Präsidenten vom 13. Mai 2000, SZRF 2000, Nr. 20, Pos. 2112. Gleichzeitig wurde die Funktion der bisherigen „bevollmächtigten Vertreter des Präsidenten in den Regionen" aufgehoben.

178 Der FSB (Federal'nye Služba Bezopasnosti) ist der russische Geheimdienst und Nachfolger des KGB.

an Sitzungen der Organe der Exekutive der Subjekte teilzunehmen. Dieses Recht steht ihnen mit beratender Stimme auch bei Sitzungen der Föderationsregierung und ihrer Ausschüsse zu.[179] Sie spielen in ihrem Zusammenwirken mit den oben erwähnten Arbeitsgruppen und den Vertretern der Staatsanwaltschaft eine bedeutende Rolle bei der Überwachung der Einhaltung der Föderationsgesetze und der Verfassung.[180]

Der Umbau ging mit einer Entmachtung der Präsidenten und Gouverneure der Subjekte einher. Wie in Teil 3 ausgeführt werden wird, änderte ein mit Zustimmung des Föderationsrates beschlossenes Gesetz[181] die bisherige Zusammensetzung des Föderationsrates. Seither sind nicht mehr die Leiter der Exekutive der Subjekte, also die Präsidenten der Republiken bzw. die Gouverneure, und die Vorsitzenden der Parlamente *ex officio* Mitglieder des Föderationsrates, sondern von der Legislative gewählte bzw. von der Exekutive bestimmte Personen mit Sitz in Moskau nehmen hauptamtlich die Aufgaben im Föderationsrat wahr. Der Verlust an Einfluss der Republikpräsidenten und Gouverneure soll durch den neu gegründeten beratenden Staatsrat ausgeglichen werden.

3.3 Auflösbarkeit der Legislative der Subjekte und Absetzbarkeit der Gouverneure durch die Organe der Föderation

Am 19. Juli 2000 überstimmte die Duma den Einspruch des Föderationsrates und verabschiedete das Gesetz zur Änderung des föderalen Gesetzes „Über die allgemeinen Prinzipien der Organisation der gesetzgebenden (vertretenden) und ausführenden Organe der staatlichen Gewalt der Subjekte der Russländischen Föderation“ (im Folgenden OrgG-Ä)[182], das den Organen der Föderation erhebliche Eingriffe in die Legislativ- und Exekutivorgane der Subjekte erlaubt. Das Gesetz führt zwei Verfahren zur Auflösung der gesetzgebenden Körperschaften der Regionen (neuer Art. 9 Abs. 4

179 Regierungsverordnung vom 12. August 2000 über die Zusammenarbeit der Regierung der RF mit den bevollmächtigten Vertretern des Präsidenten, SZRF 2000, Nr. 34, Pos. 3473.

180 Zur Reform im Bereich der Gouverneure s. ausführlich *Bel'skij, K. S.*, 2001. Allgemein zu den Reformen *Putins* bspw. *Mamsurov, T. D.*, 2001; ausführlich zur Geschichte des Föderalismus auch *Karmanov, A. J.*, 2001.

181 Gesetz vom 26. Juli 2000, SZRF 2000, Nr. 32, Pos. 3336.

182 SZRF 2000, Nr. 31, Pos. 3205.

OrgG) und zur Amtsenthebung des Vorsitzenden der Exekutive in den Regionen – also der Präsidenten und Gouverneure – ein, falls diese die Verfassung verletzen (neuer Art. 29 OrgG).

Wenn ein ordentliches Gericht die Unvereinbarkeit von Rechtsakten der Subjekte mit Föderationsrecht feststellt, ohne dass die gesetzgebendende Körperschaft des Subjekts innerhalb von sechs Monaten Maßnahmen unternimmt, um die Rechtsverletzung zu beenden, und das Gericht daraufhin erneut feststellt, dass durch die Untätigkeit die Geltung der Verfassung eingeschränkt wird, kann der Präsident der Föderation dieses Organ in Form eines Ukazes verwarnen. Bleibt die Legislative des Subjektes drei Monate lang weiterhin untätig, kann der Präsident der RF der Staatsduma einen Gesetzesentwurf zur Auflösung der betreffenden Legislative vorlegen. Hierüber muss die Duma innerhalb von zwei Monaten beraten. Im Falle der Verabschiedung des entsprechenden Gesetzes innerhalb von einem Jahr nach der Gerichtsentscheidung[183] enden die Vollmachten der regionalen Legislative mit Inkrafttreten des Gesetzes. Die zeitliche Befristung des Vorgehens verhindert, dass die Rechtsverletzung durch die Föderation zeitweise toleriert und erst später aus politischen Gründen gegen das Subjekt geltend gemacht wird.

Ohne Beteiligung der Legislative kann der Präsident der RF den Leiter der Exekutive eines Subjektes seines Amtes entheben, falls dieser nach einer Verwarnung durch den Präsidenten wegen der Nichtausführung einer Gerichtsentscheidung, die die Unvereinbarkeit eines seiner Rechtsakte mit Föderationsrecht (Verfassung oder einfache Gesetze) festgestellt hat, den gesetzeswidrigen Zustand nicht innerhalb eines Monates zu beseitigen versucht. Auf begründeten Antrag des Generalstaatsanwalts kann der Präsident der RF den Leiter der Exekutive eines Subjektes auch des Amtes entheben, wenn er eines schweren Verbrechens angeklagt wird. Gegen diese Entscheidungen steht den Betroffenen der Rechtsweg innerhalb von zehn Tagen vor das Oberste Gericht der RF offen. Falls die Verfassung oder die Gesetze des betroffenen Subjektes keine Regelung für die vorübergehende Vertre-

183 Unklar ist nach dem Wortlaut, ob hiermit die erste oder zweite Gerichtsentscheidung gemeint ist. Im ersten Fall ist der Zeitrahmen für die Beratung des Gesetzesentwurf in der Staatsduma äußerst eng bemessen. Allerdings sind kurze Fristen in der russländischen Gesetzgebungspraxis durchaus üblich, so dass wegen der Gesetzessystematik diese Auslegung zu bevorzugen ist.

tung des Leiters der Exekutive enthält, kann der Präsident einen vorläufigen Vertreter einsetzen.[184]

Am 4. April 2002 legte das Verfassungsgericht der RF[185] dieses Gesetz so aus, dass es die Anforderungen an das Verfahren vor der Auflösung eines Parlaments eines Subjektes durch ein Föderationsgesetz deutlich erhöhte und damit das gesamte Verfahren fast undurchführbar machte. Nach einem ersten Gerichtsverfahren muss ein zweites Gericht feststellen, dass der regionale Gesetzgeber die erste Entscheidung nicht umgesetzt habe und daher ein föderaler Eingriff zum Schutz der Verfassung notwendig sei.[186] Grundsätzlich kann das Subjekt in jedem Stadium des Verfahrens das Verfassungsgericht der RF anrufen; tut es dies nicht, ist der Präsident der RF vor Einbringung eines entsprechenden Gesetzes in die Staatsduma hierzu verpflichtet. Auch bei der Absetzung eines Gouverneurs oder Republikpräsidenten muss das Verfassungsgericht beteiligt werden. Das Gericht unterstreicht die weitere einengende Verfahrensvoraussetzung, dass dieses Verfahren nur eingeleitet werden darf, wenn es sich um massive und schwere Menschenrechtsverletzungen handelt oder die Einheit und territoriale Unversehrtheit, die nationale Sicherheit oder die Einheit des Rechts- und Wirtschaftsraums der RF gefährdet sind (Art. 3 OrgG).[187]

Erstaunlich an der Argumentation des Verfassungsgerichts ist, dass es ihm nur auf die Einhaltung der Teilung der Gewalten der Exekutive, Legislative und Judikative ankommt und sehr viel Wert auf die gerichtliche Kontrolle des Verfahrens legt. Die Frage, ob die Auflösung des Parlaments eines Subjektes oder die Absetzung des Leiters der Exekutive des Subjektes durch

---

184 In einem ähnlichen Verfahren können die örtliche Volksvertretung aufgelöst und das Oberhaupt der örtlichen Exekutive seines Amtes enthoben werden (Änderung des Gesetzes über die Organisationsgrundlagen der lokalen Selbstverwaltung, RG vom 8. August 2000).

185 Urteil P8/02 vom 4. April 2002. Ursprünglich hatte der tschuwaschische Präsident, *Nicolai Fedorov*, einen Antrag auf Überprüfung gestellt, diesen aber fallen gelassen, nachdem die gesetzgebenden Körperschaften der Republiken Sacha (Jakutien) und Adygijas den Antrag übernommen hatten.

186 Diese Entscheidungen setzen übrigens die Kompetenz der Gerichte voraus, Normen der Subjekte wegen Verstoßes gegen die Verfassung oder Bundesgesetze verwerfen zu können. Diese Kompetenz hat das Verfassungsgericht in seiner Entscheidung vom 18. Juli 2003 (SZRF 2003, Nr. 30, 3101) für einfache Gesetze der Subjekte bestätigt.

187 Ausführungen unter Punkt 3.2 und 3.3 der Begründungserwägungen.

Organe der Föderation gegen die Grundsätze der vertikale Gewaltenteilung im Bundesstaat verstößt, stellt es sich nicht.

Ohne das Gesetz und das Urteil des Gerichts in voller Tiefe analysieren zu können, stellt sich eine grundlegende Kritik. So ist es durchaus fraglich, ob die im Org-Ä vorgesehenen Eingriffsmöglichkeiten der föderalen Staatsorgane noch von der Kompetenznorm des Art. 77 Abs. 1 VerfRF gedeckt sind. Diese Norm ermächtigt den Föderationsgesetzgeber, „die allgemeinen Prinzipien der Organisation der Vertretungs- und Vollzugsorgane der Staatsgewalt" durch Bundesgesetz festzulegen. Die Möglichkeit der Auflösung eines Legislativorgans eines Subjektes durch ein Föderationsgesetz ist ebenso wie die Absetzung des Leiters der Exekutive ein direkter Eingriff in dessen Organisationshoheit, da es durch die Ausschreibung von Neuwahlen indirekt die Zusammensetzung der Legislative (und mit deren Wahl des Leiters der Exekutive auch diesen) beeinflusst. Gerade diese Organisationshoheit der Subjekte ist aber Bestandteil des verfassungsrechtlich garantierten bundesstaatlichen Aufbaus der RF. Die Auflösung der regionalen Parlamente und die Absetzung des Leiters der Exekutive sind daher so weit in Grundfragen des Staatsaufbaus eingreifende Detailregelungen, dass sie nicht mehr unter den Begriff der „allgemeinen Prinzipien der Organisation" zu subsumieren sind. Entsprechende Änderungen des Staatsaufbaus müssten Niederschlag in der Verfassung finden. Auch die übrigen als Ermächtigungsgrundlage herangezogenen Normen sind nicht einschlägig. Zum einen zieht es Art. 80 Abs. 2 VerfRF heran, der den Präsidenten zur Gewährleistung der staatlichen Integrität der Föderation und des „abgestimmten Funktionierens und Zusammenwirkens der Organe der Staatsgewalt" verpflichtet. Zum anderen begründet es die Befugnisse des Präsidenten mit der Ermächtigung gemäß Art. 85 VerfRF, Vollzugsakte der Subjekte vorübergehend außer Kraft setzen zu können. Beide Kompetenzen stehen aber nur dem Präsidenten zu, während die Duma nicht erwähnt ist. Zumindest die Auflösung der Parlamente der Subjekte durch die Staatsduma lässt sich damit nicht rechtfertigen.

3.4 Steuerpolitische Elemente

In der Verfassung der RF fehlen eingehende Vorschriften über die Verteilung der Staatseinnahmen und –ausgaben zwischen der Föderation und den

Subjekten. Gemäß Art. 75 Abs. 3 VerfRF liegt die Zuständigkeit für die Festlegung der allgemeinen Prinzipien der Besteuerung und der Abgaben bei der Föderation. Auch der durch die neueste Änderung des OrgG vom 4. Juli 2003 eingeführte Abschnitt über die „wirtschaftlichen Grundlagen der Tätigkeit der Organe der Staatsgewalt der Subjekte der RF" verweist für die Ausgestaltung der Einnahmequellen (regionale Steuern und Abgaben sowie Anteile an den föderalen Steuern) auf die föderale Steuergesetzgebung.[188]

Diesen Spielraum hat der Gesetzgeber im Januar 2001 genutzt und hat in einer umfassenden Steuerreform Einnahmen zugunsten des Zentrums umverteilt. Die Einnahmen aus der Einkommenssteuer wurde den Subjekten, die Einnahmen aus der Mehrwertsteuer dem Zentrum zugeschlagen. Dabei erhöht sich langfristig die Bemessungsgrundlage der Mehrwertsteuer, da sozial begründete Steuerprivilegien zurückgefahren wurden, während sich die Einnahmen aus der Einkommenssteuer wegen ihrer Umwandelung von einer progressiven Steuer bis 30% zu einer linear veranlagten Steuer von 13% reduzieren werden. 2000 war das Steueraufkommen noch hälftig zwischen Föderation und Subjekten verteilt, 2001 vergrößerte sich der föderale Anteil auf 56% und für das Jahr 2002 wird der föderale Anteil auf 62% geschätzt.[189]

Die Föderation stellte in dem neuen Steuergesetz außerdem eine abschließende Liste von föderalen, regionalen und lokalen Steuern auf. Diese Vereinheitlichung führt zu einer Vereinfachung des Steuersystems und kommt damit den Steuerpflichtigen entgegen. Es nimmt den Subjekten jedoch weitere mögliche Einkommensquellen. Haupteinnahmequellen der Subjekte sollen langfristig die Vermögens- und Grundstückssteuern werden. Die Erhebung gerade dieser Steuern stößt aber auf erhöhte praktische Schwierigkeiten: für die Besteuerung von Grundstücken fehlt ein funktionierendes Katasterwesen; außerdem können insbesondere große Vermögen durch eine Verlagerung ins Ausland dem Zugriff der Steuerbehörden entzogen werden.[190] Die wohlhabenden Subjekte, die Überschüsse zum regiona-

---

188 SZRF 2003, Nr. 27, Pos. 2709. Art. 26-15 bis 26-19 zählen lediglich allgemein die Einnahmequellen der Subjekte auf, ohne aber bestimmte Steuern insgesamt oder prozentual den Subjekten zuzusprechen.

189 Zahlen von *Philip Hanson*, Fiscal Federalism, *in* EastWest Institute Russian Regional Report (Vol. 7, Nr. 20, 17 Juni 2002).

190 Ausführlich zur Reform *Fruchtmann, J.*, 2002, S. 352-357 sowie *Lambroschini, S.*, 2000, RFE/RL Newsline vom 28. Juli 2000.

len Finanzausgleich beitrugen, konnten sich mit ihrem ursprünglichen Bestreben nach einer Reduzierung ihres Beitrages in den Ausgleich nicht durchsetzen. Vielmehr wirkt sich die Reform gerade zu ihren Lasten aus.[191] Dies führt einerseits zu einer Angleichung der Einkünfte der finanzstärkeren und finanzschwächeren Regionen, mildert ggf. die zentrifugalen Kräfte zumindest der reicheren Subjekte und kann damit die Föderation als Ganzes stärken. Die weitgehende Zentralisierung wichtiger Haushaltsmittel bei der Föderation schwächt andererseits die eigenständige Handlungsfähigkeit der Subjekte, ihre eigenen Regionalpolitiken zu verfolgen. Zu einer eigenständigen Aufgabenwahrnehmung als Kernbestand der Bundesstaatlichkeit gehört die ausreichende finanzielle Ausstattung der Subjekte. Ebenso wie Art. 5 Abs. 3 VerfRF die Abgrenzung der Zuständigkeitsbereiche der Föderation und der Subjekte schützt, verleiht er einen Anspruch auf angemessene finanzielle Ausstattung. Wirkt sich die Steuerreform auf lange Sicht so aus, dass die Subjekte ganz überwiegend von den Überweisungen der Föderation abhängig werden, könnten die Subjekte vor dem Verfassungsgericht wegen einer Verletzung des Bundesstaatsprinzips gemäß Art. 5 Abs. 3 VerfRF eine entsprechende Änderung der Steuergesetzgebung einklagen.

3.5 Vorläufige Bewertung

Im Ergebnis bleibt festzuhalten, dass die Reformen des Föderalismus seit dem Jahr 2000 und vor allem die Änderung des OrgG zu einer einschneidenden Schwächung der Subjekte führte. Diese Änderungen sind vor der eingangs dargestellten Verfassungsrealität von Subjekten, die den Vorrang der Föderationsverfassung nicht oder nur schwerlich akzeptieren und teilweise gar grundsätzlich ihre verfassungsrechtliche Zugehörigkeit zur RF in Frage stellen, zu sehen. Die Durchsetzung des föderalen Rechts ist aber die notwendige Rahmenbedingung für eine funktionierende Föderation.

Der staatsrechtlichen Ausgestaltung bundesstaatlicher Gebilde sind zwischen einem Einheitsstaat und einem Staatenbund weite Grenzen gesetzt. Schwang in den 90er Jahren das Pendel des Föderalismus in der Verfassungswirklichkeit stärker in die Richtung des Staatenbundes – zumindest in Bezug auf die Republiken – bewegt es sich derzeit in die Richtung des (de-

---

191 Ausführlich zu den Auswirkungen am Beispiel der Republik Komi *Shabaev, Y.*, 2002.

zentralisierten) Einheitsstaates. Wesentlich ist, dass die jeweiligen Maßnahmen sowohl einzeln als auch in ihrer Gesamtheit betrachtet die Grenzen der Bundesstaatlichkeit bisher zu jeder Seite gewahrt haben. Jedoch ist insbesondere die weitere Verteilung des Steueraufkommens zwischen Zentrum und Subjekten kritisch zu beobachten.

Wenn die Richtung der Reform grundsätzlich zu begrüßen ist, bleibt abzuwarten, ob sie mit rein rechtstaatlichen Mitteln und zugleich gegenüber allen Subjekten gleichmäßig umgesetzt wird. Nur dann wird sich die Reform dauerhaft zugunsten des Föderalismus auswirken. Im entgegengesetzten Fall droht eine Verstärkung der faktischen Asymmetrie des föderalen Aufbaus der RF, der die zentrifugalen Kräfte stärken würde.

4. Kapitel: Vertrags- oder Verfassungsföderation?

Auch nach der Annahme der Verfassung von 1993 hielten und halten noch immer einige Präsidenten der Republiken daran fest, dass die Russländische Föderation durch einen Vertrag der sie konstituierenden Einheiten entstanden sei.

1 Die RF als Vertragsföderation?

Den Interessen mancher Republiken käme das Konzept eines Vertragsföderalismus entgegen, da er ihnen eine größere Eigenständigkeit bis hin zu einem Austritt aus der Föderation erlauben würde.[192] Die vertragliche Kon-

[192] Insb. *Tusmuchammad*, R., 1997, S. 83f., legt in seiner Auseinandersetzung mit dem russischen Föderalismus einen Schwerpunkt auf die verfassungsrechtliche Verweigerung eines Austrittsrechts der Republiken aus der Föderation. Dies verstoße gegen das allgemein anerkannte Prinzip des Selbstbestimmungsrechts der Völker. In der politischen Diskussion wird allerdings häufig übersehen, dass das Selbstbestimmungsrecht der Völker (SBR) als völkerrechtlicher Grundsatz zwar auch nach überwiegender Meinung ein Sezessionsrecht vorsieht („äußeres SBR"). Da dies aber zwangsläufig im Widerspruch zum Grundsatz der territorialen Unversehrtheit souveräner Staaten steht, ist es als eine

zeption, vor allem in ihrer von Tatarstan häufig thematisierten staatenbündischen Variante, käme auch dem Wunsch nach größeren außenpolitischen Kompetenzen entgegen.

Für die Begründung der Föderation durch Vertrag spricht, dass zumindest die Republiken bereits zur Sowjetzeit „autonom" genannt wurden und sich im Zuge der Auflösung der Sowjetunion ein Großteil der ehemals autonomen Republiken im Bestand der RSFSR für „souverän" erklärt hatten.[193] Von diesem historischen Gesichtspunkt betrachtet hätten sich die zunächst souveränen und mit der RSFSR bzw. ihrem Nachfolgestaat, der Russländischen Föderation, gleichgestellten Republiken durch den Föderationsvertrag von 1992 freiwillig bereit erklärt, auf einen Teil ihrer Souveränität zu verzichten, um einen neuen Staat – die Russländische Föderation – zu gründen. Die RSFSR habe dann zwischenzeitlich nur noch für den in Form eines Einheitsstaates verwalteten russischen Teil der RSFSR (die Oblasti, Kraij etc.) gehandelt, nicht mehr für die souveränen Republiken. Hiervon ausgehend lässt sich auch der asymmetrische Aufbau der Russländischen Föderation durch drei verschieden Föderationsverträge sowie durch die Unterscheidung der Subjekte in der Verfassung erklären.

Ähnlich argumentierte der damalige Vorsitzende des Obersten Sowjets Tatarstans, *F. Ch. Muchamečin*[194], wenn er auf die „Deklaration des werktätigen und ausgebeuteten Volkes" und die Resolution des III. Gesamtrussischen Kongresses der Sowjets „Über die föderativen Einrichtungen der Russländischen Republik" vom 12. (25.) Januar 1918 hinweist. Dieser Beschluss habe nur die allgemeinen Grundlagen für die Schaffung einer Föderation festgelegt, jedoch noch nichts über die Teilnahme einzelner – souveräner – Republiken ausgesagt; diese Frage habe vielmehr in der ausschließlichen Kompetenz der Republiken gelegen. Die Sowjetische Russländische Republik sei daher auf der Grundlage einer freien vertraglichen Union freier Nationen als Föderation sowjetischer nationaler Republiken geschaffen worden. Daraus folgert er, dass diese souveränen Republiken sich 1992/93 zur Erneuerung oder Gründung einer neuen Föderation entschlossen hät-

---

Art Notwehrrecht nur bei der Verweigerung des inneren SBR anerkannt, vgl. *Heintze in Ipsen, K.*, 1999, § 29 m.w.N. Diese Voraussetzungen sind in der RF nicht gegeben.

193 Vgl. 1. Teil, 2. Kapitel, 7.2.

194 *Muchamečin, F. C.*, 1994, S. 55 und als Premier-Minister Tatarstans in einem Beitrag auf einer wissenschaftlichen Konferenz zum Thema Föderalismus *Muchamečin, F. C.*, 1997, S. 85f.

ten. Gründungsdokument könne grundsätzlich der Föderationsvertrag sein; für Tatarstan, das den Vertrag 1992 nicht unterzeichnet hat, komme allerdings nur eine gleichberechtigte Union mit der RF auf der Grundlage des Kompetenzabgrenzungsvertrages vom 15. Februar 1994 in Betracht.[195] Die Verfassung der Russländischen Föderation von 1993[196] wird in diesem Zusammenhang vollständig außer Acht gelassen.[197] Auf einer abstrakt-generellen Ebene soll die Verfassung nicht die Kompetenzen „von oben", also von der Föderationsebene, auf die Subjekte verteilen, sondern lediglich die freiwillige Übertragung von Kompetenzen der Subjekte auf die Föderation „von unten" regeln.[198] Nach Ansicht des tatarischen Präsidentenberaters *Rafael Chakimov* kamen als ursprüngliche Träger sogar nicht einmal alle Subjekte, sondern nur die Republiken in Betracht.[199] Dieses Konzept habe dem Entwurf der Verfassung zugrunde gelegen, da Art. 78 Abs. 2 und 3 ausdrücklich eine Übertragung von Exekutivbefugnissen von der Föderation auf einzelne Subjekte und *vice versa* vorsehe. Im Übrigen entspreche dies nicht nur der besonderen Rolle der Republiken, sondern auch der unterschiedlichen Leistungsfähigkeit auf sozialem und wirtschaftlichem Gebiet.[200] Ob es sich bei dem entstandenen Staat nun um eine asymmetrische Födera-

---

195 So der Vorsitzende des Ausschusses für Verfassungsaufsicht *Gataullin, A.*, 1997, S. 104, mit Hinweis auf Art. 61 der Verfassung Tatarstans: „Die Republik Tatarstan ist ein souveräner Staat, ein Völkerrechtssubjekt, assoziiert mit der Russländischen Föderation – Russland – auf der Grundlage des Vertrages über die gegenseitige Übertragung von Vollmachten und Gegenständen in ihrer Kompetenz." Kazanskie Vedomosti, 15. Dezember 1992, geänderte Fassung „Respublika Tatarstan", 15. Dezember 1994. Ebenso *Tusmuchammad, R.*, 1997, S. 87. Siehe zu den kritischen Stimmen die Nachweise in den Fußnoten in Teil 1, Kap.3, 2.2.

196 Die Republik Tatarstan hat zwar an ihrer Abstimmung teilgenommen, allerdings nur mit einer Beteiligung von 13,91%; ausführlicher dazu unter 2.

197 *Gataullin, A.*, 1997; s. auch das Beispiel bei *Schweisfurth, T.*, 1996, S. 119: der Parlamentspräsident der Republik Jakutien, *Ilarion*, habe bei seinem Vortrag im Oktober 1994 über das Verhältnis der Subjekte zur Föderation die Verfassung von 1993 überhaupt nicht berücksichtigt.

198 *Gataullin, A.*, 1997, S. 106.

199 *Rafael Chakimov* in Nezavisimaja Gazeta vom 24. Juni 1993.

200 Die Ungleichheit der Subjekte war während der Ausarbeitung der neuen Verfassung von 1993 eine der umstrittensten Fragen, vgl. u.a. KS, Bd. 2, Sitzung der Gruppe der Vertreter der Föderalen Organe der Staatsgewalt zur Ausarbeitung des Projekts vom 7. Juni, S. 65ff. *Heinemann-Grüder, A.*, 2000, S. 158-173, gibt eine sehr aufschlussreiche Darstellung auch der politischen Hintergründe der Ausarbeitung verschiedener Verfassungsentwürfe unter besonderer Berücksichtigung der Gleichheit der föderalen Subjekte.

tion oder gar um eine Semiföderation handele, die aus einem Russländischen Territorium mit Einheitsstruktur und föderierten Republiken bestehe, sei aus Sicht der Republiken sekundär. Beide Optionen führten zu größeren Rechten der Republiken gegenüber der Zentralgewalt.

Selbst die Vertreter einiger Nicht-Republiken gehen von einer Bevorzugung der Republiken gegenüber den übrigen Subjekten aus. Interessant ist in diesem Zusammenhang der Versuch der Gründung einer „Uralrepublik“ im Jahre 1993. Zusammen mit dem Referendum von April 1993 über das Vertrauen in den Präsidenten und vorgezogene Neuwahlen wurde im hochindustrialisierten Gebiet Sverdlowsk im Ural die Frage nach seiner Umwandlung in eine Republik gestellt, die von 84% der am Referendum Teilnehmenden bejaht wurde. Der daraufhin am 1. Juli 1993 vom Sowjet des Gebietes proklamierten „Ural-Republik“ wollten noch im September die Gebiete Orenburg, Kurgan, Perm, Čeljabinsk und Tjumen beitreten. Ihr war allerdings kein langes Leben beschieden, da Präsident *Jelzin* bereits am 9. November 1993 den Gebietssowjet wegen zahlreicher Verletzungen der damals geltenden Verfassung auflöste und aus gleichem Grunde den damaligen Gouverneur *Rossel* absetzte.[201]

Heinemann-Grüder sieht den Föderationsvertrag zwar nicht als Gründungsdokument einer neuen Föderation an – insofern unterscheide sich der Prozess in Russland von der Bildung der USA. Die Russländische Föderation sei also keine reine Vertragsföderation. Der Vertrag sei aber wesentlich für den Charakter der erneuerten Föderation, da diese nunmehr ein „vertraglich geschlossene(r) Bund“ sei und somit nicht nur eine durch reine Dezentralisierung der Kompetenzen eines souveränen Bundes entstandene Föderation.[202] Ferner weist er auf die Bedeutung der Verträge hin, die den Grundstein für die Asymmetrie der Föderation gelegt hätten.

---

201 Zum Ganzen ausführlich *Busygina-Thränert, I.*, 1994. *Rossel* wurde im Dezember 1993 zum Mitglied des Föderationsrates gewählt und ist seit 1994 bis heute Gouverneur des Swerdloswker Oblast.

202 *Heinemann-Grüder, A.*, a.a.O., S. 151f.; zum Föderationsvertrag ausführlich S. 140-154.

2 Die RF als Verfassungsföderation

Gegen eine vertragliche und für eine verfassungsrechtliche Fundierung der Russländischen Föderation sprechen neben historischen auch systematische Gründe.

Aus der vorab dargestellten Geschichte Russlands ergibt sich, dass Russland bis zum Umbau der UdSSR und der RSFSR um 1930 keine Föderation war. Auch wenn es in der „Deklaration der Rechte des werktätigen Volkes" von 1918 hieß, dass „die Sowjetische Russländische Republik aufgrund eines freien Bündnisses freier Nationen" geschaffen wurde, bedeutet dies nicht einen freiwilligen Zusammenschluss zunächst souveräner Staaten. Zur Zeit der Gründung der RSFSR waren die einzelnen Gebietskörperschaften gerade nicht souverän.[203] Erst zu Beginn der 90er Jahre begann eine Dezentralisierung oder sogar Föderalisierung des ehemaligen Einheitsstaates. Dies entsprach auch den Grundzügen eines Protokollentwurfs „Über die Grund-lagen des Staatsaufbaus und den Abschluss des Unionsvertrages" des vorläufigen Föderationsrates vom April 1991, der den föderativen Aufbau der RF stark geprägt hat.[204] Der vom Präsidium des Obersten Sowjet im Januar 1991 eingerichtete „Föderationsrat" war ein Konsultativgremium, in dem die Sowjets der 88 Subjekte der Föderation – also nicht nur der Republiken – und der Vorsitzende des Obersten Sowjet vertreten waren.[205] Der Entwurf erkennt die Souveränität der Föderation an, lässt die der Subjekte aber zumindest unerwähnt. Bei allen Meinungsverschiedenheiten der Teilnehmer des Föderationsrates wurde zumindest eine Einigung darüber erzielt, dass die Föderation als eine Einheit mit garantierten Außengrenzen begriffen wird, dessen Gebietseinteilung in Subjekte beibehalten werden sollte. Die staatsrechtliche Frage, ob die Föderation durch eine Föderationsvertrag konstituiert oder nur die Kompetenzen neuverteilt werden würden, blieb allerdings ungelöst.

---

203 So wohl auch *Koslova, E. I. und O. E. Kutafin*, 2000, S. 111, die die RSFSR als einen Einheitsstaat bezeichnet; die auf seinem Territorium befindlichen Gebiete hätten daher keine Verträge abschließen können.

204 *Abdulatipov, R. G., L. Boltenkova*, 1993, 3. Band, Teil 1, S. 121-123; ausführlich hierzu auch *Heinemann-Grüder, A.*, 2000, S. 142.

205 Verfügung vom 30. Januar 1991, abgedruckt in *Abdulatipov, R. G., L. Boltenkova*, 1993, 3. Band, Teil 2, S. 58f.

Die Republiken erlangten auch nicht durch ihre Souveränitätserklärungen im Jahre 1990 die Qualität eines Staates; die meisten Republiken wollten dieses Ziel auch nicht erreichen. Nur Tatarstan erhob sich in seiner Erklärung auf den Stand einer Unionsrepublik, um sich damit von der RSFSR unabhängig zu erklären. Die Umsetzung dieser Bestimmung in Art. 4 des „Gesetzes über die Änderung der Verfassung der Republik Tatarstan" vom 18. April 1991 erklärte das Verfassungsgericht der RSFSR am 13. März 1992 für verfassungswidrig, soweit es die Beziehungen mit der UdSSR und der RSFSR auf eine vertragliche Grundlage stellen wollte.[206] Die Entscheidung über den staatlichen Status Tatarstans stellte es bis zum Abschluss des damals gerade ausgearbeiteten Föderationsvertrages zurück. Die Umwandlung der Verfassung der RSFSR im Jahre 1992 sowie die neue Verfassung der RF von 1993 haben die formelle Föderation in eine auch materielle Föderation verwandelt.

Auch der Föderationsvertrag von 1992 lässt sich nicht für eine vertragliche Fundierung der Föderation heranziehen. Der Titel der Verträge macht bereits deutlich, dass es sich nicht um die Neugründung eines Staates durch die souveränen Republiken handelt, sondern um die Neuverteilung von Kompetenzen innerhalb der bestehenden Föderation: Die Föderation ist Vertragspartner, ihr Bestehen ist vorausgesetzt und kann daher nicht in Frage gestellt werden. Die Präambel stellt ausdrücklich klar, dass sich die Republiken „im Verband der Russländischen Föderation" („v sostave Rossijskoj Federacii") befinden und der Vertrag die föderativen Beziehungen lediglich qualitativ erneuern, nicht aber begründen soll. Diese Formulierung nimmt Art. 3 Abs. 2 wieder auf, der die Kompetenz der Republiken „innerhalb der Russländischen Föderation" zur unabhängigen Teilnahme an internationalen und Außenwirtschaftsbeziehungen bestimmt. Bereits der Wortlaut widerspricht damit der Konzeption einer durch den Vertrag gegründeten Föderation. Das Verfahren seiner Annahme durch einen Beschluss des KVD, der Legislative der RSFSR, der ihn zu einem Bestandteil der Verfassung machte, spricht ebenfalls gegen eine Neubegründung der Föderation. *Schweisfurth* folgert daraus, dass „verfahrensrechtlich (..) der Föderationsvertrag daher nichts anderes gewesen (ist) als eine gemeinsame Gesetzesinitiative der Gebietseinheiten zur Änderung der damaligen Verfassung."[207]

---

206 VVS RF 1992, Nr. 13 Pos. 671.

207 *Schweisfurth, T.*, 1996, S. 121.

Letztendlich spricht vor allem die nachfolgend verabschiedete Verfassung von 1993 gegen eine Vertragsföderation. In Ziffer 1 Absatz 4 der Schlussbestimmung wird eindeutig festgelegt, dass bei einem Widerspruch zwischen der Verfassung und dem Föderationsvertrag – oder anderer Verträge zwischen der Föderation und ihren Subjekten – erstere Vorrang genießt. Diese Bestimmung war während der Verfassungsberatung der durch den Präsidenten *Jelzin* eingesetzten Verfassungskommission zunächst umstritten. Einige Mitglieder waren ganz gegen die Einbeziehung des Vertrages, da es sich um eine verfassungsrechtlich fundierte Föderation handele[208]; für sie war vielmehr jetzt die Gelegenheit gekommen, den Föderationsvertrag in seiner Bedeutung endgültig beiseite zu schieben, da die Verfassung durch ein Referendum angenommen werden sollte.[209] In einer der letzten Sitzungen einigte sich die Kommission auch darauf, „den einzigartigen und nicht wiederkehrenden Moment" zu nutzen, um „diesen künstlichen, notgedrungen geschaffenen Kompromiss, ein Anhängsel an die Verfassung, zu verwerfen, auf seine Aufnahme in die Verfassung zu verzichten, um so mehr, als die Verfassung nunmehr einem Referendum unterliegt".[210] In der angenommenen Verfassung erfolgt die Abgrenzung der Kompetenzen zwischen Föderation und Suubjekten gemäß Art. 11 Abs. 3 VerfRF u.a. nach dem Föderationsvertrag, jedoch geht die Verfassung diesem gemäß ihren Schlussbestimmungen vor.

Die Stellung des Föderationsvertrages innerhalb des Verfassungsgefüges der Föderation wurde in der Verfassungsberatung heftig debattiert.[211] Als ein Argument gegen die Aufnahme der Föderationsvertrages als „unverrückbaren Bestandteil der Verfassung" wurde angeführt, dass der Vertrag leichter zu ändern sei als die Verfassung. Diese wiederum sollte nur die we-

---

208 Bspw. *B. A. Zolotuchin*, stellvertretender Vorsitzender des Rechtsausschusses des Obersten Sowjet der RF, Verfassungsberatung am 18. Oktober 1993, Bd. 18, S. 91, *M.V. Masarskij*, Vorsitzender der internationalen Assoziation der Leiter von Unternehmen, Bd. 18, S. 90.

209 So *E. A. Ambarcumov*, Vorsitzender des Ausschusses für internationale Angelegenheiten und außenwirtschaftliche Verbindungen des Obersten Sowjets der RF, Verfassungsberatung Bd. 18, S. 94.

210 So der Vorsitzende der Kommission *S. A. Filatov* auf der Sitzung am 18. Oktober 1993, KS Bd. 18, S. 105.

211 Bereits bei den ersten Verfassungsentwürfen, so in Verfassungsberatung Bd. 2, Sitzung der Gruppe der Vertreter der Föderalen Organe der Staatsgewalt zur Ausarbeitung des Projekts vom 7. Juni, S. 70.

sentlichen Grundlagen niederlegen, worunter die Aufteilung der Kompetenzen nach dem Föderationsvertrag offenbar nicht fallen sollte.

Den Vorrang der Verfassung hat das VerfG auch in seinen Entscheidungen zum karelischen Waldgesetz vom 9. Januar 1998[212] sowie in den Entscheidungen vom 7. Juni 2000 zur Verfassung der Republik Gornij-Altaij[213] und vom 27. Juni 2000 zu den Verfassungen der Republiken Adygei, Baschkortostan u.a.[214] bestätigt. In dem Beschluss vom 27. Juni 2000 erklärte das Verfassungsgericht ferner ausdrücklich diejenigen Bestimmungen einiger Republiksverfassungen für verfassungswidrig, die ihre Zugehörigkeit zur RF auf eine vertragliche Grundlage stellen sollten (insb. Art. 61 und 62 Verfassung Tatarstans).

Die angebliche Asymmetrie des russländischen Föderalismus kann nicht als Argument für die vertragliche Fundierung der Föderation angeführt werden. Die durch die verschiedenen Verträge entstandene Ungleichheit der Subjekte war einer der Hauptdiskussionspunkte während der Verfassungsberatung.[215] Sie sollte durch die Verfassung gerade aufgehoben werden, erkannte man doch die in ihr liegende Sprengkraft. Deshalb stellte Art. 5 Abs. 4 VerfRF im ersten Kapitel über die Grundlagen der Verfassungsordnung eindeutig die Gleichberechtigung der Subjekte untereinander in ihren Beziehungen zu der Russländischen Föderation fest. Die verschiedenartige Behandlung von Republiken und sonstigen Subjekten in Art. 5 Abs. 2 widerspricht diesem Ergebnis nicht. Zwar charakterisiert dieser Artikel die Republiken als Staat mit Verfassung, während die sonstigen Subjekte nicht ausdrücklich als Staat bezeichnet werden und sie sich auch nur ein Statut geben. Wichtiger als die Beibehaltung der Bezeichnung der Subjekte als „Staat" – im Übrigen nur in Klammern – ist jedoch, dass der wesentliche Zusatz „souverän" im Gegensatz zur Präambel des Föderationsvertrages nicht mehr auftaucht.[216] Damit haben die Republiken eine rechtliche Besser-

---

212 SZRF 1998, Nr. 3, Pos. 429 in Punkt 5 der Begründung.

213 VKS 2000, H. 5, S. 2

214 VKS 2000, H. 5, S. 59.

215 So war die Frage, ob eine allgemeine Bestimmung über die Gleichheit der Subjekte aufgenommen werden sollte, heftig umstritten, vgl. Verfassungsberatung Bd. 2, Sitzung der Gruppe der Vertreter der Föderalen Organe der Staatsgewalt zur Ausarbeitung des Projekts vom 7. Juni, S. 65ff.

216 Auch während der Verfassungsberatung lehnten die Mitglieder der Kommission die Souveränität der Subjekte in der Föderation ab, vgl. *B. A. Zolotuchin*, Sitzung vom 18. Oktober 1993, KS Bd. 18, S. 91; *I. L. Petruchin*, Sitzung vom 19. Oktober 1993, KS Bd.

stellung gegenüber den sonstigen Subjekten verloren, die mit ihnen auch gemäß Art. 5 Abs. 1 gleichberechtigt („ravnopravych sub'ektov") sind[217]. In der bereits mehrfach erwähnten Entscheidung vom 7. Juni 2000, bestätigt am 27. Juni 2000, geht das Verfassungsgericht auf die unterschiedliche Bezeichnung der Gebietseinheiten ein. Die Bezeichnung der Republiken als „Staat" sei anders als noch im Föderationsvertrag keine Anerkennung der staatlichen Souveränität der Republiken. Vielmehr handele es sich hierbei um die Anerkennung einiger verfassungsrechtlicher Besonderheiten der Republiken im Zusammenhang mit historischen Gegebenheiten, nationalen und sonstigen Charakteristika.[218] Eine Besserbehandlung gegenüber den übrigen Subjekten der Föderation könne daraus keineswegs abgeleitet werden. Das Verfassungsgericht hat also erneut das Prinzip der Gleichberechtigung der Subjekte (Art. 5 Abs.4 VerfRF) über die Idee des asymmetrischen Staatsaufbaus gestellt. Diese Gleichberechtigung der Subjekte gegenüber den Organen der föderalen Gewalt hinsichtlich der Abgrenzung der Kompetenzen und Vollmachten unterstreicht Art. 5 KAG nochmals:

> „Alle Subjekte der RF sind in den Beziehungen zu den Organen der staatlichen Gewalt der RF hinsichtlich der Abgrenzung der Kompetenzen und Vollmachten, einschließlich der Vorbereitung und des Abschlusses von Verträgen und Abkommen, gleichberechtigt."

Insbesondere Vertreter der Republik Tatarstan wenden hiergegen ein, Tatarstan sei an die Verfassung der RF nicht gebunden, da seine Bevölkerung sie in dem am 12. Dezember 1993 abgehaltenen Referendum abgelehnt habe. In der Republik Tatarstan haben nur 13,91% der wahlberechtigten Bevölkerung an dem Referendum teilgenommen, von denen 74,84 % für die Verfassung gestimmt haben.[219] Daher gründeten sich nach der Auffassung einiger Vertreter Tatarstans zumindest die Beziehungen zwischen der RF und Tatarstan auf dem Kompetenzabgrenzungsvertrag von 1994. Durch diesen Vertrag hätten sich die beiden souveränen Staaten assoziiert, wobei die in den Verträgen genannten Verfassungen jeweils nur eine der Parteien binden sollte.

18, S. 275f. sowie *S. A. Filatov, B. N. Toporin* und *B. S. Ėbzeev*, a.a.O. S. 375- 377; darauf wurde der Zusatz „souveräner Staat" in Art. 5 des Entwurfes gestrichen.

217 So auch *Kasanzew, M.*, 1994, S. 386.

218 A.a.O., Ausführungen unter Punkt 2.1.

219 Zahlen zitiert nach *Tusmuchammad*, R., 1997, S. 87.

Dem ist entgegenzuhalten, dass die Bestimmungen über die Annahme der Verfassung nicht vorsehen, dass sich in jedem Gebiet eine Mehrheit der Wahlberechtigten für die Annahme der Verfassung aussprach.[220] Das Argument, Tatarstan sei durch die Verfassung nicht gebunden, greift daher nicht.[221] Es überzeugt aber erst recht nicht, weil der von Tatarstan und der RF am 15. Februar 1994 abgeschlossene Kompetenzabgrenzungsvertrag ausdrücklich neben der Verfassung Tatarstans die Verfassung der RF als Leitlinie für den Abschluss dieses Vertrages nennt.[222]

Die nachfolgend abgeschlossenen Kompetenzabgrenzungsverträge haben die konstitutionelle Föderation nicht in eine vertragliche umwandeln können. Zwar vertreten einige Autoren die Ansicht, dass bei einer Ausweitung dieser Verträge die ursprünglich auf der Verfassung gegründete Föderation zukünftig eine rein vertragliche Grundlage haben könnte.[223] Dem steht jedoch die bereits erwähnte Normenhierarchie entgegen: die Verfassung steht als höchstes innerstaatliches Gesetz jedenfalls über den Verträgen, deren Inhalt sich auch an der Verfassung zu orientieren hat und ihr nicht widersprechen darf.[224] Diesen Grundsatz bestätigten das Verfassungsgericht in der bereits erwähnten Entscheidung zur Verfassung Altajs sowie Art. 32 Abs. 2 KAG: binnen drei Jahren nach Inkrafttreten des KAG (30. Juli 1999) sind alle Abkommen und Verträge, die auf dem Territorium der RF in Kraft sind, mit dem KAG in Übereinstimmung zu bringen. Selbst wenn man der Auffassung der Vertragsföderalisten folgen würde und den Föderationsvertrag als vertragliche Fundierung der RF ansähe, könnte er nur

---

220 A. A. wohl *Schneider, E. und H. Vogel*, 1999, S. 135, allerdings ohne weitere Begründung.

221 Tschetschenien scheint ein schwierigerer Fall zu sein, da die Republik nicht nur den Föderationsvertrag nicht unterschrieben hat, sondern an der Abstimmung über die Verfassung der RF überhaupt nicht teilgenommen hat. Der Hinweis auf eine parallele Entwicklung in der deutschen Verfassungsgeschichte – der Ablehnung des GG durch den bayerischen Landtag - greift zu kurz. Denn in seinem Ablehnungsbeschluss bejahte er ebenfalls die Rechtswirksamkeit des GG in Bayern für den Fall der Annahme durch 2/3 der Volksvertretungen der Länder (vgl. *Münch, I. v.*, 1982, S. 31). Zu Tschetschenien siehe u.a. *Deppe, J.*, 1999, S. 110f. sowie *Heinemann-Grüder, A.*, 2000.

222 In der Präambel heißt es: „geleitet durch die Verfassung der RF und der Republik Tatarstans" („rukovodstvujas' Konstituciej Rossijskoj Federacii i Konstituciej Respubliki Tatarstan").

223 So *Pomeranz, W.*, 1997, S. 419; *Nekrasov, S. I.*, 1999, S. 69f. mit dem Hinweis, dass sich faktisch, wenn auch nicht rechtlich, bereits ein „Vertragsrecht" eingebürgert habe, das häufig über die föderale Gesetzgebung, manchmal sogar über die Verfassung der Föderation gestellt werde.

224 So im Ergebnis auch *Vel'jaminov, G.*, 1995.

im Konsens sämtlicher Subjekte geändert werden. Die einzelnen KAVerträge mit einigen – nicht allen Subjekten! – könnten die Natur der Föderation jedenfalls nicht ändern. Diese Auffassung widerspräche aber auch Sinn und Zweck der Verträge: es konnte gerade nicht um die Neubegründung der bereits bestehenden Föderation gehen; vielmehr sollten die bereits bestehenden Kompetenzen gegeneinander abgegrenzt und die sich damals in einigen Turbulenzen befindliche Föderation stabilisiert werden.[225]

Zusammenfassung und Schlussfolgerung

Aus der geschichtlichen Entwicklung der Russländischen Föderation und aus der systematischen Betrachtung der Verfassung lassen sich folgende für die weitere Untersuchung wichtige Ergebnisse gewinnen.

1. Die Russländische Föderation ist durch die Dezentralisierung eines als Föderation bezeichneten Einheitsstaates in eine reelle Föderation entstanden. Dementsprechend haben die Subjekte der Föderation nur die Vollmachten, die ihnen durch die Verfassung übertragen worden sind; sie sind nicht souverän und besitzen nicht die volle Staatsgewalt.
2. Die Subjekte sind mangels Souveränität keine Staaten im völkerrechtlichen Sinne. Da sie aber im Bereich ihrer Kompetenzen Träger der originären Staatsgewalt sind (vgl. Art. 5 Abs. 3 VerfRF), sind sie Staaten im verfassungsrechtlichen Sinne.
3. Die ungleiche Bezeichnung der Subjekte in der Verfassung, aus der einige Autoren einen asymmetrisch föderalen oder gar nur semiföderalen Staatsaufbau der Russländischen Föderation ablesen, ist historisch bedingt. Sie gründet darauf, dass Anfang des 20. Jahrhunderts ein Großteil der Nationalitäten in territorial-abgrenzbaren Gebieten siedelten und sich die Bolschewiki für die territoriale statt für die personale Autonomie der Ethnien innerhalb des multiethnischen Russlands entschieden. Bei genauerer Betrachtung lässt sich aber feststellen, dass die Verfassungsgeber eine Ungleichbehandlung der Subjekte gerade verhindern und sie mit der faktischen Ungleichheit im ökonomischen und sozialen Bereich keine rechtliche Ungleichbehandlung rechtfertigen wollten.

---

225 So vor allem *Koslova, E. I.* und *O. E. Kutafin*, 2000, S. 111.

4. Der Umbau der vertikalen Kompetenzverteilung seit dem Jahr 2000 hat die Rechtseinheit innerhalb der Russländischen Föderation gestärkt. Die Subjekte respektieren nunmehr weitestgehend den Vorrang der Verfassung und der Föderationsgesetze. Tatarstan reklamiert hingegen weiterhin Sonderrechte für sich. Die gesetzlichen Grundlagen für diesen Umbau hat das Verfassungsgericht im Wesentlichen für verfassungsgemäß erklärt.

Zweiter Teil: Die Verbandskompetenz im Bereich der auswärtigen Gewalt

In föderal gegliederten Staaten stellt sich bei jedem Tätigwerden des Staates zunächst die Frage nach der Zuständigkeit der jeweiligen staatlichen Ebene – derjenigen des föderalen Staates oder derjenigen des Gliedstaates. Die Antwort hierauf fällt im Bereich der auswärtigen Gewalt zum Teil anders aus als auf dem Gebiet der übrigen Staatstätigkeit: während diese zwischen den beiden Ebenen mehr oder weniger gleichmäßig verteilt wird, ist jene in den meisten Bundesstaaten allein der Föderation zugeordnet.

Im Folgenden wird zunächst die Typologie der Zuständigkeiten der Föderation und ihrer Subjekte dargestellt. Im zweiten Kapitel wird die Kompetenz der Föderation auf dem Gebiet der auswärtigen Gewalt untersucht. Das dritte Kapitel widmet sich der Beteiligung der Subjekte an dem Vertragsschluss durch die Föderation. Im letzten Kapitel werden Voraussetzungen, Umfang und Grenzen der Vertragstätigkeit der Subjekte analysiert.

1. Kapitel: Typologie der Zuständigkeiten in der RF

Die Zuständigkeiten für die Gesetzgebung, die Verwaltung und die Rechtsprechung ist zwischen der Russländischen Föderation und ihren Subjekten verteilt. Art. 11 Abs. 3 VerfRF nennt als Quellen für die Abgrenzung der Kompetenzen die Verfassung, den Föderationsvertrag und andere über die Abgrenzung der Zuständigkeitsbereiche und Befugnisse geschlossene Verträge. Während die Kompetenzen der Föderation in der Verfassung ausdrücklich genannt sind (Art. 71 VerfRF für die ausschließliche Zuständigkeit, Art. 72 VerfRF für die gemeinsame Zuständigkeit sowie einige Zuständigkeitsregelungen, die über die Verfassung verteilt sind), fallen nicht ausdrücklich aufgeführte Gegenstände gemäß Art. 73 VerfRF in die Kompetenz der Subjekte.

1 Die ausschließliche Zuständigkeit der Föderation oder der Subjekte

Die Föderation kann im Bereich ihrer ausschließlichen Zuständigkeit gemäß Art. 76 Abs. 1 VerfRF Föderationsverfassungsgesetze und Föderationsgesetze verabschieden, die auf dem gesamten Territorium der Russländischen Föderation unmittelbar gelten. Widersprechen ein kompetenzgemäß angenommenes Föderationsgesetz und ein anderer durch die Subjekte erlassener Rechtsakt einander, so gilt das Föderationsgesetz, Art. 76 Abs. 5 Satz 1 VerfRF.

Im Bereich seiner ausschließlichen Zuständigkeit kann jedes Subjekt seine eigenen rechtlichen Regelungen, einschließlich Gesetze und anderer normativer Rechtsakte, erlassen (Art. 76 Abs. 4 VerfRF). Soweit sie sich im Rahmen der Kompetenzen halten, haben sie Vorrang gegenüber kompetenzwidrig ergangenem Föderationsrecht (Art. 76 Abs. 6 VerfRF).

Zur ausschließlichen Zuständigkeit der *Föderation* gehören die Außenpolitik und die internationalen Beziehungen der Föderation, ihre völkerrechtlichen Verträge sowie Fragen von Krieg und Frieden (Art. 71 lit. k VerfRF); ferner u.a. die Fragen der Verteidigung und Sicherheit (Art. 71 lit. m VerfRF), die Gerichtsverfassung, das Prozess-, Straf- und Zivilrecht (Art. 71 lit. o VerfRF).

Die *Subjekte* der Föderation verfügen über eine eigene Verfassungs- und Budgethoheit. Die Republiken können eigene Staatssprachen neben dem Russischen festlegen (Art. 68 Abs. 2 VerfRF). Ferner können die Subjekte im Rahmen der durch Bundesgesetz festgelegten allgemeinen Grundlagen Steuern erheben (Art. 75 Abs. 3 VerfRF). Weitere Gebiete ihrer ausschließlichen Zuständigkeit sind nicht klar abgrenzbar. Vielmehr fällt die Regelung der Grundzüge gerade in den sonst üblicherweise in die ausschließliche Kompetenz der Gliedstaaten fallenden Fragen der öffentlichen Sicherheit und Gefahrenabwehr, der Kultur und der Regelung der örtlichen Selbstverwaltung, in die gemeinsame Zuständigkeit von Föderation und Subjekten (Art. 72 Abs. 1, lit. b, f, m VerfRF).

2 Die gemeinsame Zuständigkeit

Neben der ausschließlichen Zuständigkeit der Föderation oder der Subjekte gibt es in der Russländischen Föderation die dem deutschen Verfassungsrecht auf den ersten Blick unbekannte *gemeinsame* Zuständigkeit beider Verbände (Art. 72 VerfRF: Sovmestnaja Kompetencija Federacii i Sub'ektov). Diese regelt detailliert Art. 12 KAG vom Juni 1999. Demnach sind in föderalen Gesetzen die Grundlagen (allgemeinen Prinzipien) der rechtlichen Regelung zu treffen, zu denen auch die Abgrenzung der Vollmachten der Organe der Föderation und der Organe der Subjekte gehören. Außerdem regeln Föderationsgesetze die Vollmachten der föderalen Organe der staatlichen Gewalt auf dem Gebiet der gemeinsamen Zuständigkeit. Die Subjekte erlassen in den Bereichen Gesetze, die ihnen durch das föderale Gesetz überlassen worden sind. Gegenüber den Subjekten stellt sich die Tätigkeit der Föderation damit als eine der „Rahmengesetzgebung" des deutschen Verfassungsrechts vergleichbare Kompetenz dar.

Dieses Konzept war bereits mit der Änderung vom April 1992 in Art. 81¹ Abs. 2 der Verfassung der RSFSR von 1978[226] eingefügt worden und entspricht Punkt 5 des Protokolls zum Föderationsvertrag mit den Regionen, Gebieten und Städten St. Petersburg und Moskau, demgemäß die Föderation allgemeine Regeln erließ, die die Republiken mit eigenen Rechtsakten ausfüllen konnte. Parallele Bestimmungen für die autonomen Gebiete und Bezirke gab es in Art. 84¹ VerfRSFSR 1978, der allerdings den Bezirken weniger Vollmachten zusprach. Art. 84¹¹ VerfRSFSR 1978 ging auf die territorialen Gebiete ein, wobei auffällt, dass hier ausdrücklich die Gebiete und Städte ermächtigt wurden, bis zum Tätigwerden der Föderation eigene Bestimmungen zu erlassen.

---

226 Die hochgestellten Ziffern geben die zu Beginn der 90er Jahre eingefügten Änderungen der Verfassung von 1978 wieder. Der genannte Artikel wurde am 21. April 1992 eingefügt, *Frenzke, D.*, 1995, S. 113 mit Nachweis der russischen Fundstellen.

Das Verfassungsgericht hatte bereits 1995 in seiner Kaliningrad-Entscheidung[227] in einem *obiter dictum* geklärt, dass bis zum Tätigwerden der Föderation die Subjekte selbständig Gesetze im Rahmen der gemeinsamen Kompetenz erlassen können. Bei Erlass eines Föderationsgesetzes müssen die normativen Akte der Subjekte jedoch mit diesem in Einklang gebracht werden.[228] Diese verfassungsgerichtliche Auslegung setzt der 1999 erlassene Art. 12 Abs. 2 Kompetenzabgrenzungsgesetz (KAG) um. Er enthält die ausdrückliche Verpflichtung der Subjekte, entgegenstehendes (älteres) Recht in Einklang mit den Föderationsgesetzen zu bringen.

Die Wahrnehmung der gemeinsamen Zuständigkeit durch den föderalen Gesetzgeber ist in der Praxis problembeladen, weil sie immer im Spannungsfeld zwischen der Tendenz zur Rechtsvereinheitlichung durch die Föderation und der möglicherweise wegen größerer Sachnähe erhöhten Lösungskompetenz der Subjekte steht.[229] Zudem lässt sich die Abgrenzung der Kompetenzen in diesem Bereich nur selten aus der Verfassung unmittelbar ablesen, sie werden stattdessen größtenteils in den Föderationsgesetzen und den Verträgen der Organe der staatlichen Gewalt der Föderation mit den Subjekten geregelt.[230] Grundsätzlich ist die Tendenz zu beobachten, dass die föderale Gesetzgebung im Bereich der gemeinsamen Zuständigkeit teilweise auch detaillierte Regelungen vorgibt.

In den umfassenden Bereich der gemeinsamen Zuständigkeit fallen u.a. die Gewährleistung der Übereinstimmung der normativen Akte der Subjekte mit der Föderationsverfassung und den Föderationsgesetzen (Art. 72 lit. a VerfRF); die Gewährleistung der Grundrechte sowie die Wahrung der öffentlichen Ordnung (Art. 72 lit. b VerfRF); die Fragen der Nutzung und des Eigentums von Grund und Boden (Art. 72 lit. v VerfRF) sowie die Koordinierung der außenwirtschaftlichen Verbindungen der Subjekte (Art. 72 lit. o VerfRF).

Ein Beispiel für die Wahrnehmung der Kompetenz gemäß Art. 72 VerfRF durch die Föderation im Bereich der auswärtigen Gewalt ist das Ge-

---

227 Kaliningrad-Entscheidung vom 30. November 1995, SZRF 1995 Nr. 50, Pos. 4969.

228 S. dazu auch *Ljubimov* in *Četvernin, V. A.*, 1997, S. 327 mit dem Argument, dass die Subjekte gesellschaftlich notwendige rechtliche Regelungen häufig schneller erlassen könnten als die Föderation.

229 Ausführlicher zu diesem Problem *Umnova, I. A.*, 1999a. Kritisch *Lysenko, V. N.*, 1995.

230 *Umnova, I. A.*, a.a.O., S. 327.

setz über die staatliche Regulierung der Außenhandelstätigkeit (AHG)[231], das ausführlich die Kompetenzen der Föderation und der Subjekte sowie das Verfahren der Abstimmung auf diesem Gebiet regelt. Zur ausschließlichen Zuständigkeit der Föderation gehören die Ausarbeitung allgemeiner Konzepte des Außenhandels, allgemeiner Kriterien und Standards zum Schutz der Verbraucher sowie sonstiger auf ganz Russland anzuwendender Verfahren (Art. 6 AHG). In die gemeinsame Kompetenz fallen neben der Koordinierung der Tätigkeiten der Subjekte im Bereich des Außenhandels und weiteren drei Bereichen die Beantragung ausländischer Kredite, die von den Subjekten der Föderation garantiert werden[232], und die Formulierung und Durchführung eines regionalen und überregionalen Programms der Außenhandelstätigkeit (Art. 7 AHG). Die alleinige Zuständigkeit der Subjekte erstreckt sich auf Fragen, die nur ihr Gebiet betreffen, beispielsweise die Umsetzung der außenwirtschaftlichen Beziehungen im Einklang mit den Föderationsgesetzen, den Abschluss von Abkommen im Bereich des Außenhandels mit den Subjekten ausländischer föderativer Staaten oder den administrativ-territorialen Einheiten ausländischer Staaten (Art. 8 Ziff. 7 AHG) und die Entsendung von Handelsbevollmächtigten auf Rechnung der Subjekte in ausländische Staaten in Abstimmung mit den in der Föderation für den Außenhandel zuständigen Organen (Art. 8 Ziff. 8 AHG).

2. Kapitel: Die Vertragsgewalt der Föderation

1 Kompetenz der Föderation im Bereich der auswärtigen Gewalt

Einen wesentlichen Teil der auswärtigen Gewalt bildet die Kompetenz zum Abschluss völkerrechtlicher Verträge. Neben dem Abschluss von Verträgen weist eine Reihe anderer Tätigkeiten der Staatsorgane einen Bezug zur Au-

231 Vom 13. Oktober 1995, SZRF 1995, Nr.42, Pos. 3923.

232 Lt. Kompetenzabgrenzungsvertrag mit Tatarstan fällt dieser Bereich in die ausschließliche Zuständigkeit Tatarstans.

ßenpolitik oder zum Ausland auf und gehört damit, wie eingangs dargestellt, in den Bereich der Auswärtigen Gewalt im weitesten Sinne.

Gemäß Art. 71 lit. j VerfRF liegt die Zuständigkeit für die Außenpolitik und die internationalen Beziehungen der Föderation, für ihre völkerrechtlichen Verträge sowie für die Frage von Krieg und Frieden ausschließlich bei der Föderation. Sie ist ferner ausschließlich zuständig für ihre außenwirtschaftlichen Beziehungen (lit. k), für die Verteidigung und Sicherheit (lit. l) sowie für die Festlegung und den Schutz der Staatsgrenze im umfassenden Sinne einschließlich des Festlandsockels und der ausschließlichen Wirtschaftszone (lit. m). In den Bereich der internationalen Beziehungen der Russländischen Föderation fällt außerdem das aktive und passive Gesandtschaftsrecht der Föderation. Die Regelung der Staatsangehörigkeit (Art. 62) und des Asyl- und Auslieferungsrechts (Art. 63) liegen ebenfalls in der Kompetenz der Föderation.

2 Vertragsschlusskompetenz der Föderation

Gemäß Art. 71 lit. j VerfRF, dem Art. 3 Abs. 1 des Föderationsgesetzes „Über internationale Verträge der Russländischen Föderation“ (Vertragsrechtsgesetz – VRG)[233] entspricht, fallen der Abschluss, die Beendigung und die Suspendierung völkerrechtlicher Verträge in die Zuständigkeit der Russländischen Föderation. Aus der Natur der Sache ergibt sich bereits, dass nur die Föderation als solche Verträge in ihrem Namen abschließen kann und Art. 71 lit. j VerfRF in dieser Hinsicht nur klarstellenden Charakter besitzt. Fraglich ist hingegen, ob sich die Vertragsschlusskompetenz der Föderation auf sämtliche Materien, unabhängig von der innerstaatlichen Zuständigkeit für ihre Regelung, erstreckt, oder ob sie über die Materien, die innerstaatlich in die Zuständigkeit der Subjekte fallen, keine Verträge abschließen darf.

233 Vom 15. Juni 1995, SZRF 1995, Nr. 29, Pos. 2757; zu dem Gesetz ausführlich in Teil 4.

2.1 Verträge, die Materien der ausschließlichen Zuständigkeit der Föderation betreffen

Unproblematisch ist die Verbandszuständigkeit der Föderation für den Abschluss völkerrechtlicher Verträge über Gegenstände, die in die ausschließliche Gesetzgebungszuständigkeit der Föderation fallen. Dies sind neben originär außenpolitischen Fragen und Fragen der Verteidigung und Sicherheit unter anderem die Regelung und der Schutz der Rechte und Freiheiten des Menschen und der Bürger sowie der Minderheitenschutz (Art. 71 c VerfRF).

Klassische wirtschaftspolitische Kompetenzen wie Finanz-, Kredit- und Zollwesen (Art. 71 lit. g VerfRF), aber auch die Gesetzgebung zum Export von Rüstungsgütern (Art. 71 lit. l VerfRF) liegen in der föderalen Zuständigkeit. Beispiele für Verträge, deren Abschluss bereits aufgrund der betroffenen Materien ausschließlich in die Kompetenz der Föderation fallen, sind Abrüstungsverträge wie das START-II-Abkommen und die Verträge der Kreditaufnahme für die gesamte Föderation beim IWF.

2.2 Verträge, die in der gemeinsamen Zuständigkeit der Subjekte und der Föderation liegende Gegenstände betreffen

Aufgrund der föderalen Aufteilung der Gesetzgebungskompetenz zwischen der Föderation und ihren Subjekten stellt sich die Frage, ob und wie die Föderation Verträge auf Gebieten abschließen kann, die in die gemeinsame Zuständigkeit der Subjekte und der Föderation fallen. In den verschiedenen föderalen Systemen werden unterschiedliche Antworten gegeben: in den USA haben, wie bereits oben erwähnt, die Staaten grundsätzlich keine Kompetenz zum Abschluss völkerrechtlicher Verträge, selbst wenn es sich um eine Materie handelt, die in die ausschließliche Zuständigkeit der Bundesstaaten fällt.[234] Daher kann die Union völkerrechtliche Verträge auf sämtlichen Gebieten abschließen, ohne dabei die Staaten beteiligen zu müs-

[234] Allerdings können, wie bereits in der Einleitung zu Teil 1 ausgeführt, die Bundesstaaten mit Zustimmung des US-Kongresses „compacts and agreements" schließen, also völkerrechtliche Abkommen mit ausländischen Staaten für die Eröffnung von Handelsvertretungen etc. Siehe hierzu Supreme Court in Missouri v. Holland, 252 U.S. 416 (1920) sowie die Nachweise in den Fußnoten 10 und 13 bis 16.

sen. In der Bundesrepublik Deutschland ist wegen des Charakters der konkurrierenden Gesetzgebungskompetenz von Bund und Ländern die Verteilung eine andere[235]: sobald der Bund seine Kompetenz ausübt, verlieren die Länder ihre Fähigkeit zum Abschluss völkerrechtlicher Verträge (Art. 72 Abs. 1 GG).[236] Die Rechte der besonders betroffenen Länder werden durch das Anhörungsrecht gemäß Art. 32 Abs. 2 GG gewahrt.[237]

Die Kompetenz der Russländischen Föderation zum Abschluss völkerrechtlicher Verträge auch auf Gebieten, die in die gemeinsame Zuständigkeit der Föderation und der Subjekte fallen, wird in Art. 4 Abs. 2 VRG ausdrücklich bestätigt. Da die Subjekte ihre Zuständigkeit durch Vertragsschlüsse der Föderation im Bereich der gemeinsamen Kompetenz nicht verlieren, sind deren Interessen beim Vertragsabschluss auf föderaler Ebene zu berücksichtigen. Dieses Prinzip der Beteiligung der Subjekte spiegelt sich in Art. 4 Abs. 2 und 3 VRG wider.[238] Auf das dort geregelte Abstimmungsverfahren mit den Subjekten wird weiter unten im Einzelnen eingegangen werden. Eine weitere Besonderheit ist, dass die Subjekte der Föderation trotz der Aktivitäten der Föderation auf den gleichen Gebieten tätig werden können. Im Bereich der völkerrechtlichen Verträge hieße das, dass sie Abkommen mit ausländischen Partnern abschließen können, soweit diese nicht den Verträgen der Föderation entgegenstehen. Die Natur dieser Abkommen wird im Folgenden untersucht werden.

2.3 Verträge, die in der ausschließlichen Zuständigkeit der Subjekte liegende Gegenstände betreffen

Zu klären ist, ob die Föderation auch auf den Gebieten völkerrechtliche Verträge abschließen darf, die in die ausschließliche Zuständigkeit der Subjekte fallen: die Zuständigkeit der Subjekte könnte ja nicht nur den Erlass

---

235 Zur Kompetenzverteilung im Bundesstaat und insbesondere der Reichweite des Art. 32 GG *Fastenrath, U.*, 1986, S. 83-101 und für die h.L. *Grewe, W. G.*, 1988, HbStR, Bd. 3, § 77, Rn. 81-83.

236 Beachte aber die Möglichkeit des Art. 72 Abs. 3 GG.

237 Zum Rechtsanspruch der Länder und dessen Ausgestaltung *B. Kempen* in *von Mangoldt, H., F. Klein et al.*, 2000, GG-Kommentar, Art. 32 Abs. 2, Rn. 74-80.

238 Für die internationalen Verträge der RF im Bereich des Außenhandels treffen Art. 9 und 12 AHG eigene Bestimmungen.

von Gesetzen durch die Föderation, sondern auch anderer Rechtsakte der Föderation wie etwa den Abschluss völkerrechtlicher Verträge ausschließen. Hier macht sich die schwache Position der Subjekte in der russländischen Ausgestaltung des Föderalismus bemerkbar. Die Verfassung untersagt der Föderation Vertragsschlüsse in diesem Bereich nicht ausdrücklich. Art. 76 Abs. 6 VerfRF, der den Vorrang kompetenzgemäßer Akte der Subjekte vor kompetenzwidrigen Föderationsgesetzen feststellt, bezieht sich ausdrücklich nur auf Föderationsgesetze, lässt das Verhältnis zu völkerrechtlichen Verträgen aber offen. Der föderale Gesetzgeber hat sich in Art. 4 VRG für die Kompetenz der Föderation entschieden, auch in Bereichen der ausschließlichen Zuständigkeit der Subjekte völkerrechtliche Verträge im Namen der Föderation abzuschließen. In diesen Fällen werden die Interessen der Subjekte im Rahmen ihrer Beteiligung beim Vertragsabschluss stärker berücksichtigt (dazu im 3. Kapitel). Sonst wäre der Abschluss völkerrechtlicher Verträge im Nahmen der RF auf Gebieten, die innerstaatlich in der ausschließlichen Zuständigkeit der Subjekte liegen, unmöglich.

Zusammenfassend lässt sich damit sagen, dass die Föderation das Recht hat, völkerrechtliche Verträge zu allen Gegenständen in ihrem Namen abzuschließen. Dies entspricht auch der Regelung in Art. 7 KoordG, dass nur die Föderation völkerrechtliche Verträge abschließen kann.

3. Kapitel: Beteiligung der Subjekte beim Abschluss völkerrechtlicher Verträge durch die Föderation

Während die Föderation das Recht hat, völkerrechtliche Verträge zu allen Materien abzuschließen, richtet sich die Beteiligung der Subjekte an den Vertragsabschlüssen der Föderation danach, inwieweit Materien innerhalb ihrer Kompetenzen betroffen sind. Fragen des Vertragsabschlusses werden ausführlich im Vertragsrechtgesetz (VRG) behandelt.

1 Beteiligung der Subjekte bei Verträgen über Gegenstände, die in die ausschließliche Zuständigkeit der Föderation fallen

Die ausschließliche Zuständigkeit der Föderation für die Vertragsmaterie bedeutet nicht, dass die Subjekte an den Entscheidungen der Föderation überhaupt nicht beteiligt werden. Ihre Interessen können sie durch ihre Vertreter im Föderationsrat (Art. 106 VerfRF) oder durch die Einbringung von Gesetzesinitiativen (Art. 104 VerfRF) vertreten. Die Möglichkeiten werden bei der Analyse des Verfahrens des Abschlusses völkerrechtlicher Verträge zu untersuchen sein.

2 Beteiligung der Subjekte bei Vertragsmaterien im Bereich der gemeinsamen Zuständigkeit

Für die Wahrung der Interessen der Subjekte im Bereich der gemeinsamen Zuständigkeit sieht das VRG in Ausgestaltung der Verfassung umfangreiche Konsultationsrechte der Subjekte vor.

Gemäß Art. 4 Abs. 2 VRG leitet das Außenministerium als Organ der Föderationsexekutive die grundlegenden Bestimmungen oder den Entwurf eines völkerrechtlichen Vertrages, der Materien der gemeinsamen Zuständigkeit betrifft, denjenigen Organen der staatlichen Gewalt der betroffenen Subjekte zu, denen die jeweilige Kompetenz übertragen ist. Soweit die Subjekte Vorschläge zu den Verträgen machen, sind diese gemäß Art. 4 Abs. 2 Satz 2 VRG bei den weiteren Arbeiten zu erörtern. Die Vorschläge sollen innerhalb einer von den föderalen Organen zu bestimmenden Frist eingehen, die mindestens zwei Wochen betragen soll (Art. 4 Abs. 3 VRG). Nehmen die Subjekte innerhalb dieser Frist keine Stellung, hindert dies die föderalen Organe der ausführenden Gewalt nicht, ihre Vorschläge an andere (föderale) Stellen weiterzuleiten.[239]

Fraglich ist, ob diese Pflicht zur Verhandlung mit den Subjekten den Prozess des Vertragabschlusses blockieren kann, die Subjekte also durch ein Beharren auf ihren Positionen den Abschluss des Vertrages bis zum Einlen-

239 So auch *Osminin* in *Zvekov, V. P. und B. I. Osminin*, 1996, Kommentar zu Art. 4 Nr. 3; *Butler, W. E.*, 1997, Art. 4 Nr. 3.

ken der Föderation verhindern können. Diese Frage ist in der Literatur umstritten, eine Praxis gibt es bislang noch nicht.

Osminin[240] und der britische Rechtswissenschaftler *Butler*[241] verlangen unter Hinweis auf Art. 9 Abs. 5, Art. 36, Abs. 1 und Art. 37 Abs. 1 VRG[242] zumindest bei solchen Verträgen, die die Interessen der Subjekte unmittelbar betreffen, dass eine Übereinstimmung mit den betreffenden Subjekten erreicht wird; *Butler*[243] sieht in diesen Fällen ausdrücklich ein Vetorecht der Subjekte. Ungeklärt sei aber, ob die Subjekte, mit denen keine Übereinstimmung erzielt werden könne, nicht an den Vertrag gebunden seien („opt out"), oder ob sie die Entstehung des gesamten Vertrages verhindern könnten. Beide Autoren gehen davon aus, dass die Subjekte zur Verhinderung eines Vertrages tätig werden müssen, also nicht durch Untätigkeit blockieren können: Nach Ablauf der eingeräumten Frist hat das zur Unterzeichnung berechtigte föderale Organ, z.B. der Präsident, das Recht, die betreffende Passage zu streichen oder zu ändern, an die Staatsorgane des Subjekts weiterzuleiten oder die föderalen Organe zu einer Abstimmung mit den Subjekten aufzufordern. Diese Rechte der Subjekte bestünden im übrigen unabhängig davon, ob die geregelte Materie in die gemeinsame oder in die ausschließliche Kompetenz der Subjekte falle. Betreffe der Vertrag die Rechte einzelner Subjekte nicht, sei eine Abstimmung mit den Subjekten nicht erforderlich.

Beknazar[244] hingegen stellt die bundesfreundliche Ausgestaltung der Vertragsschlusskompetenz in den Vordergrund, so dass die Föderation beim Abschluss von Verträgen in Bereichen der gemeinsamen Kompetenz generell nur zur Mitteilung an die Subjekte und nicht zu Verhandlungen verpflichtet sei.

---

240 *Osminin* in *Zvekov, V. P. und B. I. Osminin*, 1996, Kommentarij, S. 14 zu Art. 4.

241 *Butler, W. E.*, 1997, S. 22 zu Art. 4.

242 Art. 9 Abs. 5 VRG verlangt die Abstimmung der Entwürfe völkerrechtlicher Verträge mit den betreffenden Behörden auch der Subjekte der Föderation, noch bevor der Entwurf dem Präsidenten oder der Regierung zugeleitet wird. Art. 36 Abs. 1 VRG gibt den Subjekten die Möglichkeit, die Suspendierung oder Beendigung völkerrechtlicher Verträge zwischenbehördlichen Charakters gemäß Art. 36 Abs. 1 VRG anzuregen. Gemäß Art. 37 Abs. 5 VRG dürfen zwischenbehördliche Verträge durch die abschließende föderale Behörde nur in Abstimmung mit den betroffenen Subjekten der Föderation und anderer Behörden beendigt oder ausgesetzt werden.

243 *Butler, W. E.*, 1997, Kommentar zu Art. 4, S. 22.

244 *Beknazar, T.*, 1996, S. 410.

Beide Ansichten überzeugen nicht. Gegen *Osminins* und *Butlers* Lösung sprechen der enge Wortlaut und die Systematik des Art. 4 VRG, dessen zweiter Absatz kein ausdrückliches Vetorecht einer Partei vorsieht. Im Bereich der gemeinsamen Zuständigkeit werden dem betroffenen Subjekt lediglich die grundlegenden Bestimmungen des Vertragsentwurfes mitgeteilt. Die eingehenden Änderungsvorschläge sollen während der Ausarbeitung des Vertrages *erörtert* werden. Die Vorschläge müssen also nicht einmal zwingend in den Vorbereitungen berücksichtigt werden. Nach dem Wortlaut ist selbst die Begründung der Ablehnung nicht erforderlich, da hierfür das Wort „rassmotrivat'sja" und nicht „učët" benutzt wird. Die Nichteinreichung von Vorschlägen innerhalb einer bestimmten Frist kann gemäß Art. 4 Abs. 3 VRG die weiteren Vertragsvorbereitungen nicht aufhalten. Daher können diese Vorbereitungen erst recht nicht durch ein Veto – und sei es auch des betroffenen Subjektes – gestoppt werden. Im übrigen würde ein Vetorecht auch gegen das System des föderalen Aufbaus der RF verstoßen. Der Schwerpunkt der Auswärtigen Gewalt und insbesondere die Vertragsschlusskompetenz für die RF liegen in der Kompetenz der Föderation. Ein Vetorecht der Subjekte bei sie betreffenden Verträgen würde die Verantwortlichkeit in diesem Bereich von dem Gesamtstaat auf einzelne Subjekte verlagern – eine Überlegung, die dem gesamtstaatlichen Konzept der Auswärtigen Gewalt eines Bundesstaates im Gegensatz zu einem Staatenbund widerspricht. Eine so weitgehende Verlagerung der Verantwortlichkeit müsste sich in einem besonderen Artikel der Verfassung widerspiegeln – ähnlich etwa den neuen Art. 23 Abs. 4 bis 6 GG, die die Mitwirkungsbefugnisse der Länder bei der Rechtsetzung im Bereich der Europäischen Union regeln. Die Ansicht widerspricht ferner der bereits dargelegten verfassungsrechtlichen Fundierung der Russländischen Föderation: Die Subjekte haben nur die Kompetenzen, die ihnen durch die Verfassung überlassen worden sind. Beim Abschluss eines völkerrechtlichen Vertrages, der in die ausschließliche Zuständigkeit der Föderation fällt, handelt es sich um eine „Querschnittkompetenz", die neben Materien im Bereich der ausschließlichen Kompetenz der Föderation auch andere Bereiche berühren können. Wenn völkerrechtliche Verträge aber in die Zuständigkeit des Gesamtstaates fallen, dann zieht dies in der Verfassungsföderation die Zuständigkeit für sämtliche vertraglich zu regelnden Materien mit zur Föderation. Die Übertragung von Kompetenzen an die Subjekte steht also unter dem Vorbehalt, dass keine „Querschnittkompetenzen" der Föderation berührt sind. Sind solche Kompetenzen betroffen, fehlt den Subjekten mangels Übertragung der Kompetenz in diesen Bereichen die Zuständigkeit. Die – zugegebenermaßen schwache – Stellung der Subjekte der Föderation könnte einer der Gründe für die Ablehnung des VRG durch den Föderationsrat gewesen sein.

Andererseits ist auch die die Mitwirkungsrechte der Subjekte stark einschränkende Sicht *Beknazars* mit dem Wortlaut des VRG nicht vereinbar. Art. 4 Abs. 2 VRG sieht ausdrücklich vor, eingehende Vorschläge des betroffenen Subjekts zu erörtern. Das Anhörungsrecht des betroffenen Subjektes und in gewissen Maßen auch die Möglichkeit der Mitgestaltung der Subjekte in diesem Prozess sind Ausformungen des Prinzips der Kooperation des Gesamtstaates mit den Gliedstaaten – einem, wie bereits oben gesehen, wesentlichen Merkmal eines Bundesstaates.

Im Ergebnis muss im Bereich der gemeinsamen Zuständigkeit eine über eine bloße Mitteilungspflicht hinausgehende Kooperationsverpflichtung der Föderation im Sinne einer ernsthaften Auseinandersetzung mit den Vorschlägen der Föderation angenommen werden.[245] Wie bereits erwähnt, spricht hierfür die ausdrückliche Regelung in Art. 4 Abs. 2 VRG, Vorschläge der Subjekte in den Verhandlungen zu erörtern. Die Übernahme der Vorschläge kann für die Föderation aber nicht zwingend sein. *Tolstych*[246] weist auf den Sinn der Vorschrift hin: Die Subjekte sollen noch vor der Einreichung eines Vorschlages zum Abschluss völkerrechtlicher Verträge befragt werden (Art. 9 Abs. 5 VRG), um den föderalen Behörden eine möglichst weitgefächerte Entscheidungsgrundlage für ihre Empfehlungen zu geben. Hierzu gehören auch die Auswirkungen auf die Subjekte, die gemeinsam mit der Föderation für die Durchführung der eingegangenen völkerrechtlichen Verträge zuständig sind (Art. 72 lit. n VerfRF).

Die Interessen der Subjekte widersprechen aber nicht nur gerade im Bereich der auswärtigen Beziehungen häufig denen der Föderation, sie sind auch untereinander nicht immer kohärent. Hätten die Stellungnahmen der betroffenen Subjekte in diesen Interessenkonflikten verbindlichen Charakter, könnte dies zum Scheitern völkerrechtlicher Verträge und einer erhebli-

---

245 So wohl auch *Danilenko, G. M.*, 1994, S. 455, der den gleichlautenden Entwurf des VRG in der Weise interpretiert, dass die von den Subjekten eingebrachten Entwürfe von den Föderationsorganen beraten werden müssen („must be considered"). *Birjukov, P. N.*, 1999, S. 59, verneint ebenfalls ausdrücklich ein Vetorecht der Subjekte.

246 *Tolstych, V. L.*, 1997, S. 49.

chen Schwächung der außenpolitischen Handlungsfähigkeit der Föderation führen. Mit der Einbeziehung der betroffenen Subjekte in die Verhandlungen wird hingegen dem Koordinationsbedürfnis genügt. Im Sinne der Umsetzung ihrer völkerrechtlichen Verpflichtungen wird die Föderation – auch um nicht ihre Glaubwürdigkeit hinsichtlich der Implementierung ihrer Pflichten auf internationalem Parkett zu verlieren – die begründeten Einwände der Subjekte berücksichtigen. Durch die Kooperation mit den Subjekten wird die Vorbereitung der Verträge auch nicht über die Maße verzögert, weil nicht sämtliche 89 Subjekte an den Verhandlungen beteiligt werden. Gemäß Art. 4 Abs. 2 VRG werden die grundlegenden Bestimmungen des Vertragsentwurfes nur dem „interessierten" oder „betroffenen" Subjekt mitgeteilt („zainteresovannogo sub'ekta"). Subjekte könnten betroffen sein, wenn die völkerrechtlichen Verträge in ihre Zuständigkeit fallende Materien berühren oder sie mit der Ausführung der Verträge betraut sind. Gegen diese Auslegung spricht der Gebrauch des Wortes „Subjekt" im Singular. Gemäß Art. 72 Abs. 1 lit. n VerfRF liegt die Erfüllung der völkerrechtlichen Verträge der RF in der gemeinsamen Zuständigkeit, so dass bei dieser Auslegung die Subjekte beim Abschluss sämtlicher Verträge gehört werden müssten. Daher können nur die Subjekte „betroffen" sein, die Akteure des *konkreten* Vertrages sind, bspw. weil es sich um Anlagen der RF auf dem Gebiet nur eines Subjektes handelt. Diese Kooperationsverpflichtung steht auch mit Art. 34 VRG über die Zuständigkeit des Verfassungsgerichts zur Entscheidung von Kompetenzstreitigkeiten zwischen der Föderation und den Subjekten im Einklang, vor dem auch die Einhaltung des Abstimmungsverfahrens, z.B. der Frist zur Stellungnahme der Verträge, oder die Berücksichtigung der Stellungnahme im weiteren Verfahren eingefordert werden kann.[247]

Im Bereich der gemeinsamen Zuständigkeit obliegt der Föderation beim Abschluss völkerrechtlicher Verträge demnach eine erweiterte Anhörungs- und erhöhte Kooperationspflicht mit den Subjekten. Dies entspricht der bedeutenden Stellung, die völkerrechtliche Verträge der Föderation auch für die Subjekte haben.[248] Sie sind ebenso wie die Föderation mit der Ausführung dieser Verträge betraut; gleichzeitig bilden die Verträge aber auch ne-

247 So auch *Tolstych, V. L.*, 1997, S. 50.

248 So im Ergebnis auch *Danilenko, G. M. und W. Burnham*, 1999, S. 170, ohne nähere Begründung.

ben der Verfassung und den föderalen Gesetzen den Rahmen für die eigene außenwirtschaftliche und internationale Tätigkeit der Subjekte.

3 Die Subjekte bei Verträgen in der ausschließlichen Zuständigkeit der Subjekte

Am weitestgehenden ist die Beteiligung der Subjekte beim Abschluss von Verträgen über Gegenstände, die nach der Kompetenzordnung der Verfassung in deren ausschließliche Zuständigkeit fallen. Der Wortlaut des Art. 4 Abs. 1 VRG fordert, dass völkerrechtliche Verträge der RF auf Gebieten der alleinigen Zuständigkeit der Subjekte in Abstimmung mit („po soglasovaniju s“) den Organen der Staatsgewalt der Subjekte der Föderation abgeschlossen werden sollen.

Nicht eindeutig ist, was unter dieser „Abstimmung“ zu verstehen ist. *Osminin*[249] verweist auf die Kompetenzverteilung zwischen der Föderation und den Subjekten durch die Verfassung. Danach verfügen die Subjekte über die Gesamtheit der Staatsgewalt, soweit sie nicht der ausschließlichen Zuständigkeit der Föderation oder der gemeinsamen Zuständigkeit zugewiesen wurde (Art. 73 VerfRF). Daraus folge, dass ein völkerrechtlicher Vertrag im Bereich der ausschließlichen Zuständigkeit der Subjekte nicht ohne deren Einvernehmen abgeschlossen werden könne („ne možet byt' saključen bez soglasovanija s ...“). Dieser Argumentation folgen auch *Butler* und *Danilenko/Burnham*[250]. Nach Ansicht *Butlers* müssten in jedem Einzelfall die mit den Subjekten abgeschlossenen Kompetenzabgrenzungsverträge konsultiert werden, in denen das jeweilige Verfahren detailliert ausgestaltet worden sei. In einem Aufsatz zur Verfassung, der noch vor der Ausarbeitung des VRG entstand, weist *Danilenko* auf die Unterschiede zwischen der verfassungsrechtlichen und der einfachgesetzlichen Ausgestaltung des Verfahrens hin.[251] In dem Mai-Entwurf der Verfassung war für den Abschluss völker-

---

249 In *Zvekov, V. P. und B. I. Osminin*, 1996, Kommentar zu Art. 4, S. 13f.

250 *Butler, W. E.*, 1997, S. 20 zu Art. 4 sowie S. 50 zu Art. 9; *Danilenko, G. M. und W. Burnham*, 1999, S. 169f., allerdings ohne nähere Begründung.

251 *Danilenko, G. M.*, 1994, S. 455.

rechtlicher Verträge der Föderation, die die Kompetenzen der Subjekte betrafen, die Zustimmung dieser Subjekte vorgesehen.[252] Diese Vorschrift wurde in der verabschiedeten Fassung fallengelassen. Dennoch sei bereits unter praktischen Gesichtspunkten die Konsultation der Subjekte von Vorteil, da diese für die Umsetzung der Verträge mitverantwortlich seien. Das zum Zeitpunkt des Aufsatzes noch im Entwurf befindliche VRG werde wahrscheinlich ebenfalls eine Form der Abstimmung vorsehen. In seiner englischen Übersetzung benutzt er die Wendung „by assent" für „po soglasovaniju", sieht also wegen der Ausführung der Verträge durch die Subjekte ein echtes Zustimmungserfordernis für den Abschluss der Verträge vor.[253] *Maročkin* knüpft noch weitergehende Konsequenzen an die Zustimmung der Subjekte.[254] Seiner Meinung nach sei die Föderation auch aus völkerrechtlicher Sicht nicht befugt, völkerrechtliche Verträge im Bereich der ausschließlichen Zuständigkeit der Subjekte ohne deren Zustimmung abzuschließen. Folglich könnten solche Verträge jedenfalls nur dann Vorrang gegenüber den von den Subjekten im Bereich ihrer ausschließlichen Zuständigkeit erlassenen Normativakte beanspruchen, wenn sie mit deren Zustimmung abgeschlossen worden seien.

Beknazar[255] hingegen betont auch hier die bundesfreundliche Ausgestaltung der Vertragsgewalt durch das Gesetz und folgert daraus, dass es sich bei diesem „Einvernehmen" nicht um ein echtes Zustimmungserfordernis handele. Vielmehr gebe die Bestimmung den Gliedstaaten lediglich das Recht, innerhalb einer bestimmten Frist zu den Vorschlägen Stellung zu nehmen. Auch für *Ignatenko* ist das Einverständnis der Subjekte selbst in den Bereichen der ausschließlichen Zuständigkeit der Subjekte keine unabdingbare Voraussetzung für den Abschluss völkerrechtlicher Verträge.[256]

---

252 RG vom 8. Mai 1993 S. 9ff., deutsche Übersetzung in *Traut, J. C.*, 1994, S. 254-306: Art. 87 lautete in dieser Übersetzung: „Abschluss und Einstellung der internationalen Verträge der RF, die die Gegenstände der Kompetenz oder das Territorium einer Republik, Region, eines Gebiets, eines autonomen Gebiets oder eines autonomen Bezirkes betreffen, erfolgen *nach Vereinbarung mit* ihnen", auf russisch „osusestvljaetcja *po soglasovaniji s* nimi." (Hervorhebung d.d. Verf.).

253 So wohl auch *Viktor P. Prokopev* und die Praxis der Gebietsverwaltung des Kaliningrader Gebietes, zitiert nach *Schmidt*, R., 2001, S. 8, Fn. 32 und 33.

254 *Maročkin, S. J.*, 1997, S. 46-48.

255 *Beknazar, T.*, 1996, S. 410.

256 *Ignatenko, G. V. und O. I. Tiunov*, 1999, S. 78

Das VRG ist hier nicht eindeutig. Zwar bedeutet „po soglasovaniju s" ein Verhandeln, bis möglichst Einigkeit zwischen den Parteien erzielt worden ist.[257] Es sieht aber keine Regelung für das Scheitern der Verhandlungen vor[258] – ein Problem der Implementierung von Verfahrensnormen, das leider häufig in russländischen Gesetzen nicht geregelt wird. Gegen die Lösung *Butlers*, die entsprechenden Kompetenzabgrenzungsverträge zu Rate zu ziehen, spricht neben rein praktischen Gründen – es gab seinerzeit 46 Verträge – auch Art. 1 Abs. 1 VRG. Danach soll sich das Verfahren des Abschlusses internationaler Verträge nach den allgemein anerkannten Regeln des Völkerrechts, den Bestimmungen des Vertrages selbst, der Verfassung und dem VRG richten. Kompetenzabgrenzungsverträge nennt das Gesetz nicht, obwohl sie zu der Zeit bereits bekannt waren. Im übrigen finden sich hierin auch keine inhaltlichen Vorgaben zur Beteiligung der Subjekte an den Verträgen der Föderation. Die Verträge räumen den Subjekten nur das Recht ein, völkerrechtliche Verträge und Abkommen zu schließen, die nicht gegen die Verfassung der RF verstoßen; Streitfälle sollen entsprechend einem gesondert zu bestimmenden Verfahren gelöst werden.

Es ist somit von einer – auch gegenüber den Verträgen in der gemeinsamen Kompetenz – gesteigerten Pflicht der beteiligten Parteien auszugehen, eine Übereinstimmung in den Verhandlungen zu erzielen. Im Streitfalle kann den betroffenen Subjekten aber kein Vetorecht zuerkannt werden. Hiergegen spricht bereits die Stellung der Subjekte im Verfassungsgefüge. Während in dem Verfassungsentwurf vom Mai 1993[259] für den Abschluss und die Kündigung völkerrechtlicher Verträge, die Gegenstände der Kompetenz oder das Territorium eines Subjektes berührten, eine Vereinbarung mit ihnen vorgesehen war (Art. 87 Abs. 3 E. VerfRF), fehlt eine solche Bestimmung in der letztlich angenommenen Verfassung. Stattdessen werden die Rechte der Subjekte im Föderationsrat wahrgenommen, der bei der Ratifikation und Kündigung völkerrechtlicher Verträge notwendig beteiligt werden muss (Art. 106 lit. d VerfRF). Selbst diese Beteiligung führt nicht zu ei-

---

257 Gespräch mit *V. I. Andrianov*, Mitarbeiter im Verfassungsgericht in der Abteilung für Völkerrecht im Oktober 1998.

258 Das Föderale Gesetz „Über die Verfahren der Entscheidung von Meinungsverschiedenheiten und Streitigkeiten zwischen den Organen der staatlichen Gewalt der RF und den Organen der staatlichen Gewalt der Subjekte der RF" ist am 2. Juli 1999 vom Föderationsrat abgelehnt worden.

259 RG vom 8. Mai 1993 S. 9ff., s.a. Fn. 30.

nem (mittelbaren) Vetorecht der Subjekte: mit einer 2/3-Mehrheit der Gesamtabgeordnetenzahl der Staatsduma kann auch die Ablehnung der Ratifikation überstimmt werden (Art. 105 Abs. 5 VerfRF). Die Staatsduma als idealtypische Repräsentantin des gesamtstaatlichen Interesses kann also die Vertreter der Partikularinteressen bereits auf Verfassungsebene überstimmen. Ein Vetorecht der Subjekte bei der *Aushandlung* der Verträge führte zu einer systemwidrigen Stärkung der Stellung der Subjekte.[260]

4. Kapitel: Vertragsgewalt der Subjekte?

Die beiden vorangehenden Kapitel beschäftigten sich mit der Vertragskompetenz der Föderation und den Mitwirkungsmöglichkeiten der Subjekte. Nun ist zu untersuchen, ob auch die Subjekte über die uneingeschränkte Kompetenz zum Abschluss völkerrechtlicher Verträge verfügen, oder ob diese Fähigkeit eingeschränkt ist. Hierfür sind zunächst die völkerrechtlichen (unter 1) und innerstaatlichen Vorgaben (unter 2) für die Vertragstätigkeit zu untersuchen. Aus dem gewonnenen Befund werden Konsequenzen für die von den Subjekten eingegangen Abkommen und Verträge gezogen (3 und 4). Abschließend werden die Verfahren der Koordinierung der Vertragstätigkeit der Subjekte vorgestellt.

260 Gegen ein Vetorecht im Ergebnis auch *Pounjin, S. M.*, 1998, S. 270f. Seiner Ansicht nach wollte der Gesetzgeber bei der Beteiligung der Subjekte zwischen den Bereichen, die in ihre ausschließliche Zuständigkeit fallen und denen der gemeinsamen Kompetenz keine Unterschiede einführen. Gewisse Unterschiede sind aber doch aus der Abstufung zu erkennen. Er betont auch die Notwendigkeit, die Durchführung der Verträge mit den Subjekten abzustimmen. Ein klares Beispiel für die Notwendigkeit einer Abstimmung auf dieser Ebene sei die Umsetzung des 1993 unterzeichneten Vertrages über das Verbot von Chemiewaffen, da die Fabriken zur Zerstörung der Waffen auf dem Gebiet der Subjekte liegen.

1 Anerkennung von Gliedstaaten als potentielle partielle Völkerrechtssubjekte im Völkerrecht

Innerhalb einer Rechtsordnung können nur solche Personenverbindungen rechtlich verbindliche Handlungen vornehmen, deren Rechtspersönlichkeit sie anerkennt. Es ist allgemeine Meinung, dass Gliedstaaten keine Staaten im völkerrechtlichen Sinne sind, da sie als Teil eines Staates diesem untergeordnet und damit nicht souverän sind.[261] Sie besitzen keine *unbeschränkte* Völkerrechtssubjektivität. Umstritten ist, ob Gliedstaaten *potentielle partielle* Völkerrechtssubjekte sein können. Wenn Verträge von Gliedstaaten mit internationalem Bezug völkerrechtliche Verträge sein sollen, muss also zunächst das Völkerrecht grundsätzlich die allgemeine Möglichkeit zum Abschluss solcher Verträge durch Gliedstaaten vorsehen. Da das Völkerrecht im Ergebnis aber auf das nationale Recht verweist, muss im konkreten Fall der Staat im völkerrechtlichen Sinn dem Gliedstaat, also die Russländische Föderation ihren Subjekten, verfassungsrechtlich die Möglichkeit zum Abschluss solcher Verträge einräumen. Soweit die Subjekte dann völkerrechtliche Verträge abschließen, sind sie nicht mehr nur potentielle, sondern tatsächliche partielle Völkerrechtssubjekte.[262]

---

261 Vgl. *Bernhardt, R.*, 1957, S. 21; *W. Heintschel von Heinegg* in *Ipsen, K.*, 1999, S. 97; *Nguyen, Q. D., P. Daillier et al.*, 1999, S. 423; *Pustogarov, V. V.*, 1992, S. 47. Ihre verfassungsrechtliche Staatsqualität hängt von der verfassungsrechtlichen Ausgestaltung ab. Siehe im Übrigen oben, Teil 1.

262 Zum Begriff der partiellen Völkerrechtssubjekte siehe den IGH in „Advisory opinion" zu „Reparations for Injuries suffered in the service of the United Nations" vom 11. April 1949 (ICJ Reports 1949, S. 174, S. 178): „The subjects of law in any legal system are not necessarily identical in their nature or in the extent of their rights, and their nature depends upon the needs of the community." In dieser Entscheidung hat der IGH die Völkerrechtssubjektivität der Vereinten Nationen als Inhaber völkerrechtlicher Rechte und Pflichten (S. 179: „... it is subject of international law and capable of possessing international rights and duties") anerkannt. Dabei betonte er ausdrücklich, dass die Vereinten Nationen als mögliches Völkerrechtssubjekt nicht unbedingt Träger sämtlicher völkerrechtlicher Rechte und Pflichten wie etwa Staaten sein müssten.

1.1 Vertragliche Regelungen

Die völkerrechtliche Frage der Vertragsschlussfähigkeit der Gliedstaaten war Gegenstand zahlreicher Diskussionen.[263] Völkerrechtliche Kodifizierungsversuche der Vertragsschlusskompetenz der Gliedstaaten scheiterten.[264] Die International Law Commission (ILC) hatte in ihrem Entwurf zu den Artikeln über das Recht der Verträge, aus der 1969 das Wiener Übereinkommen über das Recht der Verträge (WVK)[265] hervorging, nach einer lang andauernden internen Debatte eine Regelung zur Vertragsschlusskompetenz aufgenommen.[266] In Art. 5 Abs. 2 der der Konferenz zur Annahme vorgelegten Fassung[267] hieß es:

> „States members of a federal Union may posses a capacity to conclude treaties if such capacity is admitted by the federal constitution and within the limits there laid down."

Infolge der Intervention insbesondere Kanadas, das eine Stärkung seiner nach Autonomie strebenden Provinz Quebec befürchtete, wurde dieser Absatz in der letzten Fassung mit Unterstützung einiger anderer Bundesstaaten wie USA, Mexiko, Deutschland, Brasilien und Indien usf. gestrichen.[268] Hieraus lässt sich indes nicht schließen, dass die Vertragsstaaten den Gliedstaaten grundsätzlich das Recht aberkannten, völkerrechtliche Verträge ab-

---

263 Vgl. *Rudolf, W.*, 1989, S. 4f. m.w.N.; *Blumenwitz, D.*, 1972, S. 147-166, *Bernhardt, R.*, 1957, S. 18-24 je m.w.N.

264 S. *Rudolf, W.*, 1995, Federal States, EPIL II, S. 366. Ein Beispiel für die bereits in der ILC ausgetragene Kontroverse sind die Bemerkungen des Sonderberichterstatters *G.G. Fitzmaurice* über die rechtliche Möglichkeit der Gliedstaaten, völkerrechtliche Verträge abzuschließen: Im Gegensatz zum ersten Berichtserstatter *Sir H. Lauterpacht* hielt er dies rechtlich für unmöglich, Doc. A/CN.4/101, YBILC 1956 I S. 104-128, S. 118.

265 Vom 23. Mai 1969, UNTS Vol. 1155, S. 331, deutsch in BGBl. 1985 II S. 927, im Folgenden WVK.

266 Die Debatte ist in den Beratungsprotokollen der ILC, YbILC 1962 I S. 57-71 und YbILC 1965 I S. 23-31 nachzulesen. Ausführlich hierzu *Blumenwitz, D.*, 1972, S. 154-158 m.w.N.

267 United Nations Conference on the Law of Treaties, Vienna, 9 April-22 May 1969, Official Records, UN Doc. A/CONF. 39/11/Add.2, S. 11 ebf. abgedruckt in YBILC 1966 II S. 191-192.

268 S. das Wortprotokoll der Konferenz, A/Conf.39/11/Add.1, S. 6-16; der kanadische Vertreter stellte nochmals ausführlich die Entstehung dieses Artikels und seine Änderungen dar. Außerdem *Verosta, S.*, 1969, S. 675; *Neubold, H.*, 1971/72, WVK, S. 14f. m.w.N.; *Blumenwitz, D.*, 1972, S. 156, Fn. 98 d.

zuschließen.[269] Art. 3 WVK stellt vielmehr ausdrücklich fest, dass die Nichtbehandlung von zwischen Staaten und anderen Völkerrechtssubjekten oder nur zwischen anderen Völkerrechtssubjekten abgeschlossenen Verträgen deren Gültigkeit nicht berühren solle. Der Versuch der ILC, diesen Bereich zu kodifizieren, legt sogar nahe, dass die Vertragsschlusskompetenz von Gliedstaaten bereits im Völkergewohnheitsrecht anerkannt war.[270] Aufgabe der ILC nach ihrem eigenen Verständnis war es, im Rahmen der WVK nicht neues Völkerrecht zu schaffen, sondern bereits vorhandenes Völkergewohnheitsrecht zu kodifizieren.[271]

Einige völkerrechtliche Verträge mit regional begrenztem Anwendungsbereich behandeln das Problem der Völkerrechtssubjektivität von Gliedstaaten. Die Montevideo-Konvention von 1933[272] erklärte in ihrem Art. 2 eindeutig, dass föderale Staaten eine einzige Rechtsperson im Völkerrecht darstellen sollen. Dieser Grundsatz liegt auch Art. 28 des Europäischen Abkommens vom 16. Mai 1972 über Staatenimmunität[273] zugrunde, demgemäß Gliedstaaten eines Bundesstaates nur Immunität genießen, soweit der Bundesstaat durch eine Notifikation gegenüber dem Generalsekretär des Europarates die Anwendung auch auf seine Gliedstaaten erklärt hat. Allerdings bestätigt das Abkommen damit auch indirekt, dass die Gliedstaaten Träger dieses völkerrechtlichen Rechts sein können – wenn auch nur vermittelt durch den Bundesstaat.

---

269 Vgl. hierzu die Ausführungen des deutschen Vertreters in der Konferenz, A/Conf.39/11/Add.1, S. 8, Rz. 64: Die Streichung des Art. 5 Abs. 2 würde die Rechte der Gliedstaaten, die nach nationalem Recht Verträge schließen dürfen, in keiner Weise beeinträchtigen.

270 Zu den Voraussetzungen für diese Vertragsschlusskompetenz siehe unter 1.3.

271 So auch *Blumenwitz, D.*, 1972, S. 156f.

272 „Convention on Rights and Duties of States", angenommen auf der 7. Internationalen Konferenz amerikanischer Staaten, 165 League of Nations Treaties Series, 19=28 AJIL Supp. 75 (1934).

273 BGBl. 1990 II, S. 34ff.

1.2 Völkerrechtslehre

Nach der wohl überwiegenden Ansicht in der Völkerrechtslehre verweist das Völkerrecht in diesem Bereich auf das interne Recht der Staaten[274] und spricht den Gliedstaaten unter der Voraussetzung eine partielle Völkerrechtssubjektivität zu, dass ihnen der Bundesstaat einige auswärtige Befugnisse übertragen hat und Völkerrechtssubjekte Verträge mit den Gliedstaaten abgeschlossen haben.[275] Die Anerkennung der partiellen Völkerrechtssubjektivität der Gliedstaaten durch andere Staaten ist konstituierend, da die Verfassung kein Völkerrecht kreieren kann. Dabei ist es gleichgültig, ob die Vertragsschlusskompetenz den Gliedstaaten durch die Verfassung, durch die tatsächlich durchgesetzte Ordnung innerhalb eines Bundesgebietes[276], oder durch einen Zustimmungsakt vertraglicher Art übertragen wurde.[277] Allein aus der Staatsqualität des Gliedstaates im verfassungsrechtlichen Sinn

---

274 *B. Rudolf* a.a.O.; *V. Epping* in *Ipsen, K.*, 1999, § 5 Rn. 21; *A. Randelzhofer* in Hdb Staatsrecht, § 15 Rn. 25 m.w.N. *Verdross, A. und B. Simma*, 1984, § 395, betont die Notwendigkeit der Anerkennung der partiellen Völkerrechtssubjektivität durch andere Staaten, da es sich sonst lediglich um eine Dezentralisierung der Außenpolitik handele. Für die *russländische* Völkerrechtslehre *Birjukov, P. N.*, 1999, S. 56f., *Ignatenko, G. V. und O. I. Tiunov*, 1999, S. 74f., *Pustogarov, V. V.*, 1997, S. 45; *Barcic, I. N.*, 2001, S. 67, *Černičenko, S. V.*, 1995, S. 29f.; wohl auch *Tolstych, V. L.*, 1997, S. 11f. und 107, wenn er darauf hinweist, dass es keine völkerrechtlichen Regeln für die Tätigkeit der Gliedstaaten gibt. Zum Ganzen auch *Bernhardt, R.*, 1957, S. 18-24 mit ausführlicher Begründung.

275 *Rudolf* in EPIL (1995), Bd. 2, Federal States, S. 371; *Lauterpacht, H., Oppenheim*, 1955, S. 177; *Birjukov, P. N.*, 1999, S. 56; *Ignatenko, G. V. und O. I. Tiunov*, 1999, S. 74; *Fëdorov, J. N.*, 1994, S. 108; *Brownlie, I.*, 1998, S. 62. *Bernhardt, R.*, 1957, S. 20 m.w.N., geht ebenfalls von der konstitutiven Anerkennung aus; diese liege allerdings bereits in der deklaratorischen Anerkennung des Gesamtstaates mit seiner konkreten Verfassungsstruktur, die den Gliedstaaten Kompetenzen im Bereich der Auswärtigen Gewalt zuweise; so wohl auch *Mosler, H.*, 1950, S. 163. *Blumenwitz, D.*, 1972, S. 160f., verzichtet auf den Abschluss eines Vertrages durch die Gliedstaaten. Es existiere eine allgemein anerkannte Norm des Völkerrechts, die auf die Verfassungen der Staaten verweise; wenn diese Verfassungen den Gliedstaaten das Recht zum Abschluss völkerrechtlicher Verträge gewähre, seien diese bereits partielle Völkerrechtssubjekte, einer weiteren (konstitutiven) Anerkennung bedürfe es nicht. Ebenso wohl *Pustogarov, V. V.*, 1992, S. 47. Dies entspricht nicht der völkerrechtlichen Mehrheitsansicht.

276 So *Mosler, H.*, 1950, S. 139.

277 Hierzu ausführlich *Blumenwitz, D.*, 1972, S. 154 und 160, der einen völkerrechtlichen Rahmen- oder allgemeinen Vertrag als zweite Möglichkeit für die Begründung der abgeleiteten Völkerrechtssubjektivität der Gliedstaaten nennt.

lässt sich aber ohne die Einräumung der Vertragsschlusskompetenz durch den Bundesstaat keine (partielle) Völkerrechtssubjektivität ableiten.[278]

Ein Teil der Völkerrechtslehre[279] geht davon aus, dass die Gliedstaaten in den meisten, wenn nicht in allen Fällen mit Ausnahme der Ukraine und Belarus unter der sowjetischen Verfassung von 1977[280], lediglich als Delegierte oder Vertreter des Bundesstaates handeln.[281] Zur Begründung wird angeführt, dass die Gliedstaaten unstrittig keine Staaten im völkerrechtlichen Sinne seien und ihre Tätigkeit aus der Sicht des Völkerrechts immer dem Bundesstaat zuzurechnen sei.

1.3 Staatenpraxis

Die Staatenpraxis ist uneinheitlich. Während einige föderale Staaten den Gliedstaaten keine Vertragsschlusskompetenz zugestehen[282], gibt es auch zahlreiche entgegenstehende Beispiele.

---

278 So auch *Bernhardt, R.*, 1957, S. 19, Fn. 63 m.w.N. Das Völkerrecht knüpft aber auch im umgekehrten Fall nicht an die Staatlichkeit der Gliederung an; wesentlich ist lediglich, ob die Einheit ein Minimum an Selbständigkeit besitzt, um die eingegangenen völkerrechtlichen Verpflichtungen zu erfüllen (*Bernhardt, R.*, 1957, S. 21).

279 *Fitzmaurice*, a.a.O., S. 118, *Brownlie, I.*, 1998, S. 74f.; wohl auch *Vel'jaminov, G.*, 1995, S. 8f., der sich auf *Arechaga* beruft; für Nachweise in der älteren Literatur siehe *Bernhardt, R.*, 1957, S. 19f. *A.N. Talalaev* in *Tunkin, G. I.*, 1994, S. 90f., geht zwar auf Föderationen ein, betont aber, dass nur der Zentralstaat und nicht die Gliedstaaten Völkerrechtssubjektivität besäßen. Er gibt auch keine Hinweise, wie die von Gliedstaaten der USA, Deutschlands und Österreichs mit Zustimmung des Zentralstaates abschließbaren Abkommen rechtlich einzuordnen sind.

280 Zum Streit um die Völkerrechtssubjektivität der Republiken der Sowjetunion vgl. *Hazard, J. N.*, 1987, Soviet Republics in international law, EPIL 10.

281 So wohl *Rousseau, C.*, 1953, S. 116, der die mittelbare oder unmittelbare Unterwerfung der Gliedstaaten unter das Völkerrecht als Unterscheidungskriterium zwischen einer Föderation und einer Konföderation ansieht. *Nguyen, Q. D.*, 1999, S. 423f., ist unentschieden. Während er einerseits betont, dass nur der Bundesstaat Staatsqualität im Sinne des Völkerrechts habe und den Gliedstaaten jedenfalls die völkerrechtliche Kompetenz par excellence, die Möglichkeit des Rückgriffs auf Gewalt, nicht zur Verfügung stehe, stellt er gleichzeitig fest, dass einige Gliedstaaten einen unmittelbaren Kontakt mit anderen Staaten hätten („Certains États fédérés continuent à avoir des rapports non médiatisés par l'État fédéral avec la communauté internationale.").

282 So u.a. in Brasilien, Australien, Indien (Aufzählung nach *Steinberger, H.*, 1967, S. 419).

1.3.1 Verfassungsrechtliche Einräumung der Vertragsschlusskompetenz

Die Verfassungen einiger föderaler Staaten erteilen den Gliedstaaten das Recht, völkerrechtliche Verträge in den ihnen verfassungsrechtlich übertragenen Aufgabenbereichen abzuschließen.

Die Verfassung des deutschen Reiches von 1871 stellte die auswärtigen Angelegenheiten grundsätzlich in die Kompetenz des Reiches (Art. 11, teilweise in Verbindung mit Art. 4 Reichsverfassung).[283] Entsprechend der Reichsverfassung waren die Gliedstaaten keine „Macht", also keine Staaten im völkerrechtlichen Sinne mehr, die „große Außenpolitik" stand nur noch dem Reich zu. In die Zuständigkeit der Länder im Sinne einer „kleinen Außenpolitik" fiel allerdings das Gesandtschaftsrecht[284] sowie die Vertragsschließungsbefugnis, soweit die Gliedstaaten nach der innerstaatlichen Kompetenzverteilung für die Vertragsmaterie weiterhin zuständig blieben.[285]

Mit Art. 6 der Weimarer Reichsverfassung vom 11. August 1919[286] ging die ausschließliche Gesetzgebung über „die Beziehungen zum Ausland" auf das Reich über. Dieser in Art. 78 Abs. 1 Weimarer Reichsverfassung wiederholte Grundsatz wurde durch dessen Abs. 2 eingeschränkt, der Reichsverträge über in der ausschließlichen Kompetenz der Länder liegende Gegenstände ausschloss. Gleichzeitig übertrug er den Ländern das Recht zum Vertragsabschluss in diesem Bereich. Diese Rechte der Länder gingen erst mit der Auflösung der Länder durch Art. 2 des „Gesetzes über den Neuaufbau des Reiches" vom 30. Januar 1934 auf das Reich über.[287]

Nach Art. 32 Abs. 3 GG haben die deutschen Bundesländer das Recht, im Bereich ihrer Zuständigkeit mit Zustimmung des Bundes Verträge mit

---

283 Hierzu ausführlicher *Bernhardt, R.*, 1957, S. 104-111 sowie insbesondere *Haenel, A.*, 1892, S. 531-536, und zur völkerrechtlichen Stellung der Einzelstaaten S. 547-558.

284 So z.B. das Bayrische Schlussprotokoll XII, zit. nach *Haenel, A.*, 1892, S. 556.

285 Wenn sowohl die Zuständigkeit des Reiches, als auch eines Gliedstaates berührt war, wurden zwei Verträge abgeschlossen. S. dazu den bei *Bernhardt, R.*, 1957, S. 108f. genannten Vertrag mit Österreich-Ungarn über den Anschluss der österreichischen Gemeinde Miltenberg an das Zollsystem des Deutschen Reiches. Dieser Vertrag sah ein besonderes Übereinkommen mit dem Königreich Bayern „hinsichtlich des gleichzeitig (...) erfolgenden Anschlusses dieser Gemeinde an das im Königreich Bayern bestehende System der Besteuerung des Bieres und des Essigs (...)" vor.

286 S. hierzu im Einzelnen *Bernhardt, R.*, 1957, S. 111-119 m.w.N.

287 Art. 2 des „Gesetzes über den Neuaufbau des Reiches" vom 30. Januar 1934 (RGBl. I S. 75) lautet: „Die Hoheitsrechte der Länder gehen auf das Reich über."

ausländischen Staaten abzuschließen. Faktisch überschreitet die außenpolitische Tätigkeit der Länder häufig diese engen Grenzen, was ein Teil der Lehre mit der ausdrücklichen oder stillschweigenden Delegation von Bundeskompetenzen auf die Länder erklärt und von einer bald gewohnheitsrechtlichen Anerkennung ausgeht.[288]

Ein weiteres Beispiel ist die Verfassung der UdSSR von 1978, die den Unionsrepubliken zumindest theoretisch das Recht einräumte, Verträge mit ausländischen Staaten abzuschließen (Art. 80).[289]

Die neue Verfassung der Schweiz vom 18. April 1999, die am 1. Januar 2000 in Kraft trat, erlaubt, wie bereits eingangs erwähnt, den Kantonen in Art. 56 ausdrücklich, in ihrem Zuständigkeitsbereich Verträge mit ausländischen Staaten abzuschließen. Soweit Vertragspartner nicht untergeordnete ausländische Behörden sind, ist der Kontakt über die Bundesregierung herzustellen. Die Kantone haben eine Informationspflicht gegenüber dem Bund. Die Verfassung des Königreiches Belgien vom 17. Februar 1994, die den Umbau des belgischen Königreichs von einem zentralistisch zu einem föderal organisierten Staat abschließt, weist in Art. 127 Abs. 1 Nr. 4 und Art. 130 Abs. 1 Nr. 4 den Gemeinschaften[290] das Recht zu, im Rahmen ihrer Kompetenzen völkerrechtliche Verträge abzuschließen.

1.3.2 Vertragliche Einräumung der Vertragsschlusskompetenz

Der Bundesstaat kann den Gliedstaaten die Vertragsschlusskompetenz auch vertraglich einräumen. Ein Beispiel hierfür findet sich in der Praxis Kanadas,

---

288 Vgl. *Grewe, W. G.*, 1988, HbStR, § 77 Rn. 83 a.E.

289 *Ignatenko, G. V. und O. I. Tiunov*, 1999, S. 76, räumt ein, dass es sich hierbei zunächst lediglich um ein rechtlich vorhandenes, wenn auch nicht faktisch ausgeschöpftes Potential gehandelt habe. Durch die Ausfüllung des Abkommens zwischen der UdSSR und Kanada über die Zusammenarbeit der Unionsrepubliken und der Provinzen vom 20. November 1989 hätte sich dieses Potential zum ersten Mal verwirklichen können. Dem kam jedoch die Auflösung der UdSSR zuvor. Für die Völkerrechtssubjektivität der Unionsrepubliken auch *N.A. Ušakov* in *Kudrjavcev, V. N., V. S. Vereščetin et al.*, 1989, S. 169. Kritisch und mit Nachweisen aus zeitgenössischer westlicher Sicht *Hazard, J. N.*, 1987, Soviet Republics in international law, EPIL 10 sowie *Uibopuu*, in *Fincke, M.*, 1983, Hb Sowjetverfassung, Bd. II, Kommentar zu Art. 80 mit Verweis auf *seine* Monographie.

290 Die Gemeinschaften beruhen auf der Sprachzugehörigkeit. Ihre Kompetenzen sind im Laufe der Verfassungsreform seit den 1970er Jahren von dem rein kulturellen Bereich auf Materien wie Gesundheitsreform und Forschung ausgedehnt worden.

in dessen Verfassung die Kompetenzen der Provinzen im Bereich der auswärtigen Angelegenheiten nicht geregelt sind. Dennoch schloss die Provinz Quebec mit der französischen Regierung am 27. Februar 1965 ein Kulturabkommen[291], dem die kanadische Regierung am gleichen Tag gegenüber der französischen Regierung zustimmte. Danach folgte das französisch-kanadische Kulturabkommen vom 17. November 1965[292], das als Rahmenabkommen die Möglichkeit von „Ententes" zwischen der französischen Regierung und den Regierungen der Provinzen vorsah, soweit die kanadische Regierung davon unterrichtet wurde. Den Provinzen wurde hierdurch das Recht zum Vertragsabschluss innerhalb eines bestimmten Rahmens generell erlaubt.

1.3.3 Vertragsschlusspraxis

Soweit die Verfassungen oder Gesetze das Recht der Gliedstaaten zum Vertragsabschluss vorsehen, gibt es auch Beispiele für den Abschluss solcher Verträge mit ausländischen Staaten.

Bayern unterhielt noch bis zur Gleichschaltung der Länder durch das nationalsozialistische Regime 1934 eine Vertretung der Französischen Republik und des Vatikans in München.[293] Zu nennen sind ferner die zahlreichen Abkommen deutscher Länder im Rahmen von Kooperationsverträgen im Bereich Kultur und Wirtschaft[294] sowie die im Einzelnen in ihrer Ausge-

---

291 Education Weekly, A Department of Education Bulletin 1965, S. 199-202; (vgl. Darstellung bei *Blumenwitz, D.*, 1972, S. 129ff.).

292 External Affairs 17 (1965), 514-516.

293 *Rudolf*, in EPIL (1995), Bd. 2, Federal States, S. 371 a.a.O. Allerdings hielt die Reichsregierung diese Vertretung für eine unzulässige Intervention in die Angelegenheiten des Deutschen Reiches, vgl. die Nachweise bei *Mosler, H.*, 1950, S. 161.

294 Etwa die Länderpartnerschaft Baden-Württembergs mit Ruanda oder die „Gemeinsame Erklärung zwischen dem Land Niedersachsen und der RSFSR" vom 7. Februar 1991, die damals noch Bestand der UdSSR war. Die Erklärung ist im Besitz der Verfasserin. Zu diesem Bereich s.u. ausführlicher.

staltung abweichenden Vertragsabschlüsse der Provinzen Kanadas[295], insbesondere Quebecs, und der Schweiz[296].

1.4 Zusammenfassung

Nach der – wenn auch uneinheitlichen – Staatenpraxis und der Völkerrechtslehre zu urteilen, erkennt das Völkerrecht die potentielle partielle Völkerrechtssubjektivität von Gliedstaaten, denen verfassungsrechtlich eine Kompetenz zum Abschluss völkerrechtlicher Verträge übertragen wurde, an. Ob der Gliedstaat dabei erst durch den Abschluss eines solchen Vertrages, also der Verwirklichung seiner Vertragsschlusspotentialität, zum partiellen Völkerrechtssubjekt wird, oder ob dieser Akt – wie von einer Minderheit behauptet – deklaratorisch ist[297], ist in der Praxis nicht ausschlaggebend: spätestens mit dem Abschluss eines Vertrages erkennt der ausländische Staat bzw. Gliedstaat den anderen Gliedstaat als Völkerrechtssubjekt an.[298] Jedes partielle Völkerrechtssubjekt bedarf allerdings jeweils der Anerkennung durch die übrigen Völkerrechtssubjekte.

Um zu entscheiden, ob die Subjekte der Russländischen Föderation den Status partieller Völkerrechtssubjekte besitzen, bedarf es also der Analyse der innerstaatlichen Vorgaben der Völkerrechtssubjektivität.

---

295 Beispielsweise das Abkommen zwischen der UdSSR und Kanada über die Zusammenarbeit der Unionsrepubliken und der Provinzen vom 20. November 1989, *cf. Ignatenko, G. V. und O. I. Tiunov*, 1999, S. 75. Zu der „Erneuerung" dieses Vertrages im Jahre 2000 siehe weiter unten. Auf das Kuriosum der „Teilnahme" einiger kanadischer Provinzen an einem von sieben Gliedstaaten der USA geschlossenen Vertrag weist *Neuhold, H.*, 1971/72, S. 14, Fn. 65 hin.

296 *Sturny, T.*, 1998, S. 87f., 90f. m.w.N.

297 So ausdrücklich *Blumenwitz, D.*, 1972, S. 160.

298 So auch *Schweitzer, M.*, 1997, Rn. 112.

2 Die Subjekte der Föderation als potentielle Völkerrechtssubjekte? – Innerstaatliche Vorgaben

2.1 Der Status nach der Verfassung

In der russländischen Verfassung gibt es keine Bestimmung, die den Subjekten *expressis verbis* Völkerrechtssubjektivität einräumt oder diese ausschließt.[299] Sie billigt ihnen auch nicht ausdrücklich die Kompetenz zum Abschluss völkerrechtlicher Verträge auf bestimmten Gebieten zu. Allerdings trifft die Verfassung mittelbar Aussagen zur Tätigkeit der Subjekte im auswärtigen Bereich: Art. 72 lit. n VerfRF legt die Koordinierung der internationalen und außenwirtschaftlichen „Verbindungen" („Svjazi") der Subjekte in die gemeinsame Zuständigkeit der Föderation und ihrer Subjekte. Die Verfassung setzt also „Verbindungen" der Subjekte mit dem Ausland als zulässig voraus, ohne sie allerdings ausdrücklich rechtlich – etwa als völkerrechtliche Verträge – einzuordnen.

Der Wortlaut der Vorschrift könnte erste Anhaltspunkte für die rechtliche Einordnung dieser Kontakte geben: Die Verfassung benutzt in Art. 72 VerfRF den Ausdruck „Svjazi" = Verbindungen der Subjekte im Gegensatz zu den „Meždunarodnye Otnošenija" = „internationale Beziehungen" der Russländischen Föderation in Art. 71 lit. j VerfRF.[300] Diese unterschiedliche Bezeichnung benutzte die UdSSR im internationalen Verkehr bereits in dem Viermächte-Abkommen über Berlin vom 3. September 1971.[301] In dessen Teil II B waren die vier Mächte übereingekommen, dass die „Svjazi" – (Ver-)Bindungen zwischen den Westsektoren Berlins und der Bundesrepublik Deutschland aufrechterhalten und entwickelt werden sollten. Dieser allgemein gehaltene Begriff sollte umfassend und nicht auf bestimmte

---

299 *Pustogarov, V. V.*, 1997, S. 46, 48, spricht sogar von einem „rechtlichen Vakuum" für die internationale Tätigkeit der Subjekte und nennt die Fragen, die ein Gesetz in diesem Rahmen beantworten müsste.

300 Siehe zu dieser Unterscheidung bereits *Schweisfurth, T.*, 1996, S.137; *Suvorova, V. J.*, 1999, S. 30, setzt beide Ausdrücke hingegen gleich.

301 Originaltext in Englisch, ILM 1971, S. 895, in Russisch: Izvestija vom 4. September 1971. Deutsch in: Beilage zum Bundesanzeiger Nr. 174 vom 15. September 1972, *Arbeitsgemeinschaft Völkerrecht der DDR* 1973, Völkerrecht - Dokumente, Band 3, S. 1218-20. *Zivier, E. R.*, 1973, S. 132, weist auf die unterschiedliche Übersetzung des Wortes „Svjasi" – Bundesrepublik: „Bindungen", DDR: „Verbindungen" hin. Allerdings ließen sich hieraus keine wesentlichen Unterschiede für die Stellung Berlins ableiten.

Lebensbereiche beschränkt sein; aus dem Kontext wird aber auch deutlich, dass die Verbindungen keine „Beziehungen" im völkerrechtlichen Sinne sein sollten. Berlin unterlag nach Auffassung der Westmächte weiterhin dem Viermächte-Status, das ihm keine eigenständigen völkerrechtlichen Beziehungen erlaubt hätte. Zwar sah die UdSSR Berlin als eigenständiges Völkerrechtssubjekt mit allerdings stark beschränkter Handlungsfähigkeit an. Auch nach dieser Auffassung hätten die Beziehungen (West-)Berlins zur Bundesrepublik aber nicht den völkerrechtlichen Beziehungen zwischen zwei Staaten gleichgestellt werden sollen.[302] Sonst hätte die UdSSR auf den Begriff „Otnošenii" bestanden, der Beziehungen auf der Ebene des Völkerrechts im eigentlichen Sinne bezeichnet.

Die Verfassung spricht von internationalen und außenwirtschaftlichen Verbindungen der Subjekte, der wirtschaftliche Aspekt wird also besonders betont. Mit diesem Ausdruck könnten insbesondere die wirtschaftlichen Beziehungen der grenznahen Regionen mit ihren Nachbarn gemeint sein.[303] Nach Annahme der Verfassung übernahm der Präsident in einem Ukaz über das Außenministerium die Unterscheidung zwischen Verbindungen und Beziehungen.[304] Zu den Aufgaben des Ministeriums gehören sowohl die Ausarbeitung von Vorschlägen für den Präsidenten und die Regierung der RF zu den „Beziehungen" – „Otnošenii" zu ausländischen Staaten und internationalen Organisationen, als auch die Vorbereitung konkreter Maßnahmen zur Erweiterung der „handelswirtschaftlichen und finanziellen Verbindungen" der RF zu ausländischen Staaten. Mit dem Begriff „Svjazi" werden hier die nicht-politischen, wirtschaftlichen Beziehungen mit ausländischen Staaten bezeichnet. Die Verfassung macht also offensichtlich einen Unterschied zwischen den (politischen) Beziehungen der Föderation und den sonstigen Verbindungen der Subjekte; ob die Verträge der Subjekte auf

302 Vgl. ausführlich zum Ganzen *Schiedermair*, 1975.

303 *Kovalev, A. A.*, 1997, S. 116, schlägt vor, dass die grenznahen Subjekte Vertragsparteien internationaler Verträge im außenwirtschaftlichen Bereich werden könnten. Die Beziehungen insbesondere mit Weißrussland genießen auch das besondere Interesse des russländischen Außenministeriums, vgl. die Rede des Außenministers *I.S. Ivanov* vor dem Konsultationsrat beim Außenministerium, DiplV. 2001, Heft 2, S. 53-55.

304 Ukaz über die Bestimmungen des Außenministeriums vom 14. März 1995, SZRF 1995, Nr. 12, Pos. 1033; Punkt 5.

diesem Gebiet völkerrechtlich sind, ist diesen Vorschriften aber nicht zu entnehmen.[305]

Gegen die Möglichkeit der Subjekte, völkerrechtliche Verträge abzuschließen, wendet das Verfassungsgericht und ein Teil der russischen Literatur Art. 4 Abs. 1 VerfRF ein[306]:

> „Die Souveränität der Russländischen Föderation erstreckt sich auf ihr gesamtes Territorium."

Wie bereits in Teil 1 dargelegt, setzt Souveränität nach der Rechtsprechung des Verfassungsgerichts „den Vorrang („Verchovenstvo"), die Unabhängigkeit und Selbständigkeit der staatlichen Gewalt, die Fülle der gesetzgebenden, ausführenden und rechtsprechenden Gewalt des Staates auf seinem Territorium und die Unabhängigkeit in den internationalen Beziehungen (...)" voraus.[307] Da die Subjekte nicht in diesem Sinne souverän, sie insbesondere in ihren internationalen Beziehungen nicht unabhängig seien, hätten sie auch nicht das Recht, als Völkerrechtssubjekte aufzutreten.[308] Allerdings räumt das Gericht den Subjekten das Recht auf „internationale und außenwirtschaftliche Verbindungen" ein.[309]

Zur Stärkung seiner These von der fehlenden Souveränität und daraus folgend fehlender Vertragsschlusskompetenz der Subjekte zieht das Verfassungsgericht ferner Art. 15 Abs. 4 und Art. 79 VerfRF heran. Ersterer bestimmt, dass die völkerrechtlichen Verträge der RF Bestandteil ihres Rechtssystems sind und Vorrang vor dem Gesetz genießen; letzterer ermächtigt die Föderation zur Teilnahme an zwischenstaatlichen Zusammen-

---

305 Im Folgenden soll der Oberbegriff „Auslandskontakte" die Kontakte der Subjekte mit dem Ausland bezeichnen, ohne sie explizit den Verbindungen oder den Beziehungen zuzuordnen.

306 Neben dem Verfassungsgericht (Adygeja-Beschluss vom 27. Juni 2000, VKS 2000, Nr, 5, S. 59, s. sogleich) auch *Baglaj, M. V.*, 1999, S. 114 und Vorauflage *Baglaj, M. V. und B. N. Gabričidse*, 1996 S. 113; *V.A. Četvernin* in einem Gespräch mit *Verf.* vom 2. Oktober 2000.

307 Altaj-Urteil vom 7. Juni 2000, VKS 2000, Nr. 5, S. 2, Punkt 2.1.

308 So ausdrücklich in dem Adygeja-Beschluss des russländischen VerfG vom 27. Juni 2000, Punkt 3.2 für die Bestimmungen einiger Verfassungen der Republiken, die den Subjekten den Status von Völkerrechtssubjekten zuschreiben. Auch *Vel'jaminov, G.*, 1995, S. 8f., setzt die – den Republiken und übrigen Subjekten fehlende – territoriale Souveränität für die Völkerrechtssubjektivität voraus.

309 Am Ende von Punkt 3 des Tenors des Adygeija-Beschlusses vom 27. Juni 2000.

schlüssen und zur Übertragung von Befugnissen der Russländischen Föderation auf Internationale Organisationen in diesem Bereich.[310]

Zwar stützen die Artikel 15 und 79 VerfRF die Auffassung von der fehlenden Souveränität der Subjekte. Das Verfassungsgericht verneint daher zu Recht die Unabhängigkeit der Subjekte von der Föderation und unterstreicht den Vorrang der Verfassung.[311] Mangels Souveränität handelt es sich bei den Subjekten auch nicht um Staaten im völkerrechtlichen Sinne; sie sind also keine „vollwertigen" Völkerrechtssubjekte. Für die Vertragsschlusskompetenz kommt es aber nicht auf die Souveränität der Gliedstaaten an, da auch nicht-souveräne Gliedstaaten als partielle Völkerrechtssubjekte am völkerrechtlichen Verkehr teilnehmen können, soweit ihnen die Verfassung des Gesamtstaates eine partielle Zuständigkeit im Bereich der auswärtigen Angelegenheiten eingeräumt hat. Das Völkerrecht knüpft gerade nicht an die Souveränität des Gliedstaates sondern daran an, ob die entsprechende Verbindung völkerrechtliche Verträge abschließen und erfüllen kann.[312] Die Ansicht des Verfassungsgerichts, nur souveräne Einheiten seien Völkerrechtssubjekte, müsste konsequenterweise auch internationalen Organisationen die (partielle) Völkerrechtssubjektivität aberkennen. Offensichtlich ist dem Gericht dieser Rechtsbegriff fremd. Hierbei scheint es sich noch um eine Erblast der sowjetischen Völkerrechtslehre zu handeln, die grundsätzlich nur den Staaten Völkerrechtssubjektivität zusprach.[313]

---

310 Entscheidung vom 27. Juni 2000, Punkt 3.1. a.E.: „Das Fehlen der Souveränität der Subjekte der RF, in diesem Falle der Republiken, wird durch die Bestimmungen der Art. 15 Abs. 4 und Art. 79 VerfRF bestätigt, aus denen folgt, dass nur die RF das Recht hat, völkerrechtliche Verträge abzuschließen, deren Priorität in ihrem Rechtssystem anerkannt wird, und dass nur die RF als souveräner Staat durch völkerrechtliche Verträge zwischenstaatlichen Einrichtungen Befugnisse übertragen kann. Daraus folgt, dass die Republiken keine Völkerrechtssubjekte als souveräne Staaten und Teilnehmer entsprechender zwischenstaatlicher Beziehungen sein können, und dass sie keine Verträge mit völkerrechtlichem Charakter abschließen können." Übersetzung der Verfasserin.

311 Ebenso bspw. *Čirkin, V. E.*, 2000a, S. 10f.

312 So bereits *Bernhardt*, R., 1957, S. 21 m.w.N. Gegen die Souveränität als Voraussetzung für die Rechtspersönlichkeit auch Mosler, H., 1950, S. 135; ders. setzt sich auf S. 143-146 ausführlich mit dem Staatsbegriff für Gliedstaaten auseinander.

313 Vgl. hierzu bspw. *V.V. Jevgenjev* in *Koževnikov, F.*, 1960, Kapitel 3 § 1, der internationalen Organisationen die Völkerrechtssubjektivität abspricht. *Modžorjan, L. A.*, 1963, S. 68ff., spricht den Gliedstaaten ein „größeres oder kleineres Maß an Völkerrechtssubjektivität" zu; allerdings beschränkt sie dies faktisch nur auf die Föderationen der sozialistischen Hemisphäre. Nur deren Völker seien in freier Selbstbestimmung vereint, so dass ihre Gliedstaaten anders als etwa die Schweiz selbständig den „Umfang

Der Ansatzpunkt ist daher nicht Art. 4 VerfRF, sondern muss vielmehr die Einräumung von Kompetenzen im Bereich der auswärtigen Angelegenheiten entsprechend Art. 72 lit. n VerfRF sein.

Für die partielle Völkerrechtssubjektivität der Subjekte wird vorgetragen, dass die Subjekte mit ausländischen Partnern Verträge „öffentlich-rechtlichen Charakters" abschließen können, „die man als Teil des Völkerrechts betrachten kann." Diese seien öffentlichrechtlicher Natur, da die Subjekte gemäß Art. 73 VerfRF im Bereich ihrer Zuständigkeit über die gesamte Fülle der staatlichen Gewalt verfügen. Voraussetzung sei ferner, dass sie von Organen der staatlichen Gewalt gemäß Art. 11 Abs. 2 VerfRF abgeschlossen seien.[314] Dieses Argument überzeugt aber nicht, da auch der Staat privatwirtschaftlich handeln kann und die dann abgeschlossenen Verträge keine öffentlich-rechtlichen sind. Und selbst wenn die Subjekte öffentlichrechtliche Verträge abschließen, müssen diese im grenzüberschreitenden Verkehr nicht zwingend völkerrechtlicher Natur sein.

Für die partielle Völkerrechtssubjektivität der Subjekte spricht auch der Wortlaut der Vorgänger-Verfassung in der Fassung von 1992: Die Subjekte sollten selbständige Teilnehmer an Außenwirtschaftsbeziehungen sein.[315] Aus der Debatte der verfassungsgebenden Versammlung lässt sich nicht ableiten, dass die Rechte der Subjekte in dieser Hinsicht eingeschränkt werden sollten. Außerdem wurden bereits 1992 zwei Gesetze[316] verabschiedet, die den Subjekten der Föderation grundsätzlich die Möglichkeit zum Abschluss völkerrechtlicher Verträge einräumten. Falls die Verfassung diese Möglichkeit 1993 hätte beschränken sollen, hätte es wenigstens einer ausdrücklichen Erwähnung in den Beratungen oder gar im Wortlaut der Verfassung bedurft. Auch Art. 15 Abs. 4 VerfRF lässt sich nicht entnehmen, dass *nur* die Föderation völkerrechtliche Verträge abschließen kann, wie dies

---

der innerstaatlichen und internationalen Rechtssubjektivität" bestimmen könnten. Auf die Bundesrepublik Deutschland geht sie interessanterweise gar nicht ein.

314 Zitate aus *Suvorova, V. J.*, 1999, S. 37. Eindeutig für die Völkerrechtssubjektivität zumindest Tatarstans *Valeev, R. M.*, 1999, S. 47. *Birjukov, P. N.*, 1999, S. 60, ist unentschieden; seiner Meinung nach tendiert die Rechtslage zur partiellen Völkerrechtssubjektivität der Subjekte; er verlangt aber eine Klarstellung.

315 Art. 81² Abs. 1, 84² Abs. 2.

316 Es handelt sich um das Gesetz über den Rat der Deputierten der Regionen und Gebiete und deren Verwaltung vom 5. März 1992 (VSNDRF i VSRF 1992 Nr. 13, Pos. 663) und das Gesetz über den Städtebau vom 14. Juli 1992 (VVS RF 1992, Nr. 32, Pos. 1877). S. dazu unter 2.3 in diesem Kapitel.

das VerfG ohne weitere Begründung schließt. Vielmehr folgt daraus, dass nur die Verträge der Föderation auf dem gesamten Gebiet der RF Vorrang genießen, diese Stellung den Verträgen der Subjekte aber nicht zukommen kann, da ihre Geltung jedenfalls nur auf das Gebiet des betreffenden Subjekts beschränkt sein muss.[317]

Die Verfassung von 1993 räumt den Subjekten im Gegenteil zumindest in einem Teilbereich – den internationalen und außenwirtschaftlichen Verbindungen – Befugnisse ein; allerdings überträgt sie ihnen nicht ausdrücklich die Kompetenz zum Abschluss auch völkerrechtlicher Verträge in diesem Bereich. Die Verfassung ist hinsichtlich der partiellen Völkerrechtssubjektivität der Subjekte nicht eindeutig und überlässt deren Ausgestaltung damit dem einfachen Gesetz.[318]

2.2 Föderationsvertrag und Kompetenzabgrenzungsverträge

Die Föderationsverträge[319] und der auf sie verweisende Verfassungsentwurf vom Mai 1993[320] räumen im Bereich der Auslandskontakte den Subjekten teilweise mehr, teilweise weniger Rechte ein als die Verfassung von 1993. Die Föderationsverträge sehen für sämtliche Subjekte die *eigenständige* Teilnahme an internationalen und außenwirtschaftlichen *Beziehungen* („Otnošenie") vor (Art. III Abs. 2 aller drei Föderationsverträge). Diese Beziehungen haben sich im Falle der Republiken im Rahmen der Verfassung und des Föderationsvertrages, im Falle der Regionen, Gebiete und Bezirke im Rahmen der Verfassung und der Gesetze zu halten, ohne aber weiteren Beschrän-

---

317 Verfassungsrichter *Ėbzeev* beschränkt in einem Gespräch mit *Verf.* im Oktober 1998 im Verfassungsgericht RF die Bedeutung des Art. 15 Abs. 4 VerfRF auf die Festlegung Russlands auf das monistische Prinzip des Verhältnisses von Völkerrecht und nationalem Recht.

318 Auch *Lukašuk, I. I.*, 1995, S. 555f., nimmt an, dass die Verfassung die Lösung dieser Frage der späteren Regelung durch den Gesetzgeber überließ.

319 *Ju. N. Fëdorov, J. N.*, 1994, S. 111, weist auf die Anerkennung der Staatlichkeit der Subjekte in der Verfassung von 1993 hin; dies stärke die Stellung der Subjekte auch im internationalen Bereich, da sie nicht mehr nur administrativ-territoriale Einheiten, sondern Gliedstaaten einer Föderation seien. Gerade diese Aufwertung ist wohl auch nach Ansicht *Fëdorovs* die Voraussetzung für die Teilnahme der Subjekte an internationalen Beziehungen. *Fëdorov* war 1995 Berater der Abteilung des Moskauer Gebietes für Fragen der Nationalität und der Regionalpolitik.

320 RG vom 8. Mai 1993.

kungen hinsichtlich der möglichen Partner zu unterliegen.[321] Die Beziehungen sollten jeweils durch die Föderationsorgane koordiniert werden, wobei bis auf die Gebiete und Bezirke die Subjekte an dieser Koordination beteiligt werden sollen. Die Verfassung von 1978 wurde am 21. April 1992 entsprechend geändert.[322]

Diese Regelung wird in den Kompetenzabgrenzungsverträgen zwischen der Russländischen Föderation und den einzelnen Subjekten mit Ausnahme Tatarstans und Baschkortostans wiederholt und noch um das Recht der Subjekte ergänzt, mit föderalen oder territorial-administrativen Einheiten ausländischer Staaten, denen sie etwa gleichgestellt sind, sowie mit Behörden Verträge und Abkommen im Bereich der außenwirtschaftlichen und internationalen Verbindungen abzuschließen. Als ein typisches Beispiel sei Art. 11 des KAVertrages mit dem Permer Gebiet und dem Autonomen Bezirk der Komi-Permjaken vom 31. Mai 1996[323] zitiert:

> „Das Permer Gebiet und der Autonome Bezirk der Komi-Permjaken sollen das Recht haben, unabhängig als Teilnehmer an internationalen und außenwirtschaftlichen Verbindungen („Svjazi") aufzutreten, soweit dies nicht der Verfassung der Russländischen Föderation, föderaler Gesetzgebung oder den völkerrechtlichen Verträgen der Russländischen Föderation widerspricht, sowie entsprechende Verträge (Abkommen) mit den Subjekten ausländischer föderativer Staaten, verwaltungs-territorialer Einheiten ausländischer Staaten und auch Ministerien und Behörden ausländischer Staaten abzuschließen.
>
> Organe der Staatsgewalt der Russländischen Föderation sollen in Übereinstimmung mit der föderalen Gesetzgebung die internationa-

---

321 Aus der Verpflichtung der Subjekte, keine der föderalen Außenpolitik widersprechenden außenwirtschaftlichen und außenpolitischen Tätigkeiten aufzunehmen, schließt *Heinemann-Grüder, A.*, 2000, S. 148, dass der Föderationsvertrag den Subjekten ihre Völkerrechtssubjektivität nahm, die ursprünglich in der Unionserneuerung vorgesehen war. Diese Auffassung geht aber zu weit. Die Pflicht zur Rücksichtnahme auf die außenpolitische Ausrichtung der Föderation ist allen Bundesstaaten gemeinsam. Sonst führte die Anerkennung der Völkerrechtssubjektivität von Gliedstaaten zur vielfachen Verantwortlichkeit der Föderation gegenüber anderen Staaten und letztlich zu einer Lähmung ihrer Außenpolitik.

322 Für die Republiken wurde Art. 81^2, für die autonomen Bezirke und Gebiete Art. 84^2 Abs. 2, für die Regionen (Kraij), Gebiete und Städte St. Petersburg und Moskau Art. 84^{12} Abs. 2 eingefügt.

323 Rossijskije Vesti, 25. Juli 1996, S. 5; englische Übersetzung in Statutes and Decisions, 1998, Vol. 34, No. 3, S. 45-53; im Folgenden KAV Perm. Übersetzung der *Verf.*

len und außenwirtschaftlichen Verbindungen des Gebietes und des Autonomen Bezirkes koordinieren."

Dem Gebiet wird ausdrücklich das Recht zu Beziehungen mit dem Ausland zugestanden. Es wird eigens betont, dass diese Verbindungen unabhängig vom föderalen Zentrum hergestellt und von diesem nur koordiniert werden sollen. Das Recht zum Abschluss von Verträgen wird in zweierlei Hinsicht begrenzt: zum einen darf es sich nur um „Verbindungen" und nicht um „Beziehungen" handeln. Zum anderen werden die Vertragspartner einzeln aufgeführt. Das Gebiet hat keineswegs die Möglichkeit, mit ausländischen Staaten in deren Gesamtheit Verträge abzuschließen, sondern nur mit den Einheiten, mit denen es staatsorganisatorisch auf einer Stufe steht. Ferner kann es Verträge mit Behörden des Gesamtstaates abschließen; das Recht zum Abschluss von Staatsverträgen wird ihm nicht zugebilligt. Zur Qualität der Verträge – ob sie privatrechtlicher oder völkerrechtlicher Natur sind – nimmt der KAVertrag nicht ausdrücklich Stellung. Aus der Begrenzung des Vertragsinhaltes – nur Verbindungen und keine Beziehungen – sowie aus dem Kontext lässt sich aber schließen, dass diese Verträge nicht völkerrechtlich sein sollten. Sonst ließe sich auch nicht erklären, dass Tatarstan und Baschkortostan besonderen Wert auf die Bezeichnung ihrer Auslandskontakte als Beziehungen gelegt haben.

Mit Ausnahme Tatarstans und Baschkortostans unterliegen sämtliche Subjekte[324] solchen Begrenzungen ihrer Befugnisse, soweit sie einen Vertrag mit der Föderation abgeschlossen haben. Die mit Tatarstan und Baschkortostan 1994 abgeschlossenen Kompetenzabgrenzungsverträge erkennen beiden das Recht zu, mit ausländischen Staaten internationale Beziehungen („meždunarodnie otnošenie") einzugehen (Art. 3 Nr. 14 KAV Baschkortostan, Art. II Nr. 11 KAV Tatarstan). Sie können mit diesen Abkommen („soglašenie" - Tatarstan) und auch Verträge („dogovor" – Baschkortostan) abschließen, die weder den Verfassungen der RF und der Republik noch

324 Auf die Besonderheiten Tschetscheniens kann im Rahmen dieser Untersuchung, wie bereits erwähnt, nicht eingegangen werden. Es sei nur darauf hingewiesen, dass das „Abkommen über die grundlegenden Prinzipien der gegenseitigen Beziehungen zwischen der Russländischen Föderation und der Tschetschenischen Republik" vom 8. Dezember 1995, das noch während des 1. Tschetschenien-Krieges von *Černomyrdin* als Vertreter der Regierung RF, *Savgaev* als Vertreter der Regierung Tschetscheniens und *Lobov* als Bevollmächtigter des Präsidenten in Tschetschenien abschloss, die gleiche Formulierung hinsichtlich der auswärtigen Kontakte enthält.

dem KAV bzw. im Falle Tatarstans zudem den internatonalen Verpflichtungen der RF widersprechen dürfen. Die Außenpolitik der RF und ihre Verträge stehen in deren ausschließlicher Kompetenz. Beiden ist die Teilnahme an entsprechenden internationalen Organisationen erlaubt. Diese Vollmachten spiegeln sich in den Verfassungen der beiden Republiken wider: in Art. 62 der Verfassung Tatarstans von 1992 und in Art. 74 Abs. 2 der Verfassung Baschkortostans ist das Recht der Republiken aufgeführt, mit anderen Staaten Beziehungen einzugehen. Tatarstan bezeichnete sich in Art. 61 seiner Verfassung von 1992 als Völkerrechtssubjekt. Das Regierungsabkommen zwischen der Föderation und Tatarstan über die Abgrenzung der Kompetenzen auf dem Bereich der außenwirtschaftlichen Beziehungen[325] setzt diese Besserstellung Tatarstans fort: Gemäß Art. 3 darf Tatarstan mit den Gebietseinheiten ausländischer Staaten außenwirtschaftliche Abkommen abschließen; zugleich steht ihm auch das Recht zum Abschluss von Handelsabkommen mit ausländischen Staaten zu.[326]

Wenn die partielle Völkerrechtssubjektivität der Subjekte in der Verfassung von 1993 nicht eindeutig geklärt ist, komplizieren die verschiedenen KAVerträge noch das Bild. Zu unterscheiden ist zwischen Tatarstan und Baschkortostan einerseits und den übrigen Subjekten andererseits. Die Verträge mit letzteren räumen ihnen kein Recht zum Abschluss völkerrechtlicher Verträge ein; diese sind also durch die KAVerträge keine partiellen Völkerrechtssubjekte geworden. Schwieriger ist die Beurteilung der Lage Tatarstans und Baschkortostans. Grundsätzlich ist die vertragliche Übertragung der Vertragsschlusskompetenz möglich, s. in diesem Kapitel unter 1.3.2. Wenn die Föderation den genannten Subjekten – und nur diesen! – das Recht zum Abschluss von Verträgen mit ausländischen Staaten im Rahmen von internationalen Beziehungen einräumt, unterliegen die abzuschließenden Verträge dem Völkerrecht; diese Subjekte wären also potentielle partielle Völkerrechtssubjekte. Allerdings verstößt die Verleihung dieser Rechte an nur diese zwei Subjekte gegen den verfassungsmäßigen Grundsatz der Gleichberechtigung der Subjekte. Wegen dieses Verstoßes – und nicht wegen des Ausschlusses der partiellen Völkerrechtssubjektivität bereits in der Verfassung – konnten die KAVerträge auch Tatarstan und

325 Abgedruckt in *Guboglo, M. N.*, 1997, Federalism vlast, S. 437f.

326 Der entsprechende Vertrag mit Baschkortostan gesteht der Republik das Recht auf selbständige Beziehungen mit ausländischen Staaten zu (Art. 2 Punkt 1).

Baschkortostan verfassungsrechtlich nicht wirksam die Völkerrechtssubjektivität zusprechen.

2.3 Föderale Gesetzgebung

Bis zum Erlass des KoordG schwieg die föderale Gesetzgebung zur Einordnung der von den Subjekten mit ausländischen Staaten oder deren Einheiten abgeschlossenen Verträge in die Rechtsordnung.

Der erste Rechtsakt, der die Teilnahme der Subjekte an internationalen Beziehungen regelte, war das noch unter der Verfassung von 1978 erlassene Gesetz der Föderation „Über den Rat der Deputierten der Regionen und Gebiete und deren Verwaltung" vom 5. März 1992.[327] Dies räumt zwar der Verwaltung der damals noch administrativ-territorialen Einheiten die Möglichkeit zum Abschluss von Verträgen mit ausländischen Partnern im wirtschaftlichen Bereich sowie der Organisation des Grenz- und Küstenhandels ein (Art. 14). Allerdings gibt das Gesetz keine Anhaltspunkte für die rechtliche Einordnung dieser Verträge. In Art. 21 des föderalen Gesetzes über den Städtebau vom 14. Juli 1992 werden solche Verträge dann als völkerrechtlich bezeichnet.[328]

Der Anwendungsbereich des unter der Verfassung von 1993 erlassenen Gesetzes über die völkerrechtlichen Verträge (VRG)[329] umfasst gemäß Art. 1 Abs. 1 nur die völkerrechtlichen Verträge der Föderation. Nur hierauf geht auch Art. 4 VRG ein, der den Abschluss von Verträgen unter Beteiligung der Subjekte regelt; für die Frage, wie mit den Verträgen der Subjekte im Bereich von Außenkontakten zu verfahren ist, trifft das VRG keine Aussage.

Auch das VerfGG und das Verfassungsgesetz über das Gerichtssystem (GVG)[330] geben keine Anhaltspunkte für die Einordnung der Verträge der Subjekte. Die Möglichkeit, noch nicht in Kraft getretene völkerrechtliche

---

327 VSNDRF i VSRF 1992, Nr. 13, Pos. 663.

328 Gemäß Art. 21 müssen *völkerrechtliche* Verträge, die durch die Organe der staatlichen Gewalt u.a. der Republiken oder sonstiger Subjekte der Föderation abgeschlossen werden, mit den Bestimmungen des Gesetzes und den Normen des Völkerrechts in Einklang stehen. VVS RF 1992, Nr. 32, Pos. 1877.

329 SZRF 1995, Nr. 29, Pos. 2757.

330 In Kraft getreten am 1. Januar 1997, SZRF 1997 Nr. 1 Pos. 1.

Verträge auf ihre Verfassungskonformität zu prüfen, die Art. 125 Abs. 2 lit. d VerfRF und Art. 36 Abs.2 VerfGG[331] dem Verfassungsgericht zusprechen, bezieht sich konkludent nur auf die völkerrechtlichen Verträge der Föderation. Ebenso nennt Art. 27 GVG, der die Zuständigkeit der Verfassungsgerichte der Subjekte der Föderation regelt, unter der Aufzählung der von diesen Gerichten zu prüfenden Normen keine völkerrechtlichen Verträge der Subjekte. Sie könnten lediglich unter die „sonstigen normativen Akte der Organe der Staatsgewalt der Russländischen Föderation" fallen. Das Gesetz über die staatliche Regulierung der Außenhandelstätigkeit (AHG)[332] stellt den Abschluss von Abkommen im Bereich der außenwirtschaftlichen Verbindungen in die Kompetenz der Subjekte (Art. 8 Ziff. 7) und erlaubt den Subjekten die Einrichtung von Handelsvertretungen in auswärtigen Staaten auf eigene Rechnung. Auch das AHG nimmt zum rechtlichen Status der Verträge keine Stellung.

2.4 Das Koordinierungsgesetz

Das nach langer Debatte im Januar 1999 unterzeichnete Gesetz über die „Koordinierung der internationalen und außenwirtschaftlichen Verbindungen der Subjekte der RF" (KoordG)[333] regelt erstmals die rechtliche Stellung der von den Subjekten in diesem Zusammenhang abgeschlossenen Verträge.[334] Laut Präambel enthält das KoordG nicht nur allgemeine Regeln für die Koordinierung der Tätigkeiten der Subjekte, sondern auch Rechtsgarantien für die Gewährleistung der Rechte und rechtlichen Interessen der Subjekte der Föderation bei der Herstellung und Entwicklung solcher

---

331 SZ RF 1994, Nr. 13, Pos. 1447

332 Vom 13. Oktober 1995, in Kraft getreten am 1. Juli 1996; SZRF 1995, Nr. 42, Pos. 3923.

333 SZRF 1999, Nr. 2, Pos. 231. Wohl auch wegen der Schwächung der Stellung der Subjekte rief der Föderationsrat zunächst im Dezember 1997 den Vermittlungsausschuss an (SZRF 1997, Nr. 49, Pos. 5576); nachdem der Föderationsrat auch dessen Ergebnis abgelehnt hatte, nahm die Duma das Gesetz am 2. Dezember 1998 an.

334 Die Notwendigkeit eines solchen Gesetzes unterstrichen der Vorsitzende des Komitees der Staatsduma für Fragen der Föderation und Regionalpolitik *Ivančenko, L. A. und V. F. Kalina*, 1999, und *Suvorova, V. J.*, 1999. *Kučer, A. N.*, 1998, S. 80, stellte noch 1998 mit einigem Bedauern fest, dass trotz der großen Regelungsdichte in Russland diese Frage und insbesondere die Koordinierung der außenwirtschaftlichen Beziehungen der Subjekte nicht geregelt seien. Er gibt einige Beispiele für die unterschiedlichen Regelungen in den Subjekten.

Verbindungen. Diese Koordinierungsfunktion übt es auch zugunsten der Föderation aus, da es die Rechte der Subjekte im Bereich der auswärtigen Beziehungen klar beschränkt.

Gemäß Art. 1 Abs. 1 KoordG haben die Subjekte das Recht, mit den Subjekten ausländischer föderaler Staaten sowie den administrativ-territorialen Einheiten ausländischer Staaten „Verbindungen" aufzunehmen – ein Recht, das vielen Subjekten bereits in den KAVerträgen zugestanden worden war und das die Verfassung in Art. 72 Abs. 1 lit. n voraussetzt. Entsprechend Art. 1 Abs. 1 KoordG dürfen die Subjekte ferner solchen internationalen Organisationen beitreten, die die Vertiefung solcher Beziehungen fördern. Art. 1 Satz 2 erlaubt den Subjekten darüber hinaus in Absprache mit der Regierung der Föderation die Aufnahme von „Verbindungen" mit den Organen der staatlichen Gewalt ausländischer Staaten. Absatz 2 der Bestimmung verbietet allerdings den Abschluss von Verträgen mit rein politischem Inhalt. Gemäß Art. 2 Abs. 2 müssen sich die Verträge im Rahmen der von der Verfassung, der allgemein anerkannten Prinzipien und Normen, der völkerrechtlichen Verträge der RF, der föderalen Gesetzgebung und der KAVerträge gesetzten Grenzen halten und dürfen auch nicht den Interessen der anderen Subjekte der Föderation widersprechen.

Sind den Subjekten Verträge mit ausländischen Partnern grundsätzlich erlaubt, schränkt Artikel 7 KoordG die Möglichkeiten der Subjekte erheblich ein. Er besagt, dass

> „die Abkommen zur Durchführung internationaler und außenwirtschaftlicher Verbindungen, die die Organe der staatlichen Gewalt der Subjekte der RF abschließen, unabhängig von ihrer Form, Bezeichnung und Inhalt keine völkerrechtlichen Verträge"

sind. Damit spricht dieser Artikel den Subjekten die Kompetenz zum Abschluss völkerrechtlicher Verträge und somit zugleich die Stellung als partielle Völkerrechtssubjekte ab.

Zumindest die bereits erwähnten Kompetenzabgrenzungsverträge der Föderation mit Tatarstan und Baschkortostan, die beiden den Abschluss völkerrechtlicher Verträge ermöglichen, stehen im Widerspruch zu Art. 7 KoordG. Wie in Teil 1, 3. Kapitel bereits festgestellt, stehen die KAVerträge unterhalb der Verfassung und den Föderationsgesetzen. Art. 7 KoordG geht also der entgegenstehenden Norm des tatarischen KAVertrages vor; entgegen dessen Regelung dürfen die Verträge Tatarstans mit dem Ausland nicht als völkerrechtliche angesehen werden. Vor allem *Valeev*[335] widerspricht diesem Ergebnis mit der Begründung, dass sich diese Verträge im Rahmen des KAV-Tatarstans hielten und somit die Voraussetzungen des Art. 2 Abs. 2 KoordG erfüllten. Art. 6 WVK billige jedem Staat das Recht zu, völkerrechtliche Verträge abzuschließen; die Republiken seien Staaten auch in diesem Sinne. Dem ist entgegenzuhalten, dass die Republiken zwar Staaten im verfassungsrechtlichen, aber gerade nicht im völkerrechtlichen Sinne sind. Die Republiken sind eben nicht souverän, da sie sonst nur staatenbündisch mit der RF verbunden wären. Die WVK hatte aber nur Staaten im völkerrechtlichen Sinne im Blick und ist auf Gliedstaaten wie den Subjekten der Russländischen Föderation nicht anwendbar.

Wie bereits ausgeführt verweist das Völkerrecht in der Frage der partiellen Völkerrechtssubjektivität von Gliedstaaten auf das Verfassungsrecht der Föderation. Die russländische Verfassung klärt diese Frage nicht abschließend und überlässt die Regelung dem föderalen Gesetzgeber. Zumindest seit Erlass des KoordG verfügen die Subjekte der Föderation über die erste Voraussetzung für die (partielle) Völkerrechtssubjektivität der Subjekte – die innerstaatlich eingeräumte Möglichkeit, völkerrechtliche Verträge abzuschließen – nicht mehr. Die Verfassungen der Subjekte, die ihnen die Völkerrechtssubjektivität zugestehen, finden wegen des Verstoßes gegen höherrangiges Föderationsrecht keine Anwendung.[336]

---

335 *Valeev, R. M.*, 1999, S. 48.

336 So ausdrücklich der Tenor des Verfassungsgerichts im Adygeija-Beschluss vom 27. Juni 2000.

3 Rechtscharakter und Inhalt der von den Subjekten abgeschlossenen Verträge

3.1 Rechtscharakter der Verträge

Da die Subjekte der Föderation keine partiellen Völkerrechtssubjekte sind, können die von ihnen abgeschlossenen Verträge nur dem Völkerrecht unterliegen, wenn sie auf der Grundlage eines Rahmenabkommens zwischen der Russländischen Föderation und einem ausländischen Staat abgeschlossen werden, in dem die Föderation dem Subjekt die Kompetenz zum Abschluss eines völkerrechtlichen Vertrages übertragen hat. In diesen Fällen delegiert die Föderation die Vertragsschlusskompetenz an das Subjekt, der abgeschlossene Vertrag hat einen völkerrechtlichen Charakter. Nach den obigen Ausführungen muss diese Übertragung der Befugnisse aber ausdrücklich erfolgen.

In den Fällen, in denen die Russländische Föderation Verträge mit ausländischen Staaten über die Zusammenarbeit ihrer Gliedstaaten abgeschlossen hat, räumte sie ihren Subjekten bisher vertraglich nicht die partielle Völkerrechtssubjektivität ein. In dem Abkommen zwischen den Regierungen der Russländischen Föderation und Kanadas über die Zusammenarbeit der Subjekte der RF und der Provinzen Kanadas vom 18. Dezember 2000,[337] das nach Inkrafttreten des KoordG abgeschlossen wurde, räumen die Regierungen ihren Gliedstaaten zwar das Recht zum Abschluss von Verträgen ein; gleichzeitig stellen sie aber ausdrücklich fest, dass dies *keine* völkerrechtlichen Verträge sind. Dies ist besonders pikant, weil dadurch beide Vertragsparteien ihren renitenten Gliedstaaten Quebec und Tatarstan die Grenzen ihrer Kompetenzen im internationalen Bereich aufzeigen konnten.

Die Frage, welchem Recht die zwischen den Subjekten der Russländischen Föderation und den Gliedstaaten ausländischer Staaten abgeschlos-

---

[337] Art. 3 des Vertrages zwischen der Regierung der RF und der Regierung Kanadas über die Prinzipien und Grundlagen der Zusammenarbeit zwischen den Subjekten der RF und den Provinzen und Territorien Kanadas, BjullMD 2001, Nr. 6, S. 51f.

senen Verträge unterliegen, muss im jeweiligen Vertrag geklärt werden. In Betracht kommt die Anwendung des Rechts eines Vertragspartners, allgemeiner Rechtsgrundsätze oder die Verständigung darauf, völkerrechtliche Regeln analog auf das Vertragswerk anzuwenden.[338] Unmittelbar kann das Völkerrecht nicht angewendet werden, da es sich bei den Vertragsparteien ja gerade nicht um partielle Völkerrechtssubjekte handelt; durch die analoge Anwendung des Völkerrechts nehmen die Abkommen keinen völkerrechtlichen Charakter an.

3.2 Mögliche Vertragspartner und Inhalt der Verträge

Die Vertragsgewalt der Subjekte ist nicht nur hinsichtlich des Rechtscharakters der Verträge, sondern auch hinsichtlich ihrer möglichen Vertragspartner begrenzt. Gemäß Art. 1 Abs. 1 KoordG haben die Subjekte der Föderation das Recht, mit den Subjekten ausländischer Föderationen, etwa den deutschen Bundesländern, sowie mit administrativ-territorialen Einheiten von Einheitsstaaten, also etwa den Departements Frankreichs, außenwirtschaftliche Beziehungen einzugehen und in diesem Rahmen auch Verträge abzuschließen.[339] Auf dieser Ebene dürfen sie auch an der Tätigkeit internationaler Organisationen teilnehmen, deren Aufgabe die Förderung der grenzüberschreitenden Zusammenarbeit ist.[340]

Unter dem Vorbehalt der Zustimmung der Föderationsregierung stehen Beziehungen zu den staatlichen Organen ausländischer Staaten, also etwa ein Vertrag zwischen einem Subjekt der Föderation und der Bundesrepublik Deutschland. Mit der Zustimmung der Föderationsregierung sind daher auch Verträge mit ausländischen Staaten zulässig.

Da sich die Föderation die Zuständigkeit für rein politische Verträge vorbehält, dürfen die Subjekte gemäß Art. 1 Abs. 2 KoordG Handelsabkommen sowie Verträge mit wissenschaftlich-technischem, ökologischem,

---

338 Zu den Möglichkeiten s. im Einzelnen *Lejeune, Y.*, 1984, S. 273-279.

339 Beispiele für diese Verträge nennt *Kučer, A. N.*, 1998, S. 85. Interessant ist, dass bereits das Gesetz des Oblast Nišni-Novgorods über internationale und interregionale Abkommen von 1995 eine entsprechende Einschränkung vorsah. Dieses Gesetz diente dem KoordG auch als Vorbild; vgl. *Sergunin*, 2002, S. 34.

340 Hierunter fällt die Teilnahme der Regionen an dem Kongress der Gemeinden und Regionen Europas im Rahmen des Europarats.

humanitärem oder kulturellem Inhalt abschließen. Ein Großteil der Verträge der Subjekte liegt in diesem Bereich. Eine Ausnahme hierzu bildet allerdings der Freundschaftsvertrag zwischen Tatarstan und Abchasien vom 17. August 1994.[341] Dieser Vertrag widerspricht aus zwei Gründen der Kompetenzordnung. Zum einen betrifft er politische Fragen, die gemäß KoordG nicht Gegenstand der Verträge der Subjekte sein dürfen. Zum anderen widerspricht er, wie das Außenministerium der RF eingewandt hat, auch den völkerrechtlichen Verpflichtungen der RF, namentlich dem Freundschaftsvertrag zwischen der RF und Georgien. Damit hielt er sich bereits vor dem Inkrafttreten des KoordG nicht in den im KAVT vereinbarten Grenzen und war dementsprechend nichtig.

Halten sich die von den Subjekten abgeschlossenen Verträge nicht in den genannten Grenzen und genehmigt sie die Föderationsregierung anschließend nicht, hat dies zwei Konsequenzen. Da die Vertragsschlusskompetenz der Subjekte gegenüber auswärtigen Staaten begrenzt ist, fehlt ihnen bei der Überschreitung der verfassungsrechtlichen Grenzen die Kompetenz zum Abschluss der Verträge; sie können die Verträge nicht eingehen, diese sind daher rechtlich nicht existent.[342] Schließt der Vertragspartner *in Kenntnis* der verfassungsrechtlichen Situation „völkerrechtliche" Verträge politischen Inhalts ab, kann dies seine völkerrechtliche Verantwortung wegen einer unzulässigen Intervention in die inneren Angelegenheiten der Russländischen Föderation nach sich ziehen. *Bernhardt* bezieht diese Konsequenz auf den Versuch, mit beschränkten Völkerrechtssubjekten Verträge auf ihre Kompetenzen übersteigende Gebieten abzuschließen. Dann muss es sich erst recht um eine unzulässige Intervention handeln, wenn der Vertragspartner durch solche Verträge beispielsweise separatistische Tendenzen fördern will.[343]

---

341 Vgl. RG vom 23. August 1994. Der Vertrag, der nach fünfjähriger Laufzeit verlängerbar war, aber wohl nicht verlängert wurde, nennt Tatarstan auf seiner offiziellen Homepage: http://www.tatar.ru/00000078.html, Stand 26. Mai 2002.

342 Diese Folge schlägt auch *Bernhardt*, R., 1957, S. 22, in ähnlich gelagerten Fällen vor.

343 Die Verantwortlichkeit im Falle des tatarisch-abchasischen Vertrages betrifft auch das weitere Problem der Zurechenbarkeit. Zwar müssen Staaten die Gebietshoheit des anderen Staates achten und haben gewisse Unterbindungspflichten. Genau zu prüfen wäre aber hier, wie weit Russland einerseits und Georgien andererseits für die Tätigkeit seiner Untergliederungen einzustehen hat. Durch die Erklärung des Außenministeriums (RG vom 23. August 1994) hat sich die RF jedenfalls von der Tätigkeit Tatarstans distanziert und diesen Vertrag auch nach außen sichtbar für ungültig erklärt.

Art. 8 KoordG schließt jegliche Haftung der Föderation für Verträge der Subjekte mit ausländischen Staaten aus, die die Subjekte schließen. Hiervon besteht nur eine Ausnahme, wenn die Regierung dem Vertragsabschluss ausdrücklich zugestimmt hat oder wenn für den konkreten Vertrag offizielle Garantien der Föderation bestehen. Hierunter können Verträge fallen, bei denen die Föderation eine Bürgschaft für Kredite oder ähnliches übernommen hat. Ferner kommt der Abschluss von Verträgen auf der Grundlage von Rahmenabkommen zwischen der RF und einem ausländischen Staat in Betracht, in dem die RF ausdrücklich die Haftung für vom Subjekt abgeschlossene Verträge übernimmt.

4 Koordination der Vertragstätigkeit der Subjekte

Wenn die Subjekte der Föderation mit Einheiten ausländischer Staaten über den rein wirtschaftlichen Bereich hinaus in Verbindung treten können und diese Möglichkeit auch wahrnehmen[344], muss diese Tätigkeit im Interesse des Gesamtstaates koordiniert werden, um Tätigkeitsüberschneidungen, aber auch Interessenkonflikte zu vermeiden.[345] Zentrale Regelungen finden sich in dem bereits erwähnten „Föderalen Gesetz über die Koordinierung der internationalen und außenwirtschaftlichen Verbindungen der Subjekte der Föderation“ vom 4. Januar 1999 (KoordG).[346]

Die Subjekte müssen die Regierung der Russländischen Föderation, das bedeutet das Außenministerium, über die Aufnahme von Verhandlungen zum Abschluss von Verträgen im Bereich der internationalen und außenwirtschaftlichen Beziehungen unterrichten (Art. 3 KoordG). Das Außenministerium als koordinierende Behörde ist dabei gehalten, eine einheitliche

344 Im Mai 1999 hatten nach Angaben des Außenministeriums der RF die Regionen bereits über 1200 Abkommen zur Zusammenarbeit auf unterschiedlichen Gebieten mit Partnern in 69 verschiedenen Staaten geschlossen. In 46 Staaten gab es Vertreter eines Subjektes der Föderation. Rede des Außenministers *I.S.Ivanov*, Dipl.V 1999, Nr. 6, S. 53.

345 Die Koordinierung der außenwirtschaftlichen Tätigkeiten ist bereits im AHG von 1995 geregelt. Dessen Artikel 9, 11 und 12 sehen ein Verfahren zur Koordinierung der Tätigkeit der Föderation und der Subjekte im Bereich der gemeinsamen Zuständigkeit vor, das die Interessen der Subjekte durch ein Anhörungsverfahren und die Möglichkeit eines Schiedsverfahrens gemäß Art. 85 VerfRF angemessen berücksichtigt.

346 SZRF 1999, Nr. 2, Pos. 231.

politische Linie der Russländischen Föderation gegenüber ausländischen Staaten und internationalen Organisationen durchzusetzen.[347] Beim Außenministerium ist auch der Konsultativrat der Subjekte der RF zu internationalen und außenwirtschaftlichen Verbindungen angesiedelt.

Spätestens 30 Tage vor Abschluss des Vertrages muss das Subjekt den Vertragsentwurf dem Außenministerium zur Prüfung übersenden. Innerhalb von 20 Tagen sollen das Außenministerium und eventuell weitere beteiligte föderale Behörden das Föderationssubjekt über die Ergebnisse ihrer Abstimmung unterrichten. Da Artikel 4 Abs. 3 KoordG für den Fall von Unstimmigkeiten auf die Möglichkeit der Streitschlichtung im Rahmen des gesetzlich vorgesehenen Verfahrens verweist, scheint das Gesetz von einer konstitutiven Zustimmung der Föderationsbehörden zu den Verträgen auszugehen.[348]

Die abgeschlossenen Verträge müssen beim föderalen Justizministerium binnen zehn Tagen registriert und anschließend entsprechend den gesetzlichen Vorschriften der Subjekte veröffentlicht werden. Das Ministerium kann die Registrierung bei einem festgestellten Verstoß gegen die Verfassung, allgemein anerkannte Prinzipien und Normen des Völkerrechts, die Kompetenzabgrenzungsverträge oder gegen die gesetzlichen Interessen anderer Subjekte verweigern. In diesem Fall wird das Abkommen an das Subjekt zurückgeschickt, das die Entscheidung vor Gericht angreifen kann.[349] Das Justizministerium übt damit noch nach dem Abschluss des Vertrages und vor seiner Veröffentlichung eine Rechtskontrolle aus; da die gerichtlichen Verfahren keine aufschiebende Wirkung haben, hat das Justizministerium damit die Möglichkeit, das Inkrafttreten eines Abkommens eines Subjektes mit ausländischen Partnern aufzuschieben. Trotz seiner anders lautenden Bezeichnung handelt es sich bei dem Verfahren also weniger um ein Koordinations-, als um ein Kontrollverfahren der Tätigkeit der Subjekte durch die Föderation. Analog ist das Verfahren auf die Kündigung der Verträge anzuwenden. Zumindest muss dem Justizministerium die Beendigung

---

347 Die Zuständigkeit des Außenministeriums ergibt sich aus Punkt 4 des Ukazes vom 14. März 1995, SZRF 1995, Nr. 12, Pos. 1033. In dem Bestreben, die außenpolitische Ausrichtung der Russländischen Föderation zu stärken, fügte Präsident *Putin* durch Ukaz vom 31. Mai 2001 (SZRF 2001, Nr. 23, Pos. 2329) die genannte Zielvorgabe ein.

348 So ist wohl auch *Suvorova, V. J.*, 1999, S. 34, zu verstehen, die von der notwendigen Zustimmung des Außenministeriums ausgeht.

349 Punkt 8, 9 und 11 der Regierungsverordnung vom 24. Juli 2000, SZRF 2000, Nr. 31, Pos. 3293.

der Verträge mitgeteilt werden, damit es über einen Überblick über den aktuellen Stand der Vertragsbeziehungen verfügt.

Abgerundet wird dieses Verfahren durch den Anspruch der für die Koordinierung zuständigen föderalen Behörde auf Auskunft über sämtliche Aktivitäten der Subjekte im Bereich der internationalen und außenwirtschaftlichen Beziehungen (Art. 11 Abs. 2 KoordG). Im Gegenzug kann das Außenministerium den Subjekten Vorschläge und Empfehlungen in diesem Bereich machen. Die föderalen Organe sind zugleich verpflichtet, den Subjekten bei der Herstellung von Beziehungen, bei der Ausarbeitung von Verträgen und bei der Erfüllung der Abkommen die notwendige Hilfe zu stellen und schützen die gesetzlichen Interessen der Subjekte im Ausland (Art. 9 KoordG). Damit werden die außenwirtschaftlichen Verbindungen der Subjekte zu einer die Föderation und insbesondere ihre Auslandsvertretungen betreffenden Angelegenheit.

Besonderer Prüfung unterliegen die Abkommen der Subjekte mit Organen der staatlichen Gewalt ausländischer Staaten. Diese sind gemäß Art. 1 Abs. 1 Satz 2 KoordG nur mit Zustimmung der Föderation abzuschließen. Diese Zustimmung ist nach pflichtgemäßem Ermessen auf einen Antrag der Organe der ausführenden Gewalt der Subjekte hin zu erteilen, der die Notwendigkeit solcher Beziehungen darlegen muss. Außenministerium und föderales Justizministerium müssen ihre positive Stellungnahme abgeben.[350] Aus der Systematik des Gesetzes, die eine stärkere Kontrolle der Föderation für die Verträge der Subjekte mit ausländischen Staaten als mit anderen Partnern vorsieht, ergibt sich, dass das Einverständnis der Regierung bereits vor der Aufnahme von Verhandlungen vorliegen muss. Da das Gesetz keine weiteren Besonderheiten vorsieht, richtet sich das Verfahren des Abschlusses im übrigen nach den gleichen Kriterien wie bei den Verträgen mit den sonstigen Partnern.

Entstehen Streitigkeiten zwischen den Subjekten und der Föderation oder zwischen den Subjekten untereinander, verweist Art. 12 KoordG auf die in der Verfassung vorgesehenen Verfahren. Hierzu gehört zum einen das Schlichtungsverfahren vor dem Präsidenten gemäß Art. 85 VerfRF; in diesem Verfahren hat der Präsident auch das Recht, den streitigen Vertrag vorläufig außer Kraft zu setzen, soweit er seiner Meinung nach der Verfassung oder anderen rechtlichen Verpflichtungen widerspricht (Art. 85 Abs. 2

---

350 Regierungsverordnung vom 1. Februar 2000, MJIL 2000, Nr. 3, S. 397.

VerfRF). Das Kräfteverhältnis ist also zugunsten der föderalen Organe verteilt. Als zweites Verfahren kommt ein Organstreitverfahren unmittelbar vor dem Verfassungsgericht in Betracht (Art. 125 Abs. 3 VerfRF, Art. 92-95 VerfGG). Da das Verfassungsgericht keine vorläufigen Maßnahmen anordnen kann, ist in diesem Verfahren das soeben beschriebene Recht des Präsidenten auf vorübergehende Außerkraftsetzung des Vertrages von besonderer Bedeutung.[351] Ferner kann die Vereinbarkeit der Abkommen mit der Verfassung, den föderalen Gesetzen und den völkerrechtlichen Verpflichtungen der Föderation vor einem ordentlichen Gericht angefochten werden.

Zum Bereich der Koordinierung der Tätigkeit der Subjekte gehören ferner Vertretungen ausländischer Partner in den Subjekten sowie die Eröffnung von Vertretungen der Subjekte im Rahmen der Zusammenarbeit in ausländischen Staaten. Beides bedarf gemäß Art. 10 KoordG der Zustimmung des Außenministeriums und wird in zum Teil erheblichem Umfang genutzt.[352]

Um die Koordinierung der internationalen und außenwirtschaftlichen Tätigkeit der Subjekte zu erleichtern, unterhält das Außenministerium über zwanzig Vertretungen in den einzelnen Subjekten der Föderation.[353] Ferner besteht seit Anfang 1995 ein „Beratender Rat der Subjekte der Föderation zu internationalen und außenwirtschaftlichen Verbindungen beim Außenministerium", an dessen halbjährlichen Beratungen unter dem Vorsitz des Ersten Stellvertretenden Außenministers Vertreter der Regierung der Föderation, der Präsidialverwaltung, der Föderationsversammlung sowie die Regierungsoberhäupter der Subjekte oder in bestimmten Fällen die Leiter der wirtschaftlichen Assoziationen der Subjekte teilnehmen. Während dieser Sitzungen[354] werden insbesondere praktische Fragen der Zusammenarbeit mit ausländischen Partnern besprochen, etwa die Eröffnung von Vertretungen in den Subjekten bzw. im Ausland, Besuche von Präsidenten der Sub-

---

351 Das Verfassungsgericht hat gemäß Art. 42 Abs. 3 VerfGG lediglich das Recht, sich an die betreffenden Organe mit der nicht rechtsverbindlichen Bitte zu wenden, den streitigen Rechtsakt vorläufig nicht anzuwenden.

352 1999 gab es Vertretungen in 46 verschiedenen Ländern, vgl. Nachweise in Fußnote 344.

353 Diese Vertretungen gehen auf eine sowjetische Tradition zurück. Zu ihren Aufgaben gehören außerdem die Entscheidung konsularrechtlicher Fragen, die Ausstellung von Pässen für Reisen in das Ausland, die Zusammenstellung von Informationen für die Zentrale etc., vgl. die Darstellung in Dipl.V. 1999, Nr. 2, S. 57.

354 Eine Zusammenfassung der Sitzungen erscheint regelmäßig im Dipl.V.

jekte im Ausland oder die Abstimmung von Verträgen mit ausländischen Partnern auch mit anderen Subjekten, deren Interessen betroffen sein könnten. Verbindliche Entscheidungen kann der Rat nicht treffen; allerdings nutzen die Außenminister häufig die Gelegenheit, die Bedeutung der internationalen Verbindungen der Subjekte zu unterstreichen. So nannte Außenminister *Ivanov* die überregionale Zusammenarbeit zwischen den Subjekten der Föderation und den weißrussischen Regionen einen ersten Schritt auf dem Weg in die praktische Integration Russlands und Weißrusslands.[355]

Zusammenfassung

Die Vertragsgewalt der Föderation im Bereich der auswärtigen Beziehungen erstreckt sich auf sämtliche Materien unabhängig von ihrer Gesetzgebungskompetenz; sie ist damit eine Querschnittskompetenz.

Die Beteiligung der Subjekte am Abschluss völkerrechtlicher Verträge der RF lässt sich in drei Stufen aufteilen: während sie beim Abschluss von Verträgen in Bereichen, die in die ausschließliche Gesetzgebungszuständigkeit der Föderation fallen, nicht über das allgemeine Abstimmungsverfahren nach Art. 9 Abs. 5 VRG beteiligt werden, steht ihnen im Bereich der gemeinsamen Zuständigkeit eine Anhörungsrecht zu. Bei Verträgen, die die ausschließliche Gesetzgebungszuständigkeit der Subjekte betreffen, besteht seitens der Föderation eine größere Kooperationsverpflichtung mit den durch den konkreten Vertrag betroffenen Subjekten, durch Verhandlungen möglichst eine Einigung zu erzielen. Den Vertragsschluss verhindern können die Subjekte durch ihre Vertreter lediglich während des parlamentarischen Ratifikationsverfahrens im Föderationsrat, soweit sie nicht durch die Staatsduma überstimmt werden. Die Beteiligung der Subjekte an der Vertragsschlusskompetenz der Föderation ist entsprechend ihrer Stellung im Gesetzgebungsverfahren auf föderaler Ebene relativ schwach. Soweit in einem völkerrechtlichen Vertrag Regelungen zu verschiedenen Materien getroffen werden, richtet sich das Abstimmungsverfahren nach der Materie, die das stärkste Mitwirkungsrecht der Subjekte betrifft. Nur so können die Interessen der Subjekte ausreichend gewahrt werden.

---

355 Rede vor dem Beratenden Rat am 30. Januar 2001, Dipl.V. 2001, Nr. 2, S. 53ff.

Seit dem Erlass des KoordG ist klargestellt, dass die Subjekte grundsätzlich keine potentiellen partiellen Völkerrechtssubjekte mehr sind. Zwar kann die Föderation ihre Vertragsschlusskompetenz (durch Rahmenabkommen) auf die Gliedstaaten delegieren, jedoch hat sie hiervon bisher noch keinen Gebrauch gemacht. Die Subjekte haben dennoch die Möglichkeit zu Außenkontakten, die einen nicht-politischen Charakter haben.

Sind die Mitwirkungsmöglichkeiten der Subjekte beim Abschluss völkerrechtlicher Verträge der RF schwach ausgestaltet, stehen der föderalen Exekutive um so stärkere Rechte hinsichtlich der Außenkontakte der Subjekte zu. Am schwersten wiegt hier das Kontrollverfahren des föderalen Justizministeriums, das dem Inkrafttreten eines Vertrages des Subjektes vorgelagert ist. Ohne Zustimmung der Föderation können die Subjekte keine Verträge mit den Organen der staatlichen Gewalt ausländischer Staaten schließen.

Das KoordG hat die Rechte der Subjekte erheblich eingeschränkt. Dies ist vor dem Hintergrund der zeitweilig sehr weitgehenden und unkoordinierten Tätigkeit mancher Subjekte im Bereich der Außenpolitik nachvollziehbar. Allerdings eröffnet die Regelung der partiellen Völkerrechtssubjektivität der Subjekte auf gesetzlicher Ebene auch die Möglichkeit, den Subjekten etwa nach einer Stabilisierung der föderalen Beziehungen langfristig wieder mehr Rechte zuzusprechen. Es bleibt abzuwarten, ob die Föderation den Nutzen eines gestärkten Föderalismus auch für die wirtschaftliche Entwicklung vieler Subjekte zu schätzen weiß und die daraus sich ergebenden Konsequenzen zu ziehen bereit ist.

Dritter Teil: Die Kompetenzen der obersten Staatsorgane der Föderation im Bereich der auswärtigen Gewalt

Im dritten Teil soll die Organkompetenz im Bereich der auswärtigen Gewalt auf föderaler Ebene untersucht werden. Auf eine Einführung in das Regierungssystem der Russländischen Föderation nach der Verfassung von 1993 mit der Analyse der Stellung und Kompetenzen der Verfassungsorgane folgt die Untersuchung der Befugnisse der einzelnen Organe im Bereich der auswärtigen Gewalt auf föderaler Ebene.

1. Kapitel: Das Regierungssystem der Russischen Föderation

Das Regierungssystem der RF ist durch einen direkt vom Volk gewählten und mit einer Vielzahl an Befugnissen ausgestatteten Präsidenten einerseits und ein relativ starkes Parlament, der Staatsduma als erster Kammer der Föderationsversammlung, andererseits gekennzeichnet. Während diese beiden Organe bei ihrer Bestellung unabhängig voneinander und direkt vom Volk gewählt sind, werden der Vorsitzende der Regierung sowie das Verfassungsgericht in einem einvernehmlichen Verfahren zwischen Duma bzw. Föderationsrat und Präsidenten ernannt. Der Präsident kann die Duma auflösen und die Regierung auswechseln, die Föderationsversammlung als Gesamtheit von Duma und Föderationsrat kann im Zusammenwirken mit dem Obersten Gericht und dem Verfassungsgericht den Präsidenten absetzen. Lediglich Föderationsrat und Verfassungsgericht sind vor einer Auflösung bzw. Abberufung der einzelnen Mitglieder geschützt.

Die Duma als freigewählte Volksvertretung verfügt teilweise gemeinsam mit der zweiten Kammer, dem Föderationsrat, über wesentliche Mitbestimmungsrechte bei der Gesetzgebung, bei der Kontrolle der Regierung und bei der Verabschiedung des Haushalts. Diese Charakteristika qualifizieren die RF zu einem Staat mit einem parlamentarischen Regierungssystem im weiten Sinne. Wegen der doppelten Verantwortlichkeit der Regierung gegenüber dem Präsidenten und dem Parlament gehört das russländische Regierungssystem aber weder zum präsidentiellen noch zum parlamentarischen Regierungssystem im engeren Sinne.[356] Neben Russland verbinden auch die Regierungssysteme anderer Staaten Mittel- und Osteuropas sowie der GUS Elemente beider Regierungssysteme, insbesondere die Volkswahl des Präsidenten und die Verantwortlichkeit der Regierung gegenüber Parlament und Präsident.[357] Vorbild hierfür ist die Verfassung der französischen Fünften Republik von 1958, für deren Regierungssystem *Maurice Duverger* den Ausdruck „Semipräsidentialismus" prägte.[358] *Klaus von Beyme* hat in sei-

---

356 Nach *Brunner, G.*, 1979, S. 258-285 und *v. Beyme, K.*, 1999, sind Hauptmerkmale für die Unterscheidung dieser Systeme im präsidentiellen System die Volkswahl des Präsidenten und die weitgehende Trennung von Legislative und – monistischer – Exekutive, wobei Amts- und Wahlperiode des Präsidenten und der Regierung verfassungskonform nicht vorzeitig beendet werden können.

357 Vgl. im Einzelnen *Rüb, F. W.*, 1994, S. 261-270, mit einer ausführlichen Darstellung der Genese solcher Systeme und dem Versuch einer Begründung sowie mit einer etwas anderen Einteilung der Systeme *Schweisfurth, T. und R. Alleweldt*, 2000, S. 102-106. Ausführlich auch *Brunner, G.*, 1996, *Küpper, H.*, 2000, sowie *Luchterhandt, O.*, 1996, der die Systeme der GUS-Staaten allerdings durchweg als präsidentielle Systeme bezeichnet. Zur Einführung des Präsidialsystems in der UdSSR und in Russland vgl. auch *Luchterhandt, O.*, 1992.

358 *Duverger, M.*, 1978. Eine ausführliche Auseinandersetzung mit der Entstehungsgeschichte findet sich bei *Bahro, H. und E. Veser*, 1995, die in diesem System allerdings eine eigene Regierungsform sehen. Kritisch hierzu insbesondere *Steffani, W.*, 1995. *V. Beyme, K.*, 1999, S. 52, wie wohl auch ein Großteil der Politikwissenschaft, rechnet dieses Modell wegen der parlamentarischen Verantwortlichkeit der Regierung und der Möglichkeit der Parlamentsauflösung, also der erheblichen Abhängigkeit von Regierung und Parlament voneinander, zum parlamentarischen Regierungssystem. Eine weitere Unterteilung in parlamentarisch-präsidentiell und präsidentiell-parlamentarisch lehnt er mit überzeugenden Gründen ab (S. 52f.): Letztendlich führt eine zu starke Ausdifferenzierung in die Irre, da m.E. die Stellung von Präsident, Regierung und Parlament zueinander in jeder Verfassung eine ihr eigene Ausprägung erlangt, die durch weitere soziale, politische und kulturelle Komponenten von diesen Typologisierungen teilweise erheblich abweicht.

ner Analyse semipräsidentieller Regierungssysteme eine Reihe von Charakteristika derartiger Systeme herausgearbeitet[359]: (1) die Prärogative des Präsidenten vor allem in der Innen- und Außenpolitik; (2) den starken Einfluss des Präsidenten auf die Regierungsbildung mit der Möglichkeit (de jure oder de facto) ihrer Entlassung auch gegen den Willen der parlamentarischen Mehrheit. Zugleich kann die Regierung durch ein parlamentarisches Misstrauensvotum gestürzt werden, das allerdings an strenge Voraussetzungen gebunden ist. Weitere Kennzeichen sind (3) die mögliche Auflösung des Parlaments durch den Präsidenten sowie (4) der Rückgriff auf typische Optionen einer Volksgesetzgebung wie Referenden und andere Formen direkter Volksbeteiligung.

Die russländische Verfassung von 1993 erfüllt alle vier Kriterien in diesem Sinne, so dass man die Russländische Föderation als semipräsidentielle Republik einordnen kann[360], deren Grundgesetz Elemente der französischen Verfassung der Fünften Republik mit Elementen der US-amerikanischen Verfassung verbindet. Der Präsident ist die eminente Person im gesamten Regierungssystem. Mangels Verantwortlichkeit des Präsidenten gegenüber der Duma und der stärkeren Bindung der Regierung an den Präsidenten sind die positiven Gestaltungsmöglichkeiten der Duma relativ gering. Durch die Blockade der Gesetzgebung kann sie einzelne politische Maßnahmen des Präsidenten verhindern, zugleich aber aufgrund des Vetorechts des Präsidenten im Bereich der Gesetzgebung keine eigenständige Politik gegen dessen Willen durchsetzen. Dem Präsidenten sind hingegen *de jure* durch seine Richtlinienkompetenz in der Innen- und Außenpolitik sowie durch die Möglichkeit der Gesetzgebungsinitiative, *de facto* ergänzt durch eine sehr gute personelle Ausstattung, sämtliche Instrumente für eine eigenständige Politik an die Hand gegeben.

---

359 *v. Beyme, K.* 1999, S. 57f. Zu möglichen Ursachen für die Präferenz semipräsidentieller Systeme in Transformationsstaaten siehe *Bahro, H.*, 1997, S. 3 einerseits, *v. Beyme, K.*, *a.a.O.*, *S.* 58f. andererseits sowie *Brunner, G.*, 1996, S. 100ff. und *Küpper, H.*, 2000.

360 So auch *Engibarjan, R. V. und E. V. Tadevosjan*, 2000, S. 403; *Fraisseix, P.*, 1994; *Brunner, G.*, 2001, S. 85. *Beichelt, T.*, 2001, S. 141-164, ordnet Russland ebf. in die Reihe osteuropäischer semipräsidentieller Regierungssysteme ein. Er passt diese Kategorie auf die veränderten Umstände in Osteuropa an und versucht, hieraus Schlüsse für die demokratische Konsolidierung der Staaten zu ziehen. Russland ordnet er zusammen mit der Ukraine als „minimal-demokratisches Regime" ein (S. 143). *Schweisfurth, T.*, 1994, S. 487f., und *Luchterhandt, O.*, 1996, hingegen sehen die RF als Präsidialdemokratie an.

Im Folgenden soll die verfassungsrechtliche Stellung der einzelnen an der auswärtigen Gewalt beteiligten Organe dargestellt werden, bevor im zweiten Kapitel deren Befugnisse im Bereich der auswärtigen Gewalt untersucht werden.

1 Der Präsident der Russischen Föderation

1.1 Vorläufer in den Verfassungen der UdSSR und der RSFSR

Vorläufer des Präsidenten in der derzeitigen Verfassung war das mit der Verfassungsreform vom Dezember 1988 eingeführte Amt des „Vorsitzenden des Obersten Sowjets der UdSSR“[361], das das „kollektive“ Staatsoberhaupt der UdSSR – das Präsidium des Obersten Sowjets – ablöste.[362] Mit der Verfassungsänderung vom 13. März 1990 wurde auf der Ebene der UdSSR gegen zum Teil erheblichen Widerstand das Amt eines unmittelbar vom Volk zu wählenden Präsidenten eingeführt, der nicht nur mit den Befugnissen des Staatsoberhauptes ausgestattet war, sondern durch ein Gesetzesinitiativ- sowie ein Vetorecht maßgeblich auf die Gesetzgebung einwirken konnte. Er übernahm die Position eines Schlichters zwischen den beiden Kammern des Obersten Sowjets, verfügte über ein selbständiges Dekretrecht sowie die Militär- und Notstandsgewalt und ernannte und entließ im Einvernehmen mit dem Obersten Sowjet die Regierung der UdSSR.[363, 364]

---

361 Siehe im Einzelnen *Luchterhandt, O.*, 1992, S. 277 m.w.N.

362 Art. 108 Abs. 1, 121, 122 Verf. UdSSR 1977. Siehe hierzu ausführlich *Meissner* in *Fincke, M.*, 1983, Hb Sowjetverfassung, Art. 128, Rn. 22; *Reichel* in *Fincke, M.*, 1983, Hb Sowjetverfassung, Art. 121, Rn. 4f., hält diesen Ausdruck nur teilweise für zutreffend, weil viele Aufgaben durch einzelne Mitglieder wahrgenommen werden. Dieser Einwand überzeugt aber nicht, da für die verfassungsrechtliche Qualifizierung das Konzept der kollektiven Repräsentation ausschlaggebend ist, mag die Realisation in Einzelfällen auch auf die Mitglieder übertragen werden. Seit *L. Brežnev* war der Vorsitz des Präsidiums des Obersten Sowjets mit der Position des Generalsekretärs der KPdSU, der eigentlichen politischen Machtposition, verbunden.

363 Verfassungsänderung in VVS SSSR 1990, Nr. 12, Pos. 189; hierzu aus russischer Sicht in deutscher Sprache *Avakjan, S.*, 1997; ausführlich *Luchterhandt, O.*, 1992, S. 283-298; *Meissner, B.*, 1991/1992, S. 266-272; *Schmidt, C.*, 1991; zur Entstehungsgeschichte auch *White, S.*, 1997, S. 39-42.

Auch auf der Ebene der RSFSR wurde mit geringem zeitlichen Abstand zunächst das Amt des Vorsitzenden des Obersten Sowjets (27. Oktober 1989) und danach des Präsidenten geschaffen, dessen Befugnisse denen des Präsidenten der UdSSR nachgebildet waren.[365] Bei der Verfassungsänderung im April 1991 hatten sich die Befürworter eines parlamentarisch-präsidentiellen Mischsystems mit einer dualen Exekutive, das sich an der französischen Verfassung orientierte, durchgesetzt. Nach dem Scheitern des Putsches im August 1991 auf Unionsebene und einer Zeit der Konzeptionslosigkeit schaffte *Jelzin* per Dekret durch die Abschaffung des Amtes des Ministerpräsidenten eine einheitliche Exekutive; die Aufgaben des Regierungschefs übernahm der neu eingeführte „Erste Stellvertreter"[366]. Das Regierungssystem war so dem amerikanischem Vorbild wieder näher als dem französischen.

Die Verfassungskommissionen und –konferenzen im Jahre 1993 konnten also auf verschiedene, wenn auch nur kurze Erfahrungen mit dem Amt eines Präsidenten zurückgreifen. Ohne im Einzelnen auf die unterschiedlichen Streitpunkte in den diversen Verfassungsentwürfen einzugehen, lassen sich zwei Haupttendenzen ausmachen: Die Befürworter einer Stärkung des Parlaments und des parlamentarischen Systems ganz allgemein, insbesondere der Vorsitzende des Obersten Sowjets, *Ruslan Chasbulatov*, sahen nach der marxistisch-leninistischen Vergangenheit Russlands das Schreckgespenst eines neuen, wenn auch gewählten Zaren heraufziehen. Die Umbruchssituation, in der sich Russland befand, könne hingegen nur in einem möglichst umfassenden Konsens und gegenseitigem öffentlichen Verständnis gemeistert werden. Daher sei das Parlament als Repräsentant der gesamten Gesellschaft als Gegengewicht zur Regierung zu stärken.[367] Die Verteidiger eines starken Präsidenten hingegen hielten eine Integrationsfigur für

---

364 Mit der Verfassungsnovelle vom 26. Dezember 1990, VVS SSR 1991, Nr. 1, Pos. 3, wurde der Ministerrat ausdrücklich dem Präsidenten untergeordnet; hierzu *Luchterhandt* a.a.O., S. 299-303 m.w.N.

365 Gesetz vom 24. April 1991, VVS RSFSR 1991, Nr. 17, Pos. 510-515; ausführlich zur Ausgestaltung des Präsidialsystems *Luchterhandt* a.a.O., S. 311-316; zur Entstehungsgeschichte ebenda S. 306-310.

366 *Luchterhandt, O.*, 1992, S. 313f. Vizepräsident *Ruzkoj* war einer der Anführer des Widerstandes gegen die Parlamentsauflösung durch *Jelzin* am 21. September 1993 und wurde im Oktober zum Gegenpräsidenten gewählt. Zur Person und Funktion *Ruzkojs* ausführlich *Luchterhandt, G.*, 1993, sowie *Mommsen, M.*, 1996, S. 160-162.

367 Siehe die Nachweise bei *White, S.*, 1997, S. 46f.

notwendig, um den restaurativen Tendenzen, die sie insbesondere im Parlament verorteten, und denen sie Demagogie und Populismus vorwarfen, adäquat entgegentreten zu können. Dieser Gegensatz und ein Missverständnis der verschiedenen Präsidialsysteme führte zu einer neuen Form des Präsidialismus, der Elemente des französischen und amerikanischen Verfassungssystems vermischte.[368]

1.2 Verfassungsrechtliche Stellung und Amtszeit

Die herausgehobene Stellung des Präsidenten im Staatsaufbau der RF wird bereits in der Systematik der Verfassung von 1993 deutlich. Bei der Aufzählung der Organe der Staatsgewalt steht der Präsident in Art. 11 Abs. 1 VerfRF an erster Stelle. Ihm ist das vierte Kapitel unmittelbar nach dem Kapitel über den föderativen Aufbau und noch vor der Föderationsversammlung gewidmet.[369] Gemäß Art. 80 Abs. 1 und 2 VerfRF ist der Präsident Staatsoberhaupt und Garant der Verfassung sowie der Rechte und Freiheiten der Menschen und Bürger. Er vertritt als Staatsoberhaupt die Russländische Föderation sowohl innerhalb des Landes als auch in den internationalen Beziehungen und hat die Richtlinienkompetenz über die Innen- und Außenpolitik. Art. 80 Abs. 2 Satz 2 VerfRF überträgt ihm ferner die Aufgabe, das aufeinander abgestimmte Funktionieren und Zusammenwirkten der Organe der Staatsgewalt zu gewährleisten.

Der Präsident wird vom Volk direkt auf vier Jahre in einem durch Föderationsgesetz bestimmten Verfahren gewählt; dieselbe Person darf das Amt nur zwei Amtsperioden in Folge ausüben (Art. 81 VerfRF). Sein Mandat endet ordentlich mit der Eidesleistung seines Nachfolgers, vorzeitig im Fall seines Rücktritts, im Fall der Amtsunfähigkeit aus gesundheitlichen Gründen oder durch Amtsenthebung (Art. 92 Abs. 1 und 2 VerfRF). Diese ist

---

368 Vgl. die Autoren des Grundkonzepts des Verfassungsentwurfes des Präsidenten vom 30. April 1993, *Alekseev, S. S. und A. Sobčak*, 1994, S. 379-382. Die ursprünglich vorgesehene Trennung von Präsident als Staatsoberhaupt und Regierung gemäß der europäischen Tradition sei unter dem Druck der Kritiker, die eine zu große Machtkonzentration in den Händen Einzelner befürchteten, aufgehoben und die Leitungskompetenz des Präsidenten dem amerikanischen oder auch französischen Modell angepasst worden. Dies habe – entgegen der ursprünglichen Absicht – zu einem tatsächlichen Übergewicht der Stellung des Präsidenten geführt.

369 Kap. 4 der VerfRF ist „Der Präsident der Russländischen Föderation" betitelt.

nur unter erschwerten Voraussetzungen möglich (Art. 93 VerfRF): Das Verfahren kann ausschließlich auf Antrag einer Zwei-Drittel-Mehrheit der Abgeordneten der Staatsduma eingeleitet werden. Die Enthebung aufgrund eines Zwei-Drittel-Mehrheitsentscheids des Föderationsrates ist erst nach der Verurteilung durch das Oberste Gericht sowie der verfassungsgerichtlichen Feststellung der formellen Rechtsmäßigkeit des Verfahrens zulässig.

1.3 Die Aufgaben des Präsidenten

Der Präsident verfügt neben den Kompetenzen, die typischerweise dem Staatsoberhaupt zukommen (1.3.1), über weitere Kompetenzen im Bereich der Exekutive (1.3.2), der Rechtssetzung (1.3.3) und der Streitschlichtung zwischen Staatsorganen.

1.3.1 Der Präsident als Staatsoberhaupt

Zu den Kompetenzen des Präsidenten als Staatsoberhaupt zählen das Begnadigungsrecht, die Verleihung von Orden, Auszeichnungen und obersten Diensträngen sowie der Staatsangehörigkeit und die Anerkennung des politischen Asyls (Art. 89 VerfRF). Er fertigt die Föderationsgesetze aus (Art. 84 lit. e VerfRF) und ernennt den Ministerpräsidenten mit Zustimmung der Duma (Art. 111 Abs. 1 VerfRF). In den Bereich der auswärtigen Gewalt fallen die völkerrechtliche Vertretung der Föderation beim Abschluss von Staatsverträgen[370] und die Akkreditierung der diplomatischen Vertreter (Art. 86 VerfRF). Das aktive Gesandtschaftsrecht übt er nach Konsultation mit den entsprechenden Ausschüssen (für auswärtige Angelegenheiten) der beiden Kammern der Föderationsversammlung aus (Art. 83 lit. m VerfRF).

1.3.2 Kompetenzen im Bereich der Exekutive

Dem Präsidenten stehen ferner bedeutende Kompetenzen im Bereich der Exekutive wie die Verhängung des Kriegs- und Ausnahmezustandes (Art. 87, Abs. 2, Art. 88 VerfRF), das Oberkommando über die Streitkräfte

370 Hierzu ausführlich im Teil 4.

(Art. 87 VerfRF) sowie die Richtlinienkompetenz in der Innen- und Außenpolitik (Art. 80 Abs. 3 VerfRF) zu.[371]

Dennoch wird die Rolle des Präsidenten als Leiter der Exekutive bestritten.[372] Dagegen wird eingewandt, dass der russländische anders als der US-amerikanische Präsident nicht Mitglied oder Leiter der Regierung ist. Daher bildeten Präsident und Regierung nach Ansicht *L. A. Okun'kovs* und *B. S. Krylovs*[373] kein einheitliches System der vollziehenden Gewalt, sondern wirkten lediglich in einigen Bereichen zusammen. Die eigenständige Stellung der Regierung gegenüber dem Präsidenten zeige sich neben der Richtlinienkompetenz ihres Vorsitzenden in seiner Pflicht, dem Präsidenten Vorschläge für den Aufbau der Vollzugsorgane der ausführenden Gewalt zu machen (Art. 112 Abs. 1 VerfRF). Der Präsident sei für die Einheitlichkeit der staatlichen Verwaltung verantwortlich, während die Regierung die Umsetzung der Leitlinien der Politik garantiere und dabei auch gewisse Freiheiten selbst im Bereich der sog. Machtministerien genieße.[374] Die Regierung müsse ihre Arbeit in der verfassungsrechtlichen Praxis selbständig gegenüber dem Parlament verantworten. Dieses kontrolliere die Regierung durch das Budgetrecht, die Gesetzgebung, die Vertrauensfrage und die Fragestunde.[375]

---

371 Zur Bedeutung der Richtlinienkompetenz vgl. die Beratungen der Verfassungsversammlung. In einer ihrer letzten Sitzungen wurde die Fassung des Art. 80 Abs. 2 des Entwurfes vom 12. Juli 1993 (abgedruckt in: KS, Bd. 17, S. 359-412), heute Art. 80 Abs. 3 und 4 VerfRF, debattiert. Hierbei wies der Vorsitzende der Versammlung und damalige Leiter der Präsidialverwaltung, *S. A. Filatov*, darauf hin, dass die Richtlinienkompetenz des Präsidenten entscheidend für den – bisher favorisierten – Staatsaufbau als präsidiale Republik sei. Gegen diesen Aufbau sprachen sich ausdrücklich nur zwei Sitzungsteilnehmer aus, die überwiegende Mehrheit befürwortete ihn.

372 Für den Präsidenten als „Hüter der Verfassung" und Leiter der Exekutive argumentieren *A.M. Kovalev* in *Četvernin, V. A.*, 1997, S. 361-367; *M.A. Krasnov* in *Topornin, B. N.*, 1997, Kommentar zu Art. 80, S. 468; der Vorsitzende des VerfG *Baglaj, M. V.*, 1999, S. 341f. Ähnlich *Engibarjan, R. V. und E. V. Tadevosjan*, 2000, S. 402. Aus nicht russischer Perspektive *Schweisfurth, T.*, 1994, S. 488; *Lesage, M.*, 1994; *v. Steinsdorff, S.*, 1995, S. 493; *Luchterhandt, O.*, 2002, S. 303.

373 *Okun'kov* in *Okun'kov, L. A. u. a.*, 1996, Art. 32, S. 344-347, und *B.S. Krylov* in *Okun'kov, L. A. u. a.*, 1996, Art. 80, S. 359, beides leitende Mitarbeiter am Institut für Gesetzgebung und vergleichende Rechtswissenschaft bei der Regierung der RF. Ebenso *Nosdračev, A. F.*, 1996, Charakteristiki und *E. I. Koslova* in *Koslova, E. I. und O. E. Kutafin*, 2000, S.342. *Macków, J.*, 2000, S. 646, unterstreicht die Möglichkeit des Präsidenten zu leiten, ohne die Verantwortung übernehmen zu müssen, und spricht von einer „abgeschobenen Verantwortung".

374 *Okun'kov, L. A. u. a.*, 1996, Art. 32, S. 347.

375 So insb. *Nosdračev, A. F.*, 1996, S. 14f.

Hierin zeige sich das Vorbild der Verfassung der französischen Fünften Republik. Den Präsidenten als Leiter der Exekutive anzusehen, widerspreche im Übrigen dem Prinzip der Gewaltenteilung. Im Ergebnis führt diese Auffassung zu einer Stärkung der Regierung und ihrer parlamentarischen Kontrolle auf Kosten des Präsidenten.

Gegen diese Ansicht spricht jedoch die gewaltenübergreifende Vormachtstellung des Präsidenten . Diese umfasst gerade die Leitung der Exekutive, die in dem Recht des Präsidenten, bei Kabinettssitzungen den Vorsitz zu führen, zum Ausdruck kommt (Art. 83 lit. b VerfRF)[376]. Die Regierung ist gerade nicht gegenüber dem Präsidenten unabhängig, sondern in ihrer Amtsdauer und Bestellung vom Präsidenten abhängig (Art. 116, Art. 111 Abs. 2 VerfRF).

Der Präsident gibt die lang- und mittelfristigen Richtlinien für die gesamte Innen- und Außenpolitik vor (Art. 80 Abs. 3 VerfRF), die die Regierung auch kurzfristig umzusetzen hat. Eigene Spielräume stehen ihr nur auf den in der Verfassung aufgezählten Gebieten der Wirtschafts-, Finanz-, Haushalts- und Sozialpolitik sowie der Wissenschaft, Bildung und Kultur zu (vgl. Art. 114 lit. a-c VerfRF und Art. 14-16 RegG). In der Praxis gibt der Präsident auch personell die Leitlinien der Sozial- und Wirtschaftspolitik dadurch vor, dass er die Ministerpräsidenten nach ihrer Ausrichtung in diesem Bereich aussuchen und bei Scheitern auch entlassen kann.[377]

Der Präsident übt die Richtlinienkompetenz in *personeller* und *sachlicher* Hinsicht aus. Er ernennt und entlässt den von ihm ausgewählten Ministerpräsidenten[378] sowie auf dessen Vorschlag auch die einzelnen Minister nach seinem politischen Ermessen (Art. 83 lit. a, c und e, Art. 111, 112 VerfRF).[379] In der Verfassungspraxis wird der erhebliche Einfluss des Präsi-

---

376 Diese Bestimmung hat *Jelzin* selber in den Verfassungsentwurf eingefügt (KS Bd. 20, S. 36 des Entwurfs).

377 Prägnantes Beispiel hierfür ist die Ernennung *S. Kirienkos* durch *Jelzin* aufgrund dessen wirtschaftspolitischen Kurses und die Entlassung nach der Rubelkrise im August 1999.

378 Für die Ernennung des Ministerpräsidenten bedarf er der Zustimmung der Duma, Art. 83 lit. a VerfRF.

379 *Krylov* in *Okun'kov, L. A. u. a.*, 1996, Art. 83, S. 370 spricht davon, dass jede Entscheidung über einen Wechsel im Regierungsstab eine gemeinsame Entscheidung des Staatsoberhauptes und des Regierungschefs sei; ähnlich *Baglaj, M. V.*, 1999, S. 577. *A. M. Kovalev* in *Četvernin, V. A.*, 1997, S. 357f., bezeichnet die Teilnahme des Vorsitzenden an der Formierung der Regierung sogar als rein nominell.

denten auf die Zusammensetzung der Regierung deutlich.[380] Seine Ukaze haben für die Regierung bei der Ausführung der Politik verbindlichen Charakter und genießen Vorrang gegenüber ihren Entscheidungen – auch ihr Vorsitzender ist bei seiner Richtlinienkompetenz an diese Ukaze gebunden (Art. 113 VerfRF).[381] Weiteres Mittel zur Durchsetzung seiner Kompetenzen ist die Ernennung der bevollmächtigten Vertreter des Präsidenten in den Regionen (Art. 83 lit. j VerfRF).[382] Diese Vertreter wurden am 13. Mai 2000 durch Ukaz des Präsidenten zu „bevollmächtigten Vertretern in den Föderalen Bezirken" umgewandelt und ihre Anzahl von bis zu 89 auf sieben reduziert.[383] Sie sind Mitglied im Sicherheitsrat[384] und können mit beratender Stimme an Kabinettssitzungen teilnehmen.[385] Zu ihren Aufgaben gehören unter anderem die Kontrolle der Umsetzung der Regierungspolitik, die Umsetzung der Personalpolitik des Präsidenten und die Koordinierung der Tätigkeit der Organe der ausführenden Gewalt auf der Ebene der föderalen Bezirke.[386] Zur Durchführung dieser exekutiven Aufgaben können sie auch an den Sitzungen der regionalen Machtorgane – der Verwaltung und auch der Parlamente – teilnehmen und vermeintlich verfassungswidrige Rechtsakte der Regionen außer Kraft setzen. Sie nehmen damit stellvertretend die

---

380 Als Beispiel sei die Aufforderung *Jelzins* vom 11. März 1997 an den damaligen Ministerpräsidenten *V. Černomyrdin* genannt, das Kabinett umzubilden. Dieser Aufforderung kam *Černomyrdin* am 17. März 1997 nach.

381 Die Unterstellung der sog. Machtministerien unter seine Weisungskompetenz wird unter 3 erläutert.

382 Interessanterweise wird dieses Recht unter den „Befugnissen des Präsidenten gegenüber der Regierung" aufgelistet. Die Vollmachten der Vertreter wurden im Ukaz vom 9. Juli 1997, SZRF 1997, Nr. 28, Pos. 3421, näher beschrieben. Ausführlich zu den Vertretern aufgrund der Rechtslage von 1996 *Busygina, I. M.*, 1996, sowie für die spätere Situation *Huskey, E.*, 1999, S. 183-211.

383 SZRF 2000, Nr. 20, Pos. 2112. Die Umstrukturierung stieß in Russland zunächst überwiegend auf positive Resonanz. So begrüßte bspw. der Führer der Kommunistischen Partei, *G. Zjuganov*, die Umstrukturierung als notwendige Stärkung der „vertikalen Autorität", RFE/RL NEWSLINE Vol. 4, No. 93, Part I, 15 May 2000. Kritischer, das ganze in den Kontext von Rezentralisierungsbestrebungen bettend, *Schneider, E.*, 2000, sowie *Heinemann-Grüder, A.*, 2000. Vgl. hierzu im 1. Teil, 3. Kapitel, Punkt 3.2.

384 Ukaz des Präsidenten vom 27. Mai 2000, SZRF 2000, Nr. 22, Pos. 2290.

385 Regierungsverordnung vom 12. August 2000, SZRF 2000, Nr. 34, Pos. 3473. Dieses im Auftrag des Präsidenten in Zusammenarbeit mit der Präsidialverwaltung entstandene Schema legt die Arbeitsteilung der „territorialen Organe der föderalen Organe der ausführenden Gewalt" fest; dabei geht es von einer engen Zusammenarbeit der Bevollmächtigten mit der Regierung aus.

386 III. Punkt 6 des o.g. Ukazes.

Aufgaben des Präsidenten, gemäß Art. 80 Abs. 2 VerfRF das Zusammenwirken der Organe der Staatsgewalt sicherzustellen, durch die Ausübung exekutiver Befugnisse wahr.

1.3.3 Rechtsetzende Tätigkeit des Präsidenten

Der Präsident hat Einwirkungsmöglichkeiten im Bereich der Gesetzgebung, ein Dekretrecht sowie das Recht, Referenden anzusetzen (Art. 84 lit. a, b VerfRF).

Der Präsident hat das Recht der Gesetzesinitiative (Art. 104 Abs. 1 VerfRF)[387]. Durch sein Veto gegenüber von der Duma und dem Föderationsrat verabschiedeten Gesetzen kann er deren Inkrafttreten verhindern. Dies Veto muss die Föderationsversammlung mit einer 2/3-Mehrheit in Staatsduma und Föderationsrat überstimmen (Art. 107 Abs. 3 VerfRF).[388]

Ist die Annahme von Gesetzen gegen den Willen des Präsidenten damit erheblich erschwert, erteilt die Verfassung dem Präsidenten ferner die Dekretmacht. Die von ihm erlassenen Ukaze müssen sich im Rahmen der Verfassung und der Bundesgesetze halten (Art. 90 VerfRF). Da sie nach der Rechtsprechung des Verfassungsgerichts auch an die Stelle eines Gesetzes treten können, soweit verfassungsrechtlich kein föderales Gesetz vorgeschrieben ist[389], kann der Präsident durch sein Veto entstehende Gesetzeslücken per Dekret füllen. Diese Durchbrechung der horizontalen Gewaltenteilung begründet das Gericht mit der Aufgabe des Präsidenten, die

---

387 Laut *Schneider, E.*, 2000, S. 1, machte *Putin* als erster Präsident bei seinen Entwürfen zur Reform der föderalen Beziehungen im Mai 2000 von diesem Recht Gebrauch.

388 Nach der Entscheidung des Verfassungsgerichts vom 12. April 1995, SZRF 1995, Nr. 16, Pos. 1451, muss die 2/3-Mehrheit entgegen dem Wortlaut des Art. 107 Abs. 3 VerfRF in jeder der beiden Kammern getrennt erreicht werden. Die Überwindung des Präsidentenvetos ist damit erheblich erschwert.

389 Eine Aufstellung der Bereiche, die durch Gesetz geregelt werden müssen, findet sich bei *Remington, T. F., S. S. Smith*, 1998, S. 292f. Hierzu zählen insbesondere grundrechtsrelevante sowie grundlegende staatsorganisationsrechtliche Fragen. Es ist äußerst umstritten, wieweit der Präsident auch gesetzesersetzende Ukaze erlassen kann; hierzu sei auf *Schaich, C.*, 2000, m.w.N. verwiesen. Das VerfG hat bereits mehrfach gesetzesersetzende Dekrete für zulässig erachtet; erstmals mit der Entscheidung vom 30. April 1996, SZRF 1996, Nr. 19, Pos. 2320 zu dem Ukaz zu „Maßnahmen, um das einheitliche System der ausführenden Gewalt in der RF zu stärken" mit Sondervotum des Richters *Lučin*; dann nochmals am 30. April 1997, SZRF 1997, Nr.20, Pos. 2383 bestätigt.

Zusammenarbeit der Organe der Staatsgewalt sicherzustellen.[390] Ferner seien die Ukaze durch Föderationsgesetze jederzeit aufhebbar. Grenze der Kompetenz zum Erlass von Ukazen sei die vertikale Gewaltenteilung zwischen der Föderation und den Subjekten: zwar hätten die Ukaze Vorrang vor den Gesetzen der Subjekte, die zu regelnde Materie müsse aber in der Kompetenz der Föderation liegen.

Die Rechtsprechung des Verfassungsgerichts ist vor dem Hintergrund der politischen Situation in der ersten Hälfte der 90er Jahre zu sehen: während große Teile der Gesellschaft und Politiker einen umfangreichen Reformbedarf sahen, war das Gesetzgebungsverfahren teilweise überlastet, teilweise durch die Konfrontation zwischen Staatsduma und Präsidenten in den Jahren 1996 und 1997 geradezu blockiert.[391] Das Gericht ermöglichte dem Präsidenten die Umsetzung von Reformen ohne Mitwirkung der Legislative – eine Entscheidung, die in einem anderen politischen Umfeld autoritäre Machtausübung ermöglicht.

1.3.4 Der Präsident als Streitschlichter

Als Garant der Verfassung verfügt der Präsident über Befugnisse bei Organstreitigkeiten, an denen die Subjekte der Föderation beteiligt sind (Art. 85 VerfRF). Im Rahmen eines (nicht obligatorischen[392]) Vorverfahrens kann

---

390 VerfG, Entscheidung vom 30. April 1997, SZRF 1997, Nr. 20, Pos. 2383 unter Punkt 4 der Ausführungen.

391 Von 1996 bis 1999 sind durchschnittlich 500 Ukaze im Jahr ergangen, die allerdings nicht nur eine gesetzesersetzende Funktion hatten, sondern auch Fragen der Staatsorganisation, sowie die Verleihung von Orden etc. betreffen; ausführlich hierzu *Remington, T. F., S. S. Smith*, 1998. Ihrer Meinung nach war aber die Präsidententätigkeit angesichts der großen Zahl verabschiedeter Gesetze (zwischen 1994 und 1997 600 Gesetze) nicht so umfangreich, wie in der politischen Öffentlichkeit häufig angenommen wird. *Lesage, M.*, 1994, S. 1744-1748, legt für das Jahr 1994 seinen Schwerpunkt auf die inhaltliche Regelung: die Duma habe sich häufig mit nichtigen Dingen befasst, während wesentliche und zum Teil einschneidende Änderungen nicht nur der Wirtschaftspolitik, sondern selbst im Bereich des grundrechtsrelevanten Strafprozessrechts durch Ukaz in Kraft gesetzt worden seien.

392 Gemäß Art. 93 I Nr. 7 VerfGG RF ist für den Fall, dass das Vorverfahren beim Präsidenten begonnen wurde, dieses zunächst abzuschließen. Es liegt aber in der Hand des Beschwerdeführers, das VerfG sofort anzurufen. So auch *Lazarev* in *Krjažkov, V. A. und L. V. Lazarev*, 1998, S. 281, *Krylov* in *Okun'kov, L. A. u. a.*, 1996, S. 377 zu Art. 85 und *Hartwig, M.*, 1996, S. 183.

der Präsident bei Streitigkeiten zwischen den Organen der Staatsgewalt der Föderation und der Subjekte oder auch nur der Organe der Subjekte untereinander als Schlichter auftreten. Erst nach dem Scheitern eines Schlichtungsversuches sind die Fragen dem zuständigen Gericht vorzulegen. Ferner hat er das Recht, Rechtsakte der Subjekte der Föderation im Falle ihrer angenommenen Rechtswidrigkeit bis zur Entscheidung durch das Verfassungsgericht vorläufig außer Kraft zu setzen (Art. 85 VerfRF) – eine erhebliche Annäherung an die Befugnisse von Verfassungsrichtern in einem vor dem russländischen VerfG nicht vorgesehenen Eilverfahren. Richterähnliche Aufgaben hatte der Präsident ferner beispielsweise durch die Einrichtung einer „Schiedsstelle beim Präsidenten für Streitigkeiten im Medienbereich“[393] übernommen, die die Wahrhaftigkeit der Informationen sowie die Einhaltung des politischen Pluralismus und den Jugendschutz sicherstellen sollte, gegen deren Entscheidungen der Rechtsweg aber nicht gegeben war.

Der Präsident hat ferner das Recht, dem Föderationsrat die Richter an den höchsten Gerichten (Verfassungs-, Oberstes und Arbitragegericht, Art. 128 Abs. 1 VerfRF) zur Ernennung vorzuschlagen.

1.3.5 Ungeschriebene Kompetenzen des Präsidenten

Über die geschriebenen Befugnisse hinaus hat das Verfassungsgericht dem Präsidenten umfassende, nicht genauer spezifizierte Befugnisse zum Schutz der Verfassung und der Integrität Russlands eingeräumt. In dem Tschetschenien-Urteil[394] ging es u.a. um die Frage, ob der Präsident den Einsatz von Streitkräften im Inneren ohne Ausrufung des inneren Notstandes und damit ohne Mitwirkung des Föderationsrates anordnen dürfe.[395] Das Ge-

---

393 Die Schiedsstelle wurde eingerichtet durch Ukaz (!) vom 31.12.1993 (Nr. 2335), SAPP RF 1994, Nr. 2, Pos. 75 und verändert am 31.1.1994 (Nr. 228) SAPP RF 1994, Nr. 6, Pos. 434. Mit der Umstrukturierung der Präsidialverwaltung durch Präsident *Putin* ist sie durch Ukaz vom 3. Juni 2000 aufgelöst worden (Ukaz Prezidenta „O formirovanii Administracii Prezidenta Rossijskoj Federacii“ vom 3. Juni 2000, SZRF 2000, Nr. 23, Pos. 2387).

394 Das Urteil vom 31. Juli 1995 ist mit Sondervoten abgedruckt in SZRF 1995, Nr. 33. Pos. 3424, das Sondervotum der Richterin *Morščakova* in SZRF 1995, Nr. 35, S. 6589-6592. Das Urteil ist übersetzt von *Beknazar, T.*, 1997, S. 180-193; das Sondervotum des Richters *Lučin* ist übersetzt von *Deppe, J.*, 1999, S. 124-133.

395 *Beknazar, T.*, 1997, S. 167f., weist nach, dass der Präsident zunächst den Föderationsrat um Zustimmung zum Einsatz der Truppen ersuchen wollte, wegen der zu erwartenden ablehnenden Haltung des Gremiums hiervon aber Abstand nahm.

richt stellte fest, dass es hierfür keine ausdrückliche verfassungsrechtliche oder einfachgesetzliche Grundlage gegeben habe. Aus der Gesamtschau der Verfassungsnormen (insbesondere des Art. 80 Abs. 2 und 90 Abs. 3 VerfRF) ergebe sich aber die Verpflichtung des Präsidenten, Maßnahmen zur Wahrung der Souveränität der Föderation zu ergreifen. Hierbei sei er nur durch die in der Verfassung festgelegten Verfahrensvorschriften und inhaltlich gemäß Art. 90 Abs. 3 VerfRF an das geltende Recht gebunden. Zu diesen Maßnahmen könne auch die Ermächtigung der Regierung zählen, mit allen staatlichen Mitteln das für den Erhalt oder die Wiederherstellung der Souveränität Erforderliche zu tun.[396] *T. Beknazar* brachte diese Aussage prägnant auf den Satz, dem Präsidenten sei demnach alles erlaubt, was ihm nicht verboten sei.[397]

Die Entscheidung stieß zu Recht auch innerhalb des Gerichts auf fundierte Kritik.[398] Richter *V. V. Vitruk* erkennt zwar an, dass in der Verfassungspraxis vieler Staaten ungeschriebene Kompetenzen der Organe anerkannt seien. Diese müssten sich jedoch immer an der Gewaltenteilung messen lassen; die ungeschriebenen Kompetenzen dürften nicht, wie in diesem Fall, zu einer Verschiebung der Zuständigkeit vom Parlament auf den Präsidenten führen.[399] Auch Richter *B. S. Ėbzeev* widerspricht der Ansicht, dass Art. 80 Abs. 2 VerfRF eine ausreichende Rechtsgrundlage für die Maßnahmen des Präsidenten darstellen könne. Gemäß Art. 90 Abs. 3 stehen auch die Ukaze des Präsidenten unter dem Vorbehalt der Vereinbarkeit mit der Verfassung und den Gesetzen. Der Amtseid könne nicht als Ermächtigungsgrundlage für den Präsidenten, sondern vielmehr als dessen Verpflichtung zur Einhaltung der Verfassung und des Gesetzes angesehen werden.[400] Dieser Kritik ist zuzustimmen: Eine Kompetenzvermutung zugunsten des Präsidenten führt zu einer weiteren, dauerhaften Verschiebung der ohnehin labilen Machtverhältnisse zwischen beiden Verfassungsorganen. Die nur begrenzten Kontrollfunktionen und Mitwirkungsbefugnisse des Parlaments gegenüber dem Präsidenten werden so ohne Not noch weiter eingeschränkt.

---

396 Punkt 4 der Urteilsbegründung.

397 *Beknazar, T.*, 1997, S. 174.

398 Insgesamt haben acht der 18 an der Entscheidung beteiligten Richter Sondervoten abgegeben.

399 Sondervotum, SZRF 1995, Nr. 33, Pos. 3424, S. 6304-6311, insb. S. 6308f.

400 Sondervotum, SZRF 1995, Nr. 33, Pos. 3424, S. 6330-6336, insb. S. 6332-34.

2 Die Föderationsversammlung

Die aus den zwei Kammern Staatsduma und Föderationsrat bestehende Föderationsversammlung ist das Parlament der Russländischen Föderation (Art. 94, 95 VerfRF). Sie ist ihr Vertretungs- und Gesetzgebungsorgan. Die Staatsduma ist das unitarische Organ, der Föderationsrat repräsentiert das föderale Element.

2.1 Die Staatsduma

Die 450 Abgeordneten der Staatsduma sind auf vier Jahre vom Volk gewählt, je zur Hälfte durch personifizierte Mehrheitswahl und durch Proportionalwahl. Sie ist damit das repräsentative Organ der Gesamtheit der Bevölkerung und verhandelt in ihren Sitzungen sämtliche politisch relevanten Themen. Zu ihren in Art. 103 VerfRF aufgezählten Zuständigkeiten gehört die Ernennung wichtiger Entscheidungsträger wie des Vorsitzenden der Zentralbank, des Rechnungshofes und des Menschenrechtsbeauftragten. Ferner ist sie im Zusammenwirken mit den anderen Organen für die Erhebung der Anklage gegen den Präsidenten zuständig. Die Duma fasst zu Fragen, für die sie nach der Verfassung zuständig ist, Beschlüsse (postanovlenija, Art. 103 Abs. 2 VerfRF).

Die Staatsduma übt die für parlamentarische Systeme im engeren Sinne typische Kontrollfunktion gegenüber der Regierung nur in eingeschränkter Form aus. Der Präsident ist, abgesehen von dem bereits erwähnten Verfahren der Präsidentenanklage, nicht dem Parlament verantwortlich. Die Regierung hingegen wird sowohl vom Präsidenten als auch – wenn auch in geringerem Umfang – von der Duma kontrolliert.

Die Ernennung des Vorsitzenden der Regierung durch den Präsidenten bedarf der Zustimmung der Duma (Art. 103 Abs. 1 lit.a, 111 Abs. 1 VerfRF). Diese ist in ihrer Entscheidung zwar nicht gebunden, steht aber nach dreimaliger Ablehnung des Kandidaten unter der Drohung der Auflösung durch den Präsidenten. Dabei kann der Präsident nach einer Entscheidung des Verfassungsgerichts dem Parlament auch dreimal denselben

Kandidaten vorschlagen[401], so dass das Auswahlrecht der Duma in ein Ernennungsrecht umgewandelt wird.

Das Misstrauensvotum als weitere Einflussmöglichkeit des Parlaments auf die Regierung ist ebenfalls stark eingeschränkt. Die Staatsduma kann der Regierung das Misstrauen aussprechen und damit den Präsidenten zu ihrer Entlassung auffordern (Art. 117 Abs. 3 Satz 3 VerfRF). Diese Entscheidung der Duma ist für den Präsidenten aber nicht bindend. Wiederholt die Duma ihr Misstrauensvotum binnen drei Monaten, muss der Präsident entweder die Regierung entlassen oder die Duma auflösen (Art. 117 Abs. 3 Satz 4 VerfRF); ebenso ist das Verfahren bei der Vertrauensfrage geregelt (Art. 117 Abs. 4 VerfRF). Die Duma ist lediglich im ersten Jahr nach ihrer Wahl sowie in den letzten sechs Monaten vor Neuwahlen des Parlaments gegen eine Auflösung geschützt (Art. 109 Abs. 3 VerfRF).[402] Die nur mangelhaften Einflussmöglichkeiten der Staatsduma zeigen sich auch in den Fällen, in denen der Vorsitzende der Regierung zwar das Vertrauen der Duma, nicht aber des Präsidenten genießt, eine Konstellation, die bei der Ablösung des Ministerpräsidenten *Evgenyj Primakov* im Mai 1999 durch den Kandidaten *Sergej Stepašin* auftrat. *Primakov* konnte seit seiner Wahl am 11. September 1998 auf eine starke Unterstützung in der Duma, aber auch auf ein hohes Ansehen bei der Bevölkerung vertrauen. Dennoch entließ *Jelzin* ihn kurz vor der Abstimmung über sein Amtsenthebungsverfahren, zu einer Zeit also, als der Präsident die geringste Unterstützung sowohl in der Staatsduma als auch in der Bevölkerung genoss.[403] Die Duma konnte gegen die Entlassung nichts unternehmen. In der Gesamtbetrachtung ist die Regierung gerade nicht von der Duma abhängig, solange der Ministerpräsident das Vertrauen des Präsidenten genießt.

---

401 Vgl. Entscheidung des Verfassungsgerichts vom 11. Dezember 1998, SZRF 1998, Nr. 52, Pos. 6447 anlässlich der Wahl *Sergej Kirienkos* zum Ministerpräsidenten. Zum zeitlichen Ablauf vgl. EECR, Vol. 7, No2. , S. 25-27. Die Entscheidung ist zu Recht kritisiert worden, vgl. u.a. *Lurii, J.*, 1999. Vor der Entscheidung verfasste Literatur forderte, soweit sie überhaupt auf diese Frage einging, verschiedene Kandidaten vorzuschlagen: *Okun'kov*, in *Okun'kov, L. A.*, 1996, Anm. zu Art. 111, S. 474; *Kudrjavcev* in *Kudrjavcev, J. V.*, 1996, S. 465.

402 Hinzu kommt der bereits oben erwähnte Schutz vor der Auflösung in den letzten sechs Monaten der Amtszeit des Präsidenten, Art. 109 Abs. 5 VerfRF sowie während des Ausnahmezustandes auf dem gesamten Territorium der RF.

403 Eine prägnante Darstellung der Ereignisse um die Ablösung Primakovs in EECR, Vol. 8 Nr. 3, S. 29f.

Die Duma ist die hauptsächlich für die Gesetzgebung verantwortliche Kammer. Das Recht zur Gesetzgebungsinitiative haben der Präsident, die Regierung, der Föderationsrat, Mitglieder beider Kammern sowie die Parlamente der Subjekte der Föderation. Das Verfassungsgericht sowie das Oberste Arbitragegericht und das Oberste Gericht haben im Rahmen ihrer Zuständigkeit ein eingeschränktes Initiativrecht.[404]

2.2 Der Föderationsrat

Der Föderationsrat dient als zweite, ständige Kammer der Interessenvertretung der Subjekte der Föderation auf Föderationsebene. Jedes Subjekt stellt unabhängig von seiner Größe zwei Vertreter (Art. 95 Abs. 2 VerfRF), je einen aus dem Vertretungs- und aus dem Vollzugsorgan des Subjektes. Ursprünglich waren die jeweiligen Vorsitzenden der Legislative und Exekutive Mitglieder des Föderationsrates[405], also Personen, deren politisches Schicksal eng mit dem entsendenden Subjekt verknüpft war. Ein Föderationsgesetz, das erst nach zähen Verhandlungen im Vermittlungsausschuss im Juli 2000 zustande kam, regelte das Verfahren der Benennung dieser Vertreter neu.[406] Nunmehr werden hauptamtliche Vertreter von der Legislative

---

404 Zum Gesetzgebungsverfahren ausführlich *Schneider, E.*, 1999, S. 100-104; zur Lage unter der teilweise geänderten Geschäftsordnung der Duma von 1995 *Wölk, C.*, 1995. Zum Vermittlungsverfahren ausführlich *Mirošin, B. V.*, 1998.

405 Zunächst waren die Gouverneure der Subjekte, die Mitglieder des Föderationsrates sind, nicht unmittelbar vom Staatsvolk der Subjekte gewählt, sondern vom Präsidenten bestimmt worden. Damit war bereits die Hälfte der Mitglieder des Föderationsrates Jelzin-freundlich eingestellt. Ein Großteil der zunächst ernannten Mitglieder wurden für eine zweite und dritte Amtszeit in unmittelbaren Wahlen in den Subjekten wiedergewählt.

406 Gesetz über die Bildung des Föderationsrates vom 26. Juli 2000, SZRF 2000, Nr. 32, Pos. 3336, in Kraft getreten am 8. August 2000. Die Bildung des neuen Föderationsrats war bis zum 1. Januar 2002 abgeschlossen. Der Föderationsrat nahm den Vorschlag des Vermittlungsausschusses (Beschluss über die Einsetzung des Vermittlungsausschusses ist abgedruckt in SZRF 2000, Nr. 29, Pos. 3049), der die Stellung des Föderationsrates etwas weniger einschränkte als der ursprünglich, von Präsident *Putin* eingebrachte Entwurf, nur an, weil er sicher war, im gegenteiligen Falle durch die Duma überstimmt zu werden. Vgl. hierzu *Sophie Lambroschini*, „Federation Council approves Putin-led reforms", End note, RFE/RL Newsline Vol. 4, No. 143, Teil I, 27. Juli 2000.

gewählt bzw. von der Exekutive ernannt.[407] Durch ihre ständige Präsenz am Sitz des Föderationsrates in Moskau haben die Mitglieder einen engeren Kontakt mit den Regierungsvertretern und Dumaabgeordneten. Der Vorteil, in den allgemeinen Informationsfluss auf zentraler Ebene enger eingebunden zu sein, besitzt aber auch den Nachteil einer geographischen und evtl. auch politischen Entfernung von den zu repräsentierenden Subjekten. So gibt es bereits Meldungen, dass Personen als Vertreter bestimmt werden, die noch niemals in dem jeweiligen Subjekt waren.[408] Diese Distanz kann zu einem erheblichen Machtverlust der Subjekte der Föderation führen.

Als Kompensation gründete Präsident *Putin* im September 2000 per Ukaz[409] den „Staatsrat", dessen Mitglieder unter seinem Vorsitz die Leiter der obersten Organe der ausführenden Gewalt der Subjekte – also die Gouverneure und Republikpräsidenten – sind. Dieser Staatsrat soll den Präsidenten insbesondere bei dem Zusammenwirken der föderalen Organe mit den Organen der Subjekte unterstützen sowie bei der Ausarbeitung des Budgets und bei der Personalpolitik des Präsidenten beraten. Die Einrichtung des Staatsrates kann aber nicht darüber hinwegtäuschen, dass die Gouverneure und Republikpräsidenten erheblich an Einfluss und Macht verloren haben: die Einberufung der Sitzungen des Staatsrates ist indirekt vom Präsidenten abhängig, und statt der Möglichkeit eines Vetos haben sie nur noch eine beratende Stimme beim Präsidenten. Anders als der Föderationsrat sind die Mitglieder des Staatsrates an die Ukaze und Verfügungen des Präsidenten gebunden, ihm also förmlich unterstellt. Im Bereich der auswärtigen Gewalt kommt dem Staatsrat bisher kein entscheidender Einfluss zu. Für die von einigen Präsidenten geforderte Übertragung der Aufgaben des Föderationsrates, bspw. die Erklärung von Krieg und Frieden, bedarf es einer Verfassungsänderung, die vor allem der Präsident zum damaligen Zeitpunkt ablehnte und die angesichts der verfassungsrechtlich notwendigen Mehrheiten auch kaum durchzusetzen war.[410] Hinzu kommt der Verlust der

---

407 Gegen die Ernennung des Vertreters der Exekutive kann die Legislative binnen drei Wochen mit 2/3-Mehrheit votieren; der Vertreter der Legislative wird auf Vorschlag ihres Vorsitzenden für die Dauer der Legislaturperiode gewählt.

408 Etwa RFE/RL Russian Federation Report, Vol. 3, Nr. 22, 25 Juli 2001. Hier wird auch der Verdacht geäußert, dass einige der Vertreter des Präsidenten Einfluss auf das Stimmverhalten der Föderationsratsmitglieder genommen hätten.

409 SZRF 2000, Nr. 36, Pos. 3633.

410 Vor allem der damalige Gouverneur von Nišni-Novgorod, *Ivan Skliarov* und der Präsident Tatarstans *Mintimer Šamiev* befürworteten auf einem Treffen der Regierungschefs

Immunität seiner Mitglieder, die für nicht wenige offenbar zumindest eine willkommene Beigabe zum Sitz im Föderationsrat war.[411]

Wie bereits angesprochen, ist der Föderationsrat an der föderalen Gesetzgebung beteiligt. Allerdings sieht Art. 106 VerfRF nur für einige Gesetzgebungsmaterien die zwingende Befassung des Föderationsrates vor. Dies betrifft neben dem Budget hauptsächlich Gesetze mit internationalem Bezug wie die Ratifizierung und Kündigung völkerrechtlicher Verträge, den Status und den Schutz der Staatsgrenze der RF sowie die Frage von Krieg und Frieden.[412] In diesen Fällen gilt, wie das Verfassungsgericht in einer Entscheidung vom März 1995 feststellte[413], ein Gesetz, mit dem sich der Föderationsrat zwar innerhalb der Frist von 14 Tagen befasst, es aber noch nicht gebilligt hat, nicht als angenommen. Der Föderationsrat hat also die Möglichkeit, ein Gesetzgebungsverfahren in diesen Bereichen nach seiner ersten Befassung zumindest zu verzögern. Er hat hingegen nur wenig Möglichkeiten, Gesetzesprojekte zu verhindern. Wie bereits erwähnt, kann die Staatsduma die Ablehnung des Föderationsrates mit 2/3-Mehrheit überwinden, was ihr gerade bei Einsprüchen des Föderationsrates häufig gelingt. Ferner ist bei der Überwindung des Präsidentenvetos die Mitwirkung des Föderationsrates erforderlich.

Ein Vetorecht kommt dem Föderationsrat nur bei der Verabschiedung von Verfassungsgesetzen zu (Art. 108 Abs. 2 VerfRF); dies sind in der Verfassung gesondert aufgeführte Gesetze, die insbesondere Fragen des Staatsaufbaus oder die Einrichtung bestimmter Organe wie etwa die des Be-

---

des Wolga-Bezirks eine Stärkung des Staatsrates; der Gouverneur des Primorje Bezirks, *Jevgenij Nazdratenko*, forderte sogar aus Kostengründen die Abschaffung des Föderationsrates; RFE/RL Russian Federation Report, Vol. 2, No. 32, 6 September 2000.

411 Die Einrichtung des Staatsrates wurde von einer ausführlichen Diskussion in den Medien begleitet. *Reinhard Veser*, „Nur eines ist klar: Die Unklarheit über den Staatsrat", FAZ vom 4. August 2000, S. 4, stellt die unterschiedlichen Positionen ausführlich dar. Einige Befürworter unterstrichen, dass über den Staatsrat die Meinung der Subjekte auf zentraler Ebene besser vertreten würde – nachdem das eigentliche Vertretungsorgan, der Föderationsrat, von dieser Aufgabe befreit wurde. Einen weiteren wesentlichen Teil der Debatte um die Einrichtung des Staatsrates betraf die Frage, ob seinen Mitgliedern Immunität zuerkannt werde. Eine erste ausführliche rechtliche Würdigung bei *Bel'skij, K. S.*, 2001.

412 Hinzu kommen noch die Finanz-, Devisen-, Kredit- und Zollregulierung sowie die Geldemission.

413 Entscheidung vom 23. März 1995 über die Auslegung des Art. 105 Abs. 4 und Art. 106 VerfRF, SZRF 1995, Nr. 13, Pos. 1207.

vollmächtigten für Menschenrechte regeln.[414] Gerade bei der unter Präsident *Putin* vorangetriebenen Reform der föderalen Beziehungen im Jahr 2000 ist allerdings deutlich geworden, dass die Aufzählung unter dem Aspekt des Föderalismus lückenhaft ist. Selbst die Zusammensetzung des Föderationsrates oder die Möglichkeiten der Absetzung der Gouverneure durch die Zentrale bedürfen keines Bundesverfassungsgesetzes und damit keiner ausdrücklichen Zustimmung des Föderationsrates, obwohl es sich hierbei um zentrale Interessen der Subjekte der Föderation handelt, deren Vertretung Aufgabe der zweiten Kammer ist.[415]

Auch die Verfassung kann nur mit Zustimmung des Föderationsrates geändert werden. Entsprechend dem Verfahren der Verabschiedung von Verfassungsgesetzen können auch die Kapitel 3 bis 8 der Verfassung geändert werden; jedoch benötigen sie im Anschluss die Billigung der gesetzgebenden Körperschaften von mindestens 2/3 der Subjekte der Föderation (Art. 136). Änderungen der grundlegenden Kapitel 1, 2 und 9 bedürfen zunächst der Unterstützung von drei Fünfteln der Gesamtzahl der Mitglieder des Föderationsrates und der Staatsduma, um mit einem Verfassungsgesetz eine Verfassungsversammlung einzuberufen. Diese bestätigt entweder die Unveränderlichkeit der Verfassung oder arbeitet einen neuen Entwurf aus, der als angenommen gilt, wenn entweder 2/3 der Mitglieder der Verfassungsversammlung oder bei einem Referendum die Hälfte der Wähler bei einer Wahlbeteiligung von mindestens 50% für den Entwurf gestimmt haben (Art. 135 VerfRF). Wegen der nicht zwingenden Zustimmung der zweiten Kammer zu allen Gesetzen handelt es sich in Russland um ein unechtes Zweikammersystem.

Abgesehen von seiner Mitwirkung im Gesetzgebungsverfahren stehen dem Föderationsrat eine Reihe ausschließlicher Kompetenzen zu. Er muss

---

414 Andere Materien sind das Gesetz über den Ausnahme- und Kriegszustand (Art. 56 Abs. 2, 87 Abs. 3 VerfRF), die Aufnahme von neuen Subjekten in die Föderation (Art. 65 Abs. 2 VerfRF), die Veränderung des Status' eines Subjektes (Art. 66 Abs. 5 VerfRF), die Staatsflagge, -wappen und –hymne (Art. 70 Abs. 1 VerfRF), die Abhaltung eines Referendums (Art. 84 lit. c VerfRF), das Gesetz über die Regierung (Art. 114 Abs. 2 VerfRF), das Gesetz über die Gerichtsverfassung (Art. 118 Abs. 3 VerfRF) sowie über die obersten Bundesgerichte und das Verfassungsgericht (Art. 128 Abs. 3 VerfRF). Verfassungsgesetze werden nicht Teil der Verfassung. Vgl. außerdem *Baglaj, M. V.*, 1999, S. 21f.

415 Die Verabschiedung des KoordG, das die Stellung der Subjekte im Bereich der Außenhandelstätigkeit einschränkt, gegen den Willen des Föderationsrates kann als weiteres Beispiel für die schwache Stellung des Föderationsrates dienen.

die Änderung der Grenzen zwischen Subjekten bestätigen, ist am Amtsenthebungsverfahren des Präsidenten beteiligt und ernennt auf Vorschlag des Präsidenten die Richter des Verfassungsgerichts sowie anderer Bundesgerichte und den Generalstaatsanwalt.

3 Die Regierung

Als Kollegialorgan übt die Regierung den administrativen Teil der vollziehenden Gewalt der RF aus (Art. 110 Abs. 1 VerfRF). Sie setzt die vom Präsidenten als Gubernative vorgegebenen Grundzüge der Innen- und Außenpolitik um. Die Regierung besteht aus ihrem Vorsitzenden, seinen Stellvertretern und den Föderationsministern (Art. 110 Abs. 2 VerfRF). Der Präsident ernennt den Vorsitzenden der Regierung (im Folgenden: Ministerpräsident) mit Zustimmung der Staatsduma (Art. 111 Abs. 1 VerfRF); dieser schlägt jenem die Struktur der Regierung sowie Personen für das Ministeramt vor, Art. 112 VerfRF.

Der Ministerpräsident übt als Vorsitzender die Richtlinienkompetenz innerhalb der Regierung aus, hat sich dabei aber an die in Form von Ukazen ergehenden Vorgaben des Präsidenten zu halten (Art. 113 VerfRF). Die Regierung selbst kann Verordnungen („Postanovlenie") und Regierungsverfügungen („Rasporjašenie") auf der Grundlage der Verfassung, der Gesetze oder normativer Ukaze des Präsidenten erlassen (Art. 115 VerfRF). Hält sie sich nicht im vorgenannten Rahmen, kann der Präsident die Rechtsakte der Regierung per Ukaz aufheben (Art. 115 Abs. 3 VerfRF).

Wesentliche Bereiche der Regierungspolitik werden durch die sog. Machtministerien (Verteidigung, Sicherheit, Innere und Äußere Angelegenheiten)[416] bestimmt, deren Tätigkeit der Präsident inhaltlich und organisatorisch leitet. Bereits unmittelbar nach Inkrafttreten der Verfassung hatte *Jelzin*

---

416 Erstmalig hat der Präsident sich diese Ministerien noch unter der Geltung der alten Verfassung per Ukaz unterstellt (Dipl. V. 6, Nr. 16, 31. März 1992). Unter der neuen Verfassung wiederholte er die Subordination durch Ukaz vom 10. Januar 1994, SAPP 1994, Nr. 3, Pos. 190. Eine Aufzählung der dem Präsidenten noch heute direkt unterstellten Ministerien und Dienste findet sich zuletzt in dem Ukaz „Über die Struktur der Organe der ausführenden Gewalt" vom 17. Mai 2000, SZRF 2000, Nr. 21 Pos. 2168. In diesem Ukaz hat der neue Präsident *Putin* die von *Jelzin* entworfene Struktur der ausführenden Organe im Wesentlichen übernommen.

diese Ministerien per Ukaz aus der Regierung ausgegliedert und sich selbst untergeordnet. Das 1997 erlassene Bundesverfassungsgesetz über die Regierung (RegG)[417] bestätigte diese Regelung. Die Regierung erfüllt diesen Ministerien gegenüber nur noch eine koordinierende Funktion[418] und trägt die parlamentarische Verantwortlichkeit für ein Fehlverhalten – denn nach der Verfassung kann die Duma ihr Misstrauen nur der ganzen Regierung gegenüber aussprechen. Ein Beispiel für die unmittelbare Anweisung der entsprechenden Ministerien ist der Ukaz, der die Teilnahme Russlands an internationalen humanitären Hilfsprogrammen ermöglichen soll.[419] Darin ist dem Außenministerium direkt die Koordinierung der betreffenden föderalen Behörden zugewiesen und den einschlägigen Ministerien (für Zivilverteidigung etc.) die Gewährung der notwendigen Hilfe auferlegt. Schließlich wird die Regierung angewiesen, die notwendigen Entscheidungen zu treffen, um die Durchführung dieses Erlasses zu gewährleisten. Sie ist als Kollegium für die Umsetzung auch von Einzelentscheidungen des Präsidenten verantwortlich. Überdies verdeutlicht das Recht des Präsidenten, die Entscheidung über den Abschluss von zwischenbehördlichen Verträgen durch diese Ministerien an sich zu ziehen[420], die Ausgliederung der Machtministerien aus dem Kompetenzbereich der Regierung.

Regierung und Parlament sind personell strikt voneinander getrennt. Zwar können die Mitglieder der Regierung aus dem Kreis der Duma-Abgeordneten gewählt werden; sie müssen in diesem Falle aber umgehend ihr Mandat niederlegen.[421] Diese strikte Trennung der Gewalten führt in der Praxis zu einer nur mäßigen Repräsentation der in der Duma vertretenen Parteien in der Regierung und damit auch zu einer nur eingeschränkten Einbettung der Regierungspolitik in die Parlamentsarbeit. Ebenso relevant

---

417 Föderales Verfassungsgesetz „Über die Regierung„ vom 14. Mai 1997, SZRF 1997, Nr. 51, Pos. 5712. Das Gesetz konnte erst nach einem langen Tauziehen zwischen der Föderationsversammlung und dem Präsidenten am 1. Januar 1998 in Kraft treten. Mit dem Gesetz vom 25. Dezember 1997, SZRF 1998, Nr. 1 Pos. 1, in Kraft getreten am 4. Januar 1998, wurden noch wichtige Änderungen eingefügt.

418 Diese Arbeitsverteilung geht laut *Fëdorov, J. E.*, 1995, S. 117, auf eine Tradition aus sowjetischer oder auch zaristischer Zeit zurück: Der Generalsekretär und das Politbüro trafen die weitreichenden politischen Entscheidungen, die die Regierung nur noch auszuführen hatte.

419 Ukaz vom 17. Januar 2000, SZRF 2000, Nr. 4, Pos. 368.

420 Vgl. hierzu ausführlich Teil 4 Kapitel 1.

421 Art. 11 RegG.

scheint der Umstand, dass die Minister mit Ausscheiden aus dem Amt mangels Abgeordnetenmandats sämtliche Immunitäten und Privilegien verlieren und daher ein nicht zu unterschätzendes Interesse an der Fortsetzung ihrer Amtsgeschäfte haben.

4 Das Verfassungsgericht

Die Verfassungsgeber haben das Verfassungsgericht (Art. 125 VerfRF) als eigenständiges Verfassungsorgan neben Präsident und Föderationsversammlung gestellt. Das 1994 verabschiedete Verfassungsgerichtsgesetz (VerfGG) gestaltet die Aufgaben und Tätigkeit des Gerichts näher aus.[422] Es soll als oberster Hüter der Verfassung unabhängig von den anderen Gewalten sein. Die 19 Richter werden auf Vorschlag des Präsidenten vom Föderationsrat auf nunmehr 15 Jahre ernannt (Art. 128 Abs. 1 VerfRF, Art. 12 VerfGG).[423] Damit kann zumindest gegen den Willen des Präsidenten kein Verfassungsrichter ernannt werden, auch wenn der Föderationsrat durch die Ablehnung der Kandidaten den Präsidenten zur Auswahl konsensfähiger Vorschläge veranlassen kann. Die Richter können aufgrund dieses Wahlverfahrens auf einen gewissen Rückhalt in der Exekutive und in der Legislative zählen. Eine zweite Amtszeit ist ausgeschlossen (Art. 12 Abs. 2 VerfGG). Ihre Unabsetzbarkeit (Art. 14 VerfGG), eine weitreichende Immunität (Art. 15 VerfGG) und eine gewisse materielle Absicherung (Art 13 Abs. 2 VerfGG) sichern ihre Unabhängigkeit.[424]

Gegenüber seinem Vorgänger von 1991 hat das Gericht bei den Verfahrensarten einen Kompetenzzuwachs genossen.[425] Neben der konkreten und

---

422 Gesetz vom 24. Juni 1994, SZ RF 1994, Nr. 13, Pos. 1447. Das zur Gesetzesinitiative gemäß Art. 104 VerfRF berechtigte Verfassungsgericht arbeitete den Gesetzesentwurf selber aus. Kritisch hierzu *Hartwig, M.*, 1996, S. 178. Bei der Ausarbeitung haben deutsche Verfassungsrichter beratend zur Seite gestanden, vgl. *Morščakova* in *Kutter, J. V. und T. Schröder*, 2000, Rechtsprechung, S. XIX.

423 Änderung des Art. 12 VerfGG vom 31. Januar 2001, in Kraft getreten am 8. Februar 2001, SZRF 2001, Nr. 7, Pos. 607.

424 Zu den Möglichkeiten der Suspension u. der Amtsenthebung *Hartwig, M.*, 1996, S. 180.

425 Einen ausführlichen Vergleich zum Verfassungsgericht von 1991 stellt *Steingröver, U.*, 2000, S. 327-374 an.

abstrakten Normenkontrolle[426] und der Verfassungsbeschwerde[427], mit der die Verfassungswidrigkeit einer Norm geltend gemacht wird, die im konkreten Fall zur Anwendung gelangt war, hat das Verfassungsgericht die Möglichkeit, die Verfassung abstrakt auszulegen.[428] Zur Verfahrensart der abstrakten Normenkontrolle gehört auch das Recht, völkerrechtliche Verträge vor ihrem Inkrafttreten auf ihre Verfassungsmäßigkeit zu überprüfen.[429] Das VerfGG sieht außerdem die Möglichkeit der Auslegung seiner Gerichtsentscheidungen vor (Art. 83 VerfGG). Eine weitere wesentliche Aufgabe liegt in der Entscheidung von Kompetenzstreitigkeiten zwischen Organen der Föderation oder der Föderation und ihren Subjekten.[430,431] Bei der Anklage des Präsidenten spielt es eine nur geringfügige Rolle; über das Verbot politischer Parteien entscheidet es nicht mehr.

Die Entscheidungen des Gerichts sind für alle Staatsgewalten verbindlich, wobei umstritten ist, ob nur der Tenor[432] oder auch die in den Entscheidungsgründen vorgenommene Auslegung von Verfassungsbestimmungen und Bestimmungen des einfachen Rechts, soweit sie Gegenstand des Urteils sind, hiervon umfasst sind.[433] Gemäß Art. 87 Abs. 2 VerfGG erstreckt sich die Erklärung der Verfassungswidrigkeit auch auf solche Rechtsakte, die auf der für verfassungswidrig erklärten Norm beruhen; diese dürfen durch Gerichte und Behörden nicht angewendet werden. Diese Bestimmung hat im russländischen Rechtssystem, in dem häufig innerhalb eines Regelungswerkes auf andere Gesetze hingewiesen wird, weitreichende Auswirkungen. Sie ermöglicht dem Verfassungsgericht auch, die entsprechenden Rechtsakte ohne weitere öffentliche Verhandlung auf Antrag für verfassungswidrig zu erklären.[434]

---

426 Art. 125 Abs.2 VerfRF und Art. 84-87 VerfGG regeln die abstrakte Normenkontrolle, Art. 125 Abs. 4, Alt. 2 VerfRF und 101-104 VerfGG die konkrete Normenkontrolle.

427 Art. 125 Abs. 4 Alt. 2 VerfRF, Art. 96-100 VerfGG.

428 Art. 125 Abs. 5 VerfRF und Art. 105f. VerfGG.

429 Art. 125 Abs. 2 lit. d VerfRF und Art. 88-91 VerfGG.

430 Art. 125 Abs. 3 VerfRF und Art. 92-95 VerfGG.

431 Zu den einzelnen Verfahrensarten s. *Krjažkov, V. A. und L. V. Lazarev*, 1998, S. 258-319; *Vitruk, N. V.*, 1998, S. 278-325; *Hartwig, M.*, 1996, S. 181-187. Zum Prozess der Entscheidungsfindung im Verfassungsgericht sehr instruktiv auch die stellvertretende Vorsitzende des Verfassungsgerichts *Morščakova* a.a.O., S. XXVIf.

432 So *Krjažkov* in *Krjažkov, V. A. und L. V. Lazarev*, 1998, S. 237; ihm folgend *Kutter, J. V. und T. Schröder*, 2000, Rechtsprechung, S. 17.

433 So *Morščakova* a.a.O., S. XXII.

434 Dazu s. auch *Morščakova* a.a.O., S. XXIIf.

2. Kapitel: Kompetenzen der föderalen Verfasungsorgane im Bereich der auswärtigen Gewalt

Aus der vorangegangenen Darstellung des Regierungssystems der Russländischen Föderation ergibt sich die starke Stellung des Präsidenten; diese spiegelt sich auch in der Aufteilung der auswärtigen Gewalt zwischen den Verfassungsorganen. Ein besonderes Spannungsverhältnis besteht zwischen den Kompetenzen des Präsidenten einerseits und der Regierung andererseits. Die Staatsduma hat in den letzten Jahren mehrfach versucht, ein eigenes politisches Profil zu entwickeln.

1 Die Kompetenzen des Präsidenten

Die Kompetenzen des Präsidenten sind im Bereich der auswärtigen Gewalt einerseits gegenüber dem Parlament und insbesondere der Staatsduma, andererseits gegenüber der Regierung abzugrenzen.

1.1 Leitlinienkompetenz

Gemäß Art. 80 VerfRF bestimmt der Präsident die Leitlinien der Außenpolitik.[435] Mit dieser Grundsatzentscheidung haben sich die Gegner einer Parlamentarisierung der auswärtigen Gewalt durchgesetzt, die noch die Verfassungsänderungen vom 21. April 1992 geprägt hatte (Art. 104 Abs. 3 Nr. 2 VerfRSFSR).[436] Der Streit beider Richtungen prägte auch die Verfassungs-

[435] Der damalige Außenminister *I. S. Ivanov* nannte den Präsidenten *Putin* in seiner Eröffnungsansprache bei einem Treffen mit dem Führungsstab des Auswärtigen Dienstes am 26. Januar 2001 den „höchsten und unmittelbaren Leiter der Außenpolitik"; DiplV. 2001, Heft 2, S. 7.

[436] Die unklaren Zuständigkeiten zwischen Parlament, Ministerpräsident und Präsident führten 1992 dazu, dass unterschiedlichste Personen die außenpolitische Ausrichtung Russlands repräsentieren wollten. Starke Kritiker gerade der präsidentiellen Ausrichtung waren der Vorsitzende des Ausschusses für Außenpolitik des Obersten Sowjet und später des gleichen Ausschusses der Staatsduma, *V. Lukin*, der die Politik des Außenministers *A. Kozyrev* als zu pro-westlich ansah, und der Sprecher des Obersten Sowjet,

beratung im Oktober 1993, bei der sich vor allem *M. A. Mitjukov*, Vorsitzender des Ausschusses für Gesetzgebung des Obersten Sowjet, sowie in vermittelnder Position *F. V. Šelov-Kovedjaev*, Vorsitzender des Unterausschusses des Obersten Sowjet der RF für Fragen der Beziehungen zwischen den Republiken, der regionalen Politik und der Zusammenarbeit, für eine gemeinsame Festlegung der Außenpolitik durch den Präsidenten und das Parlament aussprachen. *B. S. Ėbzeev*, Richter am Verfassungsgericht der RF, sowie der Leiter der Präsidentenadministration und Vorsitzende der Arbeitsgruppe zur Ausarbeitung der Verfassung, *S. A. Filatov*, bevorzugten demgegenüber die Prärogative des Präsidenten im Bereich der Außenpolitik.[437]

Kristallisationspunkt der Auseinandersetzung war die Frage, ob die vom Präsidenten vor der Föderationsversammlung jährlich vorgetragene Botschaft an die Nation über die Grundrichtungen und mittelfristigen Ziele der Außen- und Innenpolitik[438] von dieser nur zur Kenntnis genommen oder auch in Form eines normativen Aktes von ihr verabschiedet werden sollte.[439] Letzteres hätte ein umfangreiches Mitspracherecht der Föderationsversammlung im Bereich der Außenpolitik bedeutet, die ihre Zustimmung zur Grundausrichtung hätte verweigern können. Der Konflikt wurde beigelegt, indem die Bindung des Präsidenten an die Verfassung auch im Bereich der Außenpolitik ausdrücklich hervorgehoben wurde (Art. 80 Abs. 3 VerfRF) – eine Lösung, die den Parlamentariern das Gesicht zu wahren half, ohne die Macht des Präsidenten zu beschneiden.

R. *Chasbulatov*. Dieser bemängelte, dass Russland keinen „würdigen, respekteinflößenden Platz in der Welt" mehr einnähme (zit. nach *Sakwa*, R., 1996, S. 282).

437 Die Auseinandersetzung wurde insbesondere in der Sitzung vom 18. Oktober 1993 geführt, s. KS, Bd. 18, S. 126-131.

438 Vgl. Art. Art. 84 lit. f VerfRF. Die letzte Ansprache *Jelzins* vom 30. März 1999 ist in Auszügen abgedruckt in Dipl.V 1999, Nr. 4, S. 3-7. Schwerpunkt der Rede war allerdings die allgemeine innenpolitische Ausrichtung der Regierungspolitik und keine Stellungnahme zum gerade begonnen Kosovo-Konflikt; zur Rede auch *Christiane Hoffmann*, „Sieht Jelzin klar oder rosarot?" *in* FAZ vom 31.3.1999, S. 3. Zur Rede Präsident *Putins* vom 7. Juli 2000 FAZ vom 8.7.2000; Rede vom 3. April 2001 in FAZ vom 4. April 2001.

439 Diese Frage stellte *M. I. Kukuškin*, Sverdklovsker Oblast, ausdrücklich (KS, Bd. 18, S. 128).

1.2 Gubernative Tätigkeit

Der Präsident hat gemäß Art. 86 lit. a VerfRF auch die Leitung der Außenpolitik inne und leitet die Umsetzung seiner Richtlinien in der Außenpolitik. Die Verfassungsbestimmung lässt allerdings großen Spielraum für die konkrete Ausgestaltung dieser Leitung. Unter Präsident *Jelzin* war das Außenministerium für die Ausarbeitung einer allgemeinen Strategie der Außenpolitik zuständig.[440] Präsident *Putin* hingegen veranlasste zu Beginn seiner Amtszeit unter Mitwirkung des Außenministeriums, des Sicherheitsrates und anderer Behörden und Organe der staatlichen Gewalt auf der Grundlage der Verfassung die Entwicklung eines außenpolitischen Konzepts, das er per Ukaz in Kraft setzte.[441] Dieses Konzept ist eine Mischung aus strategischen Überlegungen für die allgemeine Ausrichtung der kommenden Jahre und einer Stellungnahme gegenüber aktuellen Problemen; bspw. ist eine Verurteilung des NATO-Einsatzes gegen Jugoslawien als völkerrechtswidrig ebenso enthalten wie die Forderung, die Integrität Rest-Jugoslawiens zu bewahren. Der dritte Teil gibt Anweisungen für die Durchsetzung des Konzepts und stellt die Aufgaben des Außenministeriums klar.

Der Präsident wird operativ bei der Umsetzung der Beschlüsse des UN-Sicherheitsrates hinsichtlich der Verhängung von Wirtschaftsembargos gegen bestimmte Staaten tätig. Art. 12 Abs. 2 Punkt 5 AHG i.V.m. Art. 21 ermächtigt ihn, völkerrechtlich anerkannte Wirtschaftsembargos per Ukaz in national geltendes Recht umzusetzen.[442] In dem entsprechenden Ukaz beauftragt der Präsident zugleich die zuständigen Ministerien, unter Leitung des Außenministeriums die notwendigen Maßnahmen zu treffen, um die Einhaltung des Embargos zu gewährleisten.[443]

---

440 Punkt 2 der „Položenie o Ministerstve inostrannych del Rossijskoj Federacii", Ukaz vom 14. März 1995, SZRF 1995, Nr. 12, Pos. 1033.

441 Ukaz Präsident vom 28. Juni 2000, Dipl.V No. 8, 2000, S. 3-11.

442 Art. 21 Abs. 2 AHG sieht ausdrücklich einen Schadensersatzanspruch Betroffener gegen die Föderation vor.

443 Hierzu ausführlicher in Teil 5.

1.3 Präsidialadministration und Sicherheitsrat

Bei der Ausübung seiner Befugnisse wird der Präsident durch die bereits in der Verfassung erwähnte Präsidialadministration (Art. 83 lit. i VerfRF) unterstützt.[444] In vielen Bereichen bildet diese Verwaltung eine Parallelstruktur zu den Fachministerien und der Regierung insgesamt.[445] Nicht von ungefähr ist sie daher mit dem ehemaligen Zentralkomitee der KPdSU, in dessen Gebäude sie ansässig ist, verglichen worden.[446] Insbesondere während der Krankheit *Jelzins* von 1994 bis 1996 spielte sie nicht nur eine unterstützende, sondern die maßgebliche Rolle bei der Ausarbeitung sämtlicher Politiken und stand dabei mit der Regierung in unmittelbarer Konkurrenz um personelle und sachliche Ressourcen sowie um die Aufmerksamkeit des Präsidenten und der Öffentlichkeit.[447]

Die Bedeutung der Präsidialadministration und die Arbeitsteilung zwischen Präsident und seiner Verwaltung einerseits und Regierung andererseits lässt sich auf dem Gebiet der auswärtigen Gewalt unter anderem an einer Verfügung *Jelzins* vom 17. März 1999 zur weiteren Annäherung Russlands und Weißrusslands ablesen[448]: Der Ministerpräsident *E. Primakov*

---

444 Am 5. August 1991 per Ukaz (VSVS RSFSR 1991, Nr. 32, Pos. 1075) eingerichtet, um die regionale und föderale Verwaltung zu überwachen, wurde die Präsidialverwaltung regelmäßig umstrukturiert. *Putin* änderte die Struktur grundlegend mit seinen Ukazen über die Verwaltung des Präsidenten vom 3. Juni 2000, SZRF 2000, Nr. 23, Pos. 2387 und über die organisatorische Verwaltung des Präsidenten vom 9. September 2000, SZRF 2000, Nr. 38, Pos. 3780. Kritisch weist *V. E. Čirkin* in *Topornin, B. N.*, 1997, Anm. zu Art. 83, darauf hin, dass es zwar auch in anderen Ländern eine ähnliche Struktur, etwa das Kanzleramt, gebe, diese aber bei weitem nicht so umfangreich sei wie in Russland. Ausführlich auch *Schröder, H.-H.*, 1996, sowie *Schneider, E.*, 1998.

445 Die Präsidialverwaltung verfügten in den vergangenen Jahren über rund 2000 Mitarbeiter (Zahlen für 1998 in Izvestija, 14. Februar 1998). Die Doppelung der Verwaltung hat in Russland schon seit Iwan dem Schrecklichen Tradition. Anstatt bei einem Machtwechsel die der Illoyalität verdächtigen Behördenleiter auszuwechseln, wurden Parallelstrukturen mit loyalen Beamten gegründet. Das Grundproblem einer nicht dem Staat, sondern Einzelpersonen gegenüber loyalen Verwaltung wurde so nie gelöst. S. hierzu *Huskey, E.*, 1995, S. 116ff.

446 So bspw. *Röhrich, W.*, 1999, S. 53. Zur Rolle der Präsidialverwaltung s. u.a. *Schneider, E. und H. Vogel*, 1999, S. 16-18, *Vollmer, J.*, 1998, sowie sehr ausführlich insbesondere zu Aufgaben und Tätigkeit der Hauptverwaltung für Staat und Recht (Glavnoe gosudarstvenno-pravavoe upravlenie) *Huskey, E.*, 1995.

447 Zu dieser Phase s. *v. Steinsdorff, S.*, 1995, S. 500; *Huskey, E.*, 1995, S. 116; *Remington, T. F.*, 1999, S. 46ff.

448 Verfügung vom 17. März 1999, Dipl. V. 1999, H. 4, S. 8-9.

wurde mit der allgemeinen Leitung betraut, dem ersten stellvertretenden Vorsitzenden der Regierung wurde die Koordinierung im Bereich der finanziellen und wirtschaftlichen Fragen übertragen, während sich der stellvertretende Leiter der Präsidialverwaltung mit den politischen Fragen zu befassen hatte. Die Regierung wurde also auf ihr Hauptaufgabengebiet, der Wirtschafts- und Sozialpolitik, sowie auf Koordinierungsaufgaben begrenzt.

Ebenso einflussreich – und zwar unabhängig vom jeweiligen Präsidenten – ist der von ihm gebildete und geleitete Sicherheitsrat (Art. 83 lit. g VerfRF).[449] Seine Einrichtung geht auf das Gesetz des Obersten Sowjets vom 5. März 1992 „Über die Sicherheit" und einen gleichzeitigen Beschluss des Obersten Sowjets zurück.[450] Ständige und einzig stimmberechtigte Mitglieder sind der Präsident, der Ministerpräsident, der Sekretär des Sicherheitsrates, die Minister des Äußeren und der Verteidigung sowie der Direktor des FSB; hinzu kommen andere Mitglieder, wie etwa die Vertreter der Präsidenten in den föderalen Bezirken.[451] Bei der Neustrukturierung im Jahr 2000 richtete Präsident *Putin* verschiedene überbehördliche Kommissionen ein, die verschiedene Sicherheitsaspekte im weitesten Sinne behandeln.[452] In diesen Kommissionen sind Vertreter der Ministerien und weiterer Organe der ausführenden Gewalt vertreten.

Zu den Aufgaben des Sicherheitsrates gehört die Unterstützung des Präsidenten bei der Wahrnehmung seiner verfassungsrechtlichen Rechte und Pflichten, insbesondere die Ausarbeitung einer grundlegenden Sicherheits-

---

449 Vor allem Politikwissenschaftler beschäftigen sich mit dem Sicherheitsrat. Vgl. z.B. *Schneider, E.*, 1999, S. 73-78. *V. Steinsdorff, S.*, 1999, S. 500, merkt an, dass der Sicherheitsrat in der russischen Presse teilweise als „Politbüro" tituliert werde, bspw. *F. Burlackij* in Nezavisimaja Gazeta vom 31. Januar 1995, S. 2. Insgesamt sei der Machtzuwachs dieses Organs Zeichen für eine „Resowjetisierung", die besonders beim Ausbruch und im Verlauf des ersten Tschetschenien-Krieges (1994-1996) deutlich geworden sei. So auch *Vollmer, J.*, 1998, S. 56. Zur Entwicklung des Sicherheitsrates unter *Putin* siehe auch *Donald N. Jensen*, The rise of Russia's Security Council, in RFE/RL Newsline Vol. 5, No. 4, Part I, 8 January 2001, End Note.

450 Gesetz und Beschluss vom 5. März 1992, VSNDRF i VSRF 1992, Nr. 15, Pos. 769. Art. 11 Abs. 2 des Gesetzes sieht die Bildung eines Sicherheitsrates durch den Präsidenten vor.

451 Ukaz über den Sicherheitsrat vom 27. Mai 2000, SZRF 2000, Nr. 22, Pos. 2290.

452 Ukaz über die zwischenbehördliche Kommission, SZRF 2000, Nr. 37, Pos. 3701. Die Kommissionen befassen sich mit den Problemen der GUS, der öffentlichen Sicherheit und Verbrechensbekämpfung, des Verfassungsschutzes, der wirtschaftlichen und internationalen Sicherheit etc.

strategie sowie die Vorbereitung von Entscheidungen des Präsidenten im Bereich der Innen- und Außenpolitik und operativer Entscheidungen zur Vorbeugung von Ausnahmesituationen.[453] Das von ihm erstellte nationale Sicherheitskonzept, das nach Abstimmung mit anderen föderalen Organen und der Bundesversammlung vom Präsidenten per Ukaz in Kraft gesetzt wird, ist die Grundlage der strategischen Ausrichtung in sämtlichen Politikbereichen. Während unter *Jelzin* nach langem Ringen lediglich ein Konzept der nationalen Sicherheit[454] erarbeitet wurde, folgten dem neuen Konzept[455] *Putins* u.a. Doktrinen der Außen-[456] und Militärpolitik[457].

Der Sekretär des Sicherheitsrates (eine Position, die *Putin* vom 29. März 1999 bis 15. November 1999 innehatte) trifft sich zuweilen mit den Außen- oder Verteidigungsministern ausländischer Staaten, um über Fragen der Sicherheit und Zusammenarbeit zu sprechen.[458] Ferner empfängt er die Vorsitzenden ausländischer politischer Parteien oder Parlamentariergruppen.[459]

2 Die außenpolitischen Kompetenzen der Föderationsversammlung

Wie bereits unter Punkt 1 erläutert, liegt die ausschließliche Richtlinienkompetenz für die Außenpolitik bei dem Präsidenten. Dennoch nehmen beide Kammern der Föderationsversammlung außenpolitische Kompeten-

---

453 Ukaz zu Angelegenheiten des Sicherheitsrates vom 10. Juli 1996, SZRF 1996, Nr. 29, Pos. 3479.

454 Konzept vom 7. Mai 1997, Ukaz vom 7. Dezember 1997, SZRF 1997, Nr. 52, Pos. 5909.

455 Vom 10. Januar 2000, SZRF 2000, Nr. 2, Pos. 170, deutsche Übersetzung in Osteuropa-Archiv 2000, A 88-107.

456 RG vom 11. Juli 2000 oder Dipl.V No. 8, 2000, S. 3-11. Einen erheblichen Anteil an der Ausarbeitung des Konzeptes der Außenpolitik und ihrer Anpassung an das neue Konzept der nationalen Sicherheit hatte nach Aussage des Außenministers *S. Ivanov* der Sicherheitsrat, vgl. Pressekonferenz vom 10. Juli 2000, Dipl.V 2000, Nr. 8, S. 90-94, insb. S. 91f.

457 Ukaz vom 21. April 2000, SZ RF 2000, Nr. 17, Pos. 1852.

458 So besuchte der damalige deutsche Verteidigungsminister R. *Scharping* am 30./31. Januar 2001 den Sekretär des Sicherheitsrates *S. Ivanov*, vgl. Pressemitteilung des Sicherheitsrates vom 31. Januar 2001; am 5. Februar 2001 empfing er den Außenminster Kasachstans, Pressemitteilung des Außenministeriums vom 7. Februar 2001.

459 Beispielsweise den Vorsitzenden des Obersten Sowjet der sozialistischen Partei Bulgariens, Pressemitteilung des Sicherheitsrates vom 13. Oktober 2000.

zen selbständig oder im Zusammenwirken mit anderen Verfassungsorganen wahr.

2.1 Außenpolitisch relevante Tätigkeit der Duma

Das entscheidende Mittel der Duma, auf die außenpolitische Ausrichtung des Landes Einfluss zu nehmen, ist ihre Zustimmung zu völkerrechtlichen Verträgen der RF (Art. 106 lit. d VerfRF[460]). Dabei ist auch die Möglichkeit, die Zustimmung nicht ganz zu verweigern, sondern außergewöhnlich lange zu verzögern, von erheblicher außenpolitischer Relevanz.[461] Auf die Ausgestaltung des Ratifikationsverfahrens wird im vierten Teil ausführlich eingegangen werden.

Neben der Ratifikation wirkt die Duma auf vielfältige andere Weise auf außenpolitisch relevante Bereiche ein. Ihr stehen im Rahmen der parlamentarischen Kontrolle sämtlicher Politikbereiche auch die Kontrolle der Außenpolitik der Regierung mittels ihrer Budgethoheit, der Fragebefugnis und des Misstrauensvotums zur Verfügung. Zur Verwirklichung dieser Kontrollfunktion wird die Arbeit der Regierung und des Präsidenten eng vom Dumaausschuss für internationale Angelegenheiten begleitet, der auch Empfehlungen für die Ausrichtung der Politik geben kann.[462]

---

460 Nach diesem Artikel unterliegen die „beschlossenen Gesetze" über Fragen der Zustimmung zu völkerrechtlichen Verträgen der Zustimmung des Föderationsrates. Hieraus ergibt sich die Beteiligung der Staatsduma.

461 Markantes Beispiel ist die Herauszögerung der Zustimmung der Duma zum START-II-Vertrag. Diesen Abrüstungsvertrag hatten die USA und die RF 1993 unterzeichnet; 1996 hatte der amerikanische Senat zugestimmt. Die kommunistische Mehrheit der Duma benutzte den Vertrag jahrelang als Druckmittel gegenüber dem Präsidenten, dessen Glaubwürdigkeit gegenüber seinem amerikanischen Verhandlungspartner zunehmend untergraben wurde. Im April 1999 hatte die Duma letztmalig die Beratung des Vertrages wegen der Luftangriffe der NATO auf die BR Jugoslawien ausgesetzt, bis das Zustimmungsgesetz schließlich am 14. April 2000 von der Duma und am 17. April 2000 vom Föderationsrat verabschiedet wurde (SZRF 2000, Nr. 19, Pos. 2022).

462 Die Verfassung nennt in Art. 101 Abs. 3 keine einzelnen Ausschüsse und überlässt die Details der Geschäftsordnung. Diese sieht in Art. 20 GO Duma (SZRF 1998, Nr. 7, Pos. 801) ein „Komitet po meždunaronym delam" vor, dessen Vorsitzender seit Februar 2001 *D.O. Rogozin* ist. Gemäß Art. 19 Abs. 3 befassen sich die „Kommissionen" mit konkreten Fragen, etwa zu Fragen der Ratifizierung des START-II-Vertrages. Die Ausschüsse werden von der Duma jeweils entsprechend der Notwendigkeiten gebildet.

Ein weiteres parlamentarisches Gestaltungsmittel im Bereich der auswärtigen Beziehungen ist die von Dumaabgeordneten häufig ausgesprochene Einladung der Abgeordneten ausländischer Parlamente bzw. der Besuch dieser Parlamente im Ausland. Der internationalen Zusammenarbeit der Abgeordneten widmet die Geschäftsordnung der Duma ein eigenes Kapitel.[463] Eine besondere Form ist die Teilnahme eines Teils der Parlamentarier als Delegierte in den parlamentarischen Versammlungen des Europarates sowie der OSZE und als Beobachter in der parlamentarischen Versammlung der NATO sowie ihre Mitgliedschaft in der Interparlamentarischen Union.

Die Duma führt parlamentarische Anhörungen in ihrem Zuständigkeitsbereich durch (Art. 101 Abs. 3 VerfRF); nach der Geschäftsordnung sind die Rede des Präsidenten zur Lage der Nation oder die Reden der Regierung vor dem Parlament oder seinen Ausschüssen Anlass für eine allgemeine Aussprache über die Außenpolitik.[464] Die Duma nimmt Erklärungen („Zajavlenie") und Appelle („Obraščenie") zu außenpolitisch relevanten Themen an, die in Beschlüsse („Postanovlenie") gekleidet sind.[465] Die Erklärungen können Einzelfragen oder auch die außenpolitische Ausrichtung als Ganzes betreffen; Entschlüsse hierzu können von einzelnen Abgeordneten sowie von den übrigen zur Einbringung von Gesetzesinitiativen Berechtigten in das Plenum eingebracht werden.[466]

Die Erklärungen können das Treffen der Staatsoberhäupter der Mitgliedsstaaten der OSZE in Istanbul[467], das Sprachengesetz der Republik Lettland[468], die Situation der Kurden in der Türkei[469], die Unregelmäßigkei-

---

Ausführlich zum Ausschusswesen *Gorobec, V. D.*, 1998, sowie *Mangott, G.*, 2002, S. 144-50 und auf S. 224 mit einer Liste der Ausschussvorsitzenden.

463 Kapitel 27 der GO Duma. Jährlich wird von der Kommission für internationale Angelegenheiten ein Besuchsplan ausgearbeitet (Art. 199). Die Duma kann auch mit ausländischen Parlamenten oder internationalen parlamentarischen Organisationen Verträge über die zwischenparlamentarische Zusammenarbeit abschließen (Art. 200).

464 Art. 186 GO Duma.

465 Art. 187 GO Duma; gemäß Art. 188 GO Duma werden diese Erklärungen von dem Ausschuss für internationale Angelegenheiten und/oder der Kommission für Angelegenheiten der GUS vorbereitet.

466 Art. 187 GO Duma, s. hierzu auch *Baglaj, M. V.*, 1999, S. 508.

467 Vom 30. November 1999, SZRF 1999, Nr. 50, Pos. 6120.

468 Vom 19. November 1999, SZRF 1999, Nr. 50, Pos. 6072.

469 Erklärung der Staatsduma „Über das Selbstbestimmungsrecht des kurdischen Volkes in der Türkei" vom 12. Mai 1999, SZRF 1999, No. 20, Pos. 2420.

ten bei den Präsidentschaftswahlen in den USA[470] oder auch den Kosovo-Konflikt betreffen. Obwohl diese Beschlüsse keinen bindenden Charakter haben, können sie merklich die außenpolitische Linie des Präsidenten beeinträchtigen.

Ein Beispiel für außenpolitisch relevantes und teilweise auch im Widerspruch zur Regierung und zum Präsidenten stehendes Verhalten der Duma war während des sog. Kosovo-Konfliktes auszumachen. Bereits am 27. März 1999, also am dritten Tag nach Beginn der Luftangriffe der NATO auf die BR Jugoslawien, nahm die Duma eine diese Angriffe in scharfen Worten verurteilende Erklärung an, die an die Parlamente der Mitgliedstaaten der OSZE sowie an die parlamentarischen Versammlungen weiterer internationaler Organisationen gesandt werden sollte.[471] Die Mitglieder der parlamentarischen Versammlung der GUS wurden beauftragt, das Vorgehen der NATO auf die Tagesordnung der Versammlung setzen zu lassen. Gleichzeitig beschloss sie, die Beziehungen zur NATO kurzzeitig auszusetzen und eine Delegation in die Bundesrepublik Jugoslawien zu entsenden. Am 7. April empfahl sie dem Präsidenten und der Regierung, die Unterstützung Jugoslawiens durch Übersendung von Militärtechnik und Ersatzteilen und durch Entsendung einer Kriegsmission zu prüfen.[472] Zugleich versuchte vor allem die Regierung, trotz der Verurteilung des Vorgehens das Verhältnis mit den USA und den weiteren Mitgliedstaaten der NATO nicht zu sehr zu beeinträchtigen – nicht ganz uneigennützig auch aus wirtschaftlichen Gründen.[473] Besonders deutlich wurde dieser Gegensatz bei der Reaktion auf den Antrag des jugoslawischen Parlaments auf Mitgliedschaft in der weißrus-

---

470 Beschluss vom 15. November 2000, SZRF 2000, Nr. 47, Pos. 4581. Dieser Beschluss, der die „Defekte in der Wahlgesetzgebung und die Altertümlichkeit der Wahlprozedur“ sowie die „hypertrophe Rolle des Geldes im Wahlkampf“ kritisiert, sollte allen Parlamenten der Mitgliedstaaten der OSZE zugestellt werden.

471 SZRF 1999, Nr. 14, Pos. 1691. Die Duma stellt hierin unter anderem fest, dass das Vorgehen der NATO „das gesamte System der internationalen Sicherheit und die Autorität der VN“ untergrabe. Sie wirft der NATO „Pharisäertum“ vor, da ihr Vorgehen die humanitäre Katastrophe nicht abwende, sondern vielmehr vergrößere.

472 Beschluss der Duma vom 7. April 1999, SZRF 1999, Nr. 16, Pos. 1956.

473 Den Zusammenhang mit den möglichen IWF-Krediten macht *Christiane Hoffmann*: „Moskau will Beziehungen zum Westen nicht gefährden“, in FAZ vom 29. März 1999 deutlich. Auffällig ist die vorsichtige Sprechweise des Kremlsprechers *Jakuschkin*, der nur von einem „Konflikt“ spricht, „der aufgrund der Militäraktion der NATO entstanden“ sei, FAZ vom 30. März 1999, S. 3.

sisch-russländischen Union. Während die Duma dies in einem Beschluss[474] begrüßte und den Präsidenten und die Regierung aufforderte, die internationalen, politischen, wirtschaftlichen, rechtlichen und sonstigen Aspekte dieses Schrittes zu prüfen, wiesen Regierung und Präsident dieses Anliegen einhellig als verfrüht und wenig hilfreich zurück.[475]

Zu beachten ist aber auch, dass die Duma trotz der gleichzeitigen scharfen innenpolitischen Auseinandersetzung[476] die verfassungsrechtliche Verteilung der Auswärtigen Gewalt berücksichtigt hat und jeweils nur Empfehlungen für eine Neuausrichtung der Außenpolitik durch die Regierung bzw. den Präsidenten gegeben hat.[477]

Die verfassungsrechtlichen Grenzen der Tätigkeit der Duma im Bereich der Außenpolitik sind nicht ausdrücklich geregelt. Sie ergeben sich aber aus der Aufgabenverteilung zwischen Legislative und Exekutive sowie der historischen Auslegung. Gemäß Art. 86 lit. a VerfRF leitet der Präsident die Außenpolitik und ist demnach Träger der auswärtigen Gewalt. In den Diskussionen während der Ausarbeitung der Verfassung lehnte die Verfassungskommission ausdrücklich die Beteiligung der Legislative ab. Insoweit ist auch *Krylov*[478] zu widersprechen, der aus Art. 80 Abs. 3 VerfRF folgert, dass zwar die Leitlinien der Außenpolitik durch den Präsidenten festgelegt würden, die Ausführung aber gemeinsame Sache der Organe der gesetzgebenden und ausführenden Gewalt sei. Die verfassungsrechtliche Kompetenzverteilung kann nicht dadurch verschoben werden, dass die Duma in

---

474 Postanovlenie „O prosoedinenii Sojuznoj Respubliki Jugoslavii k Sojuzu Belarusi i Rossii" vom 16. April 1999, SZRF 1999, Nr. 17, Pos. 2094.

475 *Heinz Timmermann*, „Wer will schon einen ‚Slawischen Bruderbund'?", FAZ vom 24. April 1999, S. 11. Ablehnend reagierten auch die Präsidenten vor allem der moslemischen Republiken der RF, die *Slobodan Milošević* gegenüber insgesamt sehr viel kritischer eingestellt waren; vgl. *Christiane Hoffmann*, „Solche Verbündete braucht Moskau nicht", in FAZ vom 19. April 1999, S. 12.

476 Am 15. Mai 1999 lehnte die Duma die Einleitung eines Amtsenthebungsverfahrens gegen Präsident *Jelzin*, das schon seit Anfang April für innenpolitische Unruhe gesorgt hatte, mit zum Teil knapper Mehrheit ab.

477 Ein weiteres Beispiel für die außenpolitische Tätigkeit ist die Verurteilung der Entscheidung der Chefanklägerin *Carla del Ponte* am Internationalen Tribunal zum ehem. Jugoslawien, die Ermittlungen gegen die Mitgliedstaaten der NATO wegen möglicher Verletzungen des humanitären Völkerrechts während der Luftangriffe auf Jugoslawien nicht fortzusetzen. In einer Erklärung vom 7. Juli 2000, SZRF 2000, Nr. 29, Pos. 3052, wirft sie dem Tribunal Parteilichkeit vor und empfiehlt dem Präsidenten, den Sicherheitsrat der VN mit der Untätigkeit des Tribunals in dieser Frage zu befassen.

478 *Krylov* in *Okun'kov, L. A. u. a.*, 1996, S. 360.

der Verfassungspraxis teilweise Beschlüsse fasst, die den vom Präsidenten vorgegebenen Leitlinien der Außenpolitik eklatant widersprechen. Diese Aufgabenverteilung begründet den unverbindlichen Charakter der Beschlüsse, nicht aber die Unzuständigkeit der Duma für außenpolitische Fragen insgesamt. Zu den Aufgaben einer Volksvertretung gehört auch die öffentliche Erörterung kontroverser Themen als Voraussetzung für eine effektive Kontrolle der Regierung in allen Bereichen.

2.2 Außenpolitische Tätigkeit des Föderationsrats

Zentrale Bedeutung nimmt die Beteiligung des Föderationsrat an Zustimmungsgesetzen zu völkerrechtlichen Verträgen gemäß Art. 106 lit. d VerfRF ein, die in Teil 4 ausführlich erläutert wird. Ferner zählt zu den wichtigsten außenpolitischen Aufgaben des Föderationsrats seine verfassungsrechtlich vorgesehene und einfachgesetzlich ausgestaltete Mitwirkung an der Entsendung von Streitkräften ins Ausland. Ebenso wie die Staatsduma verfügt der Föderationsrat über einen Ausschuss für internationale Angelegenheiten und einen Ausschuss für die Angelegenheiten der GUS.[479] Diese Ausschüsse bereiten die vom Plenum angenommenen Erklärungen zur internationalen Lage vor. Der Föderationsrat stellt außerdem einen Teil der Delegation der Föderationsversammlung, die als Beobachter an der parlamentarischen Versammlung der NATO teilnimmt.

2.2.1 Mitwirkung bei der Entsendung von Streitkräften ins Ausland

Von besonderem außenpolitischen Interesse ist neben der Zustimmung des Föderationsrats zur Verhängung des Ausnahme- und des Kriegszustands durch den Präsidenten sein Mitwirkungsrecht an der Entsendung russländischer Streitkräfte ins Ausland. Jedem Einsatz von Truppen außerhalb des Territoriums der RF – also auch der Stationierung von Truppen in Nachbarstaaten aufgrund vertraglicher Vereinbarung[480] – muss der Föderationsrat gemäß Art. 102 Abs. 1 lit. d VerfRF zustimmen, um so nicht nur die

---

[479] Art. 15 GOFödRat vom 6. Februar 1996, SZRF 1996, Nr. 7, Pos. 655.

[480] Die Möglichkeit der Verlagerung der Truppen aufgrund völkerrechtlicher Verträge ist bereits in Art. 16 Abs. 3 des Gesetzes über die Verteidigung vom 24.4.1996 (SZRF 1996, Nr. 23, Pos.2750) vorgesehen.

Berücksichtigung der Interessen des Gesamtstaates, sondern auch der Subjekte der Föderation verfahrensrechtlich sicherzustellen. Das Verfahren der Entsendung von Streitkräften stellt auch anschaulich die Verteilung der Kompetenzen im Bereich der Auswärtigen Gewalt zwischen Präsidenten, Regierung und Föderationsrat als Teil der Föderationsversammlung dar.

In der Verfassungsversammlung wurde diskutiert, ob der Föderationsrat oder die Staatsduma die Verhängung des Kriegs- oder Ausnahmezustandes und die Entsendung von Streitkräften ins Ausland zu bestätigen habe. Für den Föderationsrat sprach aus Sicht des Außenministeriums die Tatsache, dass dieser anders als die Duma als ständiges Organ tage und nicht auflösbar sei. Ferner sei der Föderationsrat weniger leicht durch Falschinformationen manipulierbar und nicht so sehr dem partei- und tagespolitischen Kalkül unterworfen wie etwa die Staatsduma. Letzteres könne geradewegs zu einer Lähmung der außenpolitischen Handlungsfähigkeit der Föderation, bspw. bei der Entsendung von Streitkräften für friedenserhaltende Maßnahmen, führen.[481] Vor dem Hintergrund der Konfrontation zwischen Präsidenten und Parlament (Obersten Sowjet) während der Verfassungsberatung[482] schien diese Sorge des Außenministeriums durchaus begründet. Im Ergebnis muss der Föderationsrat nach der jetzigen Verfassungs- und Gesetzeslage die Entscheidungen des Präsidenten über die Verhängung des Kriegs-[483] und des Ausnahmezustandes[484] bestätigen (Art. 102 Abs. 1 lit. b und c VerfRF) und ist an der Entsendung von Truppen ins Ausland entsprechend Art. 102 lit. d VerfRF beteiligt. Dieses Verfahren gestalten das Entsendegesetz vom 26. Mai 1995 sowie die Geschäftsordnung des Föderationsrates (GOFödR) näher aus.[485]

2.2.1.1 Allgemeine Bestimmungen

Das Gesetz trifft in Art. 2 die grundlegende Unterscheidung zwischen „friedenserhaltender Tätigkeit", die keine Zwangsmaßnahme gemäß der VN-Charta darstellen („mirotvorečeskaja dejatel'nost'"), und internationalen

481 In diesem Sinne die Ausführungen *E. M. Prochorovs*, Sitzung der Verfassungskommission vom 3. Juli 1993 unter dem Vorsitzenden *S. A. Filatov*, KS, Bd. 16, S. 136f.

482 Siehe hierzu bspw. *Schweisfurth, T.*, 1994, S. 476-480.

483 Vgl. Gesetz über den Kriegszustand vom 16. Januar 2002.

484 Vgl. Gesetz über den Ausnahmezustand vom 30. Mai 2000, RG, 2.6. 2000.

485 Vom 26. Mai 1995, SZRF 1995, Nr. 26, Pos. 2401 (EntsendeG) und Kapitel 17 der GOFödR.

Zwangsmaßnahmen unter Anwendung auch militärischer Mittel als Zwangsmaßnahme gemäß der VN-Charta („Meždunarodnye prinuditel'nye dejstvija“). Die Teilnahme an internationalen militärischen Zwangsmaßnahmen kann auf einem ggf. noch nachträglich zu ratifizierenden völkerrechtlichen Vertrag (Art. 10 Abs. 3 EntsendeG) oder auf einem Beschluss des VN-Sicherheitsrates (Art. 11 EntsendeG) beruhen.

Soweit die friedenserhaltende Tätigkeit auf einem völkerrechtlichen Vertrag basiert, treffen der Präsident oder – im Rahmen ihrer Zuständigkeit – die Regierung die Entscheidung über die Aufnahme von Verhandlungen und über die Unterzeichnung des Vertrages. Dieser unterliegt der Zustimmung durch die Föderationsversammlung, wenn er entweder budgetrelevant ist oder die Entsendung von Truppenformationen zur Durchführung militärischer Zwangsmaßnahmen vorsieht (Art. 4 EntsendeG).[486] Trotz seiner völkerrechtlichen Verpflichtungen behält sich Russland die Möglichkeit vor, in jedem Einzelfall selbständig über die Zweckmäßigkeit der Entsendung der Streitkräfte entscheiden zu können (Art. 5 EntsendeG).

Die erwarteten Ausgaben für Auslandseinsätze sind in einem gesonderten Titel des Verteidigungshaushaltes auszuweisen. Im Laufe des Haushaltsjahres anfallende zusätzliche Ausgaben legt die Regierung der Föderationsversammlung zur Billigung vor (Art. 15 EntsendeG). Dieser steht damit im Rahmen ihres Budgetrechts eine erhebliche Kontrollbefugnis zu, die durch die jährliche Berichtspflicht der Regierung gegenüber Duma und Föderationsrat über die Teilnahme Russlands an friedenserhaltenden Maßnahmen gestärkt wird (Art. 16 EntsendeG).

2.2.1.2 Entsendung einzelner Militärpersonen

Für die Beteiligung des Föderationsrates ist aber weniger die Unterscheidung zwischen friedenserhaltender Tätigkeit und Zwangsmaßnahmen entscheidend, als vielmehr die Form der Beteiligung der Russländischen Föderation. Der Präsident entscheidet als Oberbefehlshaber der Streitkräfte (Art. 87 Abs. 1 VerfRF) selbständig über die Entsendung einzelner Militärpersonen im Rahmen friedenserhaltender Einsätze (Art. 6 Abs. 1 EntsendeG). Er bestimmt Aufgabengebiet, Einsatzbereich, Dauer des Einsatzes und auch die Entschädigung für die Soldaten und ihre Familien. Bei Ände-

486 Sonstige Zustimmungsvorbehalte bleiben von dieser Regelung unberührt.

rung der militärisch-politischen Lage ruft der Präsident die Personen zurück, ohne darüber die Föderationsversammlung zu unterrichten.

2.2.1.3 Entsendung von Truppenformationen

Soweit nicht nur einzelne Militärpersonen, sondern ganze Truppenformationen der bewaffneten Streitkräfte an Maßnahmen im Ausland teilnehmen sollen, muss der Föderationsrat an der Entscheidung zur Entsendung beteiligt werden (Art. 102 Abs. 1 lit. d VerfRF).

Unabhängig davon, ob es sich bei dem Einsatz um eine friedenserhaltende Maßnahme oder um Zwangsmaßnahmen handelt, fasst er den grundlegenden Beschluss über die Möglichkeit der Entsendung der Truppen (Art. 7, 10 EntsendeG), während der Präsident die Form des konkreten Einsatzes verantwortet. Die Vorlage des Präsidenten zur Vorbereitung des Beschlusses des Föderationsrates muss detaillierte Angaben über den Aufgabenbereich, die Anzahl und den Typ der zu entsendenden Streitkräfte, ihre Ablösung und Art und Umfang der Entschädigung für die Soldaten und ihre Angehörigen enthalten (Art. 7 Abs. 2, Art. 10 Abs. 2 EntsendeG). Erst die Zustimmung des Föderationsrates zur Entsendung der Streitkräfte, die innerhalb von sieben Tagen nach dessen Antrag dem Präsidenten bekannt zu geben ist (Art. 164 Abs. 1 i.V.m. Art. 166 Abs. 3 GOFödR), ermächtigt den Präsidenten, im Einzelfall auch völkerrechtlich bindende Erklärungen zur Bereitstellung eines Kontingentes abzugeben.

Das Verfahren vor dem Föderationsrat richtet sich nach Abschnitt 17 der Geschäftsordnung des Föderationsrates, der die Entsendung von Streitkräften außerhalb des Territoriums der RF behandelt. Sowohl der Präsident als auch die Regierung und der Föderationsrat selbst haben das Recht, die Prüfung der Möglichkeit der Entsendung von Truppen ins Ausland vorzuschlagen; der Föderationsrat darf sich aber erst nach Vorliegen eines Gutachtens des Präsidenten mit dieser Frage befassen (Art. 161 Abs. 2 GOFödRat). Sobald die Begründung für den Vorschlag des Präsidenten beim Vorsitzenden des Föderationsrates eingegangen ist, hat dieser den Ausschuss für Sicherheit und Verteidigung, der in dieser Sache federführend ist, sowie die Ausschüsse für internationale Angelegenheiten und die GUS für die Vorbereitung eines Gutachtens einzuberufen (Art. 162 Abs. 2 GOFödR). Diese Ausschüsse, zu deren Sitzungen Vertreter des Präsidenten eingeladen werden, müssen innerhalb von drei Tagen ein Gutachten entwerfen (Art. 163 Abs. 1 und 2 GOFödR), das innerhalb von fünf Tagen nach dem Antrag des Präsidenten vom Föderationsrat in geheimer Sitzung erörtert wird. Die Entscheidung muss mit der Mehrheit der Gesamtzahl der Mitglieder des Föderationsrates ergehen (Art. 166 Abs. 1 GOFödR). In der Gesamtschau ist das Verfahren auf eine mögliche Beschleunigung des Entscheidungsprozesses bei Einbindung einer Vielzahl von Entscheidungsträgern ausgerichtet. Problematisch erscheinen allerdings die in der RF üblichen extrem kurzen Fristen, die eine eingehende und eigenständige Prüfung der Sachlage erschweren.

Bei der Verlängerung der Maßnahmen über die im Beschluss des Föderationsrates vorgesehene Dauer ist ein erneuter Beschluss des Föderationsrates herbeizuführen.[487] Der Präsident hat selbständig über das Ende des Einsatzes zu entscheiden, etwa wenn er ihn nicht weiter für zweckmäßig hält. Er hat die Duma und den Föderationsrat vom Rückruf der Truppen zu benachrichtigen (Art. 7 Abs. 3, 4; Art. 10 Abs. 3, 4 EntsendeG).

2.2.1.4 Entsendung von Zivilpersonal

Die Entscheidung über die Entsendung des für friedenserhaltende Maßnahmen benötigten Zivilpersonals trifft die Regierung (Art. 9 EntsendeG). Gleichzeitig hat sie die Bereitstellung von Verpflegung, Medikamenten und humanitären Hilfsgütern aus dem Haushalt für humanitäre Hilfe und technische Hilfe zu bewirken. Die Regierung trifft selbständig die Entscheidung über den Rückruf dieses zivilen Hilfspersonals. Der Präsident kann aber die Rückrufung des militärischen Personals mit dem des zivilen Personals verbinden (Art. 9 Abs. 4 und 5 EntsendeG).

Soweit notwendig, stellt die Regierung im Auftrag des Präsidenten auch die Verpflegung und technische Unterstützung der zur Durchführung von

---

[487] Ein Beispiel ist der Beschluss des Föderationsrates über die Beteiligung russländischer Truppen an den KFOR-Truppen im Kosovo vom 25. Juni 1999 (SZRF 1999, Nr. 27, Pos. 3190), der bis zum 10. Juni 2000 begrenzt war, aber erst am 26. Juli 2000 bis zum 31. Juli 2001 erneuert wurde (SZRF 2000, Nr. 31, Pos. 3209). Am 25. Juni 1999 erließ der Präsident einen Ukaz, in dem 3616 Personen zu dem militärischen Kontingent für das Kontingent abgeordnet wurden, um die Aufgaben der UN-Resolution 1244 vom 10. Juni 1999 zu erfüllen. Außerdem beauftragte er die Regierung zur Bereitstellung der finanziellen Mittel zur Durchführung des Beschlusses sowie zur Ausarbeitung eines Gesetzesentwurfes, um das Soldatengesetz insofern zu ändern, als sich auch Reservisten und sonstige Wehrpflichtige zu diesen Einsätzen melden können (SZRF 1999, Nr. 26, Pos. 3183).

Zwangsmaßnahmen eingesetzten Streitkräfte sicher (Art. 12 EntsendeG). Hierzu kann auch die Entsendung von Zivilpersonal gehören, das der Präsident oder in seinem Auftrag die Regierung zurückbeordern kann.

2.2.1.5 Zusammenfassung

Festzuhalten ist, dass der Föderationsrat im Bereich der Entsendung von Streitkräften im Rahmen von friedenserhaltenden oder von militärischen Zwangsmaßnahmen über ein bedeutendes Mitbestimmungsrecht verfügt. Allerdings beschränkt sich dies auf die Vorbereitungsphase und auf die grundsätzliche Frage der Entsendung von Truppen. Weder hat er ein Initiativrecht noch kann er den Abbruch einer militärischen Mission im Ausland verlangen. Die Verantwortung für die konkrete Durchführung der militärischen Maßnahmen liegt vielmehr bei dem Präsidenten als Oberbefehlshaber.

Die Legislative hat in diesem Bereich noch weitere Vollmachten. Im Vorfeld militärischer Einsätze kann sie durch die Verweigerung der Zustimmung zu bestimmten völkerrechtlichen Verträgen die Entsendung von Streitkräften grundsätzlich verhindern. Aber auch mittels ihres Haushaltsrechts übt die Föderationsversammlung Kontrolle über Anzahl und Umfang der Einsätze aus: der von der Regierung – also dem Verteidigungsministerium – eingebrachte Haushaltsansatz für die entsprechenden Maßnahmen kann vom Parlament gekürzt werden. Überplanmäßigen Ausgaben – etwa für einen neuen Einsatz – kann das Parlament seine Zustimmung verweigern oder aber zusätzliche finanzielle Mittel bewilligen.

2.2.2 Sonstige Tätigkeiten

Außerhalb dieser ihm durch die Verfassung ausdrücklich eingeräumten Rechte gibt auch der Föderationsrat Erklärungen im Bereich der Außenpolitik ab, die allerdings nicht in der Form von Beschlüssen ergehen.[488] Anlässlich des Kosovo-Konflikts nahm er eine Erklärung („Zajavlenie") an, in der er der NATO vorwarf, durch die Bombardierung Jugoslawiens Europa an den Rand eines Krieges gebracht zu haben.[489] Gleichzeitig sendete er einen Brief an die Kongressabgeordneten der USA, in dem er seine Betroffenheit

488 Die GOFödrat sieht für internationale Fragen keine besonderen Regelungen vor.
489 SZRF 1999, Nr. 14, Pos. 1686.

über den Angriff der NATO und über eine mögliche Ausweitung des Konfliktes zum Ausdruck brachte.[490] Dieser vorsichtig formulierte Brief, der sich im von der Regierung und dem Präsidenten abgesteckten Bereich der außenpolitischen Ausrichtung hielt, kann in den Rahmen zwischenparlamentarischer Beziehungen im weitesten Sinne eingeordnet werden.[491]

Ein weiteres Beispiel ist die „Erklärung" des Föderationsrates „im Zusammenhang mit dem Beginn der antiterroristischen Operationen auf dem Territorium Afghanistans" vom 10. Oktober 2001[492], der u.a. die Bedeutung der VN zur Bekämpfung des internationalen Terrorismus betont, zur Ausarbeitung einer Konvention gegen den internationalen Terrorismus auffordert und dem Präsidenten seine Unterstützung in dieser außenpolitischen Frage versichert.

Mitglieder des Föderationsrates nehmen ferner an der russländischen Delegation zu der parlamentarischen Versammlung bspw. der NATO sowie zu der Interparlamentarischen Union teil. Bemerkenswert ist dabei, dass als einziger russländischer Parlamentarier der Vertreter der Legislative des fernöstlichen Chabarovsk Kraj, *Victor Alekseevič Oserov*, an den Sitzungen der parlamentarischen Versammlung der NATO noch teilnahm, als sämtliche andere Vertreter die Treffen boykottierten und auch auf exekutiver Ebene die Zusammenarbeit mit der NATO eingefroren war.

3 Regierung und Außenpolitik

Die außenpolitische Tätigkeit der Exekutive steht unter dem Richtlinienvorbehalt des Präsidenten; dennoch trägt die Regierung einen Teil der formellen und auch materiellen auswärtigen Gewalt. Ihre eigenständigen außenpolitischen Handlungsmöglichkeiten sind umso größer, je schwächer der amtierende Präsident im Bereich der Außenpolitik oder in seiner allgemeinen Stellung ist. Gerade hinsichtlich der außenwirtschaftlichen Beziehungen besitzt die Regierung aufgrund ihrer wirtschaftspolitischen Vollmachten

490 SZRF 1999, Nr. 14, Pos. 1687.

491 Zur interparlamentarischen Zusammenarbeit auf der Ebene des Föderationsrates s. a. Art. 215f. GOFödrat.

492 SZRF 2001, Nr. 43, Pos. 4013.

sehr viel weitreichendere Spielräume als etwa im Bereich der rein politischen Verträge.

Hauptakteure sind der Ministerpräsident und vor allem der Außenminister, auf die im Folgenden näher eingegangen wird. Einige Entscheidungen können allerdings nur von der Regierung als Kollegialorgan getroffen werden. Hier ist insbesondere die Frage des Abschlusses der zustimmungsbedürftigen völkerrechtlichen Verträge von Interesse (Art. 28, 9. Spiegelstrich RegG).

3.1 Vertretung der RF im Ausland und bei internationalen Organisationen

Zur formellen auswärtigen Gewalt gehört die Vertretung der Föderation im Ausland und bei internationalen Organisationen. Die Geschäftsordnung der Regierung[493] betraut im Einklang mit Art. 13 VRG die Stellvertreter des Ministerpräsidenten und den Föderationsminister des Auswärtigen mit dieser Vertretung. Hierzu gehört auch die Entscheidung über die Einrichtung von Botschaften der RF im Ausland, die auf der Grundlage eines Ukazes des Präsidenten über die Aufnahme diplomatischer Beziehungen getroffen wird.[494] Das Ministerium kann daher selbständig über die Schließung einer Botschaft, bspw. aus Kostengründen, entscheiden, selbst wenn die Beziehungen zu dem jeweiligen Land aufrecht erhalten werden sollen. Auf der Grundlage völkerrechtlicher Verträge mit dem Empfangsstaat kann die Regierung Konsulate eröffnen. Ebenso ist die Regierung für die Einrichtung von Handelsvertretungen verantwortlich, deren Aufgaben häufig durch Handelsgesandtschaftsräte wahrgenommen werden.

Die Regierung hat ferner im Rahmen ihrer Kompetenzen über den Beitritt zu und Art und Umfang der Vertretung der Föderation bei internationalen Organisationen und deren Sitzungen zu entscheiden (Art. 21 RegG). Hier sind die Grenzen des Art. 79 VerfRF zu beachten, auf die in

493 GOReg 18. Juni 1998, SZRF 1998, Nr. 27, Pos. 3176, geändert am 29. März 1999, SZRF 1999, Nr. 14, Pos. 1730.

494 Punkt 1 des Ukazes über die Botschaft, SZRF 1996, Nr. 45, Pos. 5090. *K. Ju. N. Zvekov* in *Okun'kov, L. A.*, 1996, Kommentar zu Art. 21, S. 260. Er führt als Beispiele die Eröffnung der Botschaften in Mazedonien (SZRF 1994, Nr. 25, Pos. 2736) und in Bosnien-Herzegovina (SZRF 1997, Nr. 51, Pos. 5802) an.

Teil 6 eingegangen wird. Da ihre Kompetenzen, wie bereits oben angesprochen, vor allem in der Sozial- und Wirtschaftspolitik im weitesten Sinne liegen, hat die Regierung bspw. über den Beitritt Russlands zur Europäischen Konferenz der Transportminister oder über den Beitritt zum Internationalen Institut zur Rechtsvereinheitlichung entschieden. Sie legt die Teilnahme russländischer Delegationen an den Generalkonferenzen der Internationalen Atomenergiebehörde (IAEA), an den Konsultativtagungen der Mitgliedstaaten des Antarktisvertrages, die Vertreter der Föderation bei der Bank für Wiederaufbau und Entwicklung sowie im Rat der Internationalen Arbeitsorganisation (ILO) fest.[495] Des Weiteren gehören zum Aufgabenbereich der Regierung die Teilnahme an zwischenbehördlichen Kommissionen der handels-wirtschaftlichen und wissenschaftlich-technischen Zusammenarbeit.

3.2 Ministerpräsident und Außenministerium

Nach der Verfassung ist die Regierung und insbesondere der Ministerpräsident als Schlüsselfigur für die Ausführung der vom Präsidenten erarbeiteten Außenpolitik verantwortlich (Art. 114, insb. lit. e VerfRF). Der Ministerpräsident hat dem Präsidenten von der Tätigkeit der Regierung regelmäßig zu berichten (Art. 24 Abs. 3 RegG) und vertritt die Regierung im Ausland (Art. 24 Abs. 2 RegG).[496]

In einem gewissen Spannungsverhältnis zu diesen Vorgaben steht die Rolle des Außenministeriums, das als sog. Machtministerium aus der Regierung ausgegliedert und dem Präsidenten direkt unterstellt ist (Art. 32 Abs. 1 RegG). Wie bereits oben beschrieben, leitet der Präsident dessen Tätigkeit unmittelbar und kann zudem – wenn auch auf Vorschlag des Ministerpräsidenten – eigene Normativakte auf diesen Gebieten erlassen. Folglich hat das Ministerium die Richtlinien des Präsidenten in operative Außenpolitik

495 Vgl. hierzu *Zvekov* in *Okun'kov, L. A.*, 1996, Art. 21, S. 261.

496 Der Vorsitzende der Regierung ist gemäß Art. 92 Abs. 3 VerfRF auch Stellvertreter des Präsidenten. Vom Rücktritt des Präsidenten *Jelzin* am 31. Dezember 1999 bis zu seinem Amtsantritt als Präsident nahm der damalige Ministerpräsident *Putin* zugleich auch die Amtsgeschäfte des Präsidenten wahr. Seine Vollmachten als kommissarischer Präsident sind allerdings verfassungsmäßig beschränkt.

umzusetzen.[497] Abhängig von der Person des Präsidenten kann der Außenminister auch eigene konzeptionelle Arbeit leisten,[498] während der Einfluss des Ministerpräsidenten auf diesen Bereich der Politik nur gering ist.[499] Seine Rolle wird eher in den Fällen deutlich, in denen die Koordinierung zwischen den Ministerien versagt. Ein vielbeachtetes Beispiel hierfür war die Besetzung des Flughafens in Priština (Kosovo) durch russländische Truppen am 11. Juni 1999. Dieser Akt des Generalstabs war eindeutig nicht mit dem Außenministerium abgestimmt, das nachfolgend große Mühe hatte, die außenpolitischen Wogen zu glätten.[500]

In einer Verfügung aus dem Jahre 1995 klärte der Präsident die grundlegenden Aufgaben des Ministeriums und die ihm zur Verfügung stehenden Mittel.[501] Es hat eine allgemeine Strategie der Außenpolitik auf Grundlage der Vorschläge des Präsidenten zu entwickeln und diesen Kurs in der täglichen Ausführung zu verwirklichen. Hierzu gehört insbesondere nach der Änderung im Jahr 2001 auch die Koordinierung der Tätigkeit der verschiedenen föderalen Behörden sowie der Behörden der Subjekte im Hinblick auf eine einheitliche Linie gegenüber dem Ausland.[502] Dabei ist es dem Schutz der Souveränität und der Sicherheit der Russländischen Föderation sowie der Wahrung der Rechte und Interessen seiner Bürger und juristischen Personen im Ausland verpflichtet. Das Außenministerium soll dem Präsidenten und der Regierung Vorschläge für konkrete Maßnahmen unterbreiten, um den diplomatischen Schutz eigener Staatsangehöriger im Ausland zu gewährleisten. Eine federführende Rolle spielt das Ministerium auch bei der Überprüfung von Gesetzesprojekten auf ihre Vereinbarkeit mit dem

497 Dieses Verständnis hob der damalige Außenminister *Igor Ivanov* in einer Ansprache am 26. Januar 2001 (DiplV. 2001, H. 2, S. 7) hervor: Leider habe das Außenministerium nicht alle ihm vom Präsidenten vorgegebenen Ziele erreichen können.

498 Vgl. hierzu etwa *Baur, J.*, 1999, S. 243-247. Die starke konzeptionelle Rolle des Außenministers *Primakov* gegenüber dem innen- wie außenpolitisch geschwächten Präsidenten *Jelzin* zeigte sich darin, dass *Primakov* 1997 den Ausdruck der „multipolaren Welt" geprägt hat (*Evgenij Primakov*: „A Multipolar World and the United Nations" International Affairs 1997, H.6, S. 4-10).

499 Die russische Presse sah in der direkten Zuordnung des Außenministeriums zum Präsidenten eine vom damaligen Außenminister *Kosyrev* geforderte Stärkung des Außenministeriums; vgl. *Petro, N. N. und A. Z. Rubinstein*, 1997, S. 92ff., insb. 98.

500 S. hierzu etwa *Levitin, O.*, 2000, S. 81;

501 Vom 14. März 1995, SZRF 1995, Nr. 12, Pos. 1033. Änderung vom 31. Mai 2001, SZRF 2001, Nr. 23, Pos. 2329.

502 Punkt 4 Abs. 4 der Verfügung in der geänderten Fassung vom 31. Mai 2001.

Völkerrecht (auf die Ausarbeitung von Vorschlägen zum Abschluss völkerrechtlicher Verträge wird im Teil 4 ausführlich eingegangen). Um die Politik des Ministeriums mit der Politik des Präsidenten besser abzustimmen, nimmt auch ein Vertreter an den Sitzungen des Sicherheitsrates teil.

Die stark koordinierende Rolle des Außenministeriums baut ein Ukaz des Präsidenten[503] aus dem Jahre 1996 weiter aus. Mit diesem Ukaz reagierte der Präsident auf das gleichzeitige Auftreten verschiedener Ministerien, Behörden und sonstiger Akteure im Bereich der Außenpolitik.[504] Das Ministerium hat nicht nur die Tätigkeit der Behörden der Ebene der Föderation, sondern auch vertikal die Tätigkeit der Subjekte im internationalen und außenwirtschaftlichen Bereich aufeinander und mit der Zentrale abzustimmen.[505] Ebenso wird die Vertretung im Ausland und gegenüber internationalen Organisationen von seinen Mitarbeitern, bzw. in Abstimmung mit diesen von den Mitarbeitern anderer Fachministerien wahrgenommen.[506] Ferner stellt der Ukaz klar, dass offizielle Erklärungen und Initiativen – zu ergänzen ist wohl, aus dem Bereich der Exekutive – zu Fragen der Außenpolitik nur vom Präsidenten, dem Vorsitzenden der Regierung oder dem Außenministerium auszugehen haben. Andere Behörden haben sämtliche Demarchen zuvor mit dem Ministerium abzustimmen. In gleicher Weise sind die Fragen der Informationspolitik sowie der Einladung höher- und hochrangiger Staatenvertreter geregelt.

Bei der Ernennung und Abberufung des Ständigen Vertreters an internationalen Organisationen durch den Präsidenten nach Anhörung der entsprechenden Ausschüsse und Kommissionen der Föderalversammlung hat das Außenministerium ein Vorschlagsrecht.[507] Im multilateralen Bereich ist die Kompetenzabgrenzung zu den Mitarbeitern der Präsidialadministration

---

503 Ukaz des Präsidenten vom 12. März 1996, SZRF 1996, Nr. 12, Pos. 1061.

504 Dies wurde 1994 in dem bereits erwähnten Bericht des (nichtstaatlichen) Rates für Sicherheits- und Außenpolitik kritisiert (Nezavissima Gazeta, 27.5.1994, S.4).

505 Grundsätzlich war diese Aufgabe dem Ministerium bereits in der Präsidentenverfügung von 1995 zugeteilt worden; der genannte Ukaz gibt lediglich klarere Anweisungen an die übrigen Behörden. Seit einer Änderung des Ukazes über die Struktur der Organe der ausführenden Gewalt vom 5. März 2001, SZRF 2001, Nr. 11, Pos. 1106, ist das Außenministerium auch für die Beziehungen zu den GUS-Staaten zuständig. Diese Aufgabe hatte früher ein eigenständiges Ministerium wahrgenommen.

506 Art. 21 Abs. 2 RegG; Verfügung über das Außenministerium vom 14. März 1995, SZRF 1995, Nr. 12, Pos. 1033; Punkt 1 des Ukazes über die koordinierende Rolle.

507 Punkt 9 der Verfügung über die ständigen Vertreter vom 29. September 1999, SZRF 1999, Nr. 40, Pos. 4819.

eindeutig. Beispielsweise hat das Ministerium die von Russland im Rahmen von Menschenrechtsabkommen geschuldeten Berichte zu erstellen und vor den entsprechenden Gremien zu vertreten. Die gesamte Außenrepräsentation der Politik (auf internationalen Konferenzen, bei Sitzungen der VN etc.) ebenso wie die Unterstützung der Regionen bei der Aufnahme außenwirtschaftlicher Beziehungen[508] gehören ebenfalls zu den klar umrissenen Aufgaben des Außenministeriums.

Zusammenfassung

Der Präsident ist Hauptträger der auswärtigen Gewalt in der Russländischen Föderation. Als Staatsoberhaupt übt er die zur formellen auswärtigen Gewalt gehörenden Funktionen der Vertretung des Staates im internationalen Verkehr aus; einige dieser Funktionen werden auch von der Regierung wahrgenommen. Durch seine Kompetenz, die Richtlinien der Außenpolitik zu bestimmen und ihre Umsetzung zu leiten, verfügt er auch über einen erheblichen Teil der auswärtigen Gewalt im materiellen Sinne. Als Leiter der Exekutive steht ihm diese zur administrativen Durchführung seiner Leitlinien zur Seite. Hier ist insbesondere die Koordinierungsfunktion des Außenministeriums sowohl innerhalb der föderalen Exekutive wie auch gegenüber den Subjekten von Bedeutung. Wesentlichen Einfluss übt das Ministerium auch bei der Ausarbeitung der kurz- und mittelfristigen Umsetzung der Richtlinien aus. Innerhalb der Exekutive tut sich dabei ein Spannungsverhältnis auf zwischen der Richtlinienkompetenz des Ministerpräsidenten gegenüber der Regierung und der Ausgliederung und unmittelbaren Unterstellung des Außenministeriums unter den Präsidenten. Eigene Initiativen oder ein eigenes außenpolitisches Profil können Ministerpräsident oder Außenminister nur bei einem schwachen Präsidenten oder auf bestimmten Gebieten wie etwa der Außenwirtschaft entwickeln.

Verfassung und Verfassungspraxis verteilen die Funktionen im Bereich der auswärtigen Gewalt eindeutig zugunsten der Exekutive. Das wichtigste Mitwirkungsrecht der Legislative ist die Zustimmung zu völkerrechtlichen

508 Präsident *Putin* wies in seiner Ansprache an den Führungsstab des Auswärtigen Dienstes am 26. Januar 2001 (DiplV. 2001, H. 2, S. 11) auf die notwendige Unterstützung der Regionen in diesem Bereich durch das Außenministerium hin.

Verträgen. Dies bietet allerdings, wie in Teil 4 gezeigt wird, nur geringe Gestaltungsmöglichkeiten, da sie auf den Verhandlungsprozess nur sehr beschränkt Einfluss nehmen kann. Der Legislative kommt die klassische Kontrollfunktion mittels des Haushaltsrechts sowie parlamentarischer Anfragen und Untersuchungen zu. Die beiden Kammern der Legislative haben unterschiedliche Einwirkungsmöglichkeiten. Während die Duma als direkt gewählte Kammer den Präsidenten und die Exekutive nicht bindende Erklärungen abgeben kann, steht dem Föderationsrat darüber hinaus ein erhebliches Mitsprache- und in gewissem Umfang auch Gestaltungsrecht bei der Entsendung von Truppen ins Ausland zu. Von großer Bedeutung ist ferner seine Zuständigkeit, die Verhängung des Kriegszustandes durch den Präsidenten zu bestätigen. Ursprünglich von den Verfassungsautoren wegen seiner permanenten Tagungsweise und seiner größeren Unabhängigkeit gegenüber tagespolitischen Ereignissen mit dieser Aufgabe betraut, kann er durch die Reform seiner Zusammensetzung in die Abhängigkeit vom Präsidenten geraten. In diesem Falle würde die ursprünglich angestrebte Kontrolle wichtiger Funktionen der auswärtigen Gewalt – wie insbesondere die Frage über Krieg und Frieden und die Truppenentsendung – eingeschränkt.

Die Judikative als dritte Gewalt in Form des Verfassungsgerichts ist nur in wenigen Fällen in ihrer Kontrollfunktion Akteur der auswärtigen Gewalt. Das Verfassungsgericht kann die Verfassungsmäßigkeit völkerrechtlicher Verträge prüfen und diese in beschränktem Umfang nicht nur als Auslegungs-, sondern auch als Prüfungsmaßstab heranziehen.

Der für eine semi-präsidentielle Republik typische Vorrang des Präsidenten auch im Bereich der auswärtigen Gewalt kann zu einem Verlust der Kontrolle der politischen Ausrichtung durch das Parlament führen. Diese verfassungsrechtliche Konstellation hat *de facto* schon dazu geführt, dass der Präsident eine außenpolitische Linie verfolgen konnte, die weder von der Mehrheit in der Föderationsversammlung noch von der Bevölkerungsmehrheit getragen wurde.

Vierter Teil: Das Verfahren des Abschlusses und der Kündigung von Verträgen auf föderaler Ebene

Das Verfahren und die Beteiligung der obersten Staatsorgane beim Abschluss völkerrechtlicher Verträge und bei ihrer Kündigung regelt das „Föderationsgesetz über die völkerrechtlichen Verträge der Russländischen Föderation“ vom 15. Juni 1995 (VRG)[509]. Dieses Spezialgesetz, das vielen ausländischen und auch der deutschen Gesetzgebung fremd ist, greift eine sowjetische Tradition auf und klärt umfassend die Fragen, die mit dem Abschluss völkerrechtlicher Verträge zusammentreffen können. Es sieht weitestgehend die gleichen Regelungen für den Abschluss und die Kündigung völkerrechtlicher Verträge vor; Abweichungen werden im Punkt 6 des zweiten Kapitels dieses Teils dargestellt.

Art. 3 Abs. 2 VRG führt die Unterscheidung zwischen Staatsverträgen, Regierungsabkommen und Ressortabkommen ein. Staatsverträge („mežgosudarstvennye dogovory“) sind Verträge der Russländischen Föderation, die diese in ihrem Namen mit ausländischen Staaten oder internationalen Organisationen abschließt. Als Regierungsabkommen („mežpravitel'stvennye dogovory“) bezeichnet das VRG Verträge der RF im Namen ihrer Regierung, während Ressortabkommen („dogovory mežvedomstvennogo charaktera“) im Namen der Organe der ausführenden Gewalt, also der Exekutivorgane abgeschlossen werden. Die Unterscheidung hinsichtlich des Vertretungsorgans sind für das Verfahren des Vertragsabschlusses von Bedeutung; allerdings lassen sich aus der Bezeichnung eines Vertrages keine Rückschlüsse auf seine verfassungsrechtliche Ratifikationsbedürftigkeit ziehen.

509 SZRF 1995, Nr. 29, Pos. 2757. Zur Entstehungsgeschichte s. *Fitzmaurice, M.* und *M. Andenas*, 1998, S. 259f.

1. Kapitel: Das Abstimmungsverfahren auf nationaler Ebene vor dem Abschluss eines völkerrechtlichen Vertrages

Bei der Analyse des Verfahrens des Vertragsabschlusses ist zwischen materieller Vertragsgewalt, d.h. der Frage der internen Willensbildung bis zum Abschluss eines Vertrages, und formeller Vertragsgewalt, also der Befugnis zur Außenrepräsentation, zu unterscheiden. Letztere wird im 3. Kapitel dieses Teils behandelt.

Artikel 8 bis 13 VRG regeln die Aufgabenverteilung innerhalb der Exekutive zur Vorbereitung von Vertragsabschlüssen. Unabhängig von der Art der zu schließenden Verträge sieht das VRG zwei Möglichkeiten zur Einleitung eines Abschlussverfahrens vor. Die *Empfehlungen* („Rekomendacii" Art. 8 VRG) zum Vertragsabschluss[510] kommen von Stellen außerhalb der Föderationsexekutive, während *Vorschläge* zum Vertragsabschluss („Predloženija", Art.9 VRG) von Stellen innerhalb der Föderationsexekutive eingereicht werden.[511] Dieselbe Aufteilung der Initiativrechte besteht bei der Beendigung der Verträge (Art. 35 und 36 VRG).

1 Empfehlungen zum Abschluss von Verträgen

1.1 Empfehlungsberechtigte

Jede Kammer der Föderationsversammlung sowie die entsprechenden Organe der Staatsgewalt der Subjekte der Föderation können direkt beim Präsidenten oder der Regierung der Föderation Empfehlungen zum Abschluss völkerrechtlicher Verträge abgeben (Art. 8 Abs. 1 Satz 1 VRG). Dabei sind sie hinsichtlich des Inhalts der Verträge nicht begrenzt.[512]

---

510 Diese Empfehlungen gab es in dem Vorgängergesetz über völkerrechtliche Verträge von 1978 noch nicht; zum Gesetz von 1978 s. *Schweisfurth, T.*, 1981.

511 Vgl. hierzu und insgesamt die Darstellung von *Beknazar, T.*, 1996, S. 412.

512 Weder die GO Duma in Abschnitt 5, noch die GO Föderationsrat in ihrem Kapitel 22 über die Behandlung internationaler Fragen sehen besondere Verfahrensvorschriften

Beschränkt empfehlungsberechtigt sind das Oberste Gericht, das Oberste Arbitragegericht, die Generalstaatsanwaltschaft, die Zentralbank und der Bevollmächtigte für Menschenrechte. Sie dürfen den Abschluss völkerrechtlicher Verträge empfehlen, die in den Bereich ihrer Zuständigkeit fallen (Art. 8 Abs. 1 Satz 2 VRG). Die Empfehlungen können sich etwa auf den Abschluss von Rechtshilfe-, Vollstreckungs- und Auslieferungsabkommen, von Verträgen im Bereich des internationalen Finanz- und Währungsrechts oder Menschenrechtsabkommen erstrecken. Das VRG fordert damit spezialisierte Institutionen geradezu auf, ihre Expertise auf offiziellem Wege einzubringen. Allerdings sehen die entsprechenden Gesetze über die Gerichte, die Zentralbank und den Bevollmächtigten für Menschenrechte keine Durchführungsvorschriften zur Wahrnehmung dieses Rechts vor.[513]

Bisher gibt es keine Untersuchungen, ob und inwieweit die erwähnten Organe von ihrem Empfehlungsrecht Gebrauch gemacht haben. Aus der fehlenden Ausgestaltung der Kompetenzen und der Überlastung insbesondere der Gerichte lässt sich aber schließen, dass diese Regelung in der Praxis leer laufen wird.

1.2 Adressat der Empfehlungen

Art. 8 VRG nennt als mögliche *Adressaten* der Empfehlungen den Präsidenten und die Regierung, ohne deren Zuständigkeiten weiter voneinander abzugrenzen. In Rückgriff auf Art. 11 VRG, der die Zuständigkeit des Präsidenten und der Regierung zur Entscheidung über die Frage der Aufnahme von Vertragsverhandlungen betrifft, ergibt sich folgende Aufteilung: An den Präsidenten werden die Empfehlungen zum Abschluss von Verträgen der Russländischen Föderation gerichtet, die nicht in den Aufgabenbereich der Regierung fallen. Dies sind beispielsweise Verträge über die kollektive Sicherheit oder die freundschaftliche Zusammenarbeit. Die Regierung ist der richtige Empfänger für die Empfehlung des Abschlusses von Regierungsabkommen sowie von Verträgen über die technisch-wissenschaftliche Zusammenarbeit oder zur Ausgestaltung der Außenhandelsbeziehungen.[514]

---

für diese Empfehlungen vor. In der Praxis fassen die Kammern jeweils Beschlüsse gemäß Art. 103 Abs. 2 VerfRF bzw. Art. 102 Abs. 2 VerfRF.

513 Vgl. *Butler, W. E.*, 1997, S. 42f. zu Art. 8.

514 Ebenso *I. O. Chlestova* in *Zvekov, V. P., B. I. Osminin*, 1996, Kommentar zu Art. 8, S. 30.

1.3 Weiteres Verfahren

Zu den rechtlich nicht bindenden Empfehlungen müssen innerhalb eines Monats der Präsident, die Regierung oder ein von ihr beauftragter Bundesminister oder Ressortleiter Stellung nehmen (Art. 8 II VRG). Zwar stellt das Gesetz keine Anforderungen an den Inhalt der Antwort, im Sinne eines reibungslosen Zusammenwirkens der Exekutive mit den anderen Staatsgewalten ist aber eine Begründung, die zur Zweckmäßigkeit des Vertragsabschlusses Stellung nimmt, wünschenswert.[515]

Das VRG geht offensichtlich davon aus, dass das Außenministerium eine Empfehlung zum Abschluss eines völkerrechtlichen Vertrages, von deren Zweckmäßigkeit es überzeugt ist, aufnimmt und als Vorschlag in die Regierungsarbeit einbringt. Für die Abstimmung einer Empfehlung innerhalb der Regierung gibt es daher auch keine Ausführungsbestimmungen.

2 Vorschläge zum Abschluss völkerrechtlicher Verträge

2.1 Vorschlagsberechtigte

Grundsätzlich haben die föderalen Organe der ausführenden Gewalt[516] das Recht, dem Präsidenten oder der Regierung Vorschläge zum Abschluss völkerrechtlicher Verträge zu unterbreiten. Eine wichtige, koordinierende Rolle spielt in diesem Verfahren das Außenministerium.[517] Soweit andere Ministerien dem Präsidenten den Abschluss eines Staatsvertrages auf dem Gebiet ihrer Zuständigkeit vorschlagen wollen, müssen sie dies entweder gemeinsam oder zumindest in Abstimmung mit dem Außenministerium unternehmen (Art. 9 Abs. 2 VRG). Auch den Abschluss von Regierungsabkommen können sie nur in Abstimmung mit dem Außenministerium vorschlagen

---

515 Ebenso *Chlestova* a.a.O., S. 30.

516 Vgl. den Ukaz des Präsidenten vom 30. April 1998 über „Die Struktur der Bundesorgane der ausführenden Gewalt" in DV 1998, No. 6, S. 6f. Die in Art. 8 VRG gesondert erwähnte Zentralbank und die Generalstaatsanwaltschaft gehören nicht dazu.

517 Zu dieser Rolle vgl. auch Punkt 5 des Ukazes über das Außenministerium vom 14. März 1995, SZRF 1995, Nr. 12, Pos. 1033.

(Art. 9 Abs. 3 VRG). Lediglich Ressortabkommen können die zuständigen Ministerien der Regierung unmittelbar vorschlagen (Art. 9 Abs. 4 VRG).

Bei der Ausarbeitung von Vorschlägen können die föderalen Behörden sich mit den entsprechenden ausländischen Behörden oder mit Vertretern internationaler Organisationen beraten (Art. 9 Abs. 6 VRG). Diese Vorschrift ist Ausdruck der Öffnung gegenüber dem Ausland und erleichtert den Austausch internationaler Erfahrungen.

2.2 Adressat der Vorschläge, Inhalt und Frist

Vorschläge, die den Abschluss von Staatsverträgen betreffen, leitet die Regierung nach vorheriger interner Abstimmung durch einen Beschluss („Postonavlenie") an den Präsidenten (Art. 9 Abs. 2 VRG). Soweit keine Abstimmung innerhalb der Regierung erforderlich ist, kann das Außenministerium als einzige Behörde dem Präsidenten die Vorschläge unmittelbar zuleiten. Betreffen die Staatsverträge allerdings Materien im Zuständigkeitsbereich der Regierung, ist die Regierung unmittelbar der richtige Adressat (Art. 9 Abs. 2 Satz 4 i.V.m. Abs. 3 VRG). An sie richten sich ferner Vorschläge zum Abschluss von Regierungs- sowie von Ressortabkommen (Art. 9 Abs. 3 und 4 VRG), wobei letztere in Abstimmung mit dem Außenministerium auch direkt von den zuständigen Ministerien eingereicht werden können.[518]

Die Vorschläge sollen den Vertragsentwurf oder seine wesentlichen Grundzüge sowie eine Begründung für die Zweckmäßigkeit des Vertragsabschlusses enthalten. Ferner müssen ein Bericht über die Konformität mit den russländischen Gesetzen sowie eine Schätzung der finanziellen

---

518 Ein Beispiel für dieses Verfahren ist die Regierungsverordnung über die Unterzeichnung des Abkommens zwischen den Regierungen der RF und den USA über die Zusammenarbeit bei der Umwandlung von nicht mehr benötigtem waffenfähigem Plutonium (SZRF 2000, Nr. 30, Pos. 3163). Den Entwurf des Abkommens legte das Ministerium für Atomenergie nach Abstimmung mit dem Außenministerium und einiger anderer Behörden und Ministerien der Regierung vor, die ihn billigte. Sie beauftragte das Außenministerium, einen Vorschlag zur Ratifizierung des Abkommen auszuarbeiten, während das Atomenergieministerium die entsprechenden Maßnahmen zu treffen hatte, damit bis zum In-Kraft-Treten des Abkommens dessen Ziele nicht beeinträchtigt würden.

und wirtschaftlichen Konsequenzen des Vertrages beigefügt werden (Art. 9 Abs. 5 Satz 2 VRG).

Anders als für die Bearbeitung von Empfehlungen gibt es für die Beantwortung von Vorschlägen gemäß Art. 9 VRG keine Frist für eine Stellungnahme. Diese erübrigt sich aber wohl auch aufgrund der Arbeitsverteilung innerhalb der Regierung, auf die anschließend eingegangen werden wird.

3 Abstimmung innerhalb der Exekutive

Das Außenministerium kanalisiert nicht nur die Vorschläge für den Abschluss völkerrechtlicher Verträge auf dem Weg zur Regierung, es spielt auch eine zentrale Rolle bei der Abstimmung eines Vertragsentwurfes innerhalb der Exekutive.

3.1 Abstimmung durch das Außenministerium

Das Außenministerium hat die Vertragsvorschläge mit den anderen Behörden und Ministerien abzustimmen, bevor es sie an die gesamte Regierung oder unmittelbar an den Präsidenten weiterleitet („soglasovyvajutsja", Art. 9 Abs. Satz 1 VRG). Bei dieser Koordinierung müssen die betreffenden föderalen Behörden und die sonstigen Organe der Staatsgewalt der RF sowie der entsprechenden Subjekte der Föderation berücksichtigt werden. Auch die Obersten Gerichte und die Föderationsversammlung können miteinbezogen werden.[519]

Von besonderer Bedeutung bei dem Abstimmungsverfahren sind das Finanzministerium, das die finanziellen Folgen des Vertrages einzuschätzen hat, sowie das föderale Ministerium der Justiz, das die Auswirkungen des Vertragsabschlusses auf die russländische Gesetzgebung zu überprüfen hat. Beide Berichte müssen dem Vertragsentwurf für die weitere Abstimmung beigefügt werden (Art. 9 Abs. 5 Satz 2 VRG).

---

519 *Zvekov* in *Zvekov, V. P. und B. I. Osminin*, 1996, Kommentar zu Art. 9, S. 36, weist ausdrücklich auf das Oberste Gericht oder das Arbitragegericht für die Fälle der Rechtshilfeabkommen hin.

3.2 Die Rolle des Justizministeriums

Das Justizministerium hat, soweit der völkerrechtliche Vertrag die Änderung der russländischen Gesetzgebung zur Folge hat, hierüber ein Gutachten anzufertigen, das seinem Inhalt nach von der Aussage des Außenministeriums abweichen kann. Zwar dürfen die Verträge an den Präsidenten nur in Abstimmung mit dem Justizministerium weitergeleitet werden (Art. 10 Abs. 1 VRG).[520] Selbst wenn das Justizministerium in seinem Gutachten zu dem Ergebnis kommt, dass der abzuschließende Vertrag nicht im Einklang mit der aktuellen Rechtslage steht, hemmt dieses Votum das Verfahren nicht. Schließlich muss die politische Entscheidung, ob über den Abschluss eines völkerrechtlichen Vertrages der Gesetzgeber zu einer Änderung der Rechtslage aufgefordert werden soll, dem Präsidenten und bei ratifikationsbedürftigen Verträgen dem Parlament überlassen bleiben.[521] Ziel einiger völkerrechtlicher Verträge, insbesondere im Bereich des Menschenrechtsschutzes, aber auch bei Investitionsschutzabkommen, ist ja gerade, eine Änderung der Rechtslage herbeizuführen. Im übrigen bleibt es der Exekutive *verfassungsrechtlich* unbenommen, auf der völkerrechtlichen Ebene einen Vorbehalt zu multilateralen Verträgen anzubringen.

In diesem Zusammenhang ist noch auf den zweiten Absatz des Artikel 10 VRG einzugehen. Hierin wird das Justizministerium ermächtigt, zur Frage der Vereinbarkeit eines völkerrechtlichen Vertrages mit der russländischen Gesetzgebung oder zur Gültigkeit des völkerrechtlichen Vertrages Stellung zu nehmen, unter anderem zu der Frage, welche staatlichen Vertreter rechtlich bindende Erklärungen für die Russländische Föderation abgeben können. Von dieser Möglichkeit scheinen insbesondere internationale Finanzorganisationen wie die Internationale Bank für Wiederaufbau und Entwicklung Gebrauch gemacht zu haben.[522]

---

520 Eine ähnliche Vorschrift gab es bereits im VRG von 1978.

521 Ähnlich auch *Butler, W. E.*, 1997, Kommentar zu Art. 10, S. 52. Er weist ebenfalls darauf hin, dass sonst das Justizministerium ein Vetorecht über das Recht des Abschlusses völkerrechtlicher Verträge hätte. *Chlestova* in *Zvekov, V. P. und B. I. Osminin*, 1996, Kommentar zu Art. 10, S. 39, weist zwar auf die Unklarheit hin, nimmt aber selbst keine Stellung.

522 So *Chlestova* a.a.O., S. 39f. Sie weist darauf hin, dass weder die Zuständigkeiten, noch die Frage der rechtlichen Verbindlichkeit solcher Beschlüsse geklärt sei. *Butler, W. E.*, 1997, S. 52f., äußert sich äußert kritisch zu den Erwartungen, die einige westliche Organisationen in diesem Bereich an solche Gutachten zu knüpfen scheinen; jedenfalls könne

3.3 Beteiligung der Subjekte

Zum Abstimmungsverfahren mit den Subjekten der Föderation wurde bereits im Teil 3 ausführlich Stellung genommen. Artikel 9 Abs. 5 VRG verweist in diesem Zusammenhang auf die detaillierte Ausgestaltung des Verfahrens in Art. 4 VRG. Zusammenfassend lässt sich sagen, dass weder die Subjekte, noch die weiteren am Abstimmungsverfahren Beteiligten ein Vetorecht hinsichtlich der Vertragsverhandlungen ausüben können.

4 Entscheidung über die Aufnahme und den Abschluss von Vertragsverhandlungen

Die in Art. 11 VRG geregelte Zuständigkeit für die Entscheidung über die Aufnahme und den Abschluss von Vertragsverhandlungen richtet sich nach Art und Inhalt des Vertrages.

4.1 Zuständigkeit des Präsidenten

Der Präsident entscheidet allein über die Aufnahme von Verhandlungen und die Unterzeichnung von Staatsverträgen, soweit deren Gegenstand nicht in die Zuständigkeit der Regierung fällt (Art. 11 Abs. 1 lit. a, Abs. 2 VRG)[523]. Da der Präsident nach der Verfassung die Russländische Föderation nach außen präsentiert und auch die Verhandlungen über die völkerrechtlichen Verträge führt, kann er auch die Entscheidung über die Verhandlungen von Verträgen und deren Unterzeichnung an sich ziehen, deren Gegenstand in der Kompetenz der Regierung liegt, soweit ihm dies notwendig erscheint (Art. 11 Abs. 2 VRG). Hiervon macht er in Fällen von einer erheblichen außenpolitischen Tragweite Gebrauch. Als Beispiel sei das Regierungsabkommen über die Finanzierung der Teilnahme russländi-

aus diesen Gutachten wohl kein eigenständiger Schadensersatzanspruch abgeleitet werden. Und nur in diesem Fall wären die Gutachten des Ministeriums von wirtschaftlichem Interesse. Allerdings ist hier Art. 46 WVK zu beachten.

523 Als Beispiele sei der Vertrag über Freundschaft und Zusammenarbeit zwischen der RF und der Republik Albanien (Verfügung des Präsidenten vom 20. Februar 1995, SZRF 1995, Nr. 9, Pos. 741) genannt.

scher Truppen an dem internationalen Einsatz in Bosnien-Herzegowina genannt.[524]

In einigen Fällen trifft der Präsident auch die Entscheidung über die Verhandlung und den Abschluss von Ressortverträgen, beispielsweise über den Vertrag zwischen dem russländischen Geheimdienst FSB und dem Generalstab der bulgarischen Armee über die Zusammenarbeit auf dem Gebiet der militärischen Spionageabwehr.[525] Der Wortlaut des Art. 11 VRG sieht ein solches Eintrittsrecht gegenüber den Ministerien und föderalen Behörden nur für die Regierung vor. Soweit es sich aber um die Tätigkeit einer Behörde wie dem FSB handelt, die aus der Zuständigkeit der Regierung ausgegliedert und dem Präsidenten direkt unterstellt ist[526], sind die Voraussetzungen des Art. 11 Abs. 4 VRG analog auf den Präsidenten anwendbar. Dementsprechend kann er die Entscheidung über die Unterzeichnung von Abkommen aus der Regierung ausgegliederter Ministerien selbst treffen, soweit es sich um Fragen von großer Bedeutung für die Staatsinteressen der RF handelt.

4.2 Zuständigkeit der Regierung

Falls Staatsverträge in den Zuständigkeitsbereich der Regierung fallen, trifft diese die Entscheidung über die Aufnahme von Vertragsverhandlungen, Art. 11 Abs. 1, lit. a VRG. Außerdem liegt die Entscheidung über Verhandlung und Unterzeichnung von Regierungsabkommen in ihrer Kompetenz (Art. 11 Abs. 1 lit. b VRG).

Über die Aufnahme von Verhandlungen über Ressortverträge hat die Regierung als Kollegialorgan zu bestimmen, Art. 11 Abs. 3 VRG. Dies liegt im Sinne einer engen Abstimmung der einzelnen Ressorts, die aufgrund

---

524 Rasporjaženie vom 13. Februar 1996, SZRF 1996, Nr. 7, Pos. 699; diese Entscheidung war eng mit dem Auslandseinsatz der Streitkräfte im Rahmen des Abkommens zwischen der RF und der NATO über die Zusammenarbeit bei der Zusammenstellung einer internationalen Friedenstruppe in Bosnien-Herzegowina verbunden, das gleichzeitig unterzeichnet wurde (Ukaz vom 14. Februar, SZRF 1996, Nr. 8, Pos. 738). Der Föderationsrat hatte am 5. Januar 1996 der Teilnahme der Truppen an dem Kontingent zugestimmt (SZRF 1996, Nr. 2, Pos. 57).

525 Vgl. *Osminin* in *Zvekov, V. P. und B. I. Osminin*, 1996, Kommentar zu Art. 11, S. 42. Das Abkommen stammt vom 25. Dezember 1995.

526 S. hierzu die Darstellung der Position der Machtministerien in Teil 3, Kap. 1, Punkt 3.

größerer Sachnähe besser überblicken können, ob durch den Abschluss eines Ressortabkommens ihre Zuständigkeiten betroffen sind. In diesem Fall sind sie enger in die Verhandlung des Vertrages einzubeziehen. Die Entscheidung über die Unterzeichnung des dann ausgehandelten Vertrages fällt der zuständige Ressortminister oder der Leiter einer sonstigen oberen föderalen Behörde in Abstimmung mit dem Außenministerium (Art. 11 Abs. 3 VRG). Kommt dem Vertrag eine große Bedeutung für die Staatsinteressen der Föderation zu, entscheidet die Regierung als Kollegialorgan über die Unterzeichnung eines Ressortvertrages (Art. 11 Abs. 4 VRG). Bei der Einschätzung der Bedeutung des Vertrages für die Staatsinteressen steht der Regierung ein erhebliches Ermessen zu.

Nachdem die Regierung die Grundsatzentscheidung über die Aufnahme von Verhandlungen über Regierungsverträge getroffen hat, kann sie das Außenministerium – oder in Ausnahmefällen andere Fachministerien – mit der Aushandlung des Vertrages betrauen. Ein Beispiel für die Ermächtigung des Außenministeriums ist die Ausarbeitung des Zusatzprotokolls zur Festlegung der russländisch-chinesischen Grenze im östlichen Teil zwischen der Regierung der RF und der Regierung der VR China.[527] Das Außenministerium hatte das Protokoll ausgearbeitet und der Regierung nach Abstimmung mit dem Verteidigungs- und Justizministerium sowie mit dem föderalen Grenzdienst zur Begutachtung vorgelegt. Die Regierung billigte den Entwurf und ermächtigte das Ministerium, im Namen der Regierung das Protokoll zu unterzeichnen und dabei auch Änderungen vorzunehmen, die den grundlegenden Charakter aber nicht abändern durften. Obwohl das Außenministerium als Machtministerium dem Präsidenten direkt unterstellt ist, kann die Regierung es direkt mit diesen typischen Aufgaben betrauen.

5 Zusammenfassung

Die materielle Vertragsgewalt ist innerhalb der Exekutive aufgeteilt zwischen dem Präsidenten und der Regierung, wobei dem Präsidenten entsprechend seiner verfassungsrechtlichen Stellung im Bereich der Auswärtigen Gewalt ein gewisser Vorrang zukommt. Der Präsident besitzt das Recht, die Entscheidung über den Abschluss von Verträgen und Abkommen im Zu-

527 Verordnung vom 20. Juli 2000, SZRF 2000, Nr. 30, Pos. 3166.

ständigkeitsbereich der Regierung, die „wichtige Staatsinteressen" berühren, selbst zu treffen. Dieses Eintrittsrecht besteht zwar auch im Verhältnis zwischen einzelnen Ministerien und der Regierung als Kollegialorgan im Bereich der Ressortabkommen. Allerdings verfügen die Ministerien – anders als die Regierung – nur über eine abgeleitete Vertragsgewalt.

Verstärkt wird die Vertragsgewalt des Präsidenten durch sein Eintrittsrecht beim Abschluss von Abkommen der ihm direkt unterstellten sog. Machtministerien. Obwohl das VRG keine ausdrücklichen Regelungen hierzu vorsieht, zieht die Praxis konsequent die aus der Unterordnung folgenden Schlüsse.

Während der Phase der Erarbeitung von Vertragsvorschlägen wird die koordinierende Rolle des Außenministeriums besonders deutlich. Es kontrolliert nicht nur die Vorlage von Vorschlägen direkt an den Präsidenten, sondern auch die Einbringung von Vorschlägen in die Regierung. Obwohl es direkt dem Präsidenten unterstellt und damit aus der Regierungshierarchie ausgegliedert ist, bleibt diese Aufgabe in seinem Zuständigkeitsbereich.

2. Kapitel: Das Verfahren der parlamentarischen Zustimmung

Ein Großteil völkerrechtlicher Verträge bedarf nach den verfassungsrechtlichen Vorgaben der Vertragsstaaten der Zustimmung des Parlaments. In der russländischen Rechtsordnung, und insbesondere in dem VRG, wird der Begriff „Ratifikation" in zwei Bedeutungen benutzt: er wird sowohl in der völkerrechtlichen Bedeutung – als Ausdruck der Zustimmung, völkerrechtlich gebunden sein zu wollen (Art. 2 lit. b VRG, entspricht Art. 2 lit. b WVK) – gebraucht, wie auch für das innerstaatliche Verfahren, in dem der Gesetzgeber durch ein föderales Gesetz dem Vertrag zustimmt (Art. 14 VRG). Die doppeldeutige Verwendung des Begriffs ist eine Übernahme aus dem alten Vertragsrechtsgesetz der UdSSR. Das für die innerstaatliche Zustimmung zuständige Präsidium des Obersten Sowjet war als kollektives Staatsoberhaupt zugleich völkerrechtliches Vertretungsorgan und somit sowohl für die staatsrechtliche Zustimmung als auch für die völkerrechtliche Ratifikation zuständig.[528] Der Begriff der „innerstaatlichen Ratifikation" bezieht sich sowohl auf die Annahme, als auch auf die Kündigung oder Suspendierung eines Vertrages.

Im Folgenden wird der Begriff „(innerstaatliche) Zustimmung" für das innerstaatliche Verfahren benutzt, während sich der Begriff Ratifikation auf den völkerrechtlichen Akt bezieht.

1 Arten zustimmungsbedürftiger Verträge

Die Verfassung sieht in Art. 106 lit. d nur allgemein die notwendige Beteiligung des Föderationsrates bei Zustimmungsgesetzen zu völkerrechtlichen Verträgen der RF vor. Sie überlässt die Festlegung der Verträge, die aufgrund ihres Gegenstandes zustimmungsbedürftig sind, dem Gesetzgeber. Dieser ist dabei an die verfassungsrechtliche Gewaltenteilung im Bereich der auswärtigen Gewalt gebunden. Demnach können nicht sämtliche Verträge mit ausländischen Staaten der Zustimmung des Gesetzgebers unterliegen, da die Verträge ein wesentliches Gestaltungsmittel der Auswärtigen Gewalt sind, die die Verfassung zuvörderst der Exekutive übertragen hat. Die Verabschiedung des VRG hat die Duma genutzt, um ihre nur begrenzten Mitwirkungsrechte im Bereich der auswärtigen Gewalt (s. Teil 3) durch eine umfassende Beteiligung am Vertragsabschlussverfahren auszuweiten.[529]

Die in Art. 15 VRG aufgezählten Arten zustimmungsbedürftiger Verträge lassen sich in drei Gruppen aufteilen. Dabei ist die Bezeichnung des Vertrages als Regierungs- oder Staatsvertrag unerheblich für die Frage der Notwendigkeit der parlamentarischen Zustimmung zu dem Vertrag.[530]

---

528 Vgl. auch *Beknazar, T.*, 1996, S. 414f.

529 Auch *Danilenko, G. M. und W. Burnham*, 1999, S. 168, weisen darauf hin, dass die Verfassung dem Präsidenten und der Regierung ein weites Ermessen für den Abschluss von Verwaltungsabkommen zugestehe, das durch Art. 15 VRG eingeschränkt werde.

530 Als Beispiel sei der „Vertrag zwischen den Regierungen der Republik Kasachstan, der Russländischen Föderation und den Vereinigten Staaten von Amerika über technische Maßnahmen im Zusammenhang mit dem Kosmodrom Bajkonur bzgl. Apparaten, deren Lizenznehmer die USA ist" genannt. Dieser wurde als Regierungsvertrag nach der Ratifizierung durch die Duma am 15. Dezember 2000 und den Föderationsrat am 20. Dezember, vom Präsidenten am 29. Dezember 2000 unterzeichnet (SZRF 2001, Nr. 1 Pos. 17).

1.1 Art. 15 Abs. 2 VRG

Klar abgrenzbar ist die Gruppe der Verträge, die bereits laut Vertrag der parlamentarischen Zustimmung bedürfen (Art. 15 Abs. 2 VRG). Hierzu zählen beispielsweise die Satzungen der Vereinten Nationen sowie des Europarates, die EMRK oder das Seerechtsübereinkommen der Vereinten Nationen.[531]

1.2 Art. 15 Abs. 1 lit. b bis e VRG

Die zweite Gruppe stellen Verträge dar, deren Gegenstand abgrenzbar ist und deren innerstaatliche Zustimmung bereits mittelbar in der Verfassung vorgesehen ist (Art. 15 Abs. 1 lit. b – e VRG). Hierzu gehören grund- und menschenrechtsrelevante Verträge (Art. 15 lit. b VRG), Grenzverträge sowie Verträge zur Abgrenzung der ausschließlichen Wirtschaftszone und des Festlandssockels (Art. 15 Abs. 1 lit. c VRG).[532] Zustimmungsbedürftig sind außerdem Verträge, die die grundlegenden Fragen der zwischenstaatlichen Beziehungen inklusive Fragen des internationalen Friedens und der Sicherheit betreffen, Friedensverträge (lit. d) und die Teilnahme an internationalen Organisationen, soweit der Beitritt mit der Übertragung von Hoheitsrechten oder der Anerkennung der rechtlichen Verbindlichkeit von Entscheidungen der Organe einher geht (lit. e). Mit Ausnahme der Verträge über Menschenrechtsfragen war diese Gruppe schon gemäß Art. 24 des alten Gesetzes von 1978 zustimmungsbedürftig.

Die Verfassung sieht für die Regelung dieser Fragen bereits föderale Gesetze, die teilweise der Beteiligung des Föderationsrates unterliegen, vor. Zumindest die Einschränkung der Grund- und Menschenrechte muss gemäß Art. 55 Abs. 3 VerfRF auf einem Gesetz beruhen. Zur Frage der notwendigen Beteiligung der Staatsduma bei der Erweiterung dieser verfassungsrechtlich garantierten Rechte auf vertraglicher Basis nimmt die Verfassung nicht ausdrücklich Stellung. Da es sich hierbei aber um verfassungsändernde Verträge handelte, wäre die Beteiligung der Staatsduma analog Art. 135 VerfRF ebenfalls notwendig.

---

531 Übereinkommen vom 10. Dezember 1982, BGBl. 1994 II 1798.

532 Ein Beispiel ist die Ratifikation des START-II-Vertrags durch die Föderationsversammlung.

Art. 106 lit. e VerfRF sieht föderale Gesetze zum Status der Grenze vor, Art. 106 lit. f VerfRF Gesetze unter Beteiligung des Föderationsrates über Fragen des Krieges und des Friedens. Die Möglichkeit der Übertragung von Hoheitsgewalt auf zwischenstaatliche Einrichtungen ist der RF nach Art. 79 VerfRF eröffnet, der allerdings keine Mitwirkungsbefugnisse der Föderationsversammlung vorsieht. Eine ausdrückliche Gesetzgebungskompetenz lässt sich auch nicht aus den anderen Vorschriften der Verfassung ablesen. Gleichwohl ergibt sich die Mitwirkungsbefugnis bereits unmittelbar aus der Materie – bei der Übertragung von Hoheitsakten, die zumeist auch rechtsetzenden Charakter haben, muss das Hauptgesetzgebungsorgan in einer parlamentarischen Demokratie im weiten Sinne beteiligt werden.[533]

1.3 Art. 15 Abs. 1 lit. a VRG

In die dritte, umfassendste Gruppe fallen die Verträge, die eine Änderung der Gesetzgebung erfordern. Dieses Merkmal weitet die Mitwirkungs- und Kontrollbefugnis der Föderationsversammlung erheblich gegenüber der Rechtslage unter dem Gesetz von 1978 aus. Aus Art. 15 Abs. 1 lit. a VRG in Zusammenhang mit Art. 14 und 6 Abs. 2 VRG folgt ferner, dass Präsident und Regierung nur dann eine völkerrechtlich bindende Erklärung abgeben dürfen, wenn der Vertragsabschluss entweder keine Änderung der Gesetzeslage erforderlich macht oder die Föderationsversammlung zuvor dem Vertrag zugestimmt hat.[534]

Wie in Teil 5 ausgeführt werden wird, gehen die Normen völkerrechtlicher Verträge den russländischen Gesetzen gemäß Art. 15 Abs. 4 VerfRF vor; der Gesetzgeber kann sich völkerrechtlichen Verpflichtungen nicht durch entgegenstehendes Gesetzesrecht entziehen, die *lex-posterior*-Regel findet keine Anwendung. Könnte die Exekutive völkerrechtliche Verträge verbindlich abschließen und in Kraft setzen, die innerstaatlich die Gesetzgebung ändern, ohne dass die zuständigen Gesetzgebungsorgane beteiligt wären, führte dies zu einer Bindung des Gesetzgebers durch einen Akt der Exekutive. Dies widerspräche dem Grundsatz der Gewaltenteilung in ekla-

---

533 Siehe hierzu im Einzelnen Teil 5, Kapitel 4.

534 So auch *Osminin* in *Zvekov, V. P. und B. I. Osminin*, 1996, Kommentar zu Art. 15, S. 51f.

tanter Weise.[535] Das auf den ersten Blick sehr weitreichende Zustimmungserfordernis bezüglich aller Verträge, die eine Änderung der Gesetzeslage vorsehen, ist bei näherer Betrachtung also verfassungsrechtlich gefordert. Art. 15 VRG führt die Vorgaben der Verfassung verfassungskonform aus.

2 Zustimmungsbedürftige Rechtsakte

Neben der Beteiligung des Parlaments am Abschluss völkerrechtlicher Verträge sieht die Verfassung auch die Zustimmung zur Kündigung dieser Verträge vor (Art. 106 lit. d VerfRF).

Bei der Ausarbeitung des VRG hat der Gesetzgeber den in Art. 106 lit. d VerfRF verwendeten Begriff der „Kündigung" („Denonsacija") sehr weit ausgelegt und so seine Mitspracherechte auch auf andere Rechtsakte erweitert, die mit der Kündigung in keinem Zusammenhang stehen, den Vertragsinhalt aber wesentlich beeinflussen können. Das VRG regelt etwa die Mitwirkung der Föderationsversammlung beim Anbringen von Vorbehalten (Art. 25 VRG) sowie bei der vorläufigen Suspendierung eines Vertrages (Art. 37 Abs. 3 Satz 2 VRG), ohne dass dies ausdrücklich in der Verfassung vorgesehen wäre. Soweit der Vertrag vorläufig angewendet werden soll, ist die Duma innerhalb von sechs Monaten hiervon zu unterrichten. In einem föderalen Gesetz, das die Anforderungen des allgemeinen Zustimmungsverfahrens zu erfüllen hat, kann sie die weitere vorläufige Anwendung des Vertrages über diese sechs Monate hinaus ermöglichen (Art. 23 Abs. 2 VRG).[536] Im entgegenstehenden Fall darf der Vertrag nicht mehr angewendet werden.

---

535 Zur Frage des Rangs völkerrechtlicher Verträge s. a. Teil 5.

536 Am 7. August 1995 hat der Präsident Übergangsvorschriften in Form einer Verfügung (Razporjaženie) erlassen, nach der das Außenministerium in Zusammenarbeit mit anderen Ministerien eine Liste derjenigen zustimmungsbedürftigen Verträge aufzustellen hatte, die zu diesem Zeitpunkt vorläufig angewendet wurden (SZRF 1995, Nr. 33, Pos. 3363).

3 Das Verfahren im Parlament

Das Verfahren der parlamentarischen Zustimmung zu völkerrechtlichen Verträgen gemäß Art. 17 VRG entspricht dem allgemeinen Gesetzgebungsverfahren auf föderaler Ebene unter notwendiger Beteiligung des Föderationsrates.[537] Es findet auch auf den Beitritt zu internationalen Verträgen Anwendung, falls die Verträge zustimmungsbedürftige Regelungen enthalten (Art. 21 VRG).

Um ihre Mitwirkungsbefugnisse auch effektiv wahrnehmen zu können, muss das Außenministerium die Duma und den Föderationsrat über den Abschluss völkerrechtlicher Verträge im Namen der RF informieren (Art. 7 Abs. 1 VRG). Hierzu gehört auch die Bereithaltung einer Aufstellung derjenigen Verträge, die bis zur Unterzeichnung vorbereitet sind. Anhand dieser Liste kann das Parlament überprüfen, ob es abweichend von der Regierung oder vom Präsidenten von der Zustimmungspflichtigkeit eines Vertrages ausgeht, und kann entsprechende Schritte zur Wahrung seiner Rechte einleiten.

3.1 Einbringung in die Duma

Dasjenige Organ, das im Einklang mit Art. 11 VRG die Entscheidung über die Unterzeichnung eines Vertragsprojektes getroffen hat, bringt den Entwurf in das parlamentarische Zustimmungsverfahren ein (Art. 16 Abs. 1 VRG). Wenn auch grundsätzlich die Regierung Regierungsabkommen bzw. Staatsverträge in ihrem Zuständigkeitsbereich der Duma vorzulegen hat[538],

---

537 Die Beteiligung des Föderationsrates als Interessenvertreter an der Ratifizierung der Verträge war in der Verfassungskommission umstritten. *Ėbseev* plädierte gegen dessen Beteiligung, da der Föderationsrat andernfalls den Abschluss völkerrechtlicher Verträge blockieren könne. Er befürchtete wohl eine Verschiebung der Vertragsschlussgewalt von der Föderation auf die Subjekte. Hiergegen wurde die Gesetzeskraft der Verträge eingewandt; deren Ratifizierung habe daher im ordentlichen Gesetzgebungsverfahren stattzufinden. Dem ist allerdings entgegen zu halten, dass nicht sämtliche Gesetze der notwendigen Beschlussfassung des Föderationsrates unterliegen. KS, Band 18, Sitzung der Arbeitsgruppe zur Ausarbeitung der Verfassung vom 18. Oktober 1993, S.188f.

538 Ein Beispiel für die Einbringung durch die Regierung ist das „Abkommen zwischen der RF und der Republik Weißrussland über Fragen der Verbesserung der Tätigkeit der Organe der Union zwischen Weißrussland und Russland", Verordnung der Regierung vom 30. Dezember 2000, SZRF 2001, Nr. 2, Pos. 194.

steht es ihr offen, aus politischen Erwägungen dem Präsidenten die Einbringung eines solchen Vertrages vorzuschlagen.

Innerhalb der Exekutive hat wiederum das Außenministerium die Federführung inne. Die Vorschläge der zustimmungspflichtigen Verträge inklusive eines Gesetzesentwurfes hat das Außenministerium mit den betreffenden Behörden und ggf. mit der Regierung abzustimmen (Art. 16 Abs. 2 VRG). Die Regierung fasst über die Einbringung des Vertragstextes in die Duma oder über die Vorlage des Textes an den Präsidenten einen Beschluss („postanovlenie“).[539] Für die Einbringung in die Staatsduma hat das Ministerium dem offiziellen Vertragstext[540] eine Einschätzung der Zweckmäßigkeit des Abschlusses des Vertrages und der wirtschaftlichen und finanziellen Auswirkungen des Vertrages beizufügen. Hierbei kann es auf die im Abstimmungsverfahren eingeholten Gutachten des Finanzministeriums sowie anderer Fachministerien zurückgreifen. Falls der Vertrag Ausgaben zu Lasten des föderalen Haushaltes vorsieht, also budgetrelevant ist, muss die Regierung ein Gutachten im Sinne des Art. 104 Abs. 3 VerfRF anfertigen. In einigen Fällen verpflichtet sich die Föderationsversammlung in dem Zustimmungsgesetz, in den kommenden Haushalten ausreichende Mittel zur Umsetzung eines völkerrechtlichen Vertrages zur Verfügung zu stellen.[541] Ferner bedarf es einer Stellungnahme zur Vereinbarkeit des Vertrages mit der russländischen Rechtsordnung (Art. 16 Abs. 4 VRG).

Zu erwähnen ist noch, dass die Duma Gesetzesinitiativen von anderen nach Art. 104 VerfRF hierzu berechtigen Organen, bspw. von Mitgliedern des Föderationsrates oder von ihren Abgeordneten, direkt an den Präsidenten zur Stellungnahme verweisen soll (Art. 16 Abs. 5 VRG, Art. 189 Abs. 2 GODuma).

---

539 Beispiele für diese Beschlüsse gibt *Zvekov* in *Zvekov, V. P. und B. I. Osminin*, 1996, Kommentar zu Art. 16, S. 53.

540 Die Verfügung des Präsidenten vom 8. September 1994, DiplV 1994, Heft 19-20, S. 3, führt aus, dass sämtliche an den Präsidenten oder die Regierung gerichteten Vorschläge, die die Annahme, Kündigung, vorläufige Außerkraftsetzung völkerrechtlicher Verträge oder ähnliches betreffen, mit einer beglaubigten Kopie und evtl. einer beglaubigten offiziellen Übersetzung in russischer Sprache versehen sein müssen. Diese wird dem parlamentarischen Ratifikationsverfahren zugrunde gelegt.

541 So bspw. bei der Ratifikation der EMRK, SZRF 1998, Nr. 14, Pos. 1514.

3.2 Beratung und Annahme in der Duma

Das Zustimmungsgesetz zu einem völkerrechtlichen Vertrag nimmt die Duma in dem allgemeinen Gesetzgebungsverfahren gemäß Kapitel 26 GODuma[542] grundsätzlich in drei Lesungen an.

Nach seiner Einbringung überweist der Rat der Duma[543] das Gesetzesprojekt mitsamt den notwendigen Materialien an einen federführenden und ggf. an einen weiteren Ausschuss (Art. 109 GODuma); dies sind bei Zustimmungsgesetzen der Ausschuss für internationale Angelegenheiten und/oder der Ausschuss für Angelegenheiten der GUS (Art. 189 Abs. 3 GODuma). An der Erörterung des Projektes im Ausschuss können neben Vertretern und Bevollmächtigten des Präsidenten und der Regierung auch nicht zu den Ausschüssen gehörende Abgeordnete sowie unabhängige Experten teilnehmen (Art. 191 GODuma). Jene haben auch das Recht, bei der Beratung des Projektes in der ersten Lesung gehört zu werden (Art. 195 GODuma). Der federführende Ausschuss hat mit der Mehrheit der Stimmen seiner Abgeordneten einen Beschluss über die Annahme oder Ablehnung des Projektes zu fassen. Ggf. in Absprache mit dem Ausschuss für internationale Angelegenheiten bzw. für Fragen der GUS kann er dem Rat der Duma eine angemessene Frist für die Behandlung des Gesetzesprojektes in erster Lesung empfehlen (Art. 192 Abs. 4 GODuma). Entwürfe von Zustimmungsgesetzen zu völkerrechtlichen Verträgen können außerhalb der Tagesordnung behandelt werden (Art. 193 Abs. 3 GODuma).

Zu Beginn der ersten Lesung stellt der federführende Ausschuss seine Entscheidung und sämtliche für die Behandlung des Gesetzesprojektes erforderlichen Materialien vor, zu denen auch ein Gutachten der Rechtsabteilung der Verwaltung der Staatsduma gehört (Art. 193 GODuma). Hieran schließen sich die Darstellung der Ausschüsse zu internationalen Angelegenheiten oder der GUS an; sonstige Ausschüsse werden gehört, falls sie die

---

542 Geschäftsordnung der Duma vom 22. Januar 1998, SZRF 1998, Nr. 7, Pos. 801.

543 Mitglied des Rates der Duma mit Stimmrecht sind der Präsident der Duma sowie die Führer der Zusammenschlüsse der Abgeordneten. Mit beratender Stimme nehmen an den Sitzungen die stellvertretenden Präsidenten der Duma und die Vorsitzenden der Ausschüsse und Kommissionen teil. Ferner dürfen der Sitzung der Bevollmächtigte des Präsidenten bei der Duma, der Bevollmächtigte der Regierung und die Vorsitzenden der „Subjekte mit dem Recht der Gesetzgebungsinitiative“ beiwohnen, soweit in der Sitzung ein von ihnen eingebrachtes Gesetzgebungsprojekt verhandelt wird (Art. 13 Abs. 2 GODuma).

Nichtannahme des Gesetzesprojektes, dessen Änderung oder die zusätzliche Annahme von Erklärungen oder Vorbehalten empfehlen.

Nach der Annahme des Projektes als Gesetz mit der Mehrheit der Gesamtzahl der Mitglieder der Staatsduma (Art. 196 Abs. 1 GODuma), die unmittelbar in der ersten Lesung erfolgen kann (Art. 119 Abs. 1, 3. Var. GODuma), überweist der Vorsitzende der Duma den von ihm unterschriebenen Entwurf innerhalb von fünf Tagen an den Föderationsrat, der gemäß Art. 106 lit. d VerfRF an jeder Ratifikation eines völkerrechtlichen Vertrages zwingend zu beteiligen ist. Falls der Entwurf noch nicht in der ersten Lesung angenommen ist, hat die Duma dem Föderationsrat wie auch dem Präsidenten den Entwurf aus der ersten Lesung binnen drei Tagen zu überweisen (Art. 117 Abs. 2 Go Duma). Im Anschluss muss das Vertragsgesetz in zweiter und dritter Lesung angenommen oder abgelehnt werden.

Erhält der Gesetzesentwurf auch nach einer wiederholten Beratung keine ausreichende Anzahl an Stimmen, wird er so gestellt, als ob er das Verfahren nicht durchlaufen habe (Art. 196 Abs. 3 GODuma). Nach dem Wortlaut könnte der Vertrag dann also zu einem späteren Zeitpunkt erneut in das Gesetzgebungsverfahren eingebracht werden. Wird die Beratung des Vertrages im Plenum verschoben, bedarf es hierfür eines begründeten Beschlusses („postonavlenie") der Duma (Art. 197 GODuma).

3.3 Beratung und Annahme im Föderationsrat

Der Föderationsrat berät den Gesetzesentwurf zum völkerrechtlichen Vertrag im ordentlichen Gesetzgebungsverfahren gemäß Kapitel 10 GOFödrat. Dieses ist durch relativ kurze Fristen zur Beratung geprägt.

Innerhalb von 48 Stunden nach Eingang wird der Entwurf an alle Mitglieder des Föderationsrates verteilt (Art. 103 GOFödrat). Der Vorsitzende des Föderationsrates überweist den Entwurf einem Ausschuss, der feststellt, dass es sich um einen Entwurf mit zwingender Beteiligung des Föderationsrates handelt (Art. 108 Abs. 1 GOFödrat). Nach Beratung leitet der Ausschuss den Gesetzesentwurf mit seiner Empfehlung zur Annahme oder Ablehnung an den Vorsitzenden weiter. Ein ablehnendes Votum hat der Ausschuss mit einer Begründung zu versehen und kann ggf. Änderungen vorschlagen (Art. 108 Abs. 5-7 GOFödrat). Im Plenum trägt zunächst der Vorsitzende des federführenden Ausschusses für internationale Angelegenheiten das Ergebnis der Beratungen vor; danach erhalten Vertreter der Regierung – insbesondere der Ministerpräsident – das Wort (Art. 111 GOFödrat). Das Plenum kann die Annahme oder die Ablehnung des Gesetzesentwurfes beschließen oder die Entscheidung vertagen, um weitere Informationen einzuholen (Art. 112 GOFödrat).

Zwar unterliegt die Gesetzgebung zu völkerrechtlichen Verträgen der zwingenden Beschlussfassung durch den Föderationsrat; er kann die Ratifizierung von Verträgen also nach einer ersten Beschäftigung um einiges herauszögern.[544] Er hat aber auch hier kein Vetorecht; seinen Einspruch kann vielmehr die Staatsduma gemäß Art. 105 Abs. 5 VerfRF mit einer 2/3-Mehrheit überstimmen. Bisher ist noch kein Fall bekannt geworden, dass der Föderationsrat wegen eines von der Duma verabschiedeten Vertrags-gesetz den Vermittlungsausschuss angerufen hätte.

4 Der Präsident im innerstaatlichen Zustimmungsverfahren

Das angenommene Gesetz überweist der Föderationsrat dem Präsidenten zur Ausfertigung und Verkündung (Art. 107 Abs. 1 VerfRF, Art. 17 Abs. 2 VRG). Gleichzeitig wird er zum Abschluss des völkerrechtlichen Ratifikationsverfahrens ermächtigt und verpflichtet (Art. 18 VRG). Für eine solche Verpflichtung sprechen neben dem Wortlaut des Art. 18 VRG, nach dem die Ratifikationsurkunde „unterzeichnet wird“ (*podpisyvajetsja)*, auch systematische Gründe. Die Verfassung spricht dem Parlament und nicht dem Präsidenten die Entscheidung über die Geltung zustimmungspflichtiger völkerrechtlicher Verträge zu; an dessen Votum muss er daher auch gebunden sein.[545] Für den Fall der Unterzeichnung einfacher Gesetze hat das Verfassungsgericht diesen Grundsatz bereits in seinem ersten *Beutekunsturteil* festgeschrieben.[546] Der Präsident darf sich nicht auf die vermeintliche Verlet-

---

544 Allerdings hat bisher immer die Duma und gerade nicht der Föderationsrat die Beschlussfassung völkerrechtlicher Verträge verzögert.

545 So auch *Beknazar, T.*, 1996, S. 418.

546 Entscheidung vom 6. April 1998, SZRF 1998, Nr. 16, Pos. 1879; deutsch von *M. Hartwig* in EuGRZ 1998, S. 378-380. Vgl. auch die ausführliche Besprechung bei *Hartwig, M.*, 1998, Beutekunst I, der auch auf die Fragen des Vetorechts des Präsidenten allgemein eingeht. Außerdem s. a. *Schröder, T.*, 1999, der die Widersprüchlichkeit der Ent-

zung von Verfahrensvorschriften berufen, um die Unterzeichnung eines Gesetzes zu verweigern; vielmehr kann er das VerfG nachträglich zur Prüfung dieser Frage anrufen. Ebenso muss es sich bei Vertragsgesetzen verhalten: auch hier kann es sich nur um Fehler im Gesetzgebungsverfahren handeln.[547] Die materielle Verfassungsmäßigkeit des Vertrages kann das Gericht auf Antrag auch präventiv prüfen (Art. 125 Abs. 2 lit. d VerfRF). Bei Zweifeln an der Verfassungsmäßigkeit des Vertrages, den er zuvor unterschrieben hatte, müsste der Präsident also bereits vor oder spätestens während des Gesetzgebungsverfahrens diese Frage vom Verfassungsgericht überprüfen lassen. Sieht er hiervon ab, geben ihm die Zweifel an der Verfassungsmäßigkeit kein Recht, die Unterzeichnung des Zustimmungsgesetztes zu verweigern. Dieses Gesetz enthält den Auftrag an den Präsidenten, den entsprechenden völkerrechtlichen Vertrag zu ratifizieren; widersetzt er sich diesem Auftrag, verstößt er gegen das Zustimmungsgesetz, an das er gebunden ist. Die Ratifikationsverpflichtung ist Ausdruck der in Art. 106 lit. d VerfRF vorgesehenen parlamentarischen Kontrolle im Bereich der Vertragsgewalt, die die Richtlinienkompetenz des Präsidenten gemäß Art. 86 lit. a und b einschränkt. Für diese Lösung spricht ferner die Beteiligung der Legislative nicht nur beim Abschluss, sondern auch bei der Kündigung völkerrechtlicher Verträge – hat der Präsident das Gesetzgebungsverfahren eingeleitet, gibt er die Frage über die Ratifikation, aber auch über die Kündigung des Vertrages aus seiner Hand in die der Legislative.

Die Frage stellt sich anders, wenn das Parlament durch das Vertragsgesetz den Präsidenten zur Ratifizierung des völkerrechtlichen Vertrages unter einem Vorbehalt verpflichtet. Wie unten unter Punkt 5 ausgeführt werden wird, darf der Präsident, bzw. in ihrem Zuständigkeitsbereich die Regierung, den Vertrag nur mit dem angegebenen Vorbehalt völkerrechtlich ratifizieren. Muss der Präsident diesen Vertrag aber auch ratifizieren oder steht ihm die Entscheidung darüber zu, unter diesen Bedingungen ganz von der völkerrechtlichen Ratifizierung des Vertrages Abstand zu nehmen? Für das Ermessen des Präsidenten (bzw. der Regierung) spricht, dass das Parlament sonst die Exekutive zum Abschluss von Verträgen mit einem bestimmten Inhalt zwingen kann, die Exekutive also nicht mehr „Herr über den Vertragsinhalt“ ist. Dies widerspricht aber dem gesamten Konzept der Auftei-

---

scheidung mit einer Entscheidung vom 22. April 1996, SZRF 1996, Nr. 18, Pos. 2253, bemängelt.

547 Zur Ratifikation unter Vorbehalt siehe unter Punkt 5.

lung der auswärtigen Gewalt: soweit die Gesetzgebung geändert werden muss, hat das Parlament ein Mitsprache- und sogar Vetorecht. Bleiben diese Materien aber unberührt, hat das Parlament weder ein Mitspracherecht noch ein für die Exekutive verbindliches Initiativrecht. Im Ergebnis muss der Präsident in diesen Fällen also zwar das Zustimmungsgesetz unterzeichnen und verkünden, kann aber nicht zur Ratifizierung des Vertrages auf völkerrechtlicher Ebene gezwungen werden. Da der Vertrag damit für die RF nicht verbindlich wird, übt er auch innerstaatlich keine Wirkung aus.

5 Besonderheiten beim Anbringen von Vorbehalten

Die Regierung oder der Präsident können einen Vertrag unter Vorbehalt zeichnen, um so die Anwendbarkeit gegenüber der RF einzuschränken. Der Gesetzesentwurf zur Ratifizierung des Vertrages nimmt diesen Vorbehalt dann auf, so dass sich auch die parlamentarische Zustimmung nur auf den Vertrag mit Vorbehalt bezieht.

Das Parlament hingegen kann den Text des völkerrechtlichen Vertrages grundsätzlich nicht eigenständig ändern; es hat ihn insgesamt – unter Berücksichtigung der bereits von Regierung oder Präsident angebrachten Vorbehalte – anzunehmen oder abzulehnen. Allerdings sieht Art. 192 Abs. 3 GODuma die in der Verfassung nicht explizit genannte Möglichkeit vor, die innerstaatliche Zustimmung zur Ratifikation auf völkerrechtlicher Ebene unter bestimmte Bedingungen zu stellen. Der Präsident hat dann verfassungsrechtlich nur die Vollmacht, den Vertrag unter Anbringung eines von der Duma bereits formulierten Vorbehaltes oder einer Interpretationserklärung zu ratifizieren und damit auch völkerrechtlich für Russland für verbindlich zu erklären. Damit kann das Parlament in eingeschränktem Maße Einfluss auf den für Russland verbindlichen Inhalt des Vertrages ausüben. Wie oben bereits ausgeführt, ist der Präsident aber in diesen Fällen nicht zur völkerrechtlichen Ratifikation verpflichtet, sondern kann sie insgesamt ablehnen. Diese Lösung trägt der Tatsache Rechnung, dass die verfassungsrechtlich und einfachgesetzlich vorgesehene Gewaltenteilung zwischen Präsident und Legislative durch die Geschäftsordnung der Duma zwar ausgestaltet, nicht aber verschoben werden kann.

Innerstaatlich können diese Beschränkungen durch Erklärungen („Zajavlenie“) oder Vorbehalte („Ogovorka“) angebracht werden. Die Geschäftsordnung der Duma sieht hierfür ein besonderes Verfahren vor, das aber teilweise Unklarheiten enthält. In den Fällen, in denen der bei der Beratung federführende Ausschuss ohne vorherige Abstimmung mit dem Präsidenten oder der Regierung das Anbringen einer Erklärung oder eines Vorbehaltes zu dem völkerrechtlichen Vertrag vorschlägt, empfiehlt er der Duma in der ersten Lesung die Annahme des Gesetzesentwurfes mit der Erklärung oder dem Vorbehalt (Art. 192 Abs. 3 GODuma). Dies ist der richtige Zeitpunkt, da die erste Lesung der Verständigung über die Grundzüge des Gesetzesentwurfs dient (Art. 118 Abs. 1 GODuma). Aus der Systematik ergibt sich, dass die Duma diesen durch den Vorbehalt oder die Erklärung ergänzten Gesetzesentwurf nicht in erster Lesung annehmen darf, da sonst das Abstimmungsverfahren mit dem Präsidenten umgangen würde. Diese Abstimmung ist nötig, da die entsprechend zu berücksichtigenden Erklärungen den Inhalt der Verpflichtung durch den völkerrechtlichen Vertrag erheblich verändern können. Dem Präsidenten muss daher Gelegenheit zur Stellungnahme gegeben werden. Nach seiner ersten Lesung muss der Gesetzesentwurf innerhalb von fünf Tagen an den Föderationsrat und den Präsidenten gesendet werden, damit diese ihre Stellungnahmen vorbereiten können. Anschließend folgen die zweite und dritte Beratung mit der abschließenden Abstimmung über die Annahme des Gesetzesentwurfes.

Die Unklarheiten in dem Verfahren sollten durch eine neue Geschäftsordnung beseitigt werden.[548] Zunächst wird hierin klargestellt, dass das Gesetzesprojekt nur im Ganzen angenommen oder abgelehnt werden kann (Art. 238 GODuma-Entwurf). Wird eine Erklärung oder ein Vorbehalt in der ersten Beratung vom federführenden Ausschuss empfohlen, kann die Duma den Gesetzesentwurf in der ursprünglichen Fassung annehmen oder dem Ausschuss empfehlen, in einer Sitzung mit Vertretern des Präsidenten oder der Regierung zu einer einvernehmlichen Fassung des Gesetzesentwurfes zu kommen (Art. 237 Abs. 4 Entwurf). Kommt es nicht zu einer Eini-

---

[548] Entwurf des Duma-Abgeordneten *Mizulinoj* vom 21. Februar 2000, der in der Zusammenarbeit mit einem TACIS-Projekt zur Verbesserung der Effizienz der Staatsduma unter Teilnahme auch der Verwaltung des Deutschen Bundestages ausgearbeitet wurde. Entwurf abgedruckt in *Lukin, V. P. und Gosudarstvennaja-Duma*, 2001, S. 99-259. Trotz einiger Änderungen der GO in anderen Bereichen sind diese Anregungen nicht aufgenommen worden.

gung, wird zunächst das ursprüngliche Vorhaben, d.i. der Entwurf ohne Vorbehalt, abgestimmt und bei dessen Ablehnung die geänderte Fassung. Gewinnt auch dieser nicht die absolute Mehrheit der Gesamtzahl der Abgeordneten, gilt der Gesetzesentwurf als abgelehnt (Art. 238 Abs. 2-4 GO-Duma-Entwurf). Damit ist zugleich klargestellt, dass in diesen Fällen ein neuartiger Entwurf eingebracht werden kann.

Zu ergänzen ist, dass in den Fällen, in denen der Vertragspartner einen Vorbehalt abgeben will, dessen Annahme oder Ablehnung durch die RF ebenfalls eines föderalen Gesetzes bedarf, soweit der Vertrag selbst zustimmungsbedürftig war (Art. 25 Abs. 3 VRG). Auch bei der Rücknahme von Vorbehalten ist die Zustimmung von Duma und Föderationsrat erforderlich.[549]

6 Besonderheiten bei der Beendigung von Verträgen

Die innerstaatliche Ausgestaltung des Verfahrens zur Beendigung von Verträgen gleicht dem Verfahren zur Annahme eines völkerrechtlichen Vertrages; anders als das VRG handeln die Geschäftsordnungen der Duma und des Föderationsrates die Zustimmung zum Abschluss, die Beendigung und die Suspendierung der Verträge in den gleichen Vorschriften ab. Das Mitspracherecht der Legislative ist damit auf geschäftsordnungsrechtlicher Ebene genauso intensiv ausgestaltet wie beim Abschluss völkerrechtlicher Verträge.

Vor Eintritt in das parlamentarische Zustimmungsverfahren unterscheidet das VRG auch hier zwischen denjenigen, die eine Empfehlung zur Beendigung oder Suspendierung eines Vertrages abgeben können (Art. 35 VRG), und den Institutionen mit Vorschlagsrecht (Art. 36 VRG). Sowohl das Verfahren als auch die an ihm Beteiligten entsprechen weitestgehend den in Art. 8 und 9 VRG genannten. Allerdings wird in Art. 36 Abs. 5 VRG ausdrücklich eine Regelung für den Fall getroffen, dass ein gemäß Art. 104 Abs. 2 VerfRF zur Gesetzesinitiative berechtigtes, aber in Art. 36 Abs. 2

549 Ein Beispiel hierfür ist die Rücknahme des Vorbehaltes zum Giftgasprotokoll vom 17. Juni 1925; der Gesetzgeber beauftragte den Präsidenten mit Gesetz vom 24. November 2000, den von der UdSSR angebrachten Vorbehalt auf völkerrechtlicher Ebene zurückzunehmen (SZRF 2000, Nr. 50, Pos. 4866).

VRG nicht erwähntes Organ, also insbesondere das Verfassungsgericht, die Beendigung eines Vertrages empfehlen will. In diesen Fällen kann das betreffende Organ einen Gesetzesentwurf in die Duma einbringen, den diese unmittelbar dem Präsidenten zuleiten soll.

Die *Entscheidung* über die Beendigung (oder Suspension) soll gemäß Art. 37 Abs. 1 VRG dasjenige Organ treffen, das auch die Entscheidung über den Abschluss des Vertrages getroffen hat. Bei zustimmungsbedürftigen Verträgen ist dies die Föderationsversammlung, denn nur die Duma kann in Zusammenwirken mit dem Föderationsrat den Präsidenten verfassungsrechtlich zum Abschluss eines Vertrages, der für Russland verbindlich wird, ermächtigen. Sowohl Beendigung als auch Suspension unterliegen daher der Zustimmung der Duma mit obligatorischer Beteiligung des Föderationsrates. Die Begrenzung des Zustimmungserfordernis auf die Kündigung zustimmungsbedürftiger Verträge ergibt sich bereits aus der Systematik der Absätze 5 und 6 des Artikels 37[550] sowie aus dem Grundsatz der Gewaltenteilung: Wenn die Regierung Abkommen eigenständig abschließen kann, muss sie sie auch eigenständig ohne Beteiligung der Legislative kündigen dürfen.

Um flexibel auf die Geschehnisse auf der internationalen Ebene eingehen zu können, wird der Präsident ausdrücklich ermächtigt, einen zustimmungsbedürftigen Vertrag als Eilmaßnahme vorläufig zu suspendieren. Hiervon hat er unverzüglich den Föderationsrat und die Staatsduma zu unterrichten und dieser einen Gesetzesentwurf über die Suspension des Vertrages vorzulegen. Das Parlament will sich auch hier die letzte Entscheidung vorbehalten: weist die Staatsduma (und nach dem Wortlaut kommt es nur auf diese, nicht auf den Föderationsrat an!) das Gesetz zurück, muss die Geltung des Vertrages sofort wieder hergestellt werden (Art. 37 Abs. 4 VRG).

7 Besonderheiten bei „verfassungsändernden Verträgen"

Art. 22 VRG sieht besondere Regeln für den Fall vor, dass ein zustimmungsbedürftiger Vertrag die bestehende Verfassung ändert. Dies betrifft insbesondere Verträge, deren Verfassungswidrigkeit das Verfassungsgericht

[550] So auch *Beknazar, T.*, 1996, S. 421.

im Rahmen seiner präventiven Kontrolle festgestellt hat. Diese Verträge dürfen nur nach der vorherigen Änderung der Verfassung ratifiziert werden. Daher sehen auch die Geschäftsordnungen der Staatsduma und des Föderationsrates jeweils vor, dass das Zustimmungsverfahren solange ausgesetzt wird, wie das Verfassungsgericht sich mit dem Vertrag befasst.[551]

Die Verfassung selbst kann auf zwei verschiedene Arten geändert werden. Soweit sie nicht die Kapitel 1, 2 und 9 über die Grundlagen der Verfassungsordnung, die Grundrechte und die Überarbeitung der Verfassung betreffen, werden die Änderungen im Verfahren eines föderalen Verfassungsgesetzes angenommen (Art. 136 VerfRF). Sie bedürfen daher mindestens einer Dreiviertelmehrheit der Stimmen der Gesamtmitglieder des Föderationsrates und Zweidrittel der Stimmen der Gesamtmitgliederzahl der Staatsduma (Art. 108 Abs. 2 VerfRF). Sie treten aber erst nach der Zustimmung durch mindestens Zweidrittel der gesetzgebenden Mitglieder der Föderation in Kraft (Art. 136 VerfRF).

Die Änderung der drei weiteren Kapitel ist an noch strengere Voraussetzungen geknüpft. Eine Vorlage zur Änderung dieser drei Kapitel muss zunächst die Stimmen von je drei Fünfteln der Abgeordneten der Staatsduma und der Mitglieder des Föderationsrates erhalten. Durch ein Verfassungsgesetz wird eine Verfassungsversammlung einberufen, die entweder die Unveränderbarkeit der Verfassung bestätigt oder einen Änderungsentwurf ausarbeitet. Dieser muss entweder von der Versammlung mit einer Mehrheit von zwei Dritteln oder in einem Referendum von der Hälfte der Wähler angenommen werden, wenn zugleich mehr als die Hälfte der Wahlberechtigten an der Abstimmung teilgenommen haben (Art. 135 Abs. 3 VerfRF).

Bisher gab es noch keine Verfassungsänderungen, auch wenn sie immer wieder in der politischen Auseinandersetzung gefordert werden. Dennoch ist die Frage der Ratifizierung von Verträgen, die im Widerspruch zur Verfassung stehen, durchaus aktuell, wie das folgende Beispiel illustriert.

Das in Art. 61 VerfRF festgeschriebene Auslieferungsverbot für russländische Staatsangehörige ins Ausland könnte einer Auslieferung auch an ein internationales Gericht wie insbesondere den Internationalen Strafgerichtshof entgegenstehen, dessen Statut vom 17. Juli 1998 Russland bereits am 13. September 2000 gezeichnet hat.[552] Stellt sich der russländische Gesetz-

551 Art. 198 GODuma und Art. 213 GOFödrat.

552 Art. 89 Abs. 1 des Rom-Statuts verpflichtet die Signatarstaaten, Personen an den Gerichtshof auszuliefern.

geber auf den Standpunkt des deutschen, dass diese Vorschrift, die in etwa dem Wortlaut des Art. 16 Abs. 2 GG a.F. entspricht,[553] eine Auslieferung nicht nur an das Ausland, sondern auch an internationale Organisationen verbietet, hat der russländische Gesetzgeber nur die Möglichkeit, die Verfassung zu ändern. Diese Änderung muss sehr hohe Hürden überwinden, da die Vorschrift in Kapitel 2 der Verfassung steht. Die Anbringung eines Vorbehaltes ist durch Art. 120 des Statuts ausdrücklich ausgeschlossen. Am ehesten kommt damit eine völkerrechtskonforme Auslegung der Verfassung in Betracht, die die Auslieferung der Staatsangehörigen an internationale Organisationen nicht verbietet.

8 Fehler im Zustimmungsverfahren

Als letztes ist zu klären, welche Auswirkungen Fehler im Verfahren der Zustimmung haben, wobei zwischen der völkerrechtlichen und der innerstaatlichen Ebene zu unterscheiden ist. Als mögliche Fehler kommen Verfahrensfehler beim Zustandekommen des Gesetzes oder aber die Nichtberücksichtigung eines vom Parlament angebrachten Vorbehaltes bei der völkerrechtlichen Ratifizierung in Betracht.

8.1 Verfahrensfehler beim Zustandekommen des Zustimmungsgesetzes

Bei der Befassung der Föderationsversammlung mit dem Zustimmungsgesetz kann es zu Verfahrensfehlern kommen. Das elektronische Wahlverfahren in der Duma und die dabei auftretenden Fehlermöglichkeiten beschäftigte bereits das Verfassungsgericht. Dieses Verfahren ermöglicht die Stimmabgabe durch Abgeordnete, die nicht bei der Abstimmung zugegen sind: andere Abgeordnete dergleichen Fraktion drücken für ihre Kollegen

[553] Art. 16 Abs. 2 GG lautet in der Fassung vom 29. November 2000, in Kraft seit dem 2. Dezember 2000: „Durch Gesetz kann eine abweichende Regelung für Auslieferungen an einen Mitgliedstaat der Europäischen Union oder an einen internationalen Gerichtshof getroffen werden, soweit rechtsstaatliche Grundsätze gewahrt sind." (BGBl. 2000 I S. 1633). Zu der Diskussion um die Änderung s. FAZ vom 24. August 2000, S. 12 und vom 28. Oktober 2000, S. 11.

den erforderlichen Knopf, um die gewünschte Mehrheit zu erreichen.[554] Diese Praxis sah das Verfassungsgericht als verfassungswidrig an. Das entsprechend angenommene Gesetz hob es nur deshalb nicht auf, weil die vorherige langjährige Übung durch keinen am Gesetzgebungsverfahren Beteiligten angegriffen wurde und diese Rechtsprechung die nachträgliche Aufhebung einer Vielzahl von Gesetzen ermöglicht hätte. Es stellte aber klar, dass ein künftiger Verstoß zur Aufhebung des Gesetzes führen würde.

Handelt es sich um ein fehlerhaftes Gesetz, mit dem die Duma einen völkerrechtlichen Vertrag ratifiziert, könnte es im Verfahren der abstrakten Normenkontrolle aufgehoben werden (Art. 86 Abs. 1 Pkt. 3 VerfGG). Gemäß Art. 87 Abs. 2 VerfGG verlieren auch alle auf dem verfassungswidrigen Gesetz beruhenden normativen Akte ihre Gültigkeit. Der mit dem Zustimmungsgesetz innerstaatlich erteilte Anwendungsbefehl für den völkerrechtlichen Vertrag entfällt ebenfalls. Auf innerstaatlicher Ebene übt der Vertrag keine Rechtswirkung mehr aus. Die völkerrechtliche Ebene bleibt hiervon unberührt, sofern es sich um einen unbeachtlichen Verfahrensfehler im Sinne des Art. 46 WVK handelt. Ebenso sind die Fälle zu beurteilen, in denen das Parlament zu Unrecht überhaupt nicht mit dem Vertrag befasst wurde und das Verfassungsgericht diesen Fehler festgestellt hat.

Das Verfahren der parlamentarischen Ratifikation muss daher entweder fehlerfrei nachgeholt werden, oder die Russländische Föderation muss auf der völkerrechtlichen Ebene von dem Vertrag zurücktreten.

8.2 Keine Berücksichtigung des innerstaatlich angebrachten Vorbehalts auf völkerrechtlicher Ebene

Zu einem ähnlichen Ergebnis kommt man auch in den Fällen, in denen die Föderationsversammlung einem völkerrechtlichen Vertrag unter Anbringung eines Vorbehaltes zugestimmt hat, der Präsident diesen Vorbehalt auf völkerrechtlicher Ebene aber nicht anbringt.

Hierbei handelt es sich innerstaatlich um eine *ultra vires* Handlung des Präsidenten, der verfassungsrechtlich an die Vorgaben der Staatsduma ge-

---

554 Mit dieser Frage musste sich das VerfG in seiner zweiten Entscheidung zur Beutekunst vom 20. Juli 1999, SZRF 1999, Nr. 30, Pos. 3989 (deutsche Übersetzung von *Hartwig* in EuGRZ 1999, S. 589-600 und *Schröder*, OER 2000, S. 35-43), insb. Pkt. 13, auseinandersetzen.

bunden ist. Nach außen hin ist der Präsident aber voll vertretungsberechtigt (Art. 18 VRG und Art. 7 Abs. 2 lit. a WVK); eine materielle Beschränkung seiner formellen Vertragsschließungskompetenz – um eine solche handelt es sich hier – ist für den völkerrechtlichen Verkehr nicht erkennbar und daher auf der völkerrechtlichen Ebene auch nicht relevant.

Innerstaatlich ist in diesen Fällen der Vertrag erneut nur in dem Umfang anwendbar, wie er durch das russländische Gesetz angenommen worden ist. Das bedeutet, dass der Gesetzgeber nur verpflichtet ist, den völkerrechtlichen Vertrag soweit in seiner Gesetzgebung zu berücksichtigen, wie sein ursprünglich angebrachter Vorbehalt reicht. Eine andere Lösung führte dazu, dass der Präsident durch einen völkerrechtlichen Akt unter Umgehung der Gewaltenteilung die Legislative zum Erlass bestimmter Gesetze verpflichten könnte. Auf völkerrechtlicher Ebene ist die RF gemäß Art. 26 und 27 WVK an die Einhaltung des Vertrages ohne Vorbehalt verpflichtet und wird bei einem Verstoß hiergegen mangels Umsetzung in nationales Recht schadensersatzpflichtig nach den Grundregeln des völkerrechtlichen Delikts.

Zusammenfassung

Das parlamentarische Zustimmungsverfahren ist der Moment, in dem das Parlament den größten Einfluss auf den Abschluss völkerrechtlicher Verträge ausüben kann. In dieser Hinsicht ist es an der materiellen Vertragsgewalt in der Föderation beteiligt.

Mit dem Erlass des VRG hat das Parlament seine Mitgestaltungsrechte in diesem Bereich erweitert. Auf einen Teil der rechtstheoretischen und verfassungsrechtlichen Problematik weist bereits *Beknazar* hin. Die Duma konkretisiert die allgemeinen Verfassungsnormen in einem einfachen Föderationsgesetz und knüpft damit unmittelbar an die alten Gewohnheiten des sowjetischen Gesetzgebers an. Dieser hatte ebenfalls erst in dem alten Gesetz über das Recht der völkerrechtlichen Verträge die Mitwirkung des Obersten Sowjet als Gesetzgeber geregelt – allerdings vor dem Hintergrund der Gewalteneinheit im Staatsverständnis der sowjetischen Staats- und Verfassungstheorie.[555]

555 So auch *Beknazar, T.*, 1996, S. 414.

Verfassungsrechtlich problematisch ist dieses Vorgehen aber auch insoweit, als die Duma durch das VRG und teilweise durch ihre Geschäftsordnung ihre Kompetenzen in einem Bereich erweitert, der zunächst der Exekutive zugeordnet ist. Wenn „verfassungskonkretisierende" Gesetze in bestimmten Fällen auch zulässig, von der Verfassung als „Verfassungsgesetze" sogar vorgesehen oder auch nur erwünscht sein mögen, kann dieses Vorgehen dann problematisch werden, wenn die Duma „in eigener Sache" handelt und dadurch die verfassungsrechtlich vorgesehene Aufgabenverteilung in ihrem Sinne verschiebt.

Das VRG kann aber trotz dieser Bedenken als mit der Verfassung vereinbar angesehen werden. Die Bestimmung des Art. 106 lit. d VerfRF sieht nur allgemein die Beteiligung des Föderationsrates an Gesetzen zur Zustimmung oder Kündigung völkerrechtlicher Verträge vor. Die Frage, welche Verträge der Zustimmung unterliegen, regelt weder diese, noch eine andere Verfassungsbestimmung ausdrücklich. In einem Umkehrschluss können jedoch alle Verträge zustimmungsbedürftig sein, für deren Umsetzung es nach der russländischen Verfassung eines Gesetzes bedarf. Wenn der Verfassungsgeber eine geringere Beteiligung des Gesetzgebers am Vertragsabschluss intendiert hätte, hätte er dies als Ausnahme explizit formulieren müssen.

Trotz der umfangreichen Zustimmungsverpflichtung sind die Einwirkungsmöglichkeiten des Parlaments auf den Inhalt der völkerrechtlichen Verträge gering: es kann den Vertrag annehmen oder ablehnen, aber nicht mehr einzelne Details der Vertragsgestaltung ändern. Dies fällt der Exekutive im Vorfeld zu. Sie muss diese Aufgabe – wenn auch unter parlamentarischer Kontrolle durch regelmäßige Berichte gegenüber den Ausschüssen des Parlaments – wahrnehmen können, um in bi- und multilateralen Vertragsverhandlungen ausreichend Flexibilität aufweisen zu können.

3. Kapitel: Das Verfahren auf internationaler Ebene

Von der Entscheidungsfindung innerhalb des Staates, der materiellen Vertragsgewalt, ist das Auftreten des Staates und seiner Organe nach außen, die sog. formelle Vertragsgewalt, zu unterscheiden. Auf der internationalen Ebene findet auch das Verfahren der völkerrechtlichen Ratifikation statt, auf das unter Punkt 2 eingegangen wird.

1 Formelle Vertragsgewalt

Die formelle Vertragsgewalt teilt sich auf in die Vertretungs- und Verhandlungsbefugnis einerseits und die Frage der Vollmacht zur Verhandlungsführung andererseits.

1.1 Vertretungs- und Verhandlungsbefugnis

Die Verhandlungs- und Vertretungsbefugnis für völkerrechtliche Verträge auf internationaler Ebene wird durch die WVK als Völkergewohnheitsrecht kodifizierenden völkerrechtlichen Vertrag sowie durch die Verfassung und das VRG auf nationaler Ebene geregelt.

Nach den völkerrechtlichen Regeln gilt die Vermutung, dass das Staatsoberhaupt sowie der Regierungschef und der Außenminister über die allgemeine völkerrechtliche Vertretungsbefugnis verfügen (Art. 7 Abs. 2 WVK). Sie sind damit sowohl für die Vertragsverhandlungen als auch für die abschließende Unterzeichnung des Vertragstextes zuständig. Andere Vertreter des Staates benötigen eine entsprechende Vollmacht, um für den Staat auftreten zu können (Art. 7 Abs. 1 WVK). Durch die Unterzeichnung des Vertragstextes können die Vertreter gemäß Völkerrecht entweder die Erklärung abgeben, dass der unterzeichnete Vertragstext authentisch und endgültig festgelegt ist (Art. 10 WVK), oder dass er der völkerrechtlichen Bindung des Staates durch den Vertrag zustimmt (Art. 11 WVK). In beiden Fällen schließt die Unterzeichnung die internationalen Vertragsverhandlungen ab.

Gemäß Art. 80 Abs. 1 VerfRF ist der Präsident das Staatsoberhaupt der Russländischen Föderation. Seine Befugnis zur Führung der Vertragsverhandlungen auf der internationalen Ebene und zur Unterzeichnung völkerrechtlicher Verträge weist ihm Art. 86 lit. b VerfRF innerstaatlich ausdrücklich zu. Darüber hinaus räumt Art. 12 Abs. 2 VRG auch dem Ministerpräsidenten sowie dem Außenminister die allgemeine Verhandlungskompetenz ein. Abweichend von der WVK und der Verfassung besitzen auch die föderalen Minister und Leiter der oberen ausführenden Behörden im Rahmen ihrer Kompetenzen die Befugnis, ohne eine ausdrücklich erteilte Vollmacht zumindest Ressortabkommen zu schließen (Art. 12 Abs. 3 VRG).

1.2 Vollmacht zur Verhandlungsführung

Dasjenige Organ, das über die Aufnahme der Vertragsverhandlungen entschieden hat, überträgt im Einzelfall einer Person die notwendigen Rechte zur Vertragsverhandlung. So bestimmt der Präsident im Falle von Staatsverträgen in seiner Zuständigkeit den Verhandlungsführer. Die auf internationaler Ebene erforderliche Urkunde stellt das Außenministerium aus (Art. 13 lit. a VRG).[556] Die Regierung überträgt ihre Befugnisse ebenfalls unter Ausstellung einer entsprechenden Urkunde. Im Bereich der Ressortabkommen kann das zuständige Ministerium die Vollmachten übertragen und dafür selbst die benötigte Urkunde ausstellen.

Durch die entsprechend Art. 13 VRG ausgestellten Urkunden werden die tatsächlich auftretenden Personen, deren Vollmacht nicht gemäß Art.7 WVK vermutet wird, gegenüber dem internationalen Vertragspartner als zur Verhandlungsführung bevollmächtigt ausgewiesen.

556 Vgl. hierzu auch *Butler, W. E.*, 1997, S. 63f. zu Art. 13.

2 Ratifikation

Die Ratifikationsurkunde unterzeichnet der Präsident nach Abschluss des innerstaatlichen Zustimmungsverfahrens, fertigt sie aus und lässt sie vom Außenministerium gegenzeichnen (Art. 18 VRG). Das Außenministerium bzw. die diplomatischen Vertretungen der RF sind für die Hinterlegung oder den Austausch der Ratifikationsurkunden verantwortlich (Art. 19 VRG). Soweit nichts anderes im Vertrag vorgesehen ist, erfolgt die Ratifikation durch den Austausch oder die Hinterlegung der Ratifikationsurkunden, Art. 16 WVK. Damit bringen die Vertragsstaaten ihren Willen zum Ausdruck, durch den Vertrag gebunden zu sein.

Ratifizierte völkerrechtliche Verträge, die für die RF in Kraft getreten sind, sind auf Empfehlung des Außenministeriums gemäß Art. 30 VRG im Gesetzesblatt bekannt zu machen. Diese sowie andere Verträge – außer Ressortverträgen – sollen ebenfalls auf Empfehlung des Außenministeriums im „Bjulletin' meždunarodnognych dogovorach" bekannt gemacht werden. Über die Veröffentlichung von Ressortabkommen entscheidet die zuständige Behörde. So gibt es z.B. eine Sammlung der internationalen Abkommen des Innenministeriums.[557] Außerdem wird eine Kopie der Abkommen mitsamt einer evtl. notwendigen Übersetzung an die betreffenden Ministerien verteilt.[558]

Zusammenfassung

Das Außenministerium hat bei der Ausarbeitung von Entwürfen und bei der Abstimmung mit sonstigen Bundesorganen sowie mit der Exekutiven der Subjekte der Föderation die Federführung. Das Verfahren des Vertragsabschlusses ist ebenso wie die Außenpräsentation des Staates geprägt durch die Möglichkeit des Präsidenten und des Ministerpräsidenten, die Verhandlungen an sich zu ziehen. So hat der Präsident auch bei Verträgen, deren Abschluss als Regierungsabkommen grundsätzlich in den Bereich der Zu-

557 *Černikova, V. V.*, 1996.

558 Brief des föderalen Innenministeriums vom 17. November 1994, Nr. 3633, in dem ein vom ersten stellvertretenden Außenminister unterzeichnetes Verfahren vorgestellt wird, wie diese Verteilung zu erfolgen hat.

ständigkeit der Regierung fallen, durch Entscheidungen im konkreten Fall die Möglichkeit und die Pflicht, auf die Verhandlungen und die Unterzeichnung dieser Abkommen einzuwirken (Art. 11 Abs. 2 VRG). Eine vergleichbare Aufsicht führt die Regierung beim Abschluss sog. Ressortabkommen gegenüber den beteiligten Behörden (Art. 11 Abs. 3 und 4 VRG) aus.

Das Mitspracherecht des Parlaments ist beim Abschluss völkerrechtlicher Verträge in zweierlei Hinsicht stark ausgebaut. Zum einen sind über die typischen „politischen" Verträge wie Friedens- und Grenzverträge sämtliche Verträge, die eine Gesetzesänderung erfordern, zustimmungsbedürftig. Zum anderen sieht zwar nicht die Verfassung, wohl aber die GODuma die Möglichkeit einer Ratifizierung eines Vertrages unter Anbringung eines Vorbehaltes oder unter Abgabe einer Erklärung vor. Da die GODuma die in der Verfassung vorgenommene Aufteilung der Auswärtigen Gewalt nicht ändern kann, ist der Präsident in diesen Fällen zwar verfassungsrechtlich verpflichtet, im Falle der völkerrechtlichen Ratifikation diesen Vorbehalt zu berücksichtigen. Er kann von der Ratifikation aber auch ganz Abstand nehmen oder den Vertrag ohne Vorbehalt ratifizieren und die verfassungsrechtlichen Konsequenzen tragen.

Die formelle Vertragsgewalt ist zwischen Präsident und Regierung entlang der auch innerstaatlich geltenden Zuständigkeit aufgeteilt.

Fünfter Teil: Das Völkerrecht in der russländischen Rechtsordnung

Das Verhältnis von Völkerrecht und innerstaatlichem Recht wird nicht durch das Völkerrecht vorgegeben. Vielmehr muss jeder Staat die Umsetzung und den Rang des Völkerrechts in der Normenhierarchie selbständig regeln. Nach einem Überblick über den Wandel der Stellung des Völkerrechts in der sowjetischen und russländischen Rechtsordnung wird im Folgenden das Verhältnis von Völkerrecht und russländischem Recht nach der Verfassung von 1993 und dem Vertragsrechtsgesetz untersucht. Die Analyse unterscheidet dabei zwischen völkerrechtlichen Verträgen, den in Art. 15 Abs. 4 VerfRF genannten „allgemein anerkannten Prinzipien und Normen des Völkerrechts", dem Völkergewohnheitsrecht und den Entscheidungen internationaler Organe.

1. Kapitel: Rückblick – der Wandel der Stellung des Völkerrechts in der sowjetischen und russländischen Rechtsordnung

In der rechtswissenschaftlichen Diskussion nimmt die Stellung des Völkerrechts in der Rechtsordnung der Russländischen Föderation seit 1994 einen großen Raum ein.[559] Dies scheint aber weniger in den dogmatischen Schwierigkeiten begründet, die sich aus den betreffenden verfassungsrechtlichen

---

559 Vgl. die von der Zeitschrift „Gosudarstvo i Pravo" („Staat und Recht") abgehaltenen Runden Tische: „Rossijskaja pravovaja sistema i meždunarodnoe pravo: sovremennye Problemy vsaimodejstvija" (Das Russländische Rechtssystem und das Völkerrecht – aktuelle Probleme ihrer Wechselwirkung), GiP 1996, H. 2, S. 3-28 und H.3, S. 8-32, H. 4, S. 36-45 sowie die Nachweise in den folgenden Fußnoten. Für die Arbeit des sowjetischen Vorläufers des Verfassungsgerichts vgl. *Nußberger, A.*, 1993.

Bestimmungen und deren einfachgesetzlicher Konkretisierung ergeben, als vielmehr in dem für die postsowjetischen Staaten grundsätzlich veränderten Verhältnis von Völkerrecht und nationalem Recht.

Die sowjetische Staatenpraxis und Rechtslehre folgte der Theorie des Dualismus: beide Rechtsordnungen, die des Völkerrechts und die des nationalen Rechts, existierten nach dieser Auffassung nebeneinander, ohne sich prinzipiell zu berühren und ohne eine Hierarchie untereinander zu begründen.[560] Das nationale Recht verwies zwar in einigen Fällen auf das Völkerrecht. So nahm Art. 10 des Staatsangehörigkeitsrechts der UdSSR für den Erwerb der Staatsangehörigkeit direkten Bezug auf die völkerrechtlichen Verträge der UdSSR.[561] In diesen Fällen wurde den Verträgen Vorrang gegenüber dem sowjetischen Recht eingeräumt.[562] Ferner gab es Durchbrechungen des dualistischen Ansatzes im Bereich der sog. self-executing Verträge, deren Normen ohne weiteren Umsetzungsakt angewendet wurden. *Ginsburgs* nennt Rechtshilfeabkommen in Zivil-, Familien- und Strafsachen als Beispiel.[563] Hierbei handelte es sich aber um Ausnahmen von der allgemeinen Regel: gerade in dem sensiblen Bereich des Strafrechts und Strafprozessrechts, in dem international garantierte Menschenrechte auf nationaler Ebene eine große Bedeutung erlangen können, gab es im sowjetischen Recht keine Verweise auf die völkerrechtlichen Verpflichtungen der UdSSR.

---

560 Zum Verhältnis von Völkerrecht und nationalem Recht s. *Tunkin,G.I.*, Grundlagen des Völkerrechts, 1956, deutsche Übersetzung in *Menzel, E.*, 1969, S. 9-12 und *D.B. Levin*, Grundprobleme des Völkerrechts, 1958, deutsche Übersetzung in *Menzel, E.*, 1969, Beiträge, S. 161-175. In der Rückschau *Chlestov, O. N.*, 1994, S. 52-55. Die dualistische Lehre entsprach dem Vorbehalt der UdSSR gegenüber dem „bourgeoisen" Völkerrecht, dessen Normen sie nur größtenteils, aber nie umfassend anerkannte.

561 Ved. SSSR 1978, Nr. 49, Pos. 816. *Ginsburgs, G.*, 1998, S. 1-7, weist auf andere Gesetze der UdSSR hin, die eine ähnliche Regelung vorsahen. Ebenso *Chlestov, O. N.*, 1994, S. 53, der auf Regelungen u.a. im Zivilgesetzbuch verweist, die den Vorrang völkerrechtlicher Verträge im Konfliktfall vorsahen. Seiner Ansicht nach setzt der Beginn der Öffnung der Rechtsordnung der UdSSR gegenüber dem Völkerrecht bereits früher, in den 60er Jahren, ein (a.a.O., S. 53-55). Dies scheint aber mit der Rechtspraxis nur schwer in Einklang zu bringen. Zu der Frage eines besonderen sozialistischen Völkerrechts aus sowjetischer Sicht bspw. *Tunkin*, Der ideologische Kampf und das Völkerrecht, 1967 in *Menzel, E.*, 1969, S. 309-461 sowie eine Gesamtbetrachtung aus westlicher Sicht *Schweisfurth, T.*, 1979.

562 Andere Beispiele aus dem Konsularbereich nennt *Maročkin, S. J.*, 1997, S. 36f.

563 *Ginsburgs, G.*, 1998, S. 4f. mit Verweis auf *D. Ignatenko* und R. *A. Müllerson*.

In der Rechtspraxis wurden sie daher nicht angewendet.[564] Die strikte Trennung der völkerrechtlichen Verpflichtungen von der innerstaatlichen Rechtsordnung führte auf nationaler Ebene faktisch zum Vorrang des nationalen Rechts gegenüber dem Völkerrecht.

Nach dem Amtsantritt *Gorbačevs* forderten einige Reformer, dem Völkerrecht Vorrang vor dem sowjetischen Recht einzuräumen: nicht nur die Außenpolitik sollte von den Prinzipien des Völkerrechts geleitet werden, sondern die internationalen Verpflichtungen sollten sich auch in der nationalen Gesetzgebung widerspiegeln.[565] Sie sahen in der Öffnung der nationalen Rechtsordnungen Mittel- und Osteuropas zugleich ein Zeichen und eine Garantie der Rechtsstaatlichkeit.[566] Diese Wertschätzung war Folge des Legitimationsverlustes nationaler Institutionen durch die aufgedeckten Menschenrechtsverletzungen in der Sowjetunion und der Staaten Osteuropas. Aber auch die Tatsache, dass international anerkannte Menschenrechte universelle menschliche Werte sind, die von der Mehrheit der Staaten geteilt werden, erlangte neue Bedeutung.

Zwar wurde in die Verfassung der UdSSR keine allgemeine Vorrang- oder Inkorporationsklausel eingefügt.[567] Allerdings hatte das Verfassungs-

---

564 Die Anwendung war eine Forderung von Menschenrechtsaktivisten in den 80er Jahren nach der Unterzeichnung der Helsinki-Akte durch die Sowjetunion. Siehe zum Verhältnis in der Sowjetunion zusammenfassend auch *Danilenko, G. M.*, 1994, S. 458-460 m.w.N.

565 *Adamishin, A.*, 1988, S. 74. Hierzu auch *Lukašuk, I. I.*, 1995a, S. 1-8; *Ginsburgs, G.*, 1992, S. 180-184. Interessant ist die Wendung, die *G.I. Tunkin*, einer der wichtigsten Völkerrechtler der Sowjetunion und herausragender Vertreter eines „sozialistischen Völkerrechts", im Verlauf der Perestroika vollzog: auf einem Symposium 1989 in London betonte er, dass die Einhaltung eines einheitlichen Völkerrechts auf internationaler Ebene eher von einem Rechtsstaat zu erwarten sei als von einem von Willkür geprägten Staat; *Tunkin*, On the Primacy of international Law in Politics, in *Butler, W. E.*, 1990, S. 5-12.

566 Für Russland bspw. *Danilenko, G. M.*, 1994, S. 452; *Stein, E.*, 1994, insb. S. 434-439 für Menschenrechtsverträge in der Tschechoslowakei, S. 444–447 zur Rechtslage in anderen osteuropäischen Ländern; allgemein zu dem veränderten Verständnis des Verhältnisses von Völkerrecht und nationalen Recht auch *Korkelia, K.*, 1997. Zur Auswirkung internationaler Verpflichtungen nach der Helsinki-Konferenz auf die Situation in den Ländern des damaligen Ostblocks s. *Thomas, D. C.*, 1999, mit einem besonderen Schwerpunkt auf Polen und der Tschechoslowakei. Zur Relevanz internationaler Verpflichtungen für den Umbau von Gesellschaften insgesamt *Risse, T., S. C. Ropp et al.*, 1999, mit einzelnen Fallstudien.

567 Bereits 1990 hatten sich allerdings drei Autoren für die Einarbeitung eines Artikels in die sowjetische Verfassung ausgesprochen, die der jetzigen Rechtslage in etwa ent-

komitee seit 1990 die Vollmacht, sowjetisches Recht insbesondere hinsichtlich des Menschenrechtsschutzes auf seine Vereinbarkeit mit den internationalen Verpflichtungen der UdSSR zu überprüfen.[568] Folglich stützte sich das Komitee in der Mehrzahl seiner Entscheidungen auf völkerrechtliche Rechtsquellen.[569]

Das Bestreben, die in internationalen Normen garantierten Menschenrechte auch auf nationaler Ebene zu schützen, war der Hauptbeweggrund für die Öffnung des russländischen Rechts gegenüber dem Völkerrecht nach 1990.[570] Die im November 1991 vom Kongress der Volksdeputierten angenommene „Erklärung über die Rechte und Freiheiten der Personen und Bürger"[571] wies allgemein anerkannten internationalen Menschenrechtsnormen Priorität gegenüber den Gesetzen der Russländischen Föderation zu und erklärte sie für unmittelbar anwendbar. Bei der Änderung der Verfassung am 21. April 1992 wurde die Erklärung zusammen mit der Vorrangregelung als neuer Art. 32 in die Verfassung aufgenommen.

Eine Vorreiterrolle bei der Öffnung der Rechtsordnung zum Völkerrecht übernahm das Verfassungsgericht. In seinen Urteilen bezog es sich nicht nur auf die international anerkannten Menschenrechtsstandards und die ent-

---

sprach: allgemein anerkannte Prinzipien und Regeln des Völkerrechts sowie die ratifizierten und veröffentlichten völkerrechtlichen Verträge sollten alle Organe, juristischen Personen und Bürger binden; im Falle eines Konflikts zwischen Völkerrecht und nationalem Recht sollte ersteres Vorrang genießen; *Vereščetin, V. S., G. M. Danilenko et al.*, 1990. Alle drei Professoren haben mittlerweile auch außerhalb Russlands einen bedeutenden Namen erworben: *Vereščetin* ist seit 1995 Richter am IGH, *R. A. Müllerson* war von 1991 bis 1993 stellvertretender Außenminister Estlands und ist seither Professor für Völkerrecht am King's College in London und *G. Danilenko*, ehem. Leiter des Zentrums für Völkerrecht am Institut für Staat und Recht, war bis zu seinem Tod Gastprofessor für Völkerrecht an der Wayne State University Law School.

568 Art. 14 des Gesetzes über das Komitee für Verfassungsaufsicht von 1990, VSNDiVS SSSR 1989, Nr. 29, Pos. 572.

569 *Danilenko, G. M.*, 1994, S. 460, nennt als Beispiele u.a. die Entscheidungen zur Unschuldsvermutung (VVS 1990, Nr. 39, Pos. 775) und über die Zuzugsgenehmigungen innerhalb der Sowjetunion („Propiska", VVS 1991, Nr. 46, Pos. 1307). Vgl. im Übrigen *Nußberger, A.*, 1993.

570 Zur Bedeutung der Menschenrechte in diesem Bereich s. auch *Danilenko, G. M.*, 1994, S. 459-461.

571 VNSDRF 1991, Nr. 52, Pos. 1865. Art. 1 lautet: „Allgemein anerkannte Menschenrechtsnormen haben Vorrang gegenüber den Gesetzen der Russländischen Föderation und schaffen unmittelbar Rechte und Pflichten für die Bürger der Russländischen Föderation".

sprechenden Verträge. In seiner Entscheidung zu Tatarstan[572] stellte es – weit über den genannten Art. 32 der Verfassung hinausgehend – das Souveränitätsstreben der Republik in einen völkerrechtlichen Kontext.[573] Ausgehend von dem Prinzip der Selbstbestimmung der Völker fand es Begrenzungen dieses Rechts in der territorialen Unversehrtheit der Staaten. Nach Abwägung der völkerrechtlichen Prinzipien, die in die Verfassungsordnung inkorporiert waren, kam es zu dem Ergebnis, dass ein Referendum über die Unabhängigkeit Tatarstans verfassungswidrig sei.[574]

Den Schritt, den das Verfassungsgericht mit der Inkorporation des Völkerrechts auch außerhalb des Bereiches der Menschenrechte unternahm, vollzog die Verfassungsversammlung 1993 nach. Während in dem ursprünglich vom Präsidenten vorgelegten Entwurf einer Verfassung[575] das Verhältnis von Völkerrecht und innerstaatlichem Recht noch keine Erwähnung fand, sah bereits der Entwurf der Verfassungskommission des Volksdeputiertenkongresses vom 3. Mai 1993[576] den Vorrang „ratifizierter" völkerrechtlicher Verträge – unabhängig von ihrem Inhalt – gegenüber entgegenstehenden Gesetzen vor (Art. 3 Abs. 4). Allgemein anerkannte Normen und Prinzipien sollten Bestandteil des nationalen Rechts werden (Art. 3 Abs. 4). Um den genauen Wortlaut der Bestimmung gab es in der Verfassungsversammlung Diskussionen[577], aus denen die große Bedeutung des Völkerrechts für die verfassungsgebende Versammlung hervorgeht.

572 Entscheidung vom 13. März 1992, VVSRF 1992, Nr. 13, Pos. 671.

573 Sehr kreativ nahm das Gericht hierfür Art. 28 VerfRSFSR 1978 in der Fassung vom 12. April 1978 in Anspruch, der für die außenpolitische Tätigkeit der RSFSR auf die Ziele, Aufgaben und Prinzipien, die nach der Verfassung der UdSSR festgelegt wurden, verwies. In Art. 29 VerfUdSSR 1977 wurden die Prinzipien des Völkerrechts genannt, von denen sich die UdSSR leiten lassen sollte. Allerdings wurde diese Norm bis zum Ende der UdSSR nie als Inkorporationsnorm für das Völkerrecht angesehen.

574 Zu den wegweisenden Entscheidungen in dieser Hinsicht s. *Danilenko, G. M.*, 1994, S. 462-464 und kritisch *Steingröver, U.*, 2000, S. 185-187.

575 Abgedruckt am 30. April 1993 in der Izvestija und in KS, Bd. 1, S. 11-66.

576 RG vom 8. Mai 1995.

577 Bspw. KS, Bd. 19, Sitzung vom 23. Oktober 1993, S. 187ff.

2. Kapitel: Der völkerrechtliche Vertrag in der russländischen Rechtsordnung

1 Bestandteil des nationalen Rechts

Die zentrale Norm für die Stellung und den Rang völkerrechtlicher Verträge im Rechtssystem der Russländischen Föderation ist Art. 15 Abs. 4 VerfRF, der lautet:

> „Die allgemein anerkannten Prinzipien und Normen des Völkerrechts und die völkerrechtlichen Verträge der Russländischen Föderation sind Bestandteil ihres Rechtssystems. Legt ein völkerrechtlicher Vertrag der Russländischen Föderation andere Regeln fest als die gesetzlich vorgesehenen, so werden die Regeln des völkerrechtlichen Vertrages angewandt."

Die Aussage dieses Artikels ist nicht eindeutig. Es besteht Einigkeit darüber, dass er den generellen Befehl für die Anwendung des Völkerrechts in der RF enthält.[578] In der wissenschaftlichen Diskussion ist jedoch umstritten, ob dieser Artikel als Entscheidung für die Transformation oder für die Adoption völkerrechtlicher Normen in das russländische Rechtssystem anzusehen ist, oder ob es sich hierbei um den Anordnungsbefehl zum Vollzug des Völkerrechts handelt.[579, 580]

Mit der Aussage, dass die allgemein anerkannten Prinzipien und Normen des Völkerrechts Bestandteil des Rechtssystems sind, verwirft Art. 15 Abs. 1

---

578 *Malinin, S. A.*, 1997, S. 336; *Chlestov, O. N.*, 1994, S. 55; *Chlestova, I. O.*, 1997, S. 23; *Beknazar, T.*, 1996, S. 411.

579 Zum Verhältnis von Völkerrecht und nationalem Recht generell s. ausführlich *Geiger, R.*, 1994, § 29-34; *Schweitzer, M.*, 1997, Rn. 25-35 und 307-325 m.w.N.

580 Bereits während der Ausarbeitung der Verfassung war dieser Punkt umstritten; s. dazu die Sitzung der Gruppe der Vertreter der staatlichen Gewalt für die Vorbereitung der Verfassung unter dem Vorsitz von *A.M. Jakovlev*, 25. Juni 1993, KS, Band 15, S. 91 sowie am 10. Juli 1993, KS, Band 17 S. 9f. Zu den unterschiedlichen Verständnissen des Begriffs „Rechtssystem" („pravovaja sistema") siehe zusammenfassend *Birjukov, P. N.*, 1999, S. 73-76 m.w.N. *Zimnenko, B. L.*, 1999, S. 104f., grenzt den Begriff des „Rechtssystems" von dem der „Gesetzgebung" („sistem zakonodal'stva") ab. Aus dem erstgenannten Begriff ergebe sich, dass sich der Verfassungsgeber gegen die Transformation und für die Adoption der völkerrechtlichen Normen entschieden habe; die völkerrechtlichen Normen behielten ihren völkerrechtlichen Charakter.

VerfRF den dualistischen Ansatz der sowjetischen Verfassung zugunsten einer gemäßigt monistischen Ausrichtung der neuen Verfassung von 1993.[581] Damit einher geht die Entscheidung der Verfassungsgeber gegen die Transformationstheorie, die vor allem in Rechtsordnungen mit dualistischer Tradition zur Anwendung kommt.[582] Der Artikel inkorporiert die völkerrechtlichen Verträge in das nationale Rechtssystem; die hierin enthaltenen Regeln werden damit Bestandteil des russländischen Rechtssystems (werden „adoptiert") und beanspruchen Geltung, ohne ihren völkerrechtlichen Charakter zu verlieren.[583] Hierfür spricht in systematischer Auslegung auch Satz 2 desselben Absatzes, der die unmittelbare Anwendung völkerrechtlicher Verträge vorschreibt. Sämtliche Staatsgewalten sind damit verpflichtet, die für die RF geltenden völkerrechtlichen Verträge anzuwenden.[584]

2 Der Rang völkerrechtlicher Verträge

Gemäß Art. 15 Abs. 4 Satz 2 VerfRF genießen die in völkerrechtlichen Verträgen niedergelegten Regeln Vorrang vor entgegenstehenden gesetzlichen Regelungen. Hierbei handelt es sich um einen Anwendungs- und nicht um einen für das Völkerrecht nicht üblichen Geltungsvorrang, wie sich aus dem Wortlaut („primenjajutcja" = werden angewandt) ergibt.[585] Dieser Anwendungsvorrang setzt auch die *lex-posterior*-Regel außer Kraft, das heißt der Gesetzgeber kann einen völkerrechtlichen Vertrag durch nachfolgendes ein-

---

581 So auch *Chlestov, O. N.*, 1994, S. 52; *Chlestova, I. O.*, 1997, S. 22; Richter am VerfG *Ėbseev* in persönlichem Gespräch mit d. Verfasserin im Oktober 1998.

582 Für die Transformationstheorie aber *Usenko, E. T.*, 1995.

583 Ebenso u.a. *Birjukov, P. N.*, 1999, S. 78f.; *Lukašuk, I. I.*, 1997a, S. 145; *Zimnenko, B. L.*, 1999, S. 105; *Tiunov, O. I.*, 2001, S. 14; *Beknazar, T.*, 1996, S. 410f.

584 Bspw. hat die Duma mit Gesetz vom 20. März 2001 wichtige Regelungen des StGB, der StPO und strafrechtlicher Nebengesetze an die Anforderungen der EMRK angepasst (SZRF 2001, Nr. 13, Pos. 1140). Inwiefern die Gerichte diese Anforderungen bereits von sich aus berücksichtigt hatten, kann hier nicht beurteilt werden. Soweit die jeweiligen Normen self-executing sind (s. hierzu weiter unten), ist auch das Gericht zu ihrer Anwendung verpflichtet.

585 Ebenso *Lazarev* in *Vitruk, N. V., L. V. Lazarev et al.*, 1996, Art. 13, Punkt 16, S. 49f.; *Lukašuk* in Runden Tisch GiP1996, H. 3, S. 24; *Schröder, T.*, 1999a, S. 23. Der Geltungsvorrang ist für das Verfassungsrecht typisch, vgl. Art. 15 Abs. 1 VerfRF.

faches Gesetzesrecht nicht außer Kraft setzen.[586] *P. A. Laptev* gibt hinsichtlich des Anwendungsvorranges allerdings zu bedenken, dass dieser auch als Vorwand benutzt werden könne, um notwendige Gesetzesänderungen mit dem Verweis auf die Anwendung des Völkerrechts um Jahre hinauszuzögern. Als Beispiel nennt er das langwierige Verfahren der Verabschiedung einer neuen Strafprozessordnung, die den Anforderungen der EMRK gerecht werden musste.[587]

Im Folgenden sind Umfang und Reichweite des Anwendungsvorranges zu prüfen. Zunächst ist die genaue Stellung der völkerrechtlichen Verträge innerhalb der russländischen Normenhierarchie zu untersuchen. Anschließend ist zu klären, ob nur innerstaatlich zustimmungsbedürftige Verträge diesen Vorrang genießen. Zuletzt ist der Zeitpunkt zu bestimmen, ab wann der völkerrechtliche Vertrag in Russland angewendet werden kann.

2.1 Die Stellung des völkerrechtlichen Vertrages in der Normenhierarchie

Gemäß Art. 15 Abs. 1 VerfRF hat die Verfassung auf russländischem Territorium die „höchste juristische Kraft". Sie muss daher auch völkerrechtlichen Verträgen vorgehen.[588,589] Ein Ausdruck dieses Vorrangs ist die dem Verfassungsgericht durch die Verfassung eingeräumte Kompetenz, die Verfassungsmäßigkeit völkerrechtlicher Verträge zu überprüfen. Wie im Teil 6

---

586 Die von der Föderation abgeschlossenen völkerrechtlichen Verträge gehen auch den Rechtsakten der Subjekte vor, wie das Verfassungsgericht in seiner Entscheidung zum tschuwaschischen Wahlrecht entschieden hat; Urteil vom 10. Juli 1995, SZRF 1995, Nr. 29, Pos. 2860. Vgl. zur Frage der Kompetenz der Föderation zum Abschluss solcher Verträge bereits Teil 2, 2. Kapitel, Punkt 2.3.

587 *Laptev, P. A.*, 1999, S. 285.

588 Ebenso *Lukašuk, I. I.*, 1996, S. 50f.; *Chlestova, I. O.*, 1997, S. 24f.; *Maročkin, S. J.*, 1997, S. 45; *Tumanov* in Runder Tisch GiP 1996, H. 2, S. 5; *Baglaj, M. V.*, 1999, S. 24, *Barcic, I. N.*, 2001, S. 64; *Birjukov, P. N.*, 1999, S. 81f.; *Zimnenko, B. L.*, 1999, S. 116f., der u.a. darauf hinweist, dass die Verfassung anders als früher nicht mehr als „Grundgesetz" bezeichnet werde und daher nicht unter den Oberbegriff „Gesetz" im Sinne des Art. 15 Abs. 4 Satz 2 VerfRF falle. *De lege lata* anderer Ansicht wohl *V.A. Tolstik* in Runder Tisch GiP 1996, H. 2, S. 7f., der die Rechtslage entsprechend ändern möchte.

589 Im internationalen Vergleich stellen auch durchaus völkerrechtsfreundliche Verfassungen unmittelbar anwendbares Völkerrecht nicht über die Verfassung. S. hierzu *Giegerich, T.*, 1998, S. 517 m.w.N.

der Arbeit ausgeführt werden wird, erstreckt sich dessen Zuständigkeit auch auf bereits in Kraft getretene völkerrechtliche Verträge, um so den Vorrang der Verfassung zu garantieren. Art. 22 VRG reflektiert diesen Vorrang auf einfachgesetzlicher Ebene, da er die parlamentarische Zustimmung zu einem verfassungsändernden völkerrechtlichen Vertrag erst nach der Änderung der Verfassung erlaubt.

Schwieriger – und von der Literatur seltener behandelt – ist die Frage nach dem Verhältnis von Verfassungsgesetzen und völkerrechtlichen Verträgen zu beantworten. Verfassungsgesetze sind in der Verfassung vorgesehene Gesetze, zu deren Verabschiedung es eines besonderen Quorums in beiden Kammern des Parlamentes bedarf und gegen die der Präsident kein Veto einlegen darf.[590] Die Verfassung schließt diese Gesetze nicht ausdrücklich in die Vorrangregelung ein. Ein Blick in das GVG führt ebenfalls nicht weiter. Art. 5 Abs. 3 GVG nennt zwar die Normen, mit denen untergesetzliches Recht in Einklang stehen muss.[591] In dieser Aufzählung hat der Gesetzgeber aber anders als in der verfassungsrechtlichen Vorschrift sogar die einfachen Föderationsgesetze vor den völkerrechtlichen Verträgen genannt; die Reihenfolge lässt daher keine Rückschlüsse auf die Hierarchie zwischen Verfassungsgesetzen und völkerrechtlichen Verträgen zu.

Die mangelnde eindeutige Aussage der Verfassung in diesem Bereich deuten einige Autoren als Aussage für die Höherrangigkeit völkerrechtlicher Verträge. *S. Ju. Maročkin* zieht Art. 6 Abs. 3 GVG heran: In dieser Norm eines Verfassungsgesetzes wird nicht nur den Entscheidungen russländischer, sondern auch denen ausländischer und internationaler Gerichte sowie durch völkerrechtlichen Vertrag eingerichteter Schiedsgerichte auf russländischen Territorium eine verpflichtende Wirkung zugesprochen. Der Gesetzgeber erkenne in einem Verfassungsgesetz selbst also den Vorrang völker-

590 Art. 108 VerfRF. In der Verfassung sind insgesamt 15 Verfassungsgesetze vorgesehen, die entweder eine erhebliche Einschränkung der Grundrechte (Ausnahmezustand, Art. 56 Abs. 1 VerfRF, Kriegszustand, Art. 87 Abs. 3 VerfRF), oder die Vollmachten einzelner Organe betreffen. Sie werden nicht Teil der Verfassung.

591 Art. 5 Abs. 3 GVG lautet: „Das Gericht hat, nachdem es bei der Prüfung eines Falles die Nichtübereinstimmung eines Aktes eines staatlichen oder sonstigen Organs oder auch eines Amtsträgers mit der Verfassung der RF, einem föderalen Verfassungsgesetz, einem Föderationsgesetz, allgemein anerkannten Prinzipien und Normen des Völkerrechts, einem völkerrechtlichen Vertrag der RF, der Verfassung (Statut) eines Subjekts der Föderation (...) festgestellt hat, seine Entscheidung im Einklang mit den Rechtsvorschriften zu treffen, die die allerhöchste juristische Kraft haben."

rechtlicher Verträge an.[592] Allerdings trifft dieses Beispiel das Problem nicht: Fraglos kann ein Verfassungsgesetz den Vorrang völkerrechtlicher Verträge in seinem Anwendungsbereich anordnen. Dies berührt aber nicht das grundsätzliche Verhältnis von Verträgen und Verfassungsgesetzen.

Gegen den Vorrang der Verträge wird eingewandt, dass die Verfassungsgesetze eine Ausnahme von den einfachen Gesetzen darstellten; wann immer sich eine Regelung auf diese Gesetze erstrecken solle, werde dies ausdrücklich in der Verfassung erwähnt.[593] Vom Schweigen der Verfassung schließt daher beispielsweise *D. M. Danilenko* auf die Nichtanwendbarkeit der Vorrangregelung.[594] *I. I. Lukašuk* bezieht sich auf den in Art. 76 Abs. 3 VerfRF angeordneten Vorrang der Verfassungsgesetze gegenüber den einfachen föderalen Gesetzen.[595] Soweit der Gesetzgeber völkerrechtlichen Verträgen im einfachen Gesetzgebungsverfahren zustimmt, dürften diese den Verfassungsgesetzen nicht widersprechen. Andernfalls müssten entweder die Verfassungsgesetze geändert oder aber die Zustimmung zum Vertrag in Form eines Verfassungsgesetzes erfolgen.[596]

Diese Ansicht ist überzeugend. Zwar soll die Regelung des Art. 15 Abs. 4 VerfRF völkerrechtliche Verträge gerade von den allgemeinen Regeln der Gesetzeshierarchie ausnehmen. Damit wird sichergestellt, dass der einfache Gesetzgeber nicht durch nachträglich erlassene Gesetze die auf völkerrechtlicher Ebene eingegangenen Verpflichtungen aufheben kann. Dies soll aber nur einfache Gesetze betreffen. Art. 15 Abs. 4 Satz 2 VerfRF benutzt nur den Ausdruck „durch Gesetz" („Zakonom"), ohne jedweden Zusatz; hätte der Verfassungsgeber Verfassungsgesetze in diese Vorrangregelung einbeziehen wollen, hätte er dies wie an anderen Stellen ausdrücklich erwähnen müssen. Verfassungsgesetze gehen damit den völkerrechtlichen Verträgen der Russländischen Föderation vor, soweit diesen nicht der Gesetzgeber durch ein Verfassungsgesetz zugestimmt hat.

---

592 *Maročkin, S. J.*, 1997, S. 46.

593 Bspw. bedarf es zur Aufnahme eines neuen Subjektes in die RF eines Verfassungsgesetzes, Art. 65 Abs. 2 VerfRF.

594 *Danilenko, G. M.*, 1994, S. 465f.

595 *Lukašuk* in *Zvekov, V. P. und B. I. Osminin*, 1996, Art. 22, S. 71.

596 Im Ergebnis ebenso, aber ohne nähere Begründung *Četvernin* in *Četvernin, V. A.*, 1997, S. 52, 54. Implizit geht er davon aus, dass das Verfassungsgericht die Verfassungsmäßigkeit des völkerrechtlichen Vertrages auch anhand der Vereinbarkeit mit einem Verfassungsgesetz überprüfen kann.

2.2 Differenzierung zwischen zustimmungsbedürftigen und nichtzustimmungsbedürftigen völkerrechtlichen Verträgen

Bei der Anwendung des Grundsatzes des Vorranges völkerrechtlicher Verträge gegenüber den Gesetzen ist fraglich, ob zwischen völkerrechtlichen Verträgen, die der Zustimmung durch das Parlament unterliegen, und anderen Verträgen differenziert werden muss. Art. 15 Abs. 4 VerfRF stellt allgemein den Vorrang der Regeln des völkerrechtlichen Vertrages vor den gesetzlichen Regelungen fest.

Das Oberste Gericht legt Art. 15 Abs. 4 VerfRF in dieser Hinsicht eng aus.[597] Ein Gericht habe nicht das Recht, eine gesetzliche Vorschrift anzuwenden, die einem für die Russländische Föderation in Form eines föderalen Gesetzes in Kraft getretenen völkerrechtlichen Vertrag widerspreche. Dies bestätige auch Art. 5 Abs. 3 VRG, der die unmittelbare Anwendbarkeit nur für die Bestimmungen eines offiziell veröffentlichten Vertrages feststelle, die keiner weiteren innerstaatlichen Umsetzung bedürften. Auch in der Literatur sprechen sich zahlreiche Autoren für den Vorrang nur der der parlamentarischen Zustimmung unterliegenden Verträge aus.[598] Hierfür spräche bereits die Vorschrift des Art. 15 VRG, die verbindlich die Zustimmung des Parlaments zu einem völkerrechtlichen Vertrag fordert, der die gesetzlichen Bestimmungen in der RF ändert.

Die Auslegung des Obersten Gerichts ist in der russländischen Literatur auch auf Widerspruch gestoßen. *I.O. Chlestova* spricht dem Gericht die Zuständigkeit zur Auslegung der Verfassung ab; in diesem Bereich verfüge das Verfassungsgericht über ein Monopol. Dennoch habe diese Auslegung ihrer Meinung nach für alle Rechtsanwender Bindungswirkung – selbst bei Unzuständigkeit des Gerichtes.[599] Ein Großteil der russländischen Literatur[600]

---

597 Postanovlenie Nr. 8 Plenuma verchovnogo suda RF „Über einige Fragen der Durchführung der Verfassung der Russländischen Föderation in der Ausübung der Rechtspflege" vom 31. Oktober 1995, Bjull.VS 1996, H. 1, S. 3-6, unter Punkt 5 auf S. 4.

598 So *Maročkin, S. J.*, 1997, S. 42-44; *Ivanov, S. A.*, 1994, S. 72; *Četvernin, V. A.*, 1997, S. 54; *Barcic, I. N.*, 2001, S. 63; *N.V. Vitruk* in *Lazarev, V. V.*, 1999, S. 91; *S.V. Polenina* in Rundem Tisch GiP 1996, H. 2, S. 5; Beitrag der russländischen Delegation, *Council of Europe*, 1998, S. 58; *Birjukov, P. N.*, 1999, S. 81f.

599 *Chlestova, I. O.*, 1997, S. 25.

600 Siehe die Nachweise im Folgenden. Außerdem *Zimnenko, B. L.*, 1999, S. 115f.; *de lege lata Tolstik* in Rundem Tisch GiP 1996, H. 2, S. 8, der allerdings konkrete Vorschläge für eine Verfassungsänderung dahingehend unterbreitet, dass nur noch Verträge den Ge-

weicht unter Berufung auf die Entstehungsgeschichte[601] auch inhaltlich von der Meinung des Obersten Gerichts ab. Im Entwurf der Verfassungskommission des Volksdeputiertenkongresses vom 3. Mai 1993[602], der als Grundlage für die anschließenden Verfassungsberatungen diente, hieß es noch ausdrücklich „von der Russländischen Föderation ratifizierte völkerrechtliche Verträge".[603] Trotz ausführlicher Diskussion der Problematik wurde dann das Erfordernis der parlamentarischen Zustimmung zu den Verträgen fallengelassen.[604] Damit entschied sich die Verfassungsversammlung nach Meinung dieser Autoren für den Vorrang sämtlicher völkerrechtlicher Verträge.

Das Verfassungsgericht hat diese Frage bisher nicht ausdrücklich erörtert, sondern verweist in seinen Entscheidungen allgemein auf völkerrechtliche Verträge wie den IPBPR oder das Protokoll II der Genfer Konvention.[605]

Wie eingangs erwähnt, ist der Wortlaut der Vorschrift nicht eindeutig. Daher ist auf die systematische und teleologische Auslegung zurückzugreifen. Das Problem lässt sich auf die Frage verdichten, ob der Gesetzgeber durch einen nur von der Exekutive abgeschlossenen völkerrechtlichen Vertrag gebunden werden kann. Diese Schwierigkeit ergibt sich noch nicht beim Abschluss völkerrechtlicher Verträge durch die Exekutive: Widerspricht ein abzuschließender völkerrechtlicher Vertrag der Gesetzeslage und

---

setzen vorgehen, denen der Gesetzgeber zugestimmt hat. *Malinin, S. A.*, 1997, S. 339, will den Vorrang auf zustimmungspflichtige Verträge und Regierungsabkommen beschränken, aber Ressortabkommen ausschließen.

601 So *Danilenko, G. M.*, 1994, S. 464f.; *Danilenko, G. M.*, 1995, S. 116f.; er betont als Voraussetzung für den Vorrang, dass die RF in einer der WVK entsprechenden Form ihre Zustimmung zum Vertrag abgegeben habe; *Chlestova, I. O.*, 1997, S. 25; *Talalaev, A. N.*, 1994, S. 13.

602 RG vom 8. Mai 1993, Art. 3 Abs. 4.

603 Die Frage des Vorrangs sprach bereits *Lukašuk* auf der Sitzung der Gruppe der Vertreter der staatlichen Gewalt für die Vorbereitung der Verfassung (Vorsitz: *Jakovlev*) am 25. Juni 1993, KS Band 15, S. 91, an. Eine ausführliche Diskussion fand auch auf der Sitzung der Arbeitsgruppe am 22. Oktober 1993, KS Band 19, S. 19-22, statt.

604 In dem Entwurf vom 12. Juli 1993, KS Band 17, S. 359ff., wurde in Art. 15 Abs. 4 nur noch von den völkerrechtlichen Verträgen der RF im Allgemeinen und ohne Einschränkung gesprochen.

605 So bspw. in dem Tschetschenien-Urteil vom 31. Juli 1995, SZRF 1995, Nr. 33, Pos. 3424, deutsche Übersetzung von *Beknazar* in ZaöRV 1997, S. 180-193, Ziff. 5 der Begründung. Allerdings ist das Verfassungsgericht in seiner Begrifflichkeit nie sehr genau, da es auch die AEMR unter den Begriff der völkerrechtlichen Verträge subsumiert.

muss diese geändert werden, so wird der Vertrag gemäß Art. 15 Abs. 1 lit. a VRG zustimmungspflichtig. Die Entscheidung darüber, ob sich Russland völkerrechtlich an die durch den Vertrag erforderliche Änderung der Gesetzeslage binden soll, obliegt also weiterhin dem Parlament.

Schwieriger wird die Situation nach Inkrafttreten eines zunächst nicht zustimmungspflichtigen Vertrages: Nimmt man den Vorrang auch dieser Verträge gegenüber den Gesetzen an, so ist der Gesetzgeber nachträglich an den völkerrechtlichen Vertrag auch für die Zukunft gebunden. Diese Situation kann eintreten, wenn der Gesetzgeber nun die Materie regeln will, die bisher gar nicht oder nur durch Ukaz bzw. Regierungsverordnungen geregelt war.

Selbst wenn er ein dem Vertrag widersprechendes Gesetz erließe, wäre dies wegen des Vorranges des Vertrages nicht anwendbar. Ohne die ursprüngliche Beteiligung der Legislative könnte die Exekutive damit jene durch völkerrechtliche Verträge binden. Der Gesetzgeber kann diese Bindung nicht lösen. Zwar haben beide Kammern der Föderationsversammlung das Recht, die Kündigung völkerrechtlicher Verträge zu empfehlen (Art. 35 Abs. 1 VRG). Die Entscheidung über die Kündigung des Vertrages auf völkerrechtlicher Ebene liegt aber bei dem Organ, das auch über den Abschluss entschieden hat, in diesen Fällen also bei einem Organ der Exekutive (Art. 37 Abs. 1 VRG). Die Kündigung eines zustimmungsbedürftigen völkerrechtlichen Vertrages unterliegt zwar der Zustimmung durch das Parlament; dieses kann das Kündigungsverfahren aber nicht verbindlich einleiten.

Es mag eingewandt werden, dass nicht-zustimmungspflichtige Verträge wenn auch zahlreich, so doch nicht von erheblicher Bedeutung sein mögen. Es handele sich vielmehr um Verträge, die den Vollzug anderer Verträge konkretisieren oder nur die Verwaltung intern binden und damit kaum Außenwirkung entfalten. Dies überzeugt jedoch nicht: Das Prinzip der Gewaltenteilung und die Normenhierarchie haben nicht nur einen grundrechtsschützenden Charakter, sondern sind auch für den Verfassungsaufbau fundamental. Die Frage, ob ein Verstoß gegen diese Prinzipien nur in Ausnahmefällen Außenwirkung hat, kann daher nicht von Bedeutung sein. Die in Teil 6 der Arbeit dargestellte Möglichkeit der Überprüfung völkerrechtlicher Verträge durch das Verfassungsgericht vermag diesen Konflikt ebenfalls nicht zu entschärfen. Das Gericht kann den Vertrag nur auf seine Vereinbarkeit mit der Verfassung prüfen; hier aber geht es um die Frage, ob der

Gesetzgeber trotz eines verfassungsmäßigen völkerrechtlichen Vertrages, dem das Parlament nicht zugestimmt hat, eine entgegenstehende gesetzliche Regelung treffen kann.

Dieser Verstoß gegen den Grundsatz der Gewaltenteilung kann nicht mit dem Argument der Völkerrechtsfreundlichkeit der Verfassung gerechtfertigt werden. Das Völkerrecht sollte gerade ein Garant der Rechtsstaatlichkeit sein.[606] Dieser Funktion widerspräche die Durchsetzung des Anwendungsvorrangs sämtlicher Verträge unter Verstoß gegen einen der grund-legenden Bestandteile des Rechtsstaatsprinzips – der Begrenzung und der Trennung der Gewalten.

Im Ergebnis ist Art. 15 Abs. 4 VerfRF daher so auszulegen, dass er nur den Vorrang völkerrechtlicher Verträge vor dem Gesetz anordnet, die der Zustimmung des Gesetzgebers unterlagen. Diese Vorrangregelung setzt zugleich die allgemeine Regel des *lex posterior derogat legi anteriori* außer Kraft: unabhängig davon, wann der Gesetzgeber dem völkerrechtlichen Vertrag zugestimmt hat, geht er jeder gesetzlichen Regelung vor, die vor oder nach dieser Zustimmung erlassen wurde.[607]

Art. 15 Abs. 4 VerfRF ist allerdings auch für völkerrechtliche Verträge von Bedeutung, denen der Gesetzgeber nicht zugestimmt hat. Diese Verträge werden nicht durch Gesetz, sondern durch Ukaz des Präsidenten oder Verfügung der Regierung bzw. einzelner Behörden innerstaatlich in Kraft gesetzt und zugleich dem russländischen Rechtssystem einverleibt. Aus dem oben Gesagten ergibt sich, dass die solchermaßen angenommenen Verträge Gesetzen nicht vorgehen können. Allerdings stellt sich hier die Frage nach dem Rangverhältnis zwischen diesen Verträgen und untergesetzlichen Normen. Die Vorrangregelung ist hier insoweit einschlägig, als sie erneut nicht das grundlegende Verhältnis von Ukazen und Regierungsverfügungen umkehrt, sondern nur innerhalb der vorgegebenen Normenhierarchie den Vorrang des völkerrechtlichen Vertrages vor einer im Übrigen gleichrangigen Norm begründet. Ein durch Regierungsverfügung in Kraft gesetztes Regierungsabkommen geht damit zwar nicht den russländischen Gesetzen

---

606 Vgl. die Präambel des VRG.

607 Zu diesem Problem ausführlich auch *Tiunov, O. I.*, 1995, S. 181f.; die allgemeinen Regeln der Normenkollision hält auch *Birjukov, P. N.*, 1999, S. 82, auf die völkerrechtlichen Verträge nicht für anwendbar.

oder den Ukazen des Präsidenten, wohl aber sonstigen Regierungsverordnungen und -verfügungen vor.[608]

Zu beachten bleibt, dass völkerrechtliche Verträge mit Außenwirkung, die also die Rechte, Freiheiten und Pflichten des Menschen und Bürgers im Sinne des Art. 15 Abs. 3 Satz 3 VerfRF berühren, nur nach ihrer offiziellen Veröffentlichung angewendet werden dürfen. Dies ist angesichts der lükkenhaften Veröffentlichungspraxis völkerrechtlicher Verträge in der Russländischen Föderation eine Anforderung mit erheblicher Bedeutung.[609] Die Veröffentlichung allein des Zustimmungsgesetzes kann für Art. 15 Abs. 3 VerfRF nicht ausreichen, da in diesen Fällen der Vertrag nicht immer abgedruckt ist. Damit fehlt es aber gerade an der inhaltlichen Veröffentlichung.[610]

2.3 Der für den Vorrang völkerrechtlicher Verträge ausschlaggebende Moment

Art. 15 Abs. 4 Satz 2 VerfRF lässt offen, ab welchem Zeitpunkt ein „völkerrechtlicher Vertrag der Russländischen Föderation" Vorrang vor dem Gesetz genießt. Der Zeitpunkt der innerstaatlichen Zustimmung und der des völkerrechtlichen Inkrafttretens bei zustimmungspflichtigen Verträgen kann erheblich auseinanderfallen. Als Anknüpfungspunkte für den Vorrang des Vertrages kommen daher folgende Zeitpunkte in Betracht: der Abschluss des innerstaatlichen Zustimmungsverfahrens, die Veröffentlichung des Vertrages, der Abschluss des völkerrechtlichen Ratifikationsverfahrens durch Austausch der Ratifikationsurkunden oder das Inkrafttreten des Vertrages auf völkerrechtlicher Ebene.

Gegen den Vorrang des Vertrags und dessen Anwendbarkeit noch vor seiner Veröffentlichung spricht bereits Art. 15 Abs. 3 VerfRF, der die Ver-

608 Ebenso *Maročkin, S. J.*, 1997, S. 51f., *Lukašuk, I. I.*, 1996, S. 51f.

609 Vgl. *Laptev, P. A.*, 1999, S. 286. Im Bjull.MD werden völkerrechtliche Verträge häufig mit jahrelanger Verspätung veröffentlicht.

610 In einigen Fällen werden die Verträge daher gleichzeitig auch im Gesetzesblatt veröffentlicht, z.B. die Konsularkonvention mit Polen (SZRF 1998, Nr. 14, Pos. 1515) oder die Menschenrechtskonvention der GUS (SZRF 1999, Nr. 13, Pos. 1489).

öffentlichung sämtlicher Gesetze, also auch von Zustimmungsgesetzen, zur Voraussetzung ihrer Anwendbarkeit macht.[611]

In Frage kommen damit nur noch der Zeitpunkt der innerstaatlichen Veröffentlichung oder die völkerrechtliche Ratifikation bzw. das völkerrechtliche Inkrafttreten des Vertrages. In diesem Zusammenhang ist entscheidend, ob die Verfassung innerstaatlich eine Bindung des russländischen Gesetzgebers schon vor der völkerrechtlichen Bindung bezwecken wollte. Zu berücksichtigen ist ferner die Möglichkeit, dass Verträge, die bereits das innerstaatliche Zustimmungsverfahren durchlaufen haben, in einigen Fällen völkerrechtlich nicht in Kraft treten.

Gemäß Art. 31 Abs. 3 VRG unterliegt ein völkerrechtlicher Vertrag in dem Moment seines Inkrafttretens für die Russländische Föderation der Ausführung. Diese Vorschrift nimmt auf die völkerrechtliche Regelung der WVK Bezug, dergemäß ein Vertrag ohne abweichende Regelung in dem Zeitpunkt in Kraft tritt, in dem alle Verhandlungsstaaten der Bindung durch den Vertrag zustimmen (Art. 24 Abs. 2 WVK). Für die Russländische Föderation *völkerrechtlich* verpflichtend wird der Vertrag damit erst im Zeitpunkt des Inkrafttretens für Russland und für die anderen Vertragsparteien. Zuvor haben sich die Vertragsparteien nur gemäß Art. 18 WVK aller Handlungen zu enthalten, die den Vertragszweck vereiteln könnten.

Aus *völkerrechtlicher* Perspektive muss der Vertrag innerstaatlich damit erst nach seinem völkerrechtlichen Inkrafttreten angewendet werden. Daher besteht kein Grund, den innerstaatlichen Anwendungsvorrang ausdrücklich auf einen früheren Zeitpunkt zu verlegen. Andernfalls könnte Russland bereits innerstaatlich an einen völkerrechtlichen Vertrag gebunden sein, der bspw. mangels ausreichender Ratifikationen auf völkerrechtlicher Ebene nie oder erst Jahre später in Kraft tritt. Die Anknüpfung an den Zeitpunkt des völkerrechtlichen Inkrafttretens entspricht auch der Adoptionstheorie, da die innerstaatliche Geltung vom Inkrafttreten der völkerrechtlichen Norm abhängig gemacht wird.

Für die Anwendung des völkerrechtlichen Vertrages ist somit auf sein völkerrechtliches Inkrafttreten abzustellen[612]; zuvor kann er als Auslegungshilfe herangezogen werden.

---

611 Hierauf wurde auch bereits während der Verfassungsversammlung hingewiesen, KS Band 19, Sitzung der Arbeitsgruppe (Vorsitz *S. A. Filatov*), 22. Oktober 1993, S. 19-22.

612 So im Ergebnis auch *Talalaev, A. N.*, 1994, S. 8-10 und *Zimnenko, B. L.*, 1999, S. 111, allerdings mit jeweils unterschiedlichen Begründungen.

3 Unmittelbare Anwendbarkeit

Die Geltung des Völkerrechts in der innerstaatlichen Rechtsordnung ist die Voraussetzung für dessen Anwendbarkeit. Sie richtet sich einerseits nach den Normen des Völkerrechts, die die Frage der Gültigkeit der Norm betreffen. Andererseits richtet sie sich nach der innerstaatlichen Inkorporationsnorm, in Russland also nach Art. 15 Abs. 4 Satz 1 VerfRF. Wie bereits unter Punkt 1 erläutert, beanspruchen die völkerrechtlichen Verträge in der Russländischen Föderation nach ihrem Inkrafttreten Geltung.

Hiervon zu unterscheiden ist die Frage der unmittelbaren Anwendbarkeit. Aus Art. 15 Abs. 4 Satz 2 VerfRF ergibt sich, dass die völkerrechtlichen Verträge unmittelbar angewendet werden sollen, soweit sie Regeln enthalten, die den gesetzlichen Regelungen widersprechen.[613] Zu ergänzen ist wohl, dass die Regeln des völkerrechtlichen Vertrages auch dann unmittelbar Anwendung finden sollen, wenn eine Frage durch den Vertrag, nicht aber durch innerstaatliches Recht geregelt ist, die Regel des Vertrages damit nicht normverdrängenden, sondern normergänzenden Charakter hätte.[614] Hierfür sprechen Satz 1 der Bestimmung sowie ein *a fortiori*-Schluss. So kann dem Erfordernis der unmittelbaren Anwendbarkeit die größte Effektivität verschafft werden. Einfachgesetzlich wird die unmittelbare Anwendbarkeit völkerrechtlicher Verträge in Art. 5 Abs. 3 GVG vorausgesetzt, der den Richter anweist, seine Entscheidungen im Einklang mit der Verfassung, den föderalen Gesetzen und den völkerrechtlichen Verträgen der RF (sowie anderer Normen) zu treffen.[615]

Zugleich muss die Unterscheidung zwischen vollzugsfähigen (*self-executing*) und damit unmittelbar anwendbaren Normen und nicht vollzugsfähigen (*non self-executing*) Normen getroffen werden. Die Verfassung enthält

---

[613] Ebenso *Talalaev, A. N.*, 1994, S. 12; *Birjukov, P. N.*, 1999, S. 78f.; *Chlestov, O. N.*, 1994, S. 57; *Chlestova, I. O.*, 1997, S. 22; *Maročkin, S. J.*, 1997, S. 48; *Salikov, M. S.*, 1997, S. 637; *Tiunov, O. I.*, 2001, S. 14; begrenzt auf zustimmungspflichtige Verträge *Malinin, S. A.*, 1997, S. 339.

[614] So auch *Zimnenko, B. L.*, 1999, S. 113 und *Alekseeva, L. B., V. M. Zujkov*, 1996, S. 34f. mit Beispielen.

[615] Die unmittelbare Anwendbarkeit ist auch in Art. 7 des neuen Zivilgesetzbuches vorgesehen. Gemäß Art. 3 Abs. 1 Strafvollzugsgesetzes werden die völkerrechtlichen Verträge der RF beim Strafvollzug „berücksichtigt".

hierzu keine eindeutige Aussage.[616] Art. 5 Abs. 3 VRG legt fest, dass nur solche Vertragsbestimmungen, die keines weiteren innerstaatlichen Umsetzungsaktes für ihre Anwendung bedürfen, unmittelbar anwendbar sind. Andere Normen sind zwar ebenfalls Bestandteil des Rechtssystems und schließen einen Umsetzungsbefehl an den Gesetzgeber ein. Mangels hinreichend bestimmten Regelungsgehaltes können sie aber durch den Rechtsanwender nicht auf individuelle Fälle angewendet werden, sondern bedürfen der Konkretisierung durch einen innerstaatlichen Rechtsakt.[617]

Ein Beispiel: Im Tschetschenien-Urteil hat das Verfassungsgericht zur Anwendbarkeit des „Zweiten Zusatzprotokolls zu den Genfer Konventionen vom 12. August 1949 betreffend den Schutz der Opfer nichtinternationaler bewaffneter Konflikte"[618] Stellung genommen.[619] Dieses hatte der Oberste Sowjet der UdSSR am 4. August 1989 ratifiziert.[620] Der Oberste Sowjet der UdSSR erteilte weiterhin dem Ministerrat den Auftrag zur Ausarbeitung von Vorschlägen zu den entsprechenden Gesetzesänderungen. Obwohl die Gesetzesänderungen nie angenommen worden waren, wendete das Verfassungsgericht das Protokoll auf den konkreten Konflikt an und folgte damit der monistischen Theorie. Es erklärte, dass beide Konfliktparteien das Protokoll beachten müssten. Damit dehnte es den Anwendungsbereich auf die tschetschenische Seite aus, ohne zu prüfen, ob diese die für die Anwendung des Protokolls notwendige Erklärung abgegeben hatte und damit nicht nur an die zu Völkergewohnheitsrecht gewordenen

---

616 Zu der Frage der vollzugsfähigen Normen auch in der Rechtsprechung des Verfassungsgerichts s. ausführlich *Danilenko, G. M.*, 1995, S. 119-122. Er weist darauf hin, dass das Verfassungsgericht bei der Anwendung der AEMR weder die Unterschiede zwischen verpflichtenden und nichtverpflichtenden Erklärungen macht, noch zwischen vollzugsfähigen und nichtvollzugsfähigen. Beide Arten zieht es zur Begründung von Pflichten für den Staat heran. *Danilenko, G. M.*, 1999, S. 65, nennt als Beispiel für die letztere Kategorie die Normen des IPWSR, auf die sich das Gericht in dem Arbeitsgesetz-Fall vom 4. Februar 1992, VKS 1993, Nr. 1, 29 bezieht. Dieser ist allerdings noch vor der Verabschiedung der jetzigen Verfassung entschieden worden und kann daher nicht als Argument für die mangelnde Differenzierung durch das Verfassungsgericht herangezogen werden.

617 So für Art. 5 Abs. 3 VRG auch *Lukašuk, I. I.*, 1996, S. 52f.

618 Vom 8. Juni 1977, BGBl. 1990 II S. 1637.

619 Urteil vom 31. Juli 1995, SZRF 1995, Nr. 33, Pos. 3424, deutsche Übersetzung von *Beknazar* in ZaöRV 1997, S. 180-193, Ziff. 5 der Begründung.

620 Hierbei ist zu berücksichtigen, dass der Oberste Sowjet sowohl für die innerstaatliche als auch für die völkerrechtliche Ratifikation zuständig war.

Teile gebunden war. Der vom Verfassungsgericht festgestellte Verstoß gegen nationales Recht habe zur Verletzung des Protokolls geführt. Die einzelnen Verletzungen prüfte es allerdings nicht mehr im Detail.[621] Das Gericht ging auch nicht auf einzelne Vorschriften des Protokolls ein und musste sich daher nicht mit der Frage der Vollzugsfähigkeit einzelner Vorschriften beschäftigen. Jedoch hat es die Normen offensichtlich für unmittelbar anwendbar und self-executing gehalten, da es für beide Parteien konkrete Verpflichtungen aus dem Vertrag ablas.[622]

Von der Frage der Anwendbarkeit zu unterscheiden ist die Drittwirkung, also die Bindung natürlicher oder juristischer Personen durch Normen des Völkerrechts, dessen Adressat der Staat ist. Die russländische Rechtsordnung schließt die Drittwirkung völkerrechtlicher Verträge, die zwischen Staaten mit dem Ziel der Bindung Privater geschlossen wurden, nicht grundsätzlich aus. Die Einordnung von Normen als Normen mit drittwirkendem Charakter ist aber eine Frage des Völkerrechts und nicht der nationalen Rechtsordnung.[623]

3. Kapitel: Allgemein anerkannte Normen und Prinzipien des Völkerrechts

Neben den völkerrechtlichen Verträgen sind die allgemein anerkannten Prinzipien und Normen des Völkerrechts wichtige Rechtsquellen in der Rechtsordnung der RF.

---

621 Vielmehr lehnt es seine Zuständigkeit für die Überprüfung der konkreten Maßnahmen auf ihre Vereinbarkeit mit dem Protokoll ab, Punkt 5 der Beschlussformel. Ausführlich zu den Fragen des humanitären Völkerrechts *Gaeta, P.*, 1996. *Gaeta* hebt die insgesamt sehr völkerrechtsfreundliche Rechtsprechung des Gerichts hervor.

622 Insbesondere die Schadensersatzpflicht. Die Prüfung der Vereinbarkeit konkreter Maßnahmen mit den Anforderungen des Protokolls war nicht Gegenstand dieses Verfahrens der allgemeinen Normenkontrolle.

623 So auch *Lukašuk* in *Zvekov, V. P. und B. I. Osminin*, 1996, zu Art. 5, S. 18f.

1 Begriffsklärung

1.1 Vorgaben in der Verfassung

Der in Art. 15 Abs. 4 Satz 1 VerfRF benutzte Begriff der „allgemein anerkannten Prinzipien und Normen des Völkerrechts“ bedarf einer genaueren Inhaltsbestimmung. In der Verfassung findet sich der Begriff der „allgemein anerkannten Normen“ in unterschiedlichen Variationen wieder. Art. 17 Abs. 1 VerfRF garantiert die Wahrung der Menschen- und Bürgerrechte entsprechend den allgemein anerkannten Prinzipien und Normen des Völkerrechts. Derselbe Ausdruck wird in Art. 69 VerfRF verwandt, der die Rechte der kleinen Urvölker entsprechend diesen Prinzipien und Normen *und* den völkerrechtlichen Verträgen der Russländischen Föderation garantiert. Die Verfassung nennt dreimal den Begriff „allgemein anerkannten Prinzipien und Normen des Völkerrechts“ (Art. 15 Abs. 4, Art. 17 Abs. 1 und Art. 69), wobei einmal ausdrücklich auf die danebenbestehenden Verpflichtungen aus völkerrechtlichen Verträgen verwiesen wird (Art. 69). Daneben bestehen zwei weitere Varianten: Art. 55 Abs. 1 VerfRF stellt klar, dass die Aufzählung der Grundrechte in der Verfassung keine Einschränkung der „allgemein anerkannten Rechte und Freiheiten des Bürgers und der Menschen“ bedeuten solle. Schließlich gewährt Russland politisch Verfolgten gemäß „den allgemein anerkannten Normen des Völkerrechts“ Asyl (Art. 63 VerfRF). Einfachgesetzlich wurde der Begriff bisher nicht konkretisiert.

1.2 Das Verfassungsgericht

Das Verfassungsgericht hat den Begriff der allgemein anerkannten Prinzipien und Normen noch nicht klar definiert, obwohl es vor allem in seinen frühen Judikaten häufig auf diese verwiesen hat. Bei der Subsumtion unterschied es aber nicht zwischen den unterschiedlichen Rechtsquellen und zog sowohl völkerrechtliche Verträge als auch Erklärungen der Generalversammlung der VN heran.

In der Entscheidung zum Streikverbot in der Luftfahrt stellte es beispielsweise fest, dass die Möglichkeit der Einschränkung des Streikrechts[624] grundsätzlich nicht den „allgemein anerkannten Prinzipien und Normen des Völkerrechts" widerspräche und verwies im Folgenden auf Art. 8 Abs. 2 IPWSR, einem für die RF geltenden Vertrag.[625]

In der Tschetschenien-Entscheidung subsumiert das Gericht unter die allgemein anerkannten Prinzipien und Normen das in der Friendly-Relations-Declaration[626] anerkannte Selbstbestimmungsrecht der Völker.[627] Der Rechtscharakter dieser Deklaration ist völkerrechtlich umstritten; zumindest in Bezug auf das Selbstbestimmungsrecht der Völker kann sie aber als Bestätigung eines allgemein geltenden Grundsatzes des Völkerrechts und damit als Völkergewohnheitsrecht angesehen werden.[628]

Im Urteil zum Staatsangehörigkeitsgesetz bezieht sich das Gericht auf Art. 15 Abs. 2 AEMR, ohne allerdings auf die Verfassungsbestimmung einzugehen, die diese Bestimmung in das Rechtssystem der RF inkorporiert.[629] Gerade die Geltung des gesamten Inhalts der AEMR als Völkergewohnheitsrecht ist aber nach wie vor umstritten[630], so dass der Verweis des Verfassungsgerichts auf die Erklärung keine eindeutigen Rückschlüsse auf seine Definition der allgemein anerkannten Prinzipien und Normen zulässt.

---

624 Entscheidung vom 17. Mai 1995, SZRF 1995, Nr. 21, Pos. 1976; deutsche Übersetzung von *M. Hartwig* und *T. Beknazar* in EuGRZ 1997, S. 500-502.

625 Die Russländische Föderation ist als Rechtsnachfolgerin der UdSSR an den IPWSR gebunden; diese hatte ihn am 16. Oktober 1973 ratifiziert.

626 „Erklärung über völkerrechtliche Grundsätze für freundschaftliche Beziehungen und Zusammenarbeit zwischen den Staaten im Sinne der Charta der Vereinten Nationen" vom 24.Oktober 1970, Anhang der Resolution der UN-Generalversammlung Nr. 2625 (XXV) vom 24. 10. 1970.

627 Urteil vom 31. Juli 1995 („Tschetschenien-Urteil"), Ziff. 2 der Begründung.

628 Zur Erklärung allgemein *Verdross, A. und B. Simma*, 1984, Völkerrecht, §§ 454-456 und *Gloria* in *Ipsen, K.*, 1999, § 26, Rn. 5; zum Selbstbestimmungsrecht *Heintze* in *Ipsen, K.*, 1999, § 27, Rn. 4.

629 Urteil vom 16. Mai 1996 („Fall A. B. Smirnoff"), SZRF 1996, Nr. 21, Pos. 2579, deutsche Übersetzung von *Hartwig* und *Beknazar* in EuGRZ 1997, S. 410-413, Ziff. 3 der Begründung.

630 Vgl. nur *Drzewicki, K.*, 1999, S. 74ff.

1.3 Ansichten in der Literatur und Rechtsprechung

In der russländischen Literatur werden „die allgemein anerkannten Prinzipien und Normen des Völkerrechts“ unterschiedlich definiert. Einige Autoren fassen unter diesen verfassungsrechtlichen Begriff das Völkergewohnheitsrecht, also solche Normen, die durch die von einer Rechtsüberzeugung (opinio iuris sive necessetatis) getragene internationale Übung der Rechtssubjekte[631] entstehen.[632] Sie räumen aber ein, dass die Feststellung der Reichweite dieser Normen erhebliche Probleme bereiten kann.[633] Soweit nicht die allgemeine Anerkennung nachgewiesen werden könne, es sich also um partikulares Völkergewohnheitsrecht handele, seien nur die von der Russländischen Föderation anerkannten Normen unter diesen Begriff zu subsumieren.[634] *Malinin* schränkt die allgemein anerkannten Normen auf das *ius cogens* ein, dessen Inhalt u.a. in der Friendly-Relations-Declaration der Generalversammlung enthalten sei.[635] Auf diese Erklärung oder die Schlussakte von Helsinki als vermeintliche Kodifizierung des *ius cogens* beziehen sich auch andere Autoren, ohne aber eine abschließende Liste dieser Prinzipien aufstellen zu wollen.[636] Wegen dieser Ungewissheit und der Tatsache, dass diese Regeln hauptsächlich die Beziehungen zwischen den Staaten regeln, wird ihnen teilweise keine große Bedeutung für die Rechtsprechung beigemessen.[637]

Andere sehen den Ausdruck als Oberbegriff der völkerrechtlichen Verträge und des Völkergewohnheitsrechtes an.[638] Das Oberste Gericht der RF

---

631 Vgl. zur Definition des Völkergewohnheitsrechts *Heintschel von Heinegg* in *Ipsen, K.*, 1999, § 16, Rn. 2.

632 So *Lukašuk, I. I.*, 1996, S. 48; *Chlestova,* 1997, S. 23; *Zimnenko, B. L.*, 2000, S. 168, Fn. 9.

633 *Chlestova,* a.a.O., hält beispielsweise die Normen der VN-Satzung sowie die Allgemeine Erklärung der Menschenrechte für allgemein anerkannt. *Lukašuk* wiederum verweist auf den IPBPR, der von vielen Staaten ratifiziert ist; dem IPWSR hingegen fehle es wegen der angebrachten Vorbehalte an dieser Allgemeingültigkeit (*Lukašuk* in *Zvekov, V. P. und B. I. Osminin,* 1996, zu Art. 5, S. 15f.).

634 *Chlestova,* a.a.O.

635 *Malinin, S. A.*, 1997, S. 337; ebenso *S.V. Polenina* in Runden Tisch GiP 1996, H. 2, S. 4f.

636 Vgl. etwa den Beitrag der russländischen Delegation auf dem multilateralen Treffen zum Thema „Der Richter und das Völkerrecht“, *Council of Europe,* 1998, S. 55-59. Ebenso *N. V. Vitruk* in *Lazarev, V. V.*, 1999, S. 90f.

637 So die russische Delegation a.a.O., S. 55f. *V.I. Andrianov* in Rundem Tisch GiP 1996, H. 2, S. 6, stellt die Anwendbarkeit dieser Prinzipien in der Verfassungspraxis in Frage, da sie die Beziehungen zwischen Staaten und nicht innerhalb eines Staates regeln sollen.

638 *Baglaj, M. V.*, 1999, S. 23; *Maročkin, S. J.*, 1997, S. 39 m.w.N.

fasst unter die allgemein anerkannten Normen nur diejenigen grundlegenden Prinzipien, die in „völkerrechtlichen Pakten, Konventionen und anderen Dokumenten (bspw. der Allgemeinen Erklärung der Menschenrechte oder den Internationalen Menschenrechtspakten)" niedergelegt sind.[639] *Tolstiks* Definition ist noch enger: Seiner Meinung nach können in Russland zumindest nur die Normen und Prinzipien Anwendung finden, auf die die russländische Gesetzgebung direkt verweist und die von Russland durch einen klaren Ausdruck des Einverständnisses anerkannt werden.[640]

Eine dritte Gruppe versteht unter den allgemein anerkannten Prinzipien und Normen des Völkerrechts die „allgemeinen Grundsätze des Völkerrechts"[641]. Diese Regeln sind zwar dem Völkergewohnheitsrecht zuzuordnen und entspringen unmittelbar den Beziehungen zwischen den Staaten, bedürfen wegen ihrer allgemeinen Anerkennung aber nicht mehr eines einzelnen Nachweises der Staatenpraxis. Zu ihnen zählen der Grundsatz der Gleichheit und Unabhängigkeit aller Staaten und die in die WVK eingegangenen Grundsätze der *bona fides* und *pacta sunt servanda*.[642] Diese Autoren engen den Umfang der einzubeziehenden Grundsätze ein.

1.4 Die Normen und Prinzipien als für Russland verbindliches Völkergewohnheitsrecht

Die Verfassung gibt bereits Anhaltspunkte für die Auslegung des in Rede stehenden Begriffs. Durch die gleichzeitige Nennung der „Normen und

---

639 Postanovlenie Nr. 8 Plenuma verchovnogo suda RF vom 31. Oktober 1995, Bjull. VS 1996, H. 1, S. 4. Vgl. hierzu die berechtigte Kritik bei *Lukašuk, I. I.*, 1996, S. 48f. Zwar können völkerrechtliches Vertrags- und Gewohnheitsrecht Teilmengen bilden, sie sind aber nicht identisch. *Lukašuk* macht den Unterschied an den Menschenrechtspakten und der AEMR deutlich.

640 *Tolstik, V. A.*, 2000, S. 76f. Er bezieht sich zur Begründung auf Art. 6 VRG: es dürften nur völkerrechtliche Verträge angewendet werden, an die sich Russland durch eine ausdrückliche Erklärung gebunden hat. Wenn die Normen und Prinzipien mit den Verträgen im Rang gleichgestellt werden, müsse dies auch an die gleichen Voraussetzungen geknüpft werden.

641 *Danilenko, G. M.*, 1994, S. 465; *Danilenko, G. M.*, 1995, S. 117f.; *Talalaev, A. N.*, 1994, S. 6; ausführlich auch in rechtsvergleichender und rechtshistorischer Hinsicht in *Talalaev, A. N.*, 1998. Wohl auch *Tiunov, O. I.*, 1995, S. 181 und *Nešataeva, T. N.*, 1999, S. 221f.

642 Zu den allgemeinen Grundsätzen des Völkerrechts *Verdross, A. und B. Simma*, 1984, § 578; *Heintschel von Heinegg, W.* in *Ipsen, K.*, 1999, § 16.

Prinzipien“ sowie der „völkerrechtlichen Verträge“ in Art. 69 und 15 Abs. 4 VerfRF ist klargestellt, dass der erste Begriff die völkerrechtlichen Normen meint, an die Russland nicht bereits vertraglich gebunden ist.

Die Verfassung unterscheidet aber auch zwischen den *Normen* und den *Prinzipien*. Das Asylrecht wird gemäß den allgemein anerkannten *Normen* des Völkerrechts gewährt (Art. 63 Abs. 1 VerfRF). Zwar gibt es kein völkerrechtliches Recht auf Asyl; allerdings existieren völkergewohnheitsrechtliche Standards im Hinblick auf das Prinzip des Non-Refoulement bei drohender politischer Verfolgung oder Folter.[643] Der Ausdruck „allgemein anerkannte *Normen* des Völkerrechts“ bezieht sich damit auf das Völkergewohnheitsrecht. Der Ausdruck „allgemein anerkannte *Prinzipien und Normen* des Völkerrechtes“ hingegen ist umfassender und muss daher neben dem Völkergewohnheitsrecht auch die allgemeinen Rechtsgrundsätze[644] einschließen. Diese Interpretation umfasst sämtliche Rechtsquellen des Völkerrechts und berücksichtigt damit die Völkerrechtsfreundlichkeit der Verfassung angemessen.

Zwar ist einzuräumen, dass sowohl das Völkergewohnheitsrecht als auch die allgemeinen Rechtsgrundsätze zumeist das Verhältnis zwischen Staaten betreffen und daher im innerstaatlichen Rahmen nur in engen Grenzen anwendbar sind.[645] Jedoch ist zu beachten, dass diese Grundsätze nicht nur für die Ausrichtung der Außenpolitik durch die Exekutive, sondern auch bei Gerichtsentscheidungen mit Auslandsbezug von besonderer Bedeutung sein können. Für die Annahme, dass jedenfalls auch für die RF bindendes Völkergewohnheitsrecht vom Begriff der allgemeinen Prinzipien und Normen

---

643 Vgl. *Kälin, W.*, 1982, S. 83-85, für den Nachweis regionalen Völkergewohnheitsrechts und mit Nachweisen dafür, dass universelles Völkergewohnheitsrecht in Entstehung begriffen sei, S. 59-78.

644 Zu den allgemeinen Rechtsgrundsätzen *Verdross, A. und B. Simma*, 1984, §§ 599-606; *Heintschel von Heinegg* in *Ipsen, K.*, 1999, § 17. Die sowjetische Völkerrechtstheorie erkannte diese Normen nicht als Rechtsquelle an, da es zwischen den verschiedenen Systemen keine gemeinsamen Rechtsgrundsätze habe geben können; diese Theorie wirkt noch heute fort, vgl. *Tunkin* in *Kudrjavcev, V. N., V. S. Vereščetin.*, 1989, Abschnitt 6 § 7, S. 208-211; auch *Birjukov, P. N.*, 1999, S. 40f., ist zumindest bzgl. der Anerkennung dieser Normen als Völkerrechtsquelle kritisch.

645 Beispiele für allgemeine Grundsätze des Völkerrechts als Völkergewohnheitsrecht sind die Gleichheit und Unabhängigkeit aller Staaten. Das Völkergewohnheitsrecht umfasst neben der Haftung für Delikte u.a. das Fremdenrecht und Teile des humanitären Völkerrechts. Zum Völkergewohnheitsrecht allgemein s. *Birjukov, P. N.*, 1999, S. 43-45; *Heintschel von Heinegg* in *Ipsen, K.*, 1999, § 16.

umfasst sein muss, sprechen der Verweis auf diese Normen im Bereich des Menschenrechtsschutzes (Art. 17 Abs. 1 VerfRF) und im Bereich des Schutzes der kleinen Urvölker (Art. 69 VerfRF). Gerade auf diesem Gebiet gibt es völkergewohnheitsrechtlich anerkannte Normen, etwa die in der AEMR niedergelegten Rechte sowie das „Selbstbestimmungsrecht der Völker".

Auch die allgemeinen Rechtsgrundsätze sind für das Handeln der Staatsorgane von Bedeutung. Der Schutz des Eigentums oder die Indemnität als Ausdruck allgemeiner Rechtsgrundsätze muss nicht nur von der Exekutive bei ihrer außenpolitischen Tätigkeit beachtet werden; diese Grundsätze können auch für den Gesetzgeber oder den Gesetzesanwender bspw. im Bereich des Schutzes der Menschenrechte von Bedeutung sein.

Allerdings kann Art. 15 Abs. 4 VerfRF nicht als Inkorporationsnorm für das gesamte existierende Völkergewohnheitsrecht angesehen werden. Vielmehr muss es sich in den von Russland auf völkerrechtlicher Ebene gesetzten Grenzen halten. Mit anderen Worten: Die Verfassung kann innerstaatlich keine stärkere Bindung an das Völkergewohnheitsrecht vorsehen als Russland in den Außenbeziehungen bereit ist anzuerkennen. Diese Bindung geht weit über den Inhalt des *ius cogens*[646] hinaus; es umfasst sämtliche Normen des universellen Völkergewohnheitsrechts, denen sich Russland nicht als „persistent objector" dauerhaft entgegenstellt. Regionales Völkergewohnheitsrecht ist inkorporiert, soweit die Russländische Föderation diesbezüglich völkerrechtlich gebunden ist. Dabei ist zu beachten, dass der Verweis auf das Völkerrecht dynamisch ist: ebenso wie bei den Verträgen werden nicht nur bereits bei Annahme der Verfassung bestehende, sondern auch zukünftig entstehende völkergewohnheitsrechtliche Normen und allgemeine Rechtsgrundsätze erfasst, soweit sie für Russland verbindlich sind.[647]

---

646 Zwingendes Völkerrecht umfasst vor allem das Gewaltverbot (Art. 2 Nr. 4 UN-Charta), das Verbot des Sklavenhandels, der Piraterie und des Völkermords. Zu Begriff und Umfang des *ius cogens* s. *J. A. Frowein* in EPIL (1997), Bd. 3, S. 65-69, „ius cogens" und *Heintschel von Heinegg* in *Ipsen, K.*, 1999, § 15 III m.w.N.

647 Ebenso *Tiunov, O. I.*, 1995, S. 180.

2 Rang der allgemein anerkannten Prinzipien und Normen des Völkerrechts

Art. 15 Abs. 4 Satz 1 VerfRF inkorporiert die allgemein anerkannten Prinzipien und Normen in das nationale Recht der Russländischen Föderation, ohne in einer eigenen Bestimmung ausdrücklich eine Aussage zu deren Rang innerhalb der Rechtsordnung zu treffen.

2.1 Verfassungsgericht

Das Verfassungsgericht setzt die allgemein anerkannten Prinzipien und Normen mit den völkerrechtlichen Verträgen gleich und stellt sie unter die Verfassung und über das Gesetz. In seiner Tschetschenien-Entscheidung hat es betont, dass die Russländische Föderation an die allgemein anerkannten Prinzipien und Normen des Völkerrechts und an ihre völkerrechtlichen Verträge gebunden ist und dass die innerstaatliche Gesetzgebung diese nach Treu und Glauben beachten muss.[648]

In der Entscheidung zum Wahlrecht der Republik Tschuwaschien hebt das Gericht hervor, dass die Grundrechte entsprechend der Verfassung und den Normen des Völkerrechts geschützt werden.[649] Die Umkehr der Wortstellung durch das Gericht, das entgegen dem Wortlaut des Art. 17 Abs. 1 VerfRF zunächst die Verfassung, und dann das Völkerrecht nennt, rügt *Lukašuk* als Kompetenzüberschreitung des Gerichtes. Dieses dürfe die Verfassung zwar auslegen, aber nicht ändern.[650] In der grundsätzlichen Aussage ist *Lukašuk* zuzustimmen; allerdings unterstreicht das Gericht durch diese Umstellung der Worte nur seine Auffassung, dass die völkerrechtlichen Normen keinen Vorrang vor der Verfassung genießen können.

Der Vorrang der Verfassung lässt sich auch der Entscheidung über das Kulturgütergesetz entnehmen. In dieser Entscheidung nennt es neben der zum Teil als Völkergewohnheitsrecht anerkannten AEMR die EMRK als

---

648 Ziff. 5 der Begründung, Entscheidung vom 31. Juli 1995, SZRF 1995, 33, Pos. 3424.

649 Entscheidung vom 10. Juli 1995, SZRF 1995, 29, 2860.

650 *Lukašuk, I. I.*, 1996, S. 47.

völkerrechtlichen Vertrag. Beide dienen als Maßstab für die verfassungsgemäße Ausgestaltung des Eigentumsrechtes durch das Kulturgütergesetz.[651]

2.2 Ansichten in der Literatur

In der Literatur ist die Position der allgemein anerkannten Prinzipien und Normen in der Normenhierarchie umstritten. Einige Autoren räumen ihnen im Bereich der Menschenrechte sogar Vorrang vor der Verfassung ein und begründen dies mit der Wortstellung in Art. 17 Abs. 1 VerfRF.[652] Dieser Artikel nenne die Verfassung erst an zweiter Stelle, also nach den völkerrechtlichen Verpflichtungen und schränke damit im Bereich der Menschenrechte die Aussage des Art. 15 Abs. 1 VerfRF zum generellen Vorrang der Verfassung ein.[653]

Andere Autoren stellen die Verfassung und die Prinzipien im Bereich der Menschenrechte auf eine Stufe, wobei sie im Konfliktfall dennoch den Vorrang der Verfassung anerkennen.[654] Für die Gleichrangigkeit führen sie Art. 55 Abs. 3 VerfRF an, der die Einschränkung der Grundrechte zum Schutz des Verfassungsaufbaus zulasse. Hierzu gehörten wegen ihrer Nennung in Kapitel 1 und 2 der Verfassung auch die allgemein anerkannten Prinzipien und Normen, die damit auf einer Stufe mit der Verfassung stünden.

Demgegenüber ordnet *Maročkin* die allgemein anerkannten Prinzipien und Normen zwischen den völkerrechtlichen Verträgen und den Gesetzen ein. Ein höherer Rang könne ihnen nicht zukommen, da sie nicht hinreichend konkret seien und auch nicht in geschriebener Form existierten.[655]

---

651 Ziff. 6 der Begründung, Entscheidung vom 20. Juli 1999, SZRF 1999, Nr. 30, Pos. 3989. Deutsche Übersetzung von *Hartwig* in EuGRZ 1999, S. 589-600 und *Schröder*, OER 2000, S. 35-43.

652 Art. 17 Abs. 1 VerfRF lautet: „In der Russländischen Föderation werden die Rechte und Freiheiten des Menschen und Bürgers entsprechend den allgemein anerkannten Prinzipien und Normen des Völkerrechts und in Übereinstimmung mit dieser Verfassung anerkannt und garantiert."

653 *V.I. Andrianov* in Runden Tisch GiP 1996, H. 2, S. 7. Ebenso *Butler, W. E.*, 1997, S. 26, der auf die grundlegende Bedeutung der Menschenrechte in der Verfassung Russlands hinweist.

654 *Lukašuk, I. I.*, 1996, S. 47 und *ders.*, 1997a, S. 145; *Zimnenko, B. L.*, 2000, S. 165f.

655 *Maročkin, S. J.*, 1997, S. 38-41.

Danilenko differenziert zwischen den allgemeinen Normen und denjenigen, die die Menschenrechte betreffen. Jene würden mittels Art. 15 Abs. 4 VerfRF in die russländische Rechtsordnung inkorporiert, seien aber mangels ausdrücklicher Regelung nicht von der Vorrangregelung hinsichtlich der Verträge umfasst. Art. 17 Abs. 1 VerfRF stelle die Normen im Bereich der Menschenrechte hingegen über entgegenstehendes Gesetzesrecht. Die niedrigere Stellung der allgemeinen Normen begründet er neben ihrer Unbestimmtheit mit der fehlenden Beteiligung der Legislative an der Entstehung von Völkergewohnheitsrecht.[656]

Andere Autoren stellen die allgemein anerkannten Prinzipien und Normen insgesamt mit den völkerrechtlichen Verträgen auf eine Stufe und erkennen ihnen auch den gleichen Vorrang gegenüber den Gesetzen zu.[657]

2.3 Stellung zwischen Verfassung und einfachen Gesetzen

Die verfassungsgerichtliche Einordnung der allgemein anerkannten Prinzipien und Normen in die Normenhierarchie ist überzeugend. Zwar haben das Völkergewohnheitsrecht und die allgemeinen Rechtsgrundsätze keine demokratische Legitimation, da bei ihrer Entstehung das Parlament nicht beteiligt ist. Dies könnte gegen ihren Vorrang gegenüber den Gesetzen sprechen. Andererseits betonten die Teilnehmer an der Verfassungsberatung die Bedeutung des Völkerrechts für die Verfassung und bezogen das Völkergewohnheitsrecht in ihre Argumentation mit ein.[658]

Wenn dies in der Verfassung auch nicht ausdrücklich festgelegt ist, so gibt es doch zumindest Hinweise zur Rangfrage. So muss etwa die gesetzliche Ausgestaltung des Rechts auf politisches Asyl gemäß Art. 63 Abs. 1

---

656 *Danilenko, G. M. und W. Burnham*, 1999, S. 33 und dort Fn. 61; ähnlich bereits in *Danilenko, G. M.*, 1995, S. 124.

657 *V. V. Oksamytnyj* und *T.N. Rachmanina* in *Okun'kov, L. A.*, 1996, Art. 15, S. 62; *Četvernin* in *Četvernin, V. A.*, 1997, S. 54; *Tiunov, O. I.*, 1995, S. 180f.; wohl auch *Talalaev, A. N.*, 1994, S. 11, *Chlestov, O. N.*, 1994, S. 54, der im Bezug auf die allgemeine Anerkennung des Vorrangs des Völkerrechts durch die Verfassung nicht zwischen Verträgen und allgemeinen Normen unterscheidet.

658 Bspw. *S. A. Filatov*, damaliger Leiter der Präsidialverwaltung auf der Sitzung der Organe der ausführenden Gewalt der Subjekte der Föderation am 25. Juni 1993, KS, Band 15, S. 115; KS Band 19, Sitzung der Arbeitsgruppe, 22. Oktober 1993, S. 21 (Verfassungsrichter *Ėbzeev*), S. 24ff. (Verfassungsrichterin *Moršakova*).

VerfRF im Einklang mit den Anforderungen der „allgemeinen Normen des Völkerrechts", also des Völkergewohnheitsrechts, erfolgen. Damit stellt sie diese Normen und Prinzipien des Völkerrechts über die einfachen Gesetze, ordnet sie aber unterhalb der Verfassung an.

3 Unmittelbare Anwendbarkeit der Normen und Prinzipien

In der Literatur wird als Kritik gegen die Aufnahme allgemein anerkannter völkerrechtlicher Normen in das Rechtssystem Russlands und damit auch gegen deren unmittelbare Anwendbarkeit vorgebracht, dass diese Normen grundsätzlich nur auf zwischenstaatliche Beziehungen Anwendung finden und für die innerstaatliche Anwendung nicht geeignet seien.[659] Dem ist entgegenzuhalten, dass mit Ausnahme von Menschenrechtsverträgen generell auch völkerrechtliche Verträge, gegen deren Inkorporation sich die Kritiker nicht wenden, nur die Regelung zwischenstaatlicher Beziehungen bezwecken.[660] Der Einwand trägt erst recht nicht, soweit es um die von der Definition der allgemein anerkannten Prinzipien und Normen erfassten allgemeinen Rechtsgrundsätze geht, die sich ja gerade aus dem innerstaatlichen Recht der Staaten ableiten und damit auch für innerstaatliche Rechtsverhältnisse anwendbar sind. Die Entscheidungspraxis des Verfassungsgerichts hat diese Argumentation auch eindrücklich widerlegt.[661]

Für die unmittelbare Anwendbarkeit der allgemein anerkannten Prinzipien und Normen des Völkerrechts spricht bereits der Wortlaut der Verfassung: die allgemein anerkannten Normen sollen Bestandteil des Rechtssystems Russland sein, beanspruchen also unmittelbare Geltung. Grundsätzlich können sie auch – abhängig vom Inhalt der Norm – unmittelbar anwendbar und damit für jedermann sowie die Staatsorgane ver-

---

659 *Usenko, E. T.*, 1995, S. 17f.; *Malinin, S. A.*, 1997, S. 337, fordert sogar die Entfernung des Verweises auf die allgemein anerkannten Normen aus Art. 15 Abs. 4 VerfRF, wobei nicht klar ist, ob er dies wegen der unklaren Formulierung oder wegen des Adressaten verlangt.

660 So auch *Lukašuk, I. I.*, 1997, S. 48; eine gewisse Ausnahme im Rahmen der Fortentwicklung des Völkerrechts stellen die Menschenrechtsverträge dar.

661 Ein Beispiel ist der Verweis auf die Friendly-Relations-Declaration in der Tschetschenien-Entscheidung des Verfassungsgerichts. Im Übrigen s. oben unter 2.

pflichtend sein.[662] Auch der Gesetzgeber hat sich im bereits erwähnten Art. 5 Abs. 3 GVG dafür entschieden, den Richter auf die allgemein anerkannten Prinzipien und Normen, die zu den Rechtsvorschriften mit der höchsten Rechtskraft gehören, als Grundlage ihrer Entscheidungsfindung zu verweisen.

Um unmittelbar anwendbar zu sein, müssen Adressat und Inhalt der Norm feststehen. Wie in Teil 6, 2. Kapitel dargestellt werden wird, hat das Verfassungsgericht das Völkerrecht – und damit auch die allgemein anerkannten Prinzipien und Normen – als Prüfungsmaßstab zu berücksichtigen. Normadressat sind alle weiteren Organe der staatlichen Gewalt, wie das Verfassungsgericht in der Tschetschenien-Entscheidung festgestellt hat. Der Gesetzgeber hat in seinen Rechtsakten bspw. im Bereich des Konsularrechts oder des Ausländerrechts die allgemeinen Normen des Völkerrechts zu berücksichtigen; sie bilden auch den Rahmen für innen- und außenpolitische Entscheidungen der Exekutive. Dies unterliegt der Überprüfung durch die Gerichte, die selbst ebenfalls an die Normen gebunden sind.

Den Gerichten obliegt zugleich die Aufgabe, den Inhalt der in Frage stehenden Normen, soweit sie self-executing sind, zu konkretisieren.[663] Anders als in Deutschland gibt es für die Instanzgerichte keine Möglichkeit, das Verfassungsgericht mit der Feststellung des Inhaltes einer allgemein anerkannten Norm des Völkerrechts zu befassen.[664] Hierin liegt eine der großen Schwächen der grundsätzlich begrüßenswerten Vorrangregelung. Selbst in Staaten mit einer längeren völkerrechtsfreundlichen Tradition als Russland ist die Kenntnis des Völkerrechts im Bereich der allgemeinen Gerichtsbarkeit eher gering. In der Russländischen Föderation, die sich in der Phase der Transformation befindet, ist aufgrund der dualistischen Rechtsverständnisses in der Vergangenheit der Sowjetunion eine noch geringere Vertrautheit mit dem Völkerrecht zu erwarten. Diese Lücke kann zwar durch die „Erklärungen“ des Plenums des Obersten Gerichtes zur Gerichtspraxis gemäß Art. 19 Abs. 5 GVG verkleinert, aber nicht vollständig gefüllt werden. Das

662 Für die unmittelbare Anwendbarkeit auch *Zimnenko, B. L.*, 2000, S. 166.

663 *Jakovlev, V. F.*, 1997, *Tereškova, V. V.*, 1997, und *Solov'ev, V. N.*, 1999, geben einige Beispiele für die Berücksichtigung von Völkerrecht in der Rechtsprechung und der Gesetzgebung. Auch *Solov'ev* trifft keine genaue Unterscheidung zwischen völkerrechtlichen Verträgen, allgemeinen Normen und unverbindlichen Resolutionen. Die ausführliche Untersuchung der Berücksichtigung des Völkerrechts in der Rechtsprechung muss einer gesonderten Arbeit vorbehalten bleiben.

664 *Chlestova.*, 1997, S. 23, regt deshalb eine Ergänzung des VerfGG in diesem Sinne an.

Oberste Gericht wird hier auf eigene Initiative tätig, kann aber nicht von einem Instanzgericht zur Auslegung einer konkreten Norm angerufen werden. *De lege ferenda* ist daher die Erweiterung der Befugnisse des Verfassungsgerichts um diese Aufgabe wünschenswert.

4. Kapitel: Die Russländische Föderation in internationalen Organisationen

Im letzten Kapitel sollen die verfassungsrechtlichen Rahmenbedingungen zur Mitgliedschaft Russlands in internationalen Organisationen dargestellt werden. Dabei geht es zum einen um die Mitgliedschaft und die damit einhergehende mögliche Übertragung von Souveränitätsrechten. Zum anderen stellt sich die Frage, ob und wie die Entscheidungen internationaler Organisationen in innerstaatliches Recht aufgenommen und umgesetzt werden.

1 Mitgliedschaft der RF in internationalen Organisationen

Russland ist Mitglied in zahlreichen internationalen Organisationen wie den Vereinten Nationen und deren Sonderorganisationen oder dem Europarat.

1.1 Beitritt oder Gründung durch einen völkerrechtlichen Vertrag

Die Russländische Föderation kann durch den Abschluss entsprechender völkerrechtlicher Verträge internationalen Organisationen beitreten. Hierbei sind zwei Arten des Beitritts zu unterscheiden. Soweit der Beitritt nicht mit der Übertragung von Hoheitsbefugnissen auf die zwischenstaatliche Einrichtung oder mit der Anerkennung der Rechtskraft von Entscheidungen seiner Organe einhergeht (Art. 15 Abs. 1 lit. e VRG), und kein sonstiger Fall des Art. 15 Abs. 1 VRG gegeben ist, kann der Beitritt durch einen nichtzustimmungsbedürftigen Staatsvertrag vollzogen werden. Die Ausweitung des Zustimmungsvorbehaltes in Art. 15 VRG (dazu bereits oben in Teil 4) führt aber dazu, dass die Föderationsversammlung dem Beitritt zu bedeutenderen Organisationen, insbesondere soweit sie den Bereich der Verteidigung und kollektiven Sicherheit berühren, zustimmen muss.

1.2 Die Integrationsklausel des Art. 79 VerfRF

Die Verfassung enthält eine sogenannte Öffnungsklausel, die der Föderation die Teilnahme an zwischenstaatlichen Organisationen und die Übertragung von Befugnissen auf eine zwischenstaatliche Einrichtung erlaubt (Art. 79 VerfRF). Er lautet:

> „Die Russländische Föderation kann sich in Übereinstimmung mit völkerrechtlichen Verträgen an zwischenstaatlichen Vereinigungen beteiligen und diesen einen Teil ihrer Befugnisse übertragen, sofern dies nicht eine Beschränkung der Rechte und Freiheiten des Menschen und Bürgers zur Folge hat und nicht den Grundlagen der Verfassungsordnung der Russländischen Föderation widerspricht."

1.2.1 Übertragung von Befugnissen durch Gesetz

Obwohl nicht ausdrücklich in der Verfassung vorgesehen, bedarf es zum Beitritt zu einer solchen Einrichtung und zur Übertragung von Befugnissen eines föderalen Gesetzes, wie Art. 15 Abs. 1 lit. e VRG klarstellt.[665] Dieses Erfordernis ergibt sich auch unmittelbar aus der Verfassung: Werden Hoheitsrechte auf andere Einrichtungen übertragen, begibt sich die Legislative in diesem Bereich nicht nur ihres Rechtes auf Gesetzgebung, sie unterstellt sich sogar ggf. dem durch die zwischenstaatliche Organisation geschaffenen Recht. Eine solche Einschränkung der legislativen Befugnisse kann bereits

[665] So auch *Danilenko, G. M.*, 1994, S. 468. Er weist darauf hin, dass der ursprüngliche Verfassungsentwurf *B. Jelzins* (Izvestija vom 30. April 1993, abgedruckt in KS, Bd. 1, S. 11-66, Art. 69) detailliertere Erfordernisse hinsichtlich der Organisation und des Verfahrens des Beitritts machte. Er verlangte ausdrücklich ein vom Föderationsrat zu billigendes Gesetz, das mit der 2/3-Mehrheit in beiden Kammern verabschiedet werden musste.

aus Gründen der Gewaltenteilung nicht durch einen nur von der Exekutive abgeschlossenen Vertrag erfolgen.

Die Europäische Gemeinschaft diente als Vorbild solch einer zwischenstaatlichen Einrichtung, in die sich nach der Idee der Verfassungsautoren die GUS im Laufe einer stärkeren Integration verwandeln könnte.[666] Dieser Entwicklung widerspricht aber bisher Art. 1 Abs. 3 der Satzung der GUS, nachdem diese weder ein Staat sei, noch übernationale Vollmachten besäße.

1.2.2 Organkompetenz zur Übertragung der Befugnisse

Artikel 79 VerfRF ermöglicht der Russländischen Föderation die Teilnahme an zwischenstaatlichen Einrichtungen. Damit ist indirekt eine Beschränkung hinsichtlich der Organkompetenz festgelegt: nur die Föderation, nicht aber ihre Subjekte sind zum Beitritt zu diesen internationalen Organisationen befugt. Unter einer zwischenstaatlichen Einrichtung ist bereits nach dem Wortlaut[667] eine Organisation mehrerer Staaten zu verstehen, die zwar eine internationale Organisation, aber auch von anderem Charakter sein kann.[668] Die Fusion zweier Staaten ist von diesem Artikel nicht umfasst.[669]

Fraglich ist, ob die Föderation auch im Kompetenzbereich der Subjekte liegende Vollmachten übertragen kann. Hierfür spricht einerseits, dass es sich bei der Übertragung von Hoheitsrechten um einen vorübergehenden, teilweisen Souveränitätsverzicht eines Staates handelt. Da sich gemäß Art. 4 VerfRF die Souveränität der RF auf ihr gesamtes Territorium erstreckt, kann sie auch auf Teile dieser umfassenden Souveränität verzichten. Dies könnte auch die innerstaatlich in der Zuständigkeit der Subjekte liegenden Rechte auf eine zwischenstaatliche Einrichtung umfassen.

---

666 So auch *Okun'kov, L. A., J. A. Tichomirov*, 1998, S. 21.

667 Die russische Bezeichnung lautet „mežgosudarstvennoe ob"edinenie" – zwischenstaatliche Vereinigung.

668 *B.S. Krylov* in *Okun'kov, L. A. u.a.*, 1996, S. 352, zu Art. 79.

669 Unter diesem Aspekt scheint der Integrationsprozess zwischen der RF und Weißrussland problematisch. Bisher wurde ein Dachstaat gegründet, ohne bisher die Staatlichkeit der Teilnehmerstaaten in Frage zu stellen. Sollte diesem jedoch die volle Völkerrechtssubjektivität zuerkannt werden, ist die Frage nach der Staatlichkeit der Teilnehmerstaaten neu zu beantworten. Dann ist auch die Zulässigkeit eines solchen Vorgehens im Rahmen des Art. 79 VerfRF zu klären. Zur Entstehung des Unionsstaates ausführlich *Geistlinger, M.*, 2000, Vertrag mit dem Nachweis der einzelnen Verträge.

Dagegen sprechen der Wortlaut des Art. 79 VerfRF, der von der Übertragung der Rechte der Föderation spricht[670], wie auch der föderale Staatsaufbau. Gemäß Art. 5 Abs. 3 VerfRF gründet die Bundesstaatlichkeit Russlands u.a. auf der Aufteilung der Kompetenzen zwischen den Subjekten und der Föderation; die Subjekte sind also Träger originärer Staatsgewalt (vgl. auch Art. 73 VerfRF). Die originäre Staatsgewalt kann die Föderation daher gerade nicht ohne Zustimmung der Subjekte auf zwischenstaatliche Einrichtungen übertragen. Eine Änderung der Kompetenzordnung als Voraussetzung für die Übertragung der Hoheitsbefugnisse auf eine zwischenstaatliche Einrichtung würde eine Verfassungsänderung voraussetzen. Dieser Anforderung genügen die Zustimmungsgesetze zu völkerrechtlichen Verträgen, in denen die Übertragung von Hoheitsbefugnissen vereinbart wird, nicht. Zwar unterliegen diese Gesetze der notwendigen Befassung im Föderationsrat als Vertreter der Subjekte (Art. 106 lit. d VerfRF). Dies allein reicht für die erforderliche Verfassungsänderung aber nicht aus. Die Föderation kann daher nur die in ihrem Kompetenzrahmen liegenden Befugnisse auf zwischenstaatliche Organisationen übertragen.

1.2.3 Grenzen für die Übertragung der Befugnisse der Föderation

Die Russländische Föderation kann aufgrund des Art. 79 VerfRF der zwischenstaatlichen Vereinigung einen Teil ihrer Befugnisse übertragen. Der Begriff „Befugnisse" ist weit zu verstehen. In der Verfassung wird der Begriff „Befugnis" (russisch „Polnomočija") immer auf ein bestimmtes Organ bezogen eingesetzt, wobei aber dessen Vollmachten im umfassenden Sinne gemeint sind. So spricht Art. 78 VerfRF von den Befugnissen der föderalen Organen der Exekutive; Art. 92 Abs. 2 VerfRF von der vorzeitigen Beendigung der Amtsbefugnisse des Präsidenten; Art. 114 lit. g VerfRF von den sonstigen Befugnissen der Regierung. Daraus ergibt sich, dass die Übertragung von Befugnissen gemäß Art. 79 VerfRF die Gesamtheit der staatlichen Gewalt umfassen kann, also die Rechtsetzung, die Rechtsprechung und den Vollzug des Rechts.

Aus dem Wortlaut ergibt sich freilich, dass die Russländische Föderation ihre Befugnisse nur teilweise, nicht aber vollständig übertragen darf. Die

670 „Peredavat' im čast' *svoich* polnomočij", zu deutsch „diesen einen Teil *ihrer* Befugnisse übertragen".

Übertragung der Gesamtheit der Befugnisse würde die Preisgabe des konstituierenden Elementes des Staates – der Staatsgewalt – sein und damit zu dessen Auflösung führen. Dieser Fall der Auflösung des Staates ist verfassungsrechtlich nicht vorgesehen. Aus dem Wort „übertragen" („peredavat'") lässt sich schließen, dass auf die Befugnisse nicht endgültig verzichtet, sondern sie lediglich vorübergehend und damit nur teilweise übertragen werden dürfen.[671]

Art. 79 VerfRF setzt weitere inhaltliche Grenzen für die Übertragung der Befugnisse. Der Beitritt darf weder den Grundlagen der Verfassungsordnung widersprechen, noch zu einer Beschränkung der Grundrechte führen. Der Begriff „Verfassungsordnung" verweist auf die in Kapitel 1 der Verfassung festgelegten Grundsätze, die Russland als republikanische recht- und sozialstaatliche Föderation charakterisieren. Im Einzelnen ist der Gehalt ieser Grundsätze jedoch noch nicht ausdifferenziert.

Der Begriff der „Beschränkung der Grundrechte" ist in diesem Zusammenhang unklar. Eine „Beschränkung" („Ograniščenie") ist jeder Eingriff in ein Grundrecht, wie sich aus einem Textvergleich mit Art. 55 Abs. 3 VerfRF ergibt. Dementsprechend sind „Beschränkungen" nur zum Schutz der dort eigens erwähnten Güter und unter Beachtung der Verhältnismäßigkeit zulässig. Wird jede Beschränkung der Grundrechte, d.h. jeder Eingriff in ein Grundrecht, bei der Übertragung von Hoheitsbefugnissen rundweg verboten, so hat dies erhebliche Auswirkungen auf die rechtlich relevante Tätigkeit der zwischenstaatlichen Einrichtung. Bereits bei der Regelung von wirtschaftlichen Tätigkeiten im weitesten Sinne ist eine Beeinträchtigung des Grundrechts auf freie wirtschaftliche Betätigung gemäß Art. 34 VerfRF zu befürchten und wäre damit verfassungsrechtlich unzulässig.[672]

Ein solch enges Verständnis ist mit dem Sinn der Vorschrift nicht vereinbar, die die russländische Rechtsordnung zwischenstaatlichen Einrichtungen gegenüber öffnet, dabei aber die Grundrechtsbindung der staatlichen Gewalt nicht aufgeben will. Der Begriff muss daher teleologisch in dem

---

671 „Peredavat'" ist die unvollendete Form des Wortes „übertragen" (peredat'); diese Form stellt weniger auf das Ergebnis einer Handlung, als vielmehr auf die Dauer ab, unterstützt also die obige Interpretation.

672 Dies lässt sich durch einen Vergleich mit der grundrechtsbeeinträchtigenden Rechtssetzungstätigkeit der Europäischen Gemeinschaft verdeutlichen. Unumstritten ist, dass die Gemeinschaft durch ihre Regelungen in die Grundrechte der Bürger eingreifen darf, wenn auch nur in gewissen Grenzen. Für Russland käme etwa die Erhebung von Zöllen aufgrund gemeinsamer Zolltarife innerhalb der GUS in Betracht.

Sinne ausgelegt werden, dass – in der Terminologie des deutschen Verfassungsrechts – zwar ein Eingriff in die Grundrechte auch durch zwischenstaatliche Organisationen möglich ist, sich dessen Zulässigkeit aber an russländischem Verfassungsrecht zu messen hat.

Die Verfassungsvorschrift enthält auch keine Aussage über die Zuständigkeit für die Entscheidung, ob der Beitritt zu einer solchen zwischenstaatlichen Vereinigung die genannten Kriterien erfüllt. Die originäre politische Entscheidung liegt bei der Föderationsversammlung, die über die Frage des Beitritts auch ein Referendum ansetzen kann. Das Verfassungsgericht kann die Vereinbarkeit des völkerrechtlichen Beitrittsvertrages mit der Verfassung überprüfen.[673]

2 Beschlüsse internationaler Organisationen am Beispiel der VN

Grundsätzlich müssen der Präsident sowie, falls gesetzliche Maßnahmen erforderlich sind, die Legislative oder auch die Judikative die Beschlüsse internationaler Organisationen wie der Vereinten Nationen umsetzen. Soweit der Einsatz von Streitkräften außerhalb der Russländischen Föderation geplant ist, ist allerdings die Beteiligung des Föderationsrates zwingend erforderlich.[674]

Als Beispiel für die Umsetzung zwingender Beschlüsse einer internationalen Organisation kommen die Embargobeschlüsse des Sicherheitsrates der Vereinten Nationen in Betracht. Der Sicherheitsrat kann unter den in Kapitel 7, Art. 39 bis 41 VN-Charta aufgezählten Voraussetzungen bei Bedrohung oder Bruch des Friedens die Mitglieder der VN durch einen Beschluss auffordern, sämtliche wirtschaftliche und Verkehrsverbindungen sowie alle diplomatischen Beziehungen mit dem Friedensbrecher abzubrechen. Dieser Beschluss ist für alle Mitgliedstaaten bindend.[675] Da dieser Beschluss aber nicht *self-executing* ist, müssen die Mitgliedstaaten ihn innerhalb ihres Landes durch geeignete Maßnahmen umsetzen.

---

673 Ähnlich auch *Danilenko, G. M.*, 1994, S. 468; *Danilenko* in *Topornin, B. N.*, 1997, Art. 79.

674 Vgl. hierzu ausführlich im Teil 3.

675 Statt vieler vgl. *Delbrück* in *Simma, B.*, 1994, Art. 25.

Auf innerstaatlicher Ebene ermächtigt Art. 12 Abs. 2 Punkt 5 AHG den Präsidenten, im Interesse der nationalen Sicherheit völkerrechtlich anerkannte wirtschaftliche Sanktionen auszuführen. Der Präsident setzt die Teilnahme an internationalen Wirtschaftssanktionen gegenüber einem oder mehreren Staaten durch Ukaz um (Art. 21 AHG).[676] Absatz 2 desselben Artikels regelt die Schadensersatzansprüche betroffener russländischer Personen zulasten des Föderationshaushaltes.

Im Einzelfall erlässt der Präsident einen Ukaz über die Maßnahmen zur Durchsetzung der Resolution des VN-Sicherheitsrates. Dieser richtet sich an alle russländischen Behörden und sonstigen Einrichtungen sowie an alle Personen, die russländischer Hoheitsgewalt unterstehen. Hierunter fallen auch die unter russländischer Flagge fahrenden Schiffe sowie Flugzeuge. Er führt sämtliche durch den Sicherheitsratsbeschluss verbotenen Aktivitäten auf, etwa den Handel insgesamt[677] oder mit bestimmten Gütern.[678] Ferner werden teilweise Einreiseverbote gegen Amtsträger verhängt und Bankkonten eingefroren.[679] Die jeweils zuständigen, einzeln aufgeführten Ministerien und Behörden werden aufgefordert, alle erforderlichen Maßnahmen zur Umsetzung dieser Embargos zu treffen und über ihre Aktivitäten binnen Wochenfrist dem Außenministerium Bericht zu erstatten. Ihm müssen auch sämtliche Informationen über eine Verletzung des Embargos zugeleitet werden, damit es diese dem entsprechenden Ausschuss des VN-Sicherheitsrates übergeben kann. Ein Embargo ist entweder zeitlich begrenzt oder unbegrenzt. Wird ein unbegrenztes Embargo auf internationaler Ebene aufgehoben, muss der ursprüngliche Ukaz durch einen entgegenstehenden Akt ausgesetzt werden.

---

676 Vor Erlass des AHG setzten sowohl Präsident als auch in bestimmten Fällen die Regierung Sanktionsbeschlüsse des VN-Sicherheitsrates in nationales Recht um. Vgl. hierzu mit Beispielen *Lukašuk, I. I.*, 1997, S. 58f.

677 Bspw. der Ukaz vom 26. Oktober 1998 „Über die Maßnahmen zur Umsetzung der Resolution des Sicherheitsrates der UNO 1171" vom 5. Juni 1998, der das Embargo gegen Sierra Leone umsetzt (SZRF 1998, Nr. 44, Pos. 5453).

678 So etwa bei dem gegen Sierra Leone verhängten Diamantenembargo, VN-Sicherheitsratsresolution 1306 (2000), Ukaz vom 7. November 2000, SZRF 2000, Nr. 46, Pos. 4540.

679 Bspw. Ukaz vom 6. März 2001 über die Umsetzung des Embargos gegen die Taliban in Afghanistan, VN-Sicherheitsratsresolution 1333 (2000), SZRF 2001, Nr. 11, Pos. 1008.

3 Umsetzung von Entscheidungen des EGMR

Die Umsetzung von Gerichtsentscheidungen internationaler Gerichte wie etwa des EGMR wird in den kommenden Jahren von erheblicher praktischer Relevanz für Russland sein, wie die ersten bisher ergangenen Urteile erahnen lassen.[680] Die umfassende Untersuchung der damit einhergehenden theoretischen Probleme sowie der Vereinbarkeit russländischer Rechtsnormen mit der EMRK muss eigenständigen Ausarbeitungen überlassen werden. Hier soll nur der grundsätzliche Mechanismus der Umsetzung dargestellt werden.

Gemäß Art. 46 Abs. 1 EMRK verpflichten sich die Vertragsparteien, „in allen Rechtssachen, in denen sie Partei sind, das endgültige Urteil des Gerichtshofs zu befolgen". Hierbei handelt es sich um eine Bindungswirkung *inter partes*, die grundsätzlich nur die betroffenen Parteien bindet. Um die Rechtsverletzung zu beseitigen, kommen die Anpassung der Gesetzgebung, die Beseitigung eines Aktes der Exekutive oder auch die Aufhebung eines Gerichtsurteils, insbesondere einer strafrechtlichen Verurteilung, in Betracht. Anknüpfungspunkt auf nationaler Ebene ist Artikel 6 Abs. 3 GVG. Dieser spricht den Entscheidungen von Gerichten ausländischer Staaten, internationaler Gerichte und den Sprüchen vertraglich eingerichteter, internationaler Schiedsgerichte, ohne Einschränkungen etwa durch einen Vorbehalt des *ordre public*, verpflichtende Wirkung im Rahmen der zugrundeliegenden Verträge zu.[681] Im Verhältnis zwischen Russland und dem Beschwerdeführer bindet die Entscheidung gemäß Art. 6 Abs. 3 GVG damit auch die russländischen Gerichte. Die technischen Voraussetzungen für die Umsetzung solcher Gerichtsbeschlüsse hat bereits 1996 das Verfassungsgericht geschaffen. Die alte StPO schloss die Wiederaufnahme eines Strafprozesses bei Rechtsfehlern des Gerichts im Rahmen der Beweiswürdigung oder Rechtsanwendung nicht ein. Anlässlich der Verfassungsbeschwerde *K. M. Kul'nev u.a.* stellte daher das Verfassungsgericht 1996 fest,

---

680 *Rechtssache Burdov* gegen RF, Urteil vom 7. Mai 2002, zur Auszahlung von Schadensersatzansprüchen an einen nach dem Reaktorunfall in Tschernobyl eingesetzten Beschwerdeführer sowie *Rechtssache Kalašnikov*, Urteil vom 15. Juli 2002, zu den Voraussetzungen, der Dauer und den Umständen der Untersuchungshaft.

681 Art. 6 Abs. 3 GVG lautet: „Die Verbindlichkeit der Beschlüsse der Gerichte ausländischer Staaten, internationaler Gerichte und Schiedsgerichte auf dem Territorium der RF bestimmt sich nach den völkerrechtlichen Verträgen der RF."

dass in bestimmten Fällen verfassungsrechtlich die Wiederaufnahme von Strafprozessen geboten sei, auch wenn dies einfachgesetzlich nicht vorgesehen sei.[682] Es führte aus, dass Artikel 46 Abs. 3 VerfRF jedermann das Recht einräume, nach Erschöpfung des innerstaatlichen Rechtswegs den Weg zu internationalen Gerichten einzuschlagen. Gebe das internationale Organ dem Bürger recht, müsse er die Möglichkeit haben, dies auch vor nationalen Gerichten durchzusetzen. Nur so werde dem Vorrang völkerrechtlicher Verträge gemäß Art. 15 Abs. 4 VerfRF entsprochen. Auch in Fällen, in denen die Bürger kein internationales Organ angerufen haben, müsse ihnen die Möglichkeit zur Wiederaufnahme von Strafprozessen bei Verdacht auf Gerichtsfehler möglich sein. Hierzu sei Russland bereits nach Artikel 2 Absatz 2 IPBPR angehalten, der die Staaten zu allen notwendigen Maßnahmen auffordere, um die garantierten Rechte effektiv zu gewährleisten. Bei einer strafrechtlichen Verurteilung sei die bedeutendste Möglichkeit der Wiedergutmachung die Wiederaufnahme des Strafverfahrens; diese Möglichkeit müsse auch in die neue Strafprozessordnung eingefügt werden.

Auch wenn der Schluss, dass eine Wiederaufnahme ohne Anrufung internationaler Organe zulässig sein müsse, zu kurz ist[683] und zu einer möglichen Endlosrevision führen könnte, ist das *obiter dictum* dieses Urteils zu begrüßen. In verfassungskonformer Auslegung hat das russländische Verfassungsgericht damit die Voraussetzungen für die Wiederaufnahme von Gerichtsverfahren nach Urteilen des EGMR geschaffen.

Neben der Wiederaufnahme gibt es die Möglichkeit des Schadensersatzes aus Staatshaftung. Das Zivilgesetzbuch[684] sieht in Art. 1070 einen Anspruch auf Ersatz des Schadens vor, der in Ausübung der Rechtspflege entstanden ist, falls ein Gericht die Schuld des Richters in einem rechtskräftigen Urteil festgestellt hat. Gemäß Art. 1069 haftet der Haushalt der Föderation, der Subjekte oder der Kommunen. Dieser Schaden umfasst auch den immateriellen Schaden, Art. 1100 und 1101 Zivilgesetzbuch. Da dieser Anspruch verschuldensabhängig ist, deckt er einen Großteil der Fälle nicht ab.

---

682 Urteil vom 2. Februar 1996, SZRF 1996, Nr. 7, Pos. 701 (Verfassungsbeschwerden *K.M. Kul'nev* u.a.), insbesondere Punkt 7 der Begründung. Die Entscheidung ist auszugsweise auf englisch übersetzt in *Danilenko, G. M. und W. Burnham*, 1999, S. 543-546; zu diesem Aspekt des Urteils auch *Danilenko, G. M. und W. Burnham*, 1999, S. 238 sowie ausführlich und teilweise zu Recht kritisch *Nußberger, A.*, 1998, S. 109f.

683 Dies bemängelt auch *Nußberger* a.a.O. zu Recht.

684 SZRF 1996, Nr. 5, Pos. 1070.

Nach einem Sondergesetz gibt es daher einen Anspruch auf Haftentschädigung.[685] *S. A. Gorškova* hält diesen Anspruch allerdings nicht für konventionskonform: die Ansprüche nach diesem Gesetz sähen nicht – wie von Art. 3 des 7. Zusatzprotokolls zur EMRK[686] gefordert – den Ersatz des gesamten Schadens vor.[687]

Fraglich ist, ob das Verfassungsgericht auch bereit ist, seine eigenen Entscheidungen nach einem Urteil eines internationalen Gerichts abzuändern. Art. 79 Abs. 1 VerfGG erklärt seine Entscheidungen für abschließend und unanfechtbar. Dieser Artikel ist dahin zu präzisieren, dass die Entscheidungen das *innerstaatliche* Verfahren abschließen und *innerstaatlich* auch verbindlich sind.[688] Gerade vor dem Hintergrund der Völkerrechtsfreundlichkeit der Rechtsprechung des Verfassungsgerichts kann dies aber nicht bedeuten, dass das Verfassungsgericht entgegenstehende Entscheidungen internationaler Gerichte nicht zu berücksichtigen hätte. Grundsätzlich können nur die Fachgerichte die Entscheidungen des EGMR, und zwar durch Aufhebung ihrer vorhergehenden Urteile, umsetzen; das Verfassungsgericht kann nicht in diesem Umfang in die Zuständigkeit der Fachgerichte eingreifen. Die Tatsache, dass gegen eine Entscheidung Beschwerde bei einem internationalen Gericht eingelegt wird, ändert daran nichts. Insbesondere führt dies nicht zu einer Abhilfebefugnis des Verfassungsgerichts in einem konkreten Einzelfall, den ein ordentliches Gericht entschieden hat. Das Verfassungsgericht hat daher seine Entscheidung, gegen die der Beschwerdeführer erfolgreich vorgegangen ist, nicht aufzuheben; es muss in Folgefällen seine Rechtsprechung aber entsprechend anpassen.

Zusammenfassung

Die Verfassung ist von einem grundsätzlich völkerrechtsfreundlichen Charakter geprägt, die das Völkerrecht als Rechtsquelle aufnimmt. Allerdings ist die Rechtswirklichkeit durch zahlreiche Umsetzungsprobleme gekennzeichnet, worauf auch russländische Autoren kritisch hinweisen. Diese beruhen

685 Siehe hierzu *Gorškova, S. A.*, 2000, S. 101.

686 Protokoll vom 22. November 1984, ÖBGBl. 1988/628.

687 A.a.O., S. 102.

688 *Lazarev* in *Krjažkov, V. A. und L. V. Lazarev*, 1998, S. 104, fordert eine Präzisierung dieser Vorschrift in diesem Sinne.

zum größten Teil auf mangelnder Kenntnis der entsprechenden Normen und ihrer Bedeutung nicht nur für den Rechtsanwender, sondern auch für Gesetzgeber und Exekutive.[689] Zur Behebung dieses Umsetzungsproblems im Rechtssetzungsbereich hat die „Vereinte Kommission zur Koordinierung der Gesetzgebungstätigkeit in Bezug auf Fragen der Umsetzung internationaler Rechtsakte im russländischen Rechtssystem“ unter dem Vorsitz von *V.A. Ryžkovs* die Gründung einer Kommission mit Vertretern des Außenministeriums, des Justizministeriums und Rechtswissenschaftlern vorgeschlagen, die ihre juristische Expertise in die Vorbereitung von Föderationsgesetzen einbringen soll.[690] Außerdem sollte die Unterstützung spezieller bereits bestehender Rechtsberatungsorgane im Rahmen der GUS, des Europarates und der WTO in Anspruch genommen werden.[691] Bei der Anpassung wichtiger Normen lassen sich erste Erfolge verzeichnen, wie etwa bei der Verabschiedung der Strafprozessordnung, die nunmehr Grundforderungen der Verfassung und der EMRK umsetzt.

V.A. Kartaškin weist darauf hin, dass sich insbesondere in den Gesetzen der Föderationssubjekte zahlreiche Unvereinbarkeiten mit der Verfassung, aber auch mit der EMRK finden ließen.[692] Wieweit die Durchsetzung des föderalen Rechts auf der Ebene der Subjekte unter der Präsidentschaft *Putins* zu einer Annäherung des Rechts der Subjekte auch an die Standards des völkerrechtlichen Menschenrechtsschutzes führt, wird sich erst zu einem späteren Zeitpunkt erweisen.[693]

Auch im Bereich der Rechtsprechung gibt es Lücken bei der Berücksichtigung der völkerrechtlichen Verträge, deren Untersuchung aber gesonderten Monographien vorbehalten bleiben muss.[694] Sowohl das Oberste Gericht wie auch das Oberste Arbitragegericht haben in allgemeinen

---

689 So *Chlestova, I. O.*, 1997 und *Tichomirov, J. A.*, 1996, S. 160.

690 Die Empfehlung der Kommission ist abgedruckt in ŽRP 1999, H. 3/4, S. 95f.

691 Hierzu auch *Barcic, I. N.*, 2001, S. 65.

692 *Kartaškin, V. A.*, 1995, S. 142 mit zahlreichen Beispielen. Dass dieser Befund vor allem im Bereich der Anwendungspraxis noch zutrifft, lässt sich durch einen Blick in den von der Moskauer Helsinki Gruppe der International Helsinki Federation for Human Rights herausgegebenen fünfbändigen Bericht „Prava čeloveka v regionach Rossijskoj Federacii – doklad 2000“, Moskau 2000, überprüfen.

693 Zur Rechtsanpassung in den Subjekten auch unter Einsatz des staatsanwaltschaftlichen Instruments der allgemeinen Rechtsaufsicht ausführlich RFE/RL Russian Federation Report, Vol. 3, No. 13, 11 April 2001 und EWI Russian Regional Report Vol. 6, Nr. 18, 16. Mai 2001.

694 Vgl. im Bezug auf die EMRK bspw. *Kartaškin, V. A.*, 1995, S. 144-146.

Erklärungen und Briefen an die Gerichte Hilfestellung bei der Anwendung und Auslegung völkerrechtlicher Verträge gegeben.[695] Die größte Herausforderung bleibt also, die grundsätzlich völkerrechtsfreundliche Verfassung durch den Gesetzgeber, die Gerichte und die Behörden in die Praxis umsetzen zu lassen.

---

695 Siehe die Nachweise für 1995 und 1996 bei *Tereškova, V. V.*, 1997, S. 55-58; sowie zur Rechtsprechung der Arbitragegerichte *Nešataeva, T. N.*, 1999, mit Beispielen und weiteren Nachweisen. Beispiele für die Berücksichtigung völkerrechtlicher Verträge, insbesondere des IPBPR, bei *Danilenko, G. M.*, 1999, S. 58. Beispiele aus dem Bereich der Arbitragegerichte und der Strafgerichtsbarkeit bei *Zimnenko, B. L.*, 1999.

Sechster Teil: Das Verfassungsgericht und das Völkerrecht

Das Verfassungsgericht der Russländischen Föderation ist in zweifacher Weise mit Völkerrecht befasst: zum einen liegt es in seiner Kompetenz, völkerrechtliche Verträge auf ihre Verfassungsmäßigkeit zu überprüfen. Zum anderen zieht es selbst auf verschiedene Weise Völkerrecht bei seiner Rechtsprechung heran.

1. Kapitel: Die Überprüfung völkerrechtlicher Verträge durch das Verfassungsgericht

Gemäß Art. 15 Abs. 1 Satz 1 VerfRF genießt die Verfassung in Russland höchste Rechtskraft. Wie in Teil 5 ausgeführt, steht die Verfassung auch über den völkerrechtlichen Verträgen Russlands. Hinsichtlich der Verfassungsmäßigkeit völkerrechtlicher Verträge gibt es zwei mögliche Konstellationen: der Vertrag könnte unter Verstoß gegen die Kompetenzordnung der Verfassung abgeschlossen und für die RF in Kraft gesetzt worden sein, also formell verfassungswidrig sein. Diese Fragen können in der Form der Kompetenzstreitigkeit behandelt werden, die unter Punkt 1 dargestellt wird. Aber auch der Inhalt des Vertrages kann gegen die Verfassung verstoßen. Art. 125 Abs. 2 lit. d VerfRF sieht ausdrücklich die Möglichkeit der Überprüfung völkerrechtlicher Verträge noch vor ihrem Inkrafttreten auf ihre Vereinbarkeit mit der Verfassung vor (hierzu unter 2).[696] Ob neben dieser präventiven Kontrolle auch die Überprüfung bereits in Kraft getretener Verträge zulässig ist, wird unter 3 untersucht werden.[697]

[696] Art. 125 Abs. 2 lit. d VerfRF lautet: „Das Verfassungsgericht der Russländischen Föderation entscheidet (...) über die Vereinbarkeit mit der Verfassung der RF von (...) d) nicht in Kraft getretenen völkerrechtlichen Verträgen der RF."

[697] Bisher gibt es keine Entscheidungen des Verfassungsgerichts zur Verfassungsmäßigkeit völkerrechtlicher Verträge.

1 Kompetenzstreitigkeiten, den Zustimmungsakt zu einem völkerrechtlichen Vertrag betreffend

Nach dem Abschluss eines völkerrechtlichen Vertrages kann das kompetenzgemäße Zustandekommen des Abschlusses umstritten sein. Das Verfahren des in Art. 125 Abs. 3 VerfRF vorgesehenen Kompetenzstreits ist in den Art. 92 bis 95 VerfGG geregelt. Art. 125 Abs. 3 VerfRF lautet:

> „Das Verfassungsgericht entscheidet Kompetenzstreitigkeiten
> a) zwischen Organen der staatlichen Gewalt der Föderation;
> b) zwischen Organen der staatlichen Gewalt der RF und Organen der staatlichen Gewalt der Subjekte der RF;
> c) zwischen den höchsten Staatsorganen der Subjekte der RF."[698]

1.1 Parteien

Als Parteien einer Kompetenzstreitigkeit im Zusammenhang mit dem Abschluss völkerrechtlicher Verträge kommen als Antragsteller zum einen die Föderationsversammlung, d.h. Staatsduma und/oder Föderationsrat, in Betracht. Diese können sich mit der Beschwerde an das Verfassungsgericht wenden, dass ein anderes Organ der staatlichen Gewalt der Föderation – der Präsident oder die Regierung – beim Abschluss eines völkerrechtlichen Vertrages es unterlassen habe, sie zu beteiligen. Dies ist insbesondere der Fall bei der Annahme völkerrechtlicher Verträge im einfachen Verfahren, die nach Auffassung der Duma oder des Föderationsrates zustimmungsbedürftig gewesen wären.

Zum anderen können ein oder mehrere Subjekte der RF gegen die Föderation mit der Behauptung Beschwerde führen, vor dem Abschluss eines völkerrechtlichen Vertrages nicht ausreichend gehört worden zu sein. Antragsteller ist das Organ der staatlichen Gewalt der Subjekte, in dessen Kompetenz die Stellungnahme zu einem Vertragsprojekt liegt. Dies sollte von den Subjekten selbst bestimmt werden.[699] Antragsgegner ist die Regie-

---

698 Übersetzung d.d. *Verf.*

699 *Butler, W.E.*, 1997, Kommentar zu Art. 4, S. 22f., weist darauf hin, dass die meisten Subjekte diese Stelle noch nicht bestimmt hatten.

rung oder der Präsident, abhängig vom Charakter des völkerrechtlichen Vertrages.

1.2 Antragsgegenstand

Gemäß Art. 93 Abs. 1 Nr. 4 VerfGG muss der Antragsteller

> „den Erlass des Aktes oder die Durchführung einer Handlung rechtlichen Charakters oder die Ablehnung des Erlasses eines Aktes oder der Durchführung einer solchen Handlung als Verletzung der durch die Verfassung der RF geregelten Kompetenzabgrenzung zwischen den Organen der staatlichen Gewalt"

ansehen.

Bei der Nichtbeteiligung der Föderationsversammlung in der Absicht, zur Ratifikation zu schreiten, kommt die Unterlassung der Beteiligung der Duma als „Ablehnung der Durchführung einer Handlung" rechtlichen Charakters in Betracht. Dies kann sich beispielsweise aus der regelmäßigen Unterrichtung des Ausschusses für Auswärtiges der Duma ergeben, während der ein Vertreter der Regierung oder des Präsidenten die Absicht bekannt gibt, einen völkerrechtlichen Vertrag ohne Zustimmung der Duma zu ratifizieren. Stellt man auf dieses Unterlassen ab, so ist es auch nicht erforderlich, auf den nach außen völkerrechtlich verbindlichen Akt der Ratifizierung zu warten, bevor die Duma mit einer Klage ihre Rechte schützen kann. Dies berücksichtigt auch die Tatsache, dass es vor dem russländischen Verfassungsgericht keinen Eilrechtschutz gibt. Vielmehr kann das Gericht sich in dringenden Fällen an die entsprechenden Organe nur mit dem Vorschlag wenden, das Verfahren der Inkraftsetzung eines angegriffenen völkerrechtlichen Vertrages bis zur Entscheidung auszusetzen (Art. 42 Abs. 3 VerfGG). Auch die fehlende Anhörung der Subjekte ist als Ablehnung der Durchführung dieser Anhörung zu qualifizieren.

Fraglich ist, ob die fehlende Beteiligung der Duma oder der Subjekte auch dann noch ein tauglicher Antragsgegenstand sein kann, nachdem der entsprechende völkerrechtliche Vertrag bereits in Kraft getreten ist, oder ob die Vorschrift des Art. 125 Abs. 2 lit. d VerfRF die Prüfung dieser Verträge ausschließt.

In diesem Sinne argumentiert *N. V. Vitruk*, der jede Prüfung eines bereits in Kraft befindlichen Vertrages ablehnt, ohne ausdrücklich auf die Frage der Kompetenzstreitigkeit einzugehen.[700] Sollte das Verfassungsgericht einen solchen Vertrag für verfassungswidrig halten, dürfe er innerstaatlich nicht angewendet werden; völkerrechtlich sei die RF aber nach wie vor an den Vertrag gebunden. Gemäß Art. 27 WVK könne sich Russland auch nicht auf den Verstoß gegen innerstaatliches Recht berufen, es sei denn, die Voraussetzungen des Art. 46 WVK seien erfüllt. Dieses Auseinanderfallen von völkerrechtlicher und innerstaatlicher Verpflichtung solle durch die genannte Einschränkung vermieden werden.

Um diese Schwierigkeit zu umgehen, schlägt *Ametistov* vor, Verfahren vor dem Verfassungsgericht nur in solchen Streitigkeiten für zulässig zu erklären, in denen offensichtlich die Kompetenzvorschriften der Verfassung verletzt worden seien; andere Anträge seien unzulässig.[701]

Beide Ansichten überzeugen nicht. *Vitruk* ist zwar zuzugeben, dass die Entscheidung des Verfassungsgerichts keine Auswirkung auf die Gültigkeit eines Aktes auf völkerrechtlicher Ebene hat. Die völkerrechtliche Bindung an den Vertrag bleibt bestehen und muss, soweit möglich, durch einen gesonderten Akt des Präsidenten oder der Regierung aufgehoben werden. Innerstaatlich führt die Entscheidung des Verfassungsgerichts zum Verlust der Bestandskraft des angegriffenen Aktes von dem in der Entscheidung angegebenen Tag an (Art. 95 Abs. 2 VerfGG). Diese Bestimmung ist in Fällen der Ablehnung der Beteiligung so auszulegen, dass der ohne die Beteiligung zustande gekommene Akt aufgehoben wird. Auf innerstaatlicher Ebene fehlt die Zustimmung zum völkerrechtlichen Vertrag, so dass der Vertrag nicht angewendet wird.

Lehnt man mit *Vitruk* die Möglichkeit der Prüfung völkerrechtlicher Verträge nach deren Inkrafttreten ab, so gelten Normen mit dem Rang einfacher Gesetze, die unter Verstoß gegen die Kompetenzvorschriften der Verfassung zustande gekommen sind. Weder aus der Verfassung, noch aus dem VerfGG ist aber die Absicht für eine solche Einschränkung abzulesen. Eine solche Begrenzung der Prüfungskompetenz des Verfassungsgerichts könnte im Übrigen die föderale Regierung oder den Präsidenten in politisch umstrittenen Fällen, in denen die Zustimmung des Parlaments zu einem

---

700 So *Vitruk, N. V.*, 1998, S. 287-289.

701 *Ametistov* in *Vitruk, N. V., L. V. Lazarev*, 1996, Art. 89, S. 276-278.

Vertrag nicht sichergestellt ist, zu einer Umgehung der vorgesehenen Kompetenzverteilung verleiten. Die Möglichkeit der Überprüfung durch das Verfassungsgericht führt hingegen dazu, dass in Zweifelsfällen ein Zustimmungsverfahren eingeleitet wird, um so die verfassungsrechtlichen Vorgaben zu erfüllen und der Gefahr einer völkerrechtlichen Verantwortlichkeit für die Nichterfüllung des Vertrages zu entgehen. Ferner ist die präventive Wirkung verfassungsgerichtlicher Entscheidung zu berücksichtigen: in der Zukunft hat der Präsident ein erhebliches Interesse an der Verfassungsmäßigkeit seines Handelns.

Ametistovs Lösung hat zwar den Vorteil, das Auseinanderfallen von völkerrechtlicher und innerstaatlicher Bindung zu vermeiden. Sie führte aber dazu, dass die materielle Frage, ob eine Kompetenzvorschrift offensichtlich verletzt wurde (also eine zwei Prüfungsschritte umfassende Frage), im Verfahren über die Zulässigkeit geprüft werden muss. Im Ergebnis müsste das Gericht die Unzulässigkeit eines Antrages feststellen, wenn er zwar wegen einer Kompetenzverletzung verfassungsrechtlich begründet wäre, diese Verletzung aber nicht offensichtlich ist. Dies widerspräche der Kontrollfunktion des Verfassungsgerichts und würde zu verschiedenen Maßstäben hinsichtlich der Einhaltung der Kompetenzen in Abhängigkeit davon führen, ob es sich um einen Normativakt im Zusammenhang mit einem völkerrechtlichen Vertrag handelt oder nicht.

Das Verfassungsgericht kann damit auch über die Verfassungsmäßigkeit der Nichtbeteiligung der Föderationsversammlung oder der Subjekte im Verfahren des Abschlusses eines völkerrechtlichen Vertrages entscheiden, wenn der entsprechende Vertrag bereits in Kraft getreten ist.[702] Das Spannungsverhältnis, das zwischen der völkerrechtlichen Verpflichtung und der mangelnden innerstaatlichen Umsetzung eines Vertrages entsteht, kann auf

---

702 Im Ergebnis für die Zuständigkeit des Verfassungsgerichts auch *Danilenko, G. M.*, 1994, S. 457 mit Verweis nur auf die Verfassung; *Lukašuk, I. I.*, 1997a, S. 158; *Talalaev, A. N.*, 1997, S. 29f., der die Trennung der völkerrechtlichen von der innerstaatlichen Ebene besonders betont; wegen der Zuständigkeit des Verfassungsgerichts, die Verfassung zu schützen, auch *Krjažkov* in *Krjažkov, V. A. und L. V. Lazarev*, 1998, S. 99f. und *Lazarev* ebenda, S. 274. Nach Meinung *Lazarevs* wäre hierfür allerdings nicht das Verfahren der Kompetenzstreitigkeit, sondern das für die allgemeine Normenkontrolle einschlägig. *Četvernin* und *Švarc* in *Četvernin, V. A.*, 1997, S. 508. Siehe auch den Beitrag der russländischen Delegation auf dem multilateralen Treffen zum Thema „Der Richter und das Völkerrecht", *Council of Europe*, 1998, S. 57. *Beknazar, T.*, 1996, S. 424; wohl auch *Butler, W. E.*, 1997, S. 115.

zwei Weisen gelöst werden. Aus der entsprechenden verfassungsgerichtlichen Entscheidung ergibt sich für den Präsidenten der Auftrag, das innerstaatliche Ratifikationsverfahren nachzuholen. Misslingt dies, muss der Präsident auf völkerrechtlicher Ebene versuchen, die Beendigung des Vertrages herbeizuführen. Aufgrund des Art. 46 WVK wird der Vertrag zwar nicht ungültig; in Frage kommen aber Kündigung oder Rücktritt vom Vertrag.

1.3 Antragsbefugnis

Der Antragsteller muss sich durch die Ablehnung einer Handlung in seinen ihm durch die Verfassung zugeschriebenen Kompetenzen verletzt sehen. Dies ergibt sich aus dem zitierten Punkt 4 des Art. 93. Abs. 1 VerfGG. Eine bloße Verletzung einer Bestimmung des – einfachgesetzlichen – VRG genügt also nicht.

Halten die Duma oder der Föderationsrat einen Vertrag, der ohne ihre Zustimmung abgeschlossen wurde, für zustimmungsbedürftig, so können sie sich auf Art. 106 lit. d VerfRF berufen. Bei der Prüfung des Umfangs der Mitwirkungsbefugnis der Legislative am Abschluss völkerrechtlicher Verträge, der einfachgesetzlich im VRG geregelt ist, muss sich das Verfassungsgericht vom Prinzip der Gewaltenteilung leiten lassen.

Auch die Subjekte, die ihre notwendige Beteiligung am Abschluss völkerrechtlicher Verträge im Rahmen des VRG rügen wollen, müssen sich auf die Kompetenzverteilung gemäß der Verfassung beziehen. Hier kommt nur die aus dem föderalen Grundprinzip sich ergebende Pflicht der Föderation in Betracht, sich bei Tätigwerden auf Gebieten, die innerstaatlich in die Kompetenz der Subjekte fallen, mit diesen aus Gründen der Bundesfreundlichkeit abzustimmen. Anknüpfungspunkte sind die Residualkompetenz der Subjekte, Art. 73 VerfRF, in Verbindung mit dem Bundesstaatsprinzip und der Anerkennung der Kompetenzverteilung gemäß Art. 1 Abs. 1 und Art. 5 Abs. 3 VerfRF.[703]

[703] Zwar liegen diese Grundgedanken Art. 4 VRG zu Grunde. Da dieser aber nicht Verfassungsrang besitzt, können sich die Subjekte nicht auf dessen Verletzung berufen.

1.4 Allgemeine Zulässigkeitsvoraussetzungen und Vorverfahren

Art. 93 VerfGG verlangt für die Zulässigkeit eines Verfahrens vor dem Verfassungsgericht, dass der Konflikt nicht die Zuständigkeit der Gerichte betrifft und der Konflikt nicht auf andere Weise entschieden werden kann.

Er sieht ferner ein ausführliches Vorverfahren vor. Der Antragsteller muss sich zunächst schriftlich an die ihre Kompetenzen angeblich verletzende Stelle wenden. Behebt das entsprechende Organ die Rechtsverletzung nicht, kann der Antragssteller sich innerhalb eines Monats an das Gericht wenden. Gegebenenfalls kann auch das Vermittlungsverfahren vor dem Präsidenten nach Art. 85 VerfRF angewandt werden, das allerdings für diese Fälle nicht in Betracht kommt.

1.5 Frist

Die Vorschriften zum Verfahren der Kompetenzstreitigkeit sehen bisher keine Frist vor, innerhalb derer sich der Beschwerdeführer an die seine Rechte verletzende Stelle wenden muss. Gerade bei der Überprüfung bereits in Kraft getretener völkerrechtlicher Verträge muss jedoch der Aspekt der Rechtssicherheit auch auf völkerrechtlicher Ebene besonders berücksichtigt werden. Der Rechtssicherheit dienen die Vorschriften der WVK, die nur in Ausnahmefällen die Berufung auf die Verletzung innerstaatlicher Kompetenzvorschriften zulassen. Hinzu kommt die Funktion von Organstreitigkeiten als Verfahren des subjektiven Rechtsschutzes des Organs im Gegensatz zur objektiven Rechtmäßigkeitskontrolle.

Um diesen Aspekten ausreichend Rechnung zu tragen, schlage ich daher für die Einleitung solcher Klagen *de lege ferenda* eine relativ kurze Frist vor. Im Dienste der Normklarheit und der Rechtssicherheit sollte in dem oben beschriebenen Vorverfahren eine Frist von drei Monaten seit der Normverletzung für dessen Einleitung eingefügt werden. Innerhalb von drei Monaten nach Veröffentlichung des Vertrages können sich Föderationsrat und Duma Klarheit über die Aussichten eines Verfahrens wegen der Verletzung ihrer Kompetenzen verschaffen. Dies trifft auch für die sich in ihren Kompetenzen verletzt sehenden Subjekte zu. Eine möglichst kurze Frist, die die Rechte der betreffenden Organe aber noch wahrt, kommt auch dem Bedürfnis des völkerrechtlichen Verkehrs nach Rechtssicherheit entgegen.

1.6 Prüfungsmaßstab, Prüfungsumfang und Entscheidungsinhalt

Das Verfassungsgericht prüft die Frage, ob die durch die Verfassung vorgegebenen Grenzen der Kompetenzen eingehalten sind; Völkerrecht ist hierbei ebenso wenig Prüfungsmaßstab wie einfache Gesetze, etwa das VRG. Der Inhalt des völkerrechtlichen Vertrages ist aber ausschlaggebend für die Frage, ob die Zustimmung der Föderationsversammlung erforderlich ist.

Das Gericht beschränkt sich bei der Kontrolle auf die Einhaltung der Kompetenz; Fragen des Inhalts, der Form oder ähnliches müssen in einem anderen Verfahren, bspw. der abstrakten Normenkontrolle, gerügt werden (Art. 94 VerfGG).

In seinem Urteil stellt das Gericht gegebenenfalls fest, dass der Vertrag zustimmungspflichtig und die Unterlassung der Einholung dieser Zustimmung eine Verletzung der Kompetenzen der Föderationsversammlung war. Daraus ergibt sich die verfassungsrechtliche Verpflichtung des Präsidenten oder der Regierung, der Föderationsversammlung den völkerrechtlichen Vertrag zur Zustimmung zuzuleiten. Gemäß Art. 125 Abs. 6 VerfRF treten verfassungswidrige Akte außer Kraft; abweichend von der generellen Regel bestimmt Art. 95 Abs. 2 VerfGG, dass das Gericht den Zeitpunkt bestimmt, ab dem der entsprechende Akt seine Bestandskraft verliert. In den Fällen, in denen der Präsident oder die Regierung es unterlassen haben, die Zustimmung der Föderationsversammlung einzuholen, haben sie zwei Akte erlassen: soweit der entsprechende Vertrag normative Vorschriften enthält, hat der Präsident oder die Regierung einen Ukaz oder eine Verfügung zur unmittelbaren innerstaatlichen Anwendung des Abkommens erlassen. Diese Akte sind verfassungswidrig zustande gekommen und verlieren mit dem im Urteil angegebenen Zeitpunkt ihre Bestandskraft. Die Zustimmungserklärung kann keine verfassungsrechtlichen Wirkungen mehr entfalten, das Abkommen ist damit innerstaatlich nicht mehr vollziehbar. Gegenüber den Vertragsstaaten haben die entsprechenden staatlichen Organe mit der Unterzeichnung des Vertrages oder einer sonstigen, in Art. 11 WVK genannten Form, ihre Zustimmung gegeben, durch den Vertrag völkerrechtlich gebunden zu sein. Dieser Akt bleibt in seiner völkerrechtlichen Wirksamkeit von der Entscheidung des Verfassungsgerichts unberührt.

Aus der Entscheidung des Gerichts ergibt sich die bereits erwähnte Pflicht des Präsidenten, entweder innerstaatlich das Zustimmungsverfahren (bzw. die entsprechende Beteiligung der Subjekte) nachzuholen oder sich gegenüber den Vertragsstaaten für die Beendigung des Vertrages einzusetzen.

2 Die Überprüfung noch nicht in Kraft getretener völkerrechtlicher Verträge gemäß Art. 125 Abs. 2 lit. d VerfRF

Neben der Kontrolle der Einhaltung der Kompetenzen beim Abschluss völkerrechtlicher Verträge sieht die Verfassung der RF in Art. 125 Abs. 2 lit. d VerfRF die inhaltliche Überprüfung noch „nicht in Kraft getretener völkerrechtlicher Verträge der Russländischen Föderation" auf ihre Vereinbarkeit mit der Verfassung als Sonderfall der abstrakten Normenkontrolle vor.[704] Die Zulässigkeitsvoraussetzungen nennt Art. 89 VerfGG:

> „Die Vorlage betreffend die Überprüfung der Verfassungsmäßigkeit eines nicht in Kraft getretenen völkerrechtlichen Vertrages der RF ist zulässig, wenn:
>
> 1. der in der Vorlage genannte völkerrechtliche Vertrag der RF entsprechend der Verfassung der RF und dem Föderationsgesetz von der Staatsduma ratifiziert oder von einem anderen Föderationsorgan der staatlichen Gewalt der Regierung der RF bestätigt werden muss;
>
> 2. der Verfahrensführer der Auffassung ist, dass der nicht Kraft getretene völkerrechtliche Vertrag der RF wegen seiner Verfassungswidrigkeit nicht in Kraft gesetzt und angewendet werden kann."[705]

2.1 Antragssteller und Antragsbefugnis

Der Kreis der Antragssteller ist entsprechend demjenigen in den sonstigen abstrakten Kontrollverfahren weit gefasst: es können der Präsident, der Föderationsrat, die Staatsduma, ein Fünftel der Mitglieder des Föderationsrates oder der Abgeordneten der Staatsduma, die Regierung, das Oberste Gericht oder das Arbitragegericht sowie die Organe der gesetzgebenden und ausführenden Gewalt der Subjekte auftreten (Art. 125 Abs. 2 VerfRF, Art. 88

[704] „Ne vstupivšich v silu meždunarodnych dogovorov Rossijskoj Federacii".
[705] Übersetzung des VerfGG von *M. Hartwig*, EuGRZ 1996, 219-233.

VerfGG). Antragsbefugt sind Antragssteller, die davon überzeugt sind, dass der Vertrag wegen seiner Verfassungswidrigkeit nicht in Kraft gesetzt und angewendet werden kann (Art. 89 Nr. 2 VerfGG).

2.2 Antragsgegenstand

Gemäß Art. 89 Nr. 1 VerfGG sind solche völkerrechtlichen Verträge zulässige Antragsgegenstände, die „entsprechend der Verfassung der RF und dem Föderationsgesetz von der Staatsduma ratifiziert oder von einem anderen Föderationsorgan der staatlichen Gewalt der Regierung der RF bestätigt werden" müssen. Damit sind solche Verträge von der *präventiven* Kontrolle des Verfassungsgerichts ausgeschlossen, die mit der Unterzeichnung in Kraft treten. Dies sind Verträge, die nicht der Mitwirkung des Gesetzgebers unterliegen, und vom Präsidenten oder von einer entsprechend bevollmächtigten Person unterzeichnet wurden, soweit die Vertragsparteien der Unterzeichnung diese Rechtsfolge zuerkennen wollten. Ob diese Verträge *nachträglich* durch das Verfassungsgericht überprüft werden können, wird unter Punkt 3 untersucht.

Umstritten ist, was unter einem noch nicht in Kraft getretenen völkerrechtlichen Vertrag im Sinne des Art. 125 lit. d VerfRF zu verstehen ist, bis zu welchem Zeitpunkt im Vertragsabschlussverfahren das Verfassungsgericht also die Verfassungsmäßigkeit noch überprüfen kann. In teleologischer Auslegung lässt sich der Bestimmung bereits die Begrenzung entnehmen, dass nur *für die* RF noch nicht in Kraft getretene Verträge gemeint sind. Sonst wären sämtliche Verträge, denen die RF beitreten will, die aber bereits für andere Staaten in Kraft getreten sind, von der präventiven Kontrolle des Verfassungsgerichts ausgeschlossen. Diesen Standpunkt hat auch der Gesetzgeber in Art. 34 Abs. 1 VRG eingenommen.[706]

Weitergehend muss beantwortet werden, bis zu welchem Zeitpunkt völkerrechtliche Verträge gemäß Art. 125 Abs. 2 lit. d VerfRF überprüft werden dürfen, deren Vertragspartei die Russländische Föderation werden will. Hierfür kommen vier verschiedene Anknüpfungspunkte in Betracht: der

706 Art. 34 Abs. 1 VRG lautet: „Das Verfassungsgericht der RF entscheidet gemäß dem im föderalen Verfassungsgesetz niedergelegten Verfahren über die Verfassungsmäßigkeit noch nicht für die RF in Kraft getretener völkerrechtlicher Verträge (...)."

Zeitpunkt der Festlegung des authentischen Vertragstextes auf völkerrechtlicher Ebene durch Unterzeichnung, der Abschluss des innerstaatlichen Zustimmungsverfahrens, die völkerrechtliche Ratifikation oder das Inkrafttreten auf völkerrechtlicher Ebene für die RF.

Gegen den Zeitpunkt der Festlegung des authentischen Textes als Anknüpfungspunkt spricht, dass erst zu diesem Zeitpunkt der Vertragsinhalt endgültig feststeht und damit erst sinnvoll einer Überprüfung durch das Verfassungsgericht unterzogen werden könnte.

L. V. Lazarev knüpft an den Abschluss des innerstaatlichen Zustimmungsverfahrens an, da sich hiermit innerstaatlich der Gesetzgeber für seine Bindung an den völkerrechtlichen Vertrag entschieden habe. Dies entspräche auch der völkerrechtsfreundlichen Ausrichtung der Verfassung.[707] Allerdings hat die innerstaatliche Zustimmung noch keinerlei Auswirkung auf die Bindung auf völkerrechtlicher Ebene. Dies unterstreicht Art. 24 Abs. 1 VRG, der für das Inkrafttreten völkerrechtlicher Verträge nicht nur auf das VRG, sondern auch auf die in dem völkerrechtlichen Vertrag vereinbarten Regelungen verweist. Vielmehr begrenzt das Völkerrecht die Selbstbindung der Staaten. Das in Art. 18 lit. a WVK vorgesehene Frustrationsverbot verpflichtet den Unterzeichnerstaat, die Erreichung des Vertragsziels nicht zu vereiteln, solange er durch Unterzeichnung *ad referendum* seinen Wunsch, Vertragspartner zu werden, zu erkennen gegeben hat. Damit sieht es indirekt aber auch die Möglichkeit vor, vor der endgültigen Anerkennung der Bindungswirkung durch die völkerrechtliche Ratifikation von dieser Abstand zu nehmen; er muss diesen Wunsch nur deutlich zum Ausdruck bringen. *Lazarev* geht damit über die Anforderungen des Völkerrechts hinaus.

I. I. Lukašuk will an den Zeitpunkt anknüpfen, an dem die RF ihre endgültige Zustimmung erteilt hat, durch einen Vertrag gebunden zu sein.[708] Dies kann gemäß Art. 11 WVK im zusammengesetzten Verfahren etwa die (völkerrechtliche) Ratifikation sein. Die Russländische Föderation hätte in diesem Zeitpunkt den Vertrag völkerrechtlich bereits als bindend anerkannt, unabhängig von seinem Inkrafttreten. Ein Rückzug vom Vertrag als Folge für die Erklärung des Vertrages als verfassungswidrig sei dann völkerrechtlich nicht mehr zulässig. Zur Stützung seiner Argumentation führt er Art. 91 Abs. 2 VerfGG an, der lautet:

---

707 So *Lazarev* in *Vitruk, N. V., Lazarev.*, 1996, Anmerkung 6 zu Art. 3 VerfGG, S. 40.

708 *Lukašuk, I. I.*, 1997a, S. 154f.; *ders.* in *Zvekov, V. P.,Osminin*, 1996, S. 98 zu Art. 34 VRG.

> „Vom Augenblick der Verkündung des Beschlusses des Verfassungsgerichts der RF, dass ein nicht in Kraft getretener völkerrechtlicher Vertrag der RF oder einzelne seiner Bestimmungen verfassungswidrig sind, darf er nicht in Kraft gesetzt und angewandt werden, d.h. er darf nicht ratifiziert oder bestätigt werden und kann für die RF auch nicht auf andere Weise in Kraft treten."

Hieraus schließt *Lukašuk*, dass noch keine Zustimmung zur Vertragsbindung vorliegen dürfe, da das VerfGG voraussetze, dass die Ratifizierung oder Bestätigung noch nicht abgeschlossen sei. Nur diese Auslegung stehe im Einklang mit dem Völkerrecht und der allgemeinen Annahme, dass der Geetzgeber nicht absichtlich gegen Völkerrecht habe verstoßen wollen.

Auch *Lukašuk* knüpft an einen zu früh gelegenen Zeitpunkt an. Zwar ist die völkerrechtliche Ratifikation der letzte von Russland zu vollziehende, notwendige Akt vor dem völkerrechtlichen Inkrafttreten des Vertrages für die RF. Nach dem Wortlaut des Art. 125 VerfRF und des Art. 88 VerfGG kommt es aber darauf an, dass der Vertrag für die RF noch nicht *in Kraft getreten ist*. Wenn auch Ratifikation und Inkrafttreten häufig zusammentreffen, können sie mitunter erheblich auseinanderfallen. Bei zweiseitigen Verträgen kann sich das Zustimmungsverfahren des Gegenübers bedeutend verzögern, wie dies beispielsweise in Russland mit der Zustimmung zum START-II-Vertrag der Fall war. Oder es bedarf bei mehrseitigen Verträgen einer bestimmten Anzahl völkerrechtlicher Ratifikationen.[709] Während dieser Zeit findet auf völkerrechtlicher Ebene mangels ausdrücklicher vertraglicher Regelung Art. 18 lit. b WVK Anwendung, der dem Vertragsstaat für den Zeitraum zwischen seiner endgültiger Erklärung, durch den Vertrag gebunden zu sein, und dessen Inkrafttreten die Verpflichtung auferlegt, Ziel und Zweck des Vertrages nicht zu vereiteln. Auch diese dem völkerrechtlichen Vertrauensschutz geschuldete Verpflichtung steht aber unter dem Vorbehalt, dass sich das Inkrafttreten nicht ungebührlich verzögern dürfe. Sollten sich während einer längeren Verzögerung verfassungsrechtliche Bedenken hinsichtlich des Vertrages ergeben, ist kein Grund ersichtlich, warum das Verfassungsgericht vor dem Inkrafttreten des Vertrages für Russland diesen nicht mehr überprüfen können sollte. Auch Art. 91 Abs. 2 VerfGG steht dem nicht entgegen. Zwar spricht er die Verpflichtung aus, den völkerrecht-

709 Ein Beispiel ist Art. 126 des Statuts des Internationalen Strafgerichtshofs, der bestimmt, dass das Statut erst nach Hinterlegung der 60. Ratifikationsurkunde in Kraft tritt.

lichen Vertrag nicht in Kraft zusetzen und nicht anzuwenden. Hierbei sind aber zwei Punkte zu unterscheiden: die innerstaatliche Nichtanwendung des Vertrages ist vor dessen völkerrechtlichem Inkrafttreten ohne Verletzung des Völkerrechts möglich; selbst falls die Verhandlungsstaaten sich auf die vorläufige Anwendung des Vertrages geeinigt haben, endet diese mangels abweichender Vertragsbestimmung grundsätzlich mit dem Zeitpunkt, in dem ein Staat die Absicht bekannt gibt, nicht Vertragspartei zu werden. Hinsichtlich der Inkraftsetzung des Vertrages verpflichtet ein Urteil des Verfassungsgerichts dann das Staatsoberhaupt oder ein anderes befugtes Organ, seinen Rücktritt vom Vertrag noch vor dessen Inkrafttreten oder – bei zeitlicher Überschneidung – unmittelbar danach zu erklären.

Vor diesem völkerrechtlichen Hintergrund, auf den die Verfassung, das VRG sowie das VerfGG verweisen, ist eine Vorverlegung der Bindung Russlands auch nicht im Sinne einer völkerrechtsfreundlichen Auslegung notwendig. Solange der Vertrag auf völkerrechtlicher Ebene nicht für Russland in Kraft getreten ist, ist er noch vollends durch das Verfassungsgericht überprüfbar.[710, 711]

2.3 Prüfungsmaßstab und Entscheidungsinhalt

Prüfungsmaßstab des Verfassungsgerichts ist in allen Verfahren nur die Verfassung selbst, nicht aber zu ihrer Konkretisierung erlassene Verfassungsgesetze.[712] Die Frage, ob auch andere völkerrechtliche Verträge oder die

---

710 So im Ergebnis auch *Talalaev, A. N.*, 1997, S. 23-25; *Ametistov* in *Vitruk, N. V., L. V. Lazarev et al.*, 1996, Art. 89, S. 275-276; *Tiunov, O. I.*, 1995, S. 184 sowie *Butler, W. E.*, 1997, S. 113 zu Art. 34 VRG.

711 Die Überprüfung kommt ab dem Moment der Festlegung des authentischen Textes durch die Paraphierung im Sinne des Art. 10 WVK in Betracht. Zu diesem Zeitpunkt sind die Verhandlungen abgeschlossen, so dass bereits der Wille der russischen Exekutive, sich durch einen Vertrag diesen Inhalts binden zu lassen, deutlich ist. Gleichzeitig steht die Unterzeichnung als Zeichen der Zustimmung, durch den Vertrag gebunden zu sein, noch aus (vgl. Art. 12 WVK). Nur in den Fällen, in denen die Paraphierung des Textes bereits als Zeichen der Zustimmung gewertet wird, durch den Vertrag gebunden zu sein, muss die Möglichkeit bestehen, gegen diesen Punkt noch während der Verhandlungen vorgehen zu können, um effektiven Rechtschutz zu gewährleisten.

712 Ähnlich *Hartwig, M.*, 1996, S. 182, der darauf hinweist, dass das heutige VerfGG anders als das Gesetz in der Fassung von 1991 nicht mehr allgemeine Prinzipien wie etwas den Gewaltenteilungsgrundsatz als Kontrollmaßstab nennt.

allgemein anerkannten Prinzipien und Normen des Völkerrechts Prüfungsmaßstab des Verfassungsgerichts sein können, wird weiter unten behandelt.

Das Verfassungsgericht trifft gemäß Art. 91 VerfGG ein Feststellungsurteil über die Frage, ob der Vertrag mit der Verfassung vereinbar ist oder nicht. Im letztgenannten Fall darf der Vertrag auf keine Weise in Kraft gesetzt werden (Art. 125 Abs. 6 VerfRF, Art. 91 Abs. 2 VerfGG, Art. 34 Abs. 2 VRG). Spiegelbild dieses Anwendungsverbotes ist das Gebot des Art. 22 VRG, einen verfassungswidrigen Vertrag erst nach der entsprechenden Änderung der Verfassung in Kraft zu setzen. Während des Verfahrens vor dem Verfassungsgericht ruht das Gesetzgebungsverfahren dementsprechend, um nicht durch den Beschluss das Gutachten des Gerichtes leer laufen zu lassen (Art. 198 GODuma). Allerdings hat das Verfahren vor dem Verfassungsgericht grundsätzlich keine aufschiebende Wirkung, so dass die Organe durch einen entsprechenden Akt den Vertrag in Kraft setzen könnten; das Verfahren liefe damit leer. Dem Gericht bleibt nur die Möglichkeit, sich gemäß Art. 42 Abs. 3 VerfGG an die Organe mit dem Vorschlag zu wenden, das Verfahren auszusetzen.[713]

Selbst wenn der Vertrag nach der Entscheidung des Gerichtes völkerrechtlich in Kraft treten sollte – bspw. durch die nachfolgende Hinterlegung der letzten benötigten Ratifikationsurkunden oder durch Zeitablauf – wird er gemäß Art. 125 Abs. 6 VerfRF in der RF nicht in Kraft gesetzt oder angewendet. Die Russländische Föderation muss sich auf völkerrechtlicher Ebene um die Beendigung des Vertrages bemühen.

Art. 91 Abs. 1 VerfGG gibt dem Verfassungsgericht zusätzlich die Möglichkeit, nicht den gesamten Vertrag, sondern nur einzelne Bestimmungen für verfassungswidrig zu erklären. Auf ein solches Urteil kann der Gesetzgeber während des Zustimmungsverfahrens auf der Ebene der RF und ihm folgend der Präsident oder die Regierung auf völkerrechtlicher Ebene mit der Anbringung eines entsprechenden Vorbehaltes oder mit der Aufgabe des Ratifikationsvorhabens reagieren.

[713] Kritisch hierzu bereits *Hartwig, M.*, 1996, S. 182.

3 Die mittelbare Überprüfung der Verfassungsmäßigkeit bereits in Kraft getretener völkerrechtlicher Verträge

Mit diesem Ergebnis ist aber noch nicht die Frage beantwortet, ob eine abstrakte oder konkrete Normenkontrolle gegen einen bereits in Kraft getretenen völkerrechtlichen Vertrag zulässig ist.

3.1 Antragsteller, Antragsbefugnis

Bei dem Verfahren der abstrakten Normenkontrolle sind die bereits oben unter 2.1 erwähnten Organe mögliche Antragsteller, Art. 84 VerfGG. Die Antragsteller müssen den entsprechenden Akt – also das Zustimmungsgesetz oder den Rechtsakt der Exekutive zur Umsetzung des völkerrechtlichen Vertrages – wegen Verstoßes gegen die Verfassung für unwirksam halten.

3.2 Antragsgegenstand

Gegenstand eines solchen Verfahrens ist nicht unmittelbar der Vertrag, sondern das Zustimmungsgesetz des Parlaments oder der Akt der Exekutive, der den Vertrag in innerstaatliches Recht umgesetzt hat. Da dieser Akt aber keine verfassungswidrigen Normen in das Rechtssystem überführen darf, ist mittelbar der Inhalt des Vertrages Prüfungsgegenstand.

Gegen eine solche indirekte Prüfung wird die Völkerrechtsfreundlichkeit der Verfassung angeführt. Die Verfassungsgeber hätten vermeiden wollen, dass Russland wegen seiner verfassungsrechtlichen Vorgaben seinen völkerrechtlichen Verpflichtungen nicht nachkommen könne und damit mit den für Russland bindenden Artikeln 26, 27 und 46 WVK in Konflikt geriete. Diese Absicht komme ferner in Art. 125 Abs. 2 lit. d VerfRF zum Ausdruck, der als eine Einschränkung des Antragsgegenstandes der abstakten oder konkreten Normenkontrolle zu verstehen sei.[714]

---

714 So allgemein gegen jede Kontrolle nach In-Kraft-Treten des Vertrages *Pounjin, S. M.*, 1998, S. 269; *Tiunov, O. I.*, 1995, S. 183-185; *Vitruk, N. V.*, 1998, S. 289; gegen die Kontrolle außerhalb der Überprüfung der Zuständigkeit *Lukašuk, I. I.*, 1997a, S. 154ff.;

Diese Argumente überzeugen nicht. Der Wortlaut des Art. 125 Abs. 2 lit. d VerfRF schließt die nachträgliche Kontrolle des Zustimmungsgesetzes zu einem völkerrechtlichen Vertrag nicht aus. Art. 125 Abs. 2 lit. a VerfRF weist dem Verfassungsgericht die Entscheidungskompetenz über Verfahren der abstrakten Normenkontrolle zu; diese sind nur *im Nachhinein* möglich, sobald also die Norm in Kraft getreten ist. Für völkerrechtliche Verträge hingegen *erweitert* die Verfassung die Überprüfungsmöglichkeit in eine präventive Kontrolle, um die Probleme, die bei der nachträglichen Feststellung der Verfassungswidrigkeit eines Vertrages entstehen, möglichst zu minimieren. Zugleich soll das Verfassungsgericht den Vorrang der Verfassung sicherstellen. Da das Gericht nur auf Antrag und nicht *ex officio* tätig werden kann, die Verfassung also die vorübergehende Inkraftsetzung eines verfassungswidrigen Vertrages toleriert, muss das Gericht zumindest im Nachhinein noch angerufen werden können.

Gegen die dargelegte Ansicht spricht ferner, dass eine so verstandene Völkerrechtsfreundlichkeit der Verfassung zum Vorrang völkerrechtlicher Verträge nicht nur gegenüber einfachen Gesetzen, wie im Wortlaut des Art. 15 Abs. 4 VerfRF vorgesehen, sondern auch gegenüber der Verfassung selbst führt. Die Bestimmungen zur Änderung der Verfassung könnten durch den Abschluss eines völkerrechtlichen Vertrages und dessen Ratifizierung systemwidrig im einfachgesetzlichen Verfahren umgangen werden. Die Autoren haben auch ein zu enges Verständnis der sich aus dem Völkerrecht ergebenden Verpflichtungen. Dieses verweist für die Umsetzung der Verträge auf das nationale Recht, geht also von einer Trennung der völkerrechtlichen von der verfassungsrechtlichen Ebene aus. Aus Art. 27 und 46 WVK folgt lediglich, dass ein Staat wegen der Verfassungswidrigkeit eines Vertrages sich nicht ohne weiteres aus seiner völkerrechtlichen Verpflichtung lösen kann. Kollidieren nationale und völkerrechtliche Rechtsordnung, schreibt das Völkerrecht aber keinen verpflichtenden Lösungsweg vor. Gegebenenfalls wird der Staat schadensersatzpflichtig.

Für dieses Ergebnis spricht auch die Regelung des Art. 22 VRG. Dieser stellt klar, dass ein verfassungswidriger Vertrag nur nach vorheriger Änderung der Verfassung in Kraft gesetzt werden kann. Aus den erheblichen Hürden, die für die Änderung der Verfassung, insbesondere in ihrem

Lazarev, Krjažkov, V. A. und L. V. Lazarev, 1998, S. 272; *Ametistov* in *Vitruk, N. V., L. V. Lazarev et al.*, 1996, S. 278.

Grundrechtsteil eingebaut sind, lässt sich *a fortiori* schließen, dass die Verfassung keineswegs durch einen im normalen Gesetzgebungsverfahren umgesetzten Vertrag geändert werden darf.

Die Zustimmungsgesetze zu bereits in Kraft getretenen völkerrechtlichen Verträgen sind daher zulässige Antragsgegenstände im abstrakten und konkreten Normenkontrollverfahren.[715]

3.3 Frist

Anders als bei den Kompetenzstreitigkeiten ist in den Fällen der materiellen Verfassungswidrigkeit auch keine Frist einzuführen. Während im Falle eines Kompetenzkonfliktes das betroffene Organ von dem Verfahren und seiner Ausgestaltung konkret Kenntnis erlangt und es daher auch zur Wahrung seiner subjektiven Rechte unmittelbar tätig werden kann, handelt es sich in den Verfahren der Normenkontrolle um ein Verfahren des objektiven Rechtsschutzes. In diesem Verfahren ist die materielle Verfassungsmäßigkeit über den Grundsatz der Völkerrechtsfreundlichkeit zu stellen.

3.4 Prüfungsumfang und Entscheidungsinhalt

Art. 86 Abs. 1 VerfGG nennt ausführlich die Gesichtspunkte, unter denen das Gericht die Verfassungsmäßigkeit der Norm prüft. Diese ist umfassend und schließt lediglich politische Einschätzungsfragen, die ohnehin nicht vom Prüfungsauftrag des Verfassungsgericht erfasst sind (Art. 3 Abs. 2 VerfGG), aus. Maßstab der Prüfung ist die Verfassung.[716]

---

715 So im Ergebnis auch *Danilenko, G. M.*, 1994, S. 456 mit Hinweis auf die Entstehungsgeschichte des VerfGG. In seinem Entwurf hatte das Verfassungsgericht ausdrücklich betont, dass die Möglichkeit der Überprüfung der Ratifizierungsgesetze wünschenswert sei. Wenn dies im angenommenen Gesetz auch nicht mehr ausdrücklich zur Sprache komme, so sei es doch wahrscheinlich, dass sich das Gericht auch fürderhin von diesem Gedanken leiten ließe. Für die Kontrollmöglichkeit auch *Talalaev, A. N.*, 1997, S. 29f.; *Četvernin* und *Švarc* in *Četvernin, V. A.*, 1997, S. 508, die aber das Verfahren der Verfassungsauslegung gemäß Art. 125 Abs. 5 für einschlägig halten.

716 Zum Völkerrecht als Maßstab siehe sogleich im 2. Kapitel.

Hält das Gericht das Zustimmungsgesetz bzw. die entsprechende Rechtsnorm der Exekutive für verfassungswidrig, stellt es dies gemäß Art. 87 Abs. 1 VerfGG fest. Die teilweise Verfassungswidrigkeit kommt in diesen Fällen nicht in Betracht. Das Gesetz ist nicht anwendbar; gemäß Art. 87 Abs. 2 VerfGG sind auch sämtliche Normen und Akte, die auf diesem Gesetz beruhen, nicht anwendbar. Durch die Verfassungswidrigkeit des Zustimmungsgesetzes erklärt das Gericht mittelbar also auch den völkerrechtlichen Vertrag für nicht anwendbar im Sinne des Art. 125 Abs. 6 VerfRF. Aus der Entscheidung folgt für die Exekutive die Aufgabe, sich für die Beendigung des Vertrages in Bezug auf die RF einzusetzen.

2. Kapitel: Die Berücksichtigung völkerrechtlicher Normen in der Rechtsprechung des Verfassungsgerichtes

Wie soeben dargestellt, kann das Verfassungsgericht völkerrechtliche Verträge auf ihre Vereinbarkeit mit der Verfassung überprüfen. Es stellt sich nun die Frage, wieweit das Gericht völkerrechtliche Verträge oder völkerrechtliche Normen allgemein in seiner Rechtsprechung berücksichtigen kann. Hier kommt das Völkerrecht als Auslegungshilfe der Verfassung oder als Prüfungsmaßstab für die Verfassungsmäßigkeit einfachgesetzlicher Normen in Betracht.

1 Das Völkerrecht als Auslegungshilfe

Ausgangspunkt für die Beantwortung der Frage, ob das Verfassungsgericht Völkerrecht als Auslegungshilfe der Verfassung heranziehen kann, sind Art. 15 Abs. 4 und Art. 17 VerfRF.

Die Berücksichtigung völkerrechtlicher Normen und Verträge bei der Verfassungsauslegung ist notwendig, wenn das Gericht direkt mit der Norm des Art. 15 Abs. 4 VerfRF befasst wird. Tritt im Rahmen einer abstrakten

Normenkontrolle oder eines anderen Verfahrens die Frage auf, ob ein völkerrechtlicher Vertrag Bestandteil des Rechtssystems sei, muss das Gericht unmittelbar Völkerrecht zu Hilfe nehmen. *O. I. Tiunov* weist darauf hin, dass die Heranziehung des Völkerrechts insbesondere für die Frage der Vertragsschlusskompetenz der Föderation oder ihrer Subjekte von Bedeutung sein könne.[717] Hier ist wohl an den Fall zu denken, dass die Kompetenz zum Abschluss eines Vertrages durch die Subjekte in Frage steht und daher dessen völkerrechtlicher Charakter und Inhalt überprüft werden müssen.[718] Fraglich ist, ob über diese eindeutigen Fälle hinaus das Gericht bei der Auslegung der Verfassung auf Völkerrecht zurückgreifen kann. Art. 17 Abs. 1 VerfRF ist in diesem Sinne deutlich:

> „In der RF werden die Rechte und Freiheiten des Menschen und Bürgers entsprechend den allgemein anerkannten Prinzipien und Normen des Völkerrechts und in Übereinstimmung mit dieser Verfassung anerkannt und garantiert."

Der Wortlaut dieser Vorschrift legt also nahe, dass zur Konkretisierung und Ergänzung der Grundrechtsvorschriften der Verfassung Völkergewohnheitsrecht herangezogen werden soll. Schwieriger ist die Bedeutung völkerrechtlicher Verträge als Auslegungshilfe zu beurteilen. Gemäß Art. 15 Abs. 4 Satz 1 VerfRF sind diese Bestandteil des Rechtssystems der RF. Können sie aber auch vom Verfassungsgericht bei der Auslegung der Verfassung berücksichtigt werden? Dagegen spricht, dass das Gericht grundsätzlich nur über die Verfassungsmäßigkeit von Rechtsnormen zu befinden hat, völkerrechtliche Verträge aber keinen Verfassungsrang haben. Dafür spricht wiederum die völkerrechtsfreundliche Ausgestaltung der Verfassung, die den Verträgen einen Vorrang vor den Gesetzen einräumt. Die Verfassungsautoren intendierten offensichtlich eine Öffnung der Verfassung und damit auch des Gerichts gegenüber den internationalen Erfahrungen und Standards.[719] Art. 17 VerfRF fordert ausdrücklich die Berücksichtigung des Völkergewohnheitsrechts bei der Grundrechtsauslegung; dann können solche Verträge, denen Russland ausdrücklich zugestimmt hat, bei der Verfassungsauslegung erst recht berücksichtigt werden.

---

717 *Tiunov, O. I.*, 1995, S. 183.

718 Vgl. hierzu ausführlich Teil 2.

719 Vgl. bspw. *S. A. Filatov*, damaliger Leiter des Präsidialverwaltung auf der Sitzung der Organe der ausführenden Gewalt der Subjekte der Föderation am 25. Juni 1993, KS, Band 15, S. 115; Band 19, Sitzung vom 23. Oktober 1993 (Arbeitsgruppe unter *Filatov*), dessen Zusammenfassung der vorangegangenen Diskussion, S. 187.

In der Praxis zieht das Verfassungsgericht sowohl Völkergewohnheitsrecht als auch Verträge zur Auslegung der Verfassungsbestimmungen heran, ohne im Bereich des Grundrechtsschutzes zwischen den Quellen zu unterscheiden. Zunächst zitiert das Gericht den einschlägigen Artikel der Verfassung und legt ihn aus. Danach werden die entsprechenden Normen des Völkergewohnheitsrechts benannt, wobei das Gericht häufig die Allgemeine Erklärung der Menschenrechte heranzieht; Menschenrechtsverträge und insbesondere den IPBPR zitiert es mit dem Hinweis, dass diese Bestandteil des Rechtssystems seien.[720] In einem dritten Schritt wird die Übereinstimmung der russländischen mit den internationalen Normen festgestellt.[721] Auf die Auslegungspraxis einschlägiger internationaler Organe wie dem VN-Menschenrechtsausschuss oder dem EGMR geht das Gericht hingegen in seiner bisherigen Rechtsprechung nicht ein.

Dieses Verfahren wendete das Gericht beispielsweise in dem Urteil zu den Verfassungsbeschwerden gegen das Gesetz über Staatsgeheimnisse, Fall *Nikitin* u.a., an.[722] Den beschwerdeführenden Angeklagten war die freie Wahl eines Verteidigers mit der Begründung verwehrt worden, dass nach dem „Gesetz über das Staatsgeheimnis" in Strafverfahren wegen des Verdachtes der Verletzung von Staatsgeheimnissen nur Verteidiger zugelassen werden könnten, die selber eine Zugangsberechtigung zu Staatsgeheimnissen besäßen.[723] Diese Gesetzesvorschrift widersprach nach Auffassung des Verfassungsgericht dem in Art. 48 VerfRF gewährleisteten Recht auf einen Rechtsbeistand.[724] Im Einklang mit Art. 14 IPBPR, der Bestandteil des

---

720 Diese Vermischung von völkerrechtlichen Verträgen und Völkergewohnheitsrecht, die auch zwischen rechtsverbindlichen Verträgen und unverbindlichen Resolutionen keinen Unterschied macht, leistet keinen Beitrag zur Ausarbeitung einer stringenten Verfassungspraxis im Bereich des Zusammenspiels von Völkerrecht und nationalem Recht. Kritisch zu diesem Vorgehen auch *Danilenko, G. M.*, 1995, S. 116; *Lazarev* in *Krjažkov, V. A. und L. V. Lazarev*, 1998, S. 103f.; *Ginsburgs, G.*, 1998, S. 131f. Vgl. im Übrigen Teil 5.

721 So auch *Danilenko, G. M.*, 1995, S. 123; *Lazarev* in *Krjažkov, V. A. und L. V. Lazarev*, 1998, S. 104; *Nußberger, A.*, 1998, S. 121. Ähnlich *Zimnenko, B. L.*, 2000, S. 166. *Salikov, M. S.*, 1997, S. 638-640 listet entsprechende Gerichtsentscheidungen bis 1996 auf.

722 Urteil vom 27. März 1996 „Über das Staatsgeheimnis – Fall Nikitin", SZRF 1996, Nr. 15, Pos. 1768.

723 Art. 21 des Gesetzes über Staatsgeheimnisse vom 21. Juli 1993, RG, 21. Juli 1993.

724 Art. 48 VerfRF lautet: „(1) Jedem wird das Recht garantiert, qualifizierten juristischen Beistand zu erhalten. In den durch Gesetz vorgesehenen Fällen wird der juristische Beistand unentgeltlich geleistet. (2) Jeder Festgenommene, Verhaftete oder einer Straftat Beschuldigte hat das Recht, sich des Beistands eines Rechtsanwalts (Verteidigers) vom Moment seiner Festnahme, Verhaftung oder Beschuldigung an zu bedienen."

Rechtssystems der RF sei, ergebe sich hieraus das Recht der Angeklagten, selbst ihren Rechtsbeistand zu bestimmen.[725] Der Eingriff in dieses Recht durch das Gesetz über das Staatsgeheimnis erfülle nicht die in Art. 55 Abs. 3 VerfRF aufgestellten Anforderungen an Beschränkungen der Grundrechte. Das Gericht zog zur Auslegung des Art. 48 VerfRF Art. 14 IPBPR heran, aus dem sich erst das Recht zur freien Wahl des Verteidigers ergebe. Im Tenor der Entscheidung findet sich allerdings kein Hinweis mehr auf den völkerrechtlichen Text.[726]

Die Vorgehensweise des Gerichts ist ungewöhnlich und zumindest hinsichtlich der Heranziehung völkerrechtlicher Verträge dogmatisch nicht ganz klar. Jedenfalls führte sie insbesondere in den ersten Jahren seiner Rechtsprechung zu einer umfangreichen Heranziehung des Völkerrechts in die Entscheidungspraxis, die damit auf eine breite, international anerkannte Grundlage gestellt wird und an Akzeptanz gewinnt. Sie stellt zugleich die pragmatische Lösung des Problems dar, dass die Normen des Völkergewohnheitsrechts gerade im Bereich der Menschenrechte in den meisten Fällen nicht detailliert genug sind, um den Gehalt der in Art. 18 bis 63 VerfRF enthaltenen Grundrechte entsprechend Art. 17 VerfRF näher zu bestimmen. Daher muss das Gericht mehr ins Detail gehende Verträge heranziehen.

---

725 Ziffer 4 der Begründung.

726 So verfuhr das Gericht bspw. auch im Urteil vom 3. Juli 1997 zum Grundsatz des *ne bis in idem*, VKS 1997, Nr. 5, S. 31-33 mit Verweis auf Art. 14 IPBPR; Urteil vom 10. Juli 1995 zum tschuwaschischen Wahlrecht, SZRF 1995, Nr. 29, Pos. 2860 mit einem Hinweis auf Art. 25 IPBPR. Ähnlich auch im Tschetschenien-Urteil, Urteil vom 31. Juli 1995, SZRF 1995, Nr. 33, Pos. 3424, deutsche Übersetzung von *Beknazar* in ZaöRV 1997, S. 180-193. Ähnlich ging das Gericht bereits vor der Geltung der Verfassung von 1993 vor, insb. in der Tatarstan-Entscheidung (Entscheidung vom 13. März 1992, VVSRF 1992, Nr. 13, Pos. 671). In seiner abweichenden Meinung geht Richter *Kononov* in der *Smirnov*-Entscheidung zum Tatbestand des Landesverrates im StGB (SZRF 1996, 1, Pos. 54, S. 282) auf die allgemein anerkannten Normen und Prinzipien des Völkerrechts ein. Er stellt einen Widerspruch zu dem im Abschlussdokument des Kopenhagener Treffens der Konferenz über die menschliche Dimension der KSZE vom 29. Juni 1990, Punkt 5.18, angenommenen Prinzip fest, dass Strafvorschriften klar und bestimmt sein müssen und verweist im Übrigen auf Art. 14 IPBPR.

2 Das Völkerrecht als Prüfungsmaßstab

Darf das Gericht Völkerrecht zur Auslegung der Verfassung heranziehen, so ist die Frage, ob Völkerrecht auch zum Prüfungsmaßstab erhoben werden kann. Aufgabe des Verfassungsgerichts ist es gemäß Art. 125 Abs. 2 VerfRF, über die Vereinbarkeit bestimmter Rechtsakte mit der Verfassung zu entscheiden. Anders als in Deutschland gibt es kein eigenständiges Verfahren vor dem Verfassungsgericht Russlands, um den Inhalt der allgemein anerkannten Prinzipien und Normen zu bestimmen oder aber, wie es sich im russischen Fall anböte, die Vereinbarkeit russländischer Gesetze und Verordnungen mit den völkerrechtlichen Verträgen zu prüfen. Diese Aufgabe sowie die Gewährleistung der Einheitlichkeit der Rechtsanwendungspraxis in diesem Bereich wird nur durch Revisionen zu den Obersten Gerichten im Rahmen der ordentlichen und der Arbitragegerichtsbarkeit sichergestellt.[727] Art. 15 Abs. 4 Satz 2 VerfRF ist die einschlägige Rechtsgrundlage für die Nichtanwendung entsprechender Gesetze.

Fraglich ist aber, ob das Verfassungsgericht im Rahmen eines zulässigen Normenkontrollverfahrens oder einer Verfassungsbeschwerde die Vereinbarkeit einer Norm nicht nur mit der Verfassung, sondern auch mit dem Völkerrecht prüfen kann. Weder Art. 125 VerfRF noch die Art. 84ff. VerfGG treffen hierzu eine ausdrückliche Aussage.[728]

Daher sprechen einige Autoren dem Verfassungsgericht das Recht ab, in seinen Entscheidungen unmittelbar Völkerrecht als Prüfungsmaßstab heranzuziehen.[729] Vielmehr liege die Gewährleistung und Überprüfung der Vereinbarkeit von Gesetzen mit völkerrechtlichen Verträgen in der ausschließlichen Kompetenz der allgemeinen und der Arbitragegerichtsbarkeit. Das Oberste Gericht der RF schließt sich dieser Auffassung an.[730]

---

727 Hierauf weisen *Alekseeva, L. B., V. M. Zujkov et al.*, 1996, S. 59, zu Recht hin.

728 Anders *Hartwig, M.*, 1996, S. 182, der aus der Nennung nur der Verfassung schließt, dass nur diese Prüfungsmaßstab sein könne und dafür Rechtsprechungspraxis angibt. Anlässlich der Beutekunst-II-Entscheidung unterstreicht *Hartwig* aber, dass das Gericht mit dieser Entscheidung erstmalig ausdrücklich die Kompetenz für sich beansprucht habe, Völkerrecht als Prüfungsmaßstab heranzuziehen (*Hartwig, M.*, 1999, S. 553f.).

729 So *Lazarev* in *Krjažkov, V. A. und L. V. Lazarev*, 1998, S. 104; *Barcic, I. N.*, 2001, S. 65. Ebenso *Tumanov, V.*, 2000, auf einer Diskussionsveranstaltung in Berlin.

730 Das Plenum des Obersten Gerichtes hat die Gerichte in seinem Beschluss vom 31. Oktober 1995 ausdrücklich auf seine Verwerfungskompetenz hingewiesen; Beschluss

Ansatzpunkt für die Klärung dieser Frage müssen wiederum hinsichtlich des allgemeinen Völkerrechts Art. 15 Abs. 4 und hinsichtlich des Menschenrechtsschutzes Art. 17 Abs. 1 VerfRF sein. Gemäß Art. 15 Abs. 4 VerfRF sind die allgemein anerkannten Prinzipien und Normen des Völkerrechts und die völkerrechtlichen Verträge der RF Bestandteil ihres Rechtssystems; die völkerrechtlichen Verträge gehen entgegenstehenden russländischen Rechtsvorschriften vor. Wie bereits in Teil 5 dargelegt, stehen die völkerrechtlichen Verträge innerhalb der Normhierarchie zwar unterhalb der Verfassung, aber oberhalb der Gesetze. Art. 17 legt fest, dass die Rechte und Freiheiten des Menschen und Bürgers entsprechend den allgemein anerkannten Prinzipien und Normen des Völkerrechts und in Übereinstimmung mit der Verfassung anerkannt werden.

Das Verfassungsgericht ist beauftragt, bei der Kontrolle der Verfassungsmäßigkeit sämtliche Artikel der Verfassung zu berücksichtigen, somit auch Art. 15 Abs. 4. Dessen Gehalt, also der Inhalt völkerrechtlicher Verträge sowie der Prinzipien und Normen des Völkerrechts, muss zunächst vom Verfassungsgericht festgestellt werden. Hierbei hat es ggf. auch zu prüfen, ob der in Frage stehende Vertrag verfassungswidrig und damit nicht anwendbar ist. In einem zweiten Schritt ist die Vereinbarkeit der in Frage stehenden Norm mit den konkreten Anforderungen des Völkerrechts zu überprüfen. Widerspricht die russländische Norm den völkerrechtlichen Verpflichtungen der RF, kommt sie gemäß Art. 15 Abs. 4 VerfRF nicht zur Anwendung. Andernfalls liegt ein Verstoß gegen diesen Artikel vor.[731] Mittelbar hat so das Verfassungsgericht das Völkerrecht als Maßstab für seine Entscheidung über die Verfassungsmäßigkeit von Gesetzen anzuwenden.[732]

---

abgedruckt in BjullVS 1996, H. 1, S. 3-6 unter Punkt 5. Eine knappe Übersicht über die Berücksichtigung völkerrechtlicher Normen in der Rechtsprechung insb. des Obersten Gerichts gibt der Richter am Obersten Gericht *Solov'ev, V. N.*, 1999.

731 In Ziff. 4 seines Sondervotums zur Entscheidung vom 11. November 1997 geht der Verfassungsrichter *A. L. Kononov* ebenso vor (SZRF 1997, Nr. 46, Pos. 5339; deutsch in *Kutter, J. V. und T. Schröder*, 2000, S. 138-153; insb. S. 152.

732 Für die Völkerrechtsmäßigkeit als wichtiges Kriterium der Prüfung der Verfassungsmäßigkeit auch *V. A. Tumanov* (damaliger Vorsitzender des VerfG) in *Morosova, L. A.*, 1996, Runder Tisch GiP (2), S. 3f. Die Berücksichtigung des Völkerrechts bei der Prüfung einer Verfassungsbeschwerde fordert auch *Tiunov, O. I.*, 1995, S. 183. Für Völkerrecht als Prüfungsmaßstab ferner *Schröder, T.*, 1999a, S. 23 mit Verweis auf zwei Entscheidungen des Gerichts vom 10. Juli 1995, SZRF 1995, Nr. 29, Pos. 2860 und vom 2. Februar 1996, Nr. 7, Pos. 701. Zu diesen Entscheidungen im Folgenden ausführlicher.

Dies entspricht der verfassungsgerichtlichen Praxis, wobei das Verfassungsgericht auch hier, wie bereits in Teil 5 gezeigt, nicht zwischen Vertragsrecht und allgemein anerkannten Normen und Prinzipien des Völkerrechts unterscheidet. Im bereits erwähnten Tschetschenien-Urteil[733] setzte sich das Verfassungsgericht erstmals mit den völkerrechtlichen Verpflichtungen der RF auseinander. Zunächst stellte es die Vereinbarkeit des Verfassungszwecks der Bewahrung der Integrität des russländischen Staates mit der allgemein anerkannten Norm des Selbstbestimmungsrechts der Völker fest.[734] Auch der Einsatz von Streitkräften zum Schutz der nationalen Einheit sei grundsätzlich mit den völkerrechtlichen Verträgen der RF vereinbar.[735] Das Gericht bestätigte ferner die Bindung der RF an das Zweite Zusatzprotokoll der Genfer Konvention.[736] In Punkt 5 des Urteilstenors macht es allerdings deutlich, dass es nicht berufen sei, die Einhaltung dieser Normen durch die Beteiligten in konkreten Einzelfällen zu prüfen; hierfür gebe es weder in Art. 125 VerfRF noch in Art. 3 Abs. 1, 2 GVG eine gesetzliche Grundlage. Diese Prüfung müssten vielmehr andere Organe vornehmen, die es aber nicht benennt.[737] Hier ist an die ordentlichen Gerichte zu denken, die für den Individualrechtschutz zuständig sind und die das Verfassungsgericht zugleich auf die nach Art. 2 Abs. 3 IPBPR und Art. 52, 53 VerfRF bestehende Schadensersatzpflicht für die Opfer von Rechtsverletzungen hinweist. So konkretisiert das Gericht die sich aus der Verfassung ergebenden Rechte und wendet zugleich den Pakt unmittelbar an. Das Gericht fordert außerdem den Gesetzgeber auf, die nationale Gesetzgebung über den Einsatz von Streitkräften in Einklang mit den Anforderungen des Zweiten Zu-

733 Urteil vom 31. Juli 1995, SZRF 1995, Nr. 33, Pos. 3424; deutsche Übersetzung von *T. Beknazar*, 57 ZaöRV (1997), S. 180-193.

734 Ziff. 2 der Begründung. Wie bereits in Teil 5 gesehen, zieht das Verfassungsgericht die „Friendly-Relations-Declaration" zur Begründung des Selbstbestimmungsrechts der Völker als allgemein anerkannte Norm heran.

735 Ziff. 6 der Begründung.

736 „Zusatzprotokoll zu den Genfer Konventionen vom 12. August 1949 betreffend den Schutz der Opfer nicht-internationaler bewaffneter Konflikte (Protokoll II)" vom 8. Juni 1977, BGBl. 1990 II S. 1637; Ziff. 5 der Begründung.

737 Ziff. 5 der Urteilsformel. Diesen Passus versteht *Hartwig, M.*, 1996, S. 182 (Fn. 29), so, dass das Gericht die Überprüfung anhand des Völkerrechts ablehnte. Meiner Ansicht nach handelt es sich aber eher um das prozessuale Problem, dass das Verfassungsgericht auch im Rahmen einer Verfassungsbeschwerde keine Einzelmaßnahmen, sondern nur die diesen Maßnahmen zugrundeliegenden Gesetze überprüfen darf. Das Gericht hat zur Prüfung der Rechtslage ja gerade Völkerrecht angewandt.

satzprotokolls zur Genfer Konvention zu bringen.[738] In dieser Entscheidung hat das Gericht Völkerrecht, und zwar sowohl „allgemein anerkannte Prinzipien und Normen des Völkerrechts" im Falle des Selbstbestimmungsrechts, als auch völkerrechtliche Verträge unmittelbar als Prüfungsmaßstab herangezogen.

Das Gericht wendete dasselbe Verfahren auch bei einer bereits im Teil 5 erwähnten Verfassungsbeschwerde *K. M. Kul'nev u.a.* an, die die restriktiven Vorschriften der Wiederaufnahme im Strafverfahren betraf.[739] Die Beschwerdeführer sahen sich durch die nur sehr eingeschränkten Möglichkeiten, die Wiederaufnahme eines Strafprozesses zu erreichen, in ihren Rechten aus Art. 45, 46 und 50 VerfRF verletzt. In seiner Entscheidung stellte das Verfassungsgericht fest, dass die in der geltenden StPO vorgesehenen Wiederaufnahmegründe enger gefasst waren als in Art. 14 Abs. 6 IPBPR und damit den Grundsatz der Gleichbehandlung nicht ausreichend verwirklichten. Da die Normen des IPBPR gemäß Art. 15 Abs. 4 VerfRF Bestandteil des nationalen Rechtes seien, stellte es auch eine Verletzung dieses Artikels im Urteilstenor fest. Das Gericht beauftragte den Gesetzgeber, eine seinen Vorgaben entsprechende Norm in die StPO einzuführen.[740, 741] Das Gericht ging hingegen nicht auf Art. 17 Abs. 1 VerfRF ein, da diese Klausel nur auf die allgemein anerkannten Prinzipien und Normen im Bereich des Grundrechtschutzes verweist, das Vertragsrecht aber unerwähnt lässt.

Ausführlich behandelte das Gericht Fragen des Völkerrechts in seiner im deutschen Schrifttum viel beachteten zweiten Entscheidung zur sog. Beute-

---

738 Ziff. 6 der Urteilsformel.

739 Verfassungsbeschwerde betreffend die Art. 371, 374 und 384 StPO RSFSR vom 2. Februar 1996, SZRF 1996, Nr. 7 Pos. 701 (Verfassungsbeschwerden *K.M. Kul'nev* u.a.). Auf diese Entscheidung bezieht sich auch *Schröder, T.*, 1999a. *Lazarev* in *Krjažkov, V. A. und L. V. Lazarev*, 1998, S. 104f., hingegen meint, dass auch dieser Entscheidung trotz der Bezugnahme auf das Völkerrecht nur Verfassungsrecht zugrunde liege.

740 Die Entscheidung ist ferner wegen ihrer Auslegung des Art. 46 Art. 3 VerfRF i.V.m. Art. 2 Abs. 2 IPBPR interessant: Nach Ansicht des Verfassungsgerichtes müsse die Entscheidung eines internationalen Organs zur Revision einer Gerichtsentscheidung durch die höchsten Gerichte der RF führen können (Ziffer 7 der Urteilsbegründung). Hierzu auch in Teil 5.

741 Ähnlich ging das Gericht vor u.a. in den Entscheidungen vom 10. Juli 1995 zum Wahlrecht in der Republik Tschuwaschien (SZRF 1995, Nr. 29, Pos. 2860) und vom 3. Juli 1997 zu Art. 378, 379, 380 StPO RSFSR (VKS 1997, Nr. 5, S. 31-33).

kunst.[742] In dieser Entscheidung hatte es über die Verfassungsmäßigkeit einiger Artikel eines Gesetzes zu befinden, das die Rückgabe von „in der Folge des Zweiten Weltkrieges in die UdSSR verbrachten und im Hoheitsgebiet der Russländischen Föderation befindlichen Gütern“ an die Ursprungsländer verhindern sollte.[743] Der Präsident hatte in seinem das Verfahren einleitenden Antrag[744] dem Gericht ausführlich dargelegt, dass verschiedene Bestimmungen des Beutekunstgesetzes sowohl gegen eine Reihe von allgemein anerkannten Prinzipien und Normen des Völkerrechts, als auch gegen verschiedene, im Einzelnen benannte völkerrechtliche Verträge verstoßen würden. Da diese völkerrechtlichen Verpflichtungen qua Art. 15 Abs. 4 VerfRF integraler Bestandteil des russländischen Rechtssystems seien, führe ein Widerspruch zwischen dem Gesetz und diesen Normen zur Verfassungswidrigkeit des Gesetzes.[745] Das Verfassungsgericht befasst sich in seiner Entscheidung u.a. mit der Frage, ob die Verbringung der Kulturgüter mit dem Völkerrecht vereinbar gewesen sei und ist. Dies sei Voraussetzung dafür, dass der Gesetzgeber das Eigentum an diesen Gütern verfassungsgemäß ausgestalten könne. Im Ergebnis bejaht es die Vereinbarkeit der angegriffenen Bestimmungen mit dem Völkerrecht und damit auch mit der Verfassung, da die Inbesitznahme fremder Kulturgüter zum Zwecke der kompensatorischen Restitution nicht völkerrechtswidrig sei.[746]

Zu Recht bemängeln einige deutsche Kommentatoren die fehlende Auseinandersetzung mit konkret benannten völkerrechtlichen Verträgen, die auch das Besatzungsregime betreffen.[747] Diese Unterlassung fällt vor der sonstigen, oben dargestellten Praxis des Gerichtes umso mehr auf. Das Gericht beruft sich zur Begründung seiner Entscheidung auf angeblich bereits zu Beginn des 2. Weltkrieges anerkannte Normen des Völkergewohnheitsrechtes, die die völkerrechtliche Verantwortlichkeit des Aggressorstaates

---

742 Urteil vom 20. Juli 1999, SZRF 1999, Nr. 30, Pos. 3989. Deutsche Übersetzung von *Hartwig* in EuGRZ 1999, S. 589-600 und *Schröder*, OER 2000, S. 35-43. Ausführlich insbesondere zu den im Urteil aufgeworfenen völkerrechtlichen Fragen *Hartwig, M.*, 1999, *Rossi, M. und E. Syssoeva*, 2000, *Schröder, T.*, 2000 sowie *Berger, H.*, 2000.

743 Gesetz vom 15. April 1998, SZRF 1998, Nr. 16, Pos. 1799.

744 Der Antrag ist in deutscher Übersetzung von *A. Nußberger* abgedruckt in EuGRZ 1998, S. 423-428.

745 In der deutschen Übersetzung auf S. 426 der Begründung.

746 Ziffer 4 der Urteilsbegründung. Andere Bestimmungen des Gesetzes wurden aber wegen des Verstoßes gegen die Verfassung, insb. das Eigentumsrecht, aufgehoben.

747 *Hartwig, M.*, 1999, S. 554f.; *Blankenagel, A.*, 1999, S. 76f.

und dessen Verpflichtung zur kompensatorischen Restitution von Kulturgütern betrafen.[748] Soweit sich ein Gericht auf eine Regel des Völkergewohnheitsrechts beruft, muss es für deren Existenz den Nachweis einer auf einer Rechtsüberzeugung beruhenden Staatenpraxis führen. Das Verfassungsgericht unterlässt aber diese Untersuchung und stellt die Norm nur als gegeben hin. Dieses Vorgehen mag im Bezug auf Normen wie der Allgemeinen Erklärung der Menschenrechte, deren Inhalt heute anerkanntermaßen größtenteils Völkergewohnheitsrecht darstellt, zulässig sein.[749] Im Bezug auf die völkerrechtlich umstrittene kompensatorische Restitution kann dieses Vorgehen nicht überzeugen, umso mehr, als dieses Institut als Rechtfertigung für die Einschränkung eines Grundrechtes – des Rechts auf Eigentum – herangezogen wird.[750] Es bleibt abzuwarten, ob das Gericht in kommenden Entscheidungen einen strengeren Nachweis der Existenz einer völkergewohnheitsrechtlichen Norm führen wird.

Trotz dieser dogmatischen Schwäche ist zu begrüßen, dass das Gericht in der Entscheidung implizit nicht nur völkerrechtliche Verträge, sondern auch die allgemein anerkannten Normen und Prinzipien des Völkerrechts als Prüfungsmaßstab anwendet.

Zusammenfassung

Das Völkerrecht spielt für die Tätigkeit des Verfassungsgerichts theoretisch und praktisch eine große Rolle.

Bisher nur theoretisch von Bedeutung sind völkerrechtliche Verträge als Gegenstand eines Verfahren vor dem Gericht. Das Verfassungsgericht kann auf Antrag die Verfassungsmäßigkeit noch nicht in Kraft getretener völkerrechtlicher Verträge überprüfen, Art. 125 Abs. 2 lit. d VerfRF. Dieses Verfahren der präventiven Kontrolle entspricht der insgesamt völkerrechtsfreundlichen Ausgestaltung der Verfassung. In dem Spannungsverhältnis von Verfassungstreue einerseits und Offenheit gegenüber dem Völkerrecht

---

[748] Ziffer 4 der Urteilsbegründung.

[749] Auch in dieser Entscheidung geht das Gericht auf die AEMR als eine Zusammenstellung allgemein anerkannter Normen des Völkerrechts ein, wobei es Art. 17 AEMR nennt. Ferner nennt es die EMRK als einen das Eigentum schützenden völkerrechtlichen Vertrag. Ziffer 6 der Begründung.

[750] Hierzu ausführlich *Hartwig, M.*, 1999, S. 554-560; *Blankenagel, A.*, 1999, S. 76f.

andererseits ermöglicht die präventive Kontrolle einen idealen Ausgleich der widerstreitenden Interessen. Zu diesem Zeitpunkt kann der Gesetzgeber ohne weiteren Schaden auf der völkerrechtlichen Ebene entscheiden, ob er gegebenenfalls eine Änderung der Verfassung vorzieht oder aber von der Zustimmung zum Vertrag Abstand nimmt. Die darüber hinaus bestehende nachträgliche Überprüfungsmöglichkeit des Zustimmungsaktes zu einem völkerrechtlichen Vertrag stellt den Vorrang der Verfassung gegenüber dem Völkerrecht sicher. Das sich hieraus ergebende Problem der Berücksichtigung völkerrechtlicher oder vielmehr außenpolitischer Zwänge muss das Verfassungsgericht unter Beachtung der Völkerrechtsfreundlichkeit der Verfassung zu lösen suchen.[751] Hierbei ist insbesondere die Möglichkeit der verfassungskonformen Auslegung eines völkerrechtlichen Vertrages zu berücksichtigen.

Von größerer praktischer Relevanz ist, dass das Völkerrecht über das Vertragsrecht hinaus als Auslegungs- und Rechtsquelle des Gerichts dient. Anknüpfungspunkte sind Art. 15 Abs. 4 und Art. 17 Abs. 1 VerfRF. Verstößt ein Gesetz gegen einen verfassungsmäßigen völkerrechtlichen Vertrag oder gegen die allgemein anerkannten Prinzipien und Normen des Völkerrechts, verstößt es zugleich gegen Art. 15 Abs. 4 Satz 1 VerfRF, der den Inhalt dieser völkerrechtlichen Regeln zum Bestandteil der Rechtsordnung macht. Tatsächlich nutzt das Gericht insbesondere in Fragen des Grundrechtsschutzes über Art. 17 Abs. 1 VerfRF hinausgehend Völkerrecht als Auslegungshilfe. In der Entscheidung zur Beutekunst-II hat das Gericht erstmals ausführlich die Vereinbarkeit einzelner Bestimmungen des russländischen Rechts mit dem Völkerrecht geprüft. Trotz einiger aufgezeigter Schwächen in der Argumentation und eines in diesem Fall fragwürdigen Ergebnisses ist dies ein bedeutender Schritt für die Ausführung von Völkerrecht.

Die Rechtsprechung des Verfassungsgerichts ist als überwiegend völkerrechtsfreundlich zu beurteilen.[752] Sie nimmt häufig Bezug auf völkerrechtliche Normen[753] und setzt diese in die Verfassungswirklichkeit um. Wie weit

---

751 Zu diesem Grundproblem der Kontrolle völkerrechtlicher Verträge durch Verfassungsgericht vgl. *Giegerich, T.*, 1998 m.w.N.

752 So auch *Zimnenko, B. L.*, 2000, S. 166.

753 Diese Einschätzung teilt *Bachtijar R. Tuzmuchamedov*, Referat auf dem ASIL Jahrestreffen am 7. April 2000, http://www.asil.org/annual_meeting/am2000.htm (Stand 1. Juni

es dem Gericht gelingen wird, eine Balance zwischen verfassungsrechtlichen Bindungen, außenpolitischen Zwängen und richterlicher Selbstzurückhaltung zu finden, wird sich in der Praxis der kommenden Jahre zeigen müssen.

2002); *Vitruk, N. V.*, 1996, S. 305, betont den Willen des VerfG, die internationalen Normen gerade des Menschenrechtsschutzes zu respektieren.

Zusammenfassung und Ausblick

Die vorliegende Untersuchung hat die historischen Voraussetzungen für die verfassungsrechtlichen Lösungen und die aktuelle Situation in der Russländischen Föderation aufgezeigt. Dabei war zu berücksichtigen, dass sich die junge Demokratie noch immer im Wandel befindet und die Verfassungspraxis erheblich von den jeweiligen Amtsinhabern geprägt ist. Gerade die Entwicklungen seit der Präsidentschaft Putins zeigen dies in mehrfacher Hinsicht deutlich.

(1) Der föderale Aufbau der Russländischen Föderation ist durch einige historisch gewachsene Besonderheiten gekennzeichnet. Obwohl es verschiedene Bezeichnungen für die Subjekte der Föderation gibt, die teilweise an historische Vorläufer aus den Zeiten der Sowjetunion oder der Zaren anknüpfen, und sich die Subjekte auch faktisch in Größe, Einwohnerzahl und wirtschaftlicher Leistungsfähigkeit sehr von einander unterscheiden, sind sie nach der Verfassung von 1993 untereinander und gegenüber der Föderation rechtlich gleichgestellt. Diesem Grundsatz der Gleichberechtigung der Subjekte dienen auch die im Rahmen der Föderalismusreform seit dem Jahre 2000 getroffenen Maßnahmen. Die Fortsetzung dieser Reformen sollte aber weiterhin aufmerksam beobachtet werden, um eine schleichende Veränderung der Föderation in einen dezentralisierten Einheitsstaat rechtzeitig zu bemerken.

(2) Grundsätzlich liegt die Verbandskompetenz im Bereich der auswärtigen Gewalt bei der Föderation. Sie hat unabhängig von ihrer Gesetzgebungszuständigkeit die Kompetenz zum Abschluss völkerrechtlicher Verträge auf allen Gebieten; soweit die Gesetzgebungskompetenzen der Subjekte betroffen sind, sind diese am Vertragsabschlussverfahren durch Anhörung in unterschiedlicher Intensität beteiligt. Trotz dieser umfassenden Vertragsschlusskompetenz ist die Verbandskompetenz der Föderation hinsichtlich der Übertragung von Befugnissen auf zwischenstaatliche Zusammenschlüsse auf die ihr originär zustehenden Kompetenzen beschränkt.

Auch die Subjekte der Föderation haben die Möglichkeit, mit ausländischen Partnern in Kontakt zu treten. Allerdings dürfen diese Kontakte nicht rein politischer Natur sein, sondern müssen im Bereich der technischen, wissenschaftlichen, wirtschaftlichen oder kulturellen Zusammenarbeit liegen. Diese Kontakte werden von dem Außenministerium der Föderation koordiniert und in einem dem Inkrafttreten der Verträge vorgeschalteten Überprüfungsverfahren durch das Justizministerium kontrolliert. Mit dem Erlass des Koordinierungsgesetzes im Jahr 1999 sind die Subjekte hinsichtlich ihrer Tätigkeiten mit Außenbezug in ein starres Korsett der föderalen Koordinierung und Überwachung gezwängt – eine Entwicklung, die vor dem Hintergrund der teilweise ausufernden Tätigkeit der Subjekte in diesem Bereich verständlich wird. Das Koordinierungsgesetz hat noch in einer zweiten Hinsicht Klarheit geschaffen. Während die Verfassung von 1993 die Frage, ob die Subjekte der Föderation völkerrechtliche Verträge abschließen dürfen und damit (potentielle) partielle Völkerrechtssubjekte sind, nicht eindeutig beantwortet hatte, spricht Artikel 7 KoordG den Subjekten die Vertragsschlussfähigkeit ab. Die Subjekte der Föderation waren und sind daher keine (potentiellen) partiellen Völkerrechtssubjekte. Da die Verfassung die Frage aber nicht eindeutig geregelt hat, kann den Subjekten durch einfachgesetzliche Übertragung der Vertragsschlussfähigkeit in Zukunft die partielle Völkerrechtssubjektivität eingeräumt werden. Gerade für einen Transformationsstaat wie der Russländischen Föderation ermöglicht die Offenheit der Verfassung eine flexible Antwort auf die innerstaatlichen Entwicklungen. Stabilisieren sich die föderalen Beziehungen, kann den Subjekten ein größerer Freiraum eingeräumt werden.

(3) Hinsichtlich der Organkompetenz trifft die Verfassung der Russländischen Föderation klarere Aussagen. Der Präsident gibt als Hauptträger der auswärtigen Gewalt die strategischen Richtlinien der Außenpolitik vor, die die Regierung kurz- und mittelfristig umzusetzen hat. Auch diese Umsetzung hat der Präsident zu leiten und hält daher einen erheblichen Teil der materiellen auswärtigen Gewalt. Daneben übt er als Staatsoberhaupt zum ganz überwiegenden Teil die Funktionen der formellen auswärtigen Gewalt aus.

Der Schwerpunkt der auswärtigen Gewalt liegt damit bei der Exekutive; Haupteinflussmöglichkeit der Legislative ist das Zustimmungsverfahren zum Abschluss völkerrechtlicher Verträge. Zwar umfasst dies einen Großteil der von der Russländischen Föderation abgeschlossenen Verträge, bietet allerdings nur geringe gestalterische Möglichkeiten. Dem Parlament bleibt grundsätzlich nur die Zustimmung zum Vertragsschluss oder dessen Ablehnung. Der Einfluss auf die Verhandlungsführung ist für die Dumaabgeordneten zusätzlich erschwert. Zwar ist die Regierung und insbesondere das Außenministerium zu regelmäßigen Berichten gegenüber dem Parlament verpflichtet. Da die Regierung im semipräsidentiellen System aber nicht zwingend von einer parlamentarischen Mehrheit abhängt, sind auch die Möglichkeiten der Einflussnahme der Fraktionen auf die Amtsführung der ihr angehörigen Minister in der Regierung gering. Durch das Zustimmungserfordernis sowie die Annahme von Erklärungen zu außenpolitischen Themen kann das Parlament – und hier hat sich in der Verfassungspraxis bisher insbesondere die Duma hervorgetan – die außenpolitische Ausrichtung des Präsidenten und der Regierung allerdings (zum Teil erheblich) stören. Dem Föderationsrat als ständig tagenden Organ obliegt ein größerer Gestaltungsspielraum bei der Frage der Truppenentsendung, die durch ein Föderationsgesetz geregelt ist. Er muss auch der Verhängung des Kriegszustandes durch den Präsidenten zustimmen. Durch die veränderte Zusammensetzung des Föderationsrates aufgrund der Föderalismusreform geraten dessen Mitglieder in eine zunehmende Abhängigkeit von dem ursprünglich durch sie in diesen Fragen zu kontrollierenden Präsidenten. Die Ausgestaltung der Statusrechte der Mitglieder des Föderationsrates ist daher für die horizontale Gewaltenteilung von großem Interesse.

(4) Das Verfassungsgericht als Verfassungsorgan der dritten Gewalt spielt eine wesentliche Rolle bei dem Zusammenspiel von Völkerrecht und nationalem Recht. Es prüft die Verfassungsmäßigkeit völkerrechtlicher Verträge sowohl vor als auch nach deren Inkrafttreten. Bei seiner Rechtsprechung zieht es Völkerrecht als Auslegungshilfe heran; ihm steht ferner die Möglichkeit offen, in bestimmten Fällen Völkerrecht als Prüfungsmaßstab zu verwenden. Seine Rechtsprechung ist als grundsätzlich völkerrechtsfreundlich zu beurteilen.

(5) Die Verfassung insgesamt ist völkerrechtsfreundlich ausgestaltet. Sie nimmt das Völkerrecht als Rechtsquelle auf, stellt völkerrechtliche Verträge sowie die allgemein anerkannten Prinzipien und Normen des Völkerrechts über das einfache Recht. Die verfassungsrechtliche Stellung der völkerrechtlichen Verpflichtungen spiegelt sich allerdings bisher nur unzureichend in der Rechtsprechung der Instanzgerichte und Verwaltungspraxis wider. Neben dem grundsätzlichen Problem der Unkenntnis des Rangs und des Inhalts völkerrechtlicher Normen bei den Rechtsanwendern gibt es bisher kein Verfahren, um Gegenstand und konkreten Inhalt allgemein anerkannter Prinzipien und Normen durch das Verfassungsgericht in einem gesonderten Verfahren feststellen zu lassen. *De lege ferenda* wäre hier die Erweiterung der Befugnisse des Verfassungsgerichts wünschenswert.

Ein Prüfstein für die Frage, wie offen die Rechtsanwender gegenüber dem Völkerrecht und insbesondere gegenüber den Entscheidungen internationaler Gerichte sind, wird die Umsetzung der Urteile des EGMR gegen Russland sein. Diese Urteile fordern teilweise eine grundlegende Änderung von Gesetzen, Verwaltungspraxis und Rechtsprechung. Wie tiefgreifend diese Veränderungen sein müssen, sollte in künftigen Untersuchungen beleuchtet werden. Nur wenn alle Organe der Russländischen Föderation zu diesen Änderungen bereit sind, kann die Völkerrechtsfreundlichkeit der Verfassung ihre gesamte Wirksamkeit entfalten und so Russland auf seinem Weg in ein Europa mit gemeinsamen Grundwerten begleiten. Der völkerrechtliche Rahmen kann den Umbau des russischen Staatswesens unterstützend begleiten, ohne aber konkrete Vorgaben für die Ausgestaltung zu geben. Diese Aufgabe kann und muss den hierfür vom Volk gewählten und bestellten Verfassungsorganen überlassen bleiben.

Literaturverzeichnis

Abdulatipov, R. G.,L. Boltenkova und J. F. Jarov, (Hrg.), Federalism v istorii Rossii. Moskau, 1993.

Adamishin, A., Legal, Humanitarian and Consular Aspects of International Security, International Affairs 1988, H. 10, S. 47.

Alekseev, S. S. und A. Sobčak, Die Verfassung Rußlands: Konzeption und Perspektiven, OER 1994,S. 374-382.

Alekseeva, L. B.,V. M. Zujkov und I. I. Lukašuk, Meždunarodnye normy o pravach čeloveka. Moskau, 1996.

Annaheim, J., Die Gliedstaaten im amerikanischen Bundesstaat: Institutionen und Prozesse gliedstaatlicher Interessenwahrung in den Vereinigten Staaten von Amerika. Berlin, 1992.

Arbeitsgemeinschaft Völkerrecht beim Institut für internationale Beziehungen an der Akademie für Staats- und Rechtswissenschaften der DDR, (Hrg.), Völkerrecht - Dokumente. Berlin (Ost), 1973.

Avakjan, S., Der Status der Subjekte und die Formierung der regionalen Politik der Russländischen Föderation. *in* J. C. Traut (Hrg.), Verfassung und Föderalismus im internationalen Vergleich. Baden-Baden, 1995, S. 9-25.

Avakjan, S., Der Präsident der Russischen Föderation: Zur Entstehung und Entwicklung seines verfassungsrechtlichen Status, OER 1997, S. 19-32.

Baglaj, M. V., Konstitucionnoe Pravo Rossijskoj Federacii – Učebnik. Moskau, 1999.

Baglaj, M. V. und B. N. Gabričidse, Konstitucionnoe Pravo Rossijskoj Federacii, Učebnik. Moskau, 1996.

Bahro, H., Zur Verbreitung einer Regierungsform zwischen Parlamentarismus und Präsidentialismus, OER 1997, S. 2-18.

Bahro, H. und E. Veser, Das semipräsidentielle System – „Bastard" oder Regierungsform sui generis?, (26) ZParl 1995, S. 471-485.

Barcic, I. N., Meždunarodnoe pravo i pravovaja sistema Rossii, ŽRP 2001, H. 2, S. 61-70.

Baur, J., Russische Außen- und Sicherheitspolitik: Entwicklungen und Tendenzen, osteuropa 1999, S. 241-255.

Beichelt, T., Demokratische Konsolidierung im postsozialistischen Europa - Die Rolle der politischen Institutionen. Opladen, 2001.

Beknazar, T., Das neue Recht der völkerrechtlichen Verträge in Russland, (56) ZaöRV 1996, S. 406-420.

Beknazar, T., Übergesetzliches Staatsnotrecht in Rußland: Staatsnotstand und Notstandsbefugnisse der Exekutive, (57) ZaöRV 1997, S. 161-193.
Bel'skij, K. S., O Reforme gubernatorskoj dolžnosti, GIP 2001, H. 1, S. 5-13.
Berger, H., Die Rückgabe von Beutekunst aus der Russischen Föderation - Zum Beutekunst-Urteil des Russischen Verfassungsgerichts vom 20. Juli 1999, IPRax 2000, S. 318-321.
Bernhardt, R., Der Abschluß völkerrechtlicher Verträge im Bundesstaat - Eine Untersuchung zum deutschen und ausländischen Bundesstaatsrecht. Köln, 1957.
v. Beyme, K., Die parlamentarische Demokratie. Opladen, 1999.
Bilder, R. B., The Role of States and Cities in Foreign Relations. *in* L. Henkin, M. J. Glennon und W. D. Rogers (Hrg.), Foreign Affairs and the U.S. Constitution. New York, 1990. S. 115-125.
Birjukov, P. N., Meždunarodnoe Pravo: Učebnoe posobie. Moskau, 1999.
Bišnjakov, V. G., Konstitucionnoe Regulirovanie Federatyvnych Otnošenij, GIP 1998, H. 12, S. 20-28.
Blankenagel, A., Eyes Wide Shut: Displaced Cultural Objects in Russian Law and Adjudication, (8) EECR 1999, H. 4, S. 75-80.
Blumenwitz, D., Der Schutz innerstaatlicher Rechtsgemeinschaften beim Abschluß völkerrechtlicher Verträge - Ein Beitrag zur Dezentralisierung der auswärtigen Gewalt in den föderalen Staatsordnungen der Gegenwart. München, 1972.
Böckenförde, E., Die Rechtsauffassung im kommunistischen Staat. München, 1967.
Bothe, M., Die Kompetenzen des modernen Bundesstaates aus rechtsvergleichender Sicht. Berlin, Heidelberg, 1977.
Bradley, C. A. und J. L. Goldsmith, The Abiding Relevance of Federalism to U.S. Foreign Relations, (92) AJIL 1998, H. 4, S. 675-679.
Brownlie, I., Principles of Public International Law. Oxford, 1998.
Brunner, G., Vergleichende Regierungslehre. Paderborn, 1979.
Brunner, G., Präsident, Regierung und Parlament. Machtverteilung zwischen Exekutive und Legislative. *in* O. Luchterhandt (Hrg.), Neue Regierungssysteme in Osteuropa und der GUS: Probleme der Ausbildung stabiler Machtinstitutionen. Berlin, 1996. S. 63-113.
Brunner, G., Präsident, Regierung und Parlament: Machtverteilung zwischen Exekutive und Legislative. *in* O. Luchterhandt (Hrg.), Neue Regierungssysteme in Osteuropa und der GUS. Berlin, 2001. S. 67-122.
Busygina, I. M., Das Institut der Vertreter des Präsidenten in Rußland. Probleme des Werdegangs und Entwicklungsperspektiven, osteuropa 1996, S. 664-671.

Busygina, I. M., Der asymmetrische Föderalismus. Zur besonderen Rolle der Republiken in der RF, osteuropa 1998, S. 239-252.

Busygina-Thränert, I. M, „Ural-Republik" - Die Auseinandersetzung um Statuserhöhungen von Gebietseinheiten in der Rußländischen Föderation, BIOst AA 1994, H. 47.

Butler, W. E., (Hrg.), Perestroika and International Law. Dordrecht, 1990.

Butler, W. E., (Hrg.), Russian Legal Theory. New York, 1996.

Butler, W. E., The Russian law of treaties. London, 1997.

Černičenko, S. V., Gosudarstvo kak ličnost', sub'ekt meždunarodnogo prava i nocitel' suvereniteta, REMP 1993-1994, S. 25-33.

Černikova, V. V., (Hrg.), Sbornik meždunarodnych soglašenij MVD Rossii. Moskau, 1996.

Četvernin, V. A., Konstitucija Rossijskoj Federacii: Problemnyj Kommentarij. Moskau, 1997.

Čirkin, V. E., Gosudarstvennaja vlast' Sub'ekta Federacii, GIP 2000, H. 10, S. 5-12; *zit. Čirkin* 2000a.

Čirkin, W. E., O Nekotorych Problemach Reformy Rossijskoj Konstitucii, GIP 2000, H. 6, S. 5-11; *zit. Čirkin* 2000.

Chlestov, O. N., Meždunarodnoe pravo i Rossija, MJIL 1994, H. 4, S. 52-59.

Chlestova, I. O., Sootnošenie meždunarodnogo i vnutrigosudarstvennogo prava Konstitucija Rossisjkoj Federacii, ŽRP 1997, H. 12, S. 20-25.

Council of Europe (Hrg.), The judge and international law – Multilateral Meeting, Bucharest, 28-30 November 1995. Strasburg, 1998.

Danilenko, G. M., The New Russian Constitution and International Law, (88) AJIL 1994, H. 3, S. 451-470.

Danilenko, G. M., Primenenie meždunarodnogo prava vo vnutrennej sisteme Rossii: praktika Konstitucionnogo Suda, GIP 1995, H. 11, S. 115-125.

Danilenko, G. M., Implementation of international law in CIS States: Theory and practice, (10) EJIL 1999, S. 51-69.

Danilenko, G. M. und W. Burnham, Law and legal system of the Russian Federation, 1999.

Dennewitz, B. und B. Meißner, Die Verfassungen der modernen Staaten. Eine Dokumentensammlung. Hamburg, 1947.

Deppe, J., Das „Tschetschenien-Urteil" des Verfassungsgerichts der Russischen Föderation und das Sondervotum des Verfassungsrichters Lučin, (45) OER 1999, S. 109-135.

Di Marzo, L., Component Units of Federal States and International Agreements. Alphen aan den Rijn, 1980.

Dreier, H., (Hrg.), Grundgesetz – Kommentar. Tübingen, 1998; *zit.* GG Kommentar.

Drzewicki, K., The United Nations Charter and the Universal Declaration of Human Rights. *in* R. Hanski und M. Suksi (Hrg.), An Introduction to the International Protection of Human Rights. Abo, 1999. S. 65-77.

Duverger, M., Échec au roi. Paris, 1978.

Ėbzeev, L. M. und L. M. Karapetjan, Rossijskij Federalism: Ravnopravie i asimmetrija konstitucionnogo statusa sub'jektov, GIP 1995, H. 3, S. 3-12.

Eichenberger, K., Föderalismus und Regionalismus in Europa – Landesbericht Schweiz. *in* F. Ossenbühl (Hrg.), Föderalismus und Regionalismus in Europa. Baden-Baden, 1990. S. 17-54.

Engibarjan, R. V. und E. V. Tadevosjan, Konstitucionnoe pravo: Učebnik. Moskau, 2000.

Farner, K. H., Verfassung der UdSSR. Zürich, 1945.

Fastenrath, U., Kompetenzverteilung im Bereich der auswärtigen Gewalt. München, 1986.

Fëdorov, J. E., Foreign Policy - making in the Russian Federation and Local Conflicts in the CIS. *in* H.-G. Ehrhart (Hrg.), Crisis Management in the CIS - Whither Russia. Baden-Baden, 1995. S. 115-127.

Fëdorov, J. N., O Pravosub"ektnosti členov federacii v meždunarodnom prave, MJIL 1994, H. 4, S. 108-114.

Fincke, M., (Hrg.), Handbuch der Sowjetverfassung. Berlin, 1983; *zit.* Hb Sowjetverfassung.

Fitzmaurice, M. und M. Andenas, The Russian Federal Law on International Treaties and International Law. *in* R. Müllerson, M. Fitzmaurice und M. Andenas (Hrg.), Constitutional Reform and International Law in Central and Eastern Europe. Den Haag, 1998. S. 259-265.

Fraisseix, P., La Constitution russe du 12 décembre 1993: vers un nouvel état de droit?, (6) Revue du droit public et de la science politique en France et à l'étranger 1994, S. 1769-1791.

Frenzke, D., Rechtliche Dokumente zum Moskauer Putsch und zur Gemeinschaft Unabhängiger Staaten, OER 1992, S. 96-125.

Frenzke, D., Die russische Verfassungen von 1978 und 1993: Eine texthistorische Dokumentation mit komparativem Sachregister. Berlin, 1995.

Friesen, J. L., The Distribution of Treaty-Implementing Powers in Constitutional Federations: Thoughts on the American and Canadian Models, (94) Columbia Law Review 1994, S. 1415-1441.

Frommeyer, T. A., Power Sharing Treaties in Russia's Federal System, (21) Loy.L.A.Int'l & Comp.L.J 1999, H. 1, S. 1-53.

Fruchtmann, J., Steuern durch Macht – Macht durch Steuern, (52) osteuropa 2002, S. 346-361.

Gaeta, P., The Armed Conflict in Chechnya before the Russian Constitutional Court, EJIL 1996, S. 563f.

Gataullin, A., Tatarstan: Ein Modell der Föderation. *in* Traut (Hrg.), Föderalismus und Verfassungsgerichtsbarkeit. Baden-Baden, 1997. S. 103-106.

Geiger, R., Grundgesetz und Völkerrecht – Die Bezüge des Staatsrechts zum Völkerrecht und Europarecht - Ein Studienbuch. München, 1994.

Geistlinger, M., Der Vertrag über die Gründung eines Unionsstaates Rußländische Föderation-Republik Weißrußland – Eine Einführung, WGO 2000, S. 9-41.

Gel'man, V., Reform retour – Rußlands kommunale Selbstverwaltung vor dem Aus?, (53) osteuropa 2003, S. 1343-1352.

Genetzke, R., Die Diskussion um eine föderale Neuordnung Rußlands, osteuropa 1999, S. A 391-392.

Giegerich, T., Verfassungsgerichtliche Kontrolle der auswärtigen Gewalt im europäisch-atlantischen Verfassungsstaat: Vergleichende Bestandsaufnahme mit Ausblick auf die neuen Demokratien in Mittel- und Osteuropa. *in* J. A. Frowein und T. Marauhn (Hrg.), Grundfragen der Verfassungsgerichtsbarkeit in Mittel- und Osteuropa. Berlin, Heidelberg u.a., 1998. S. 501-535.

Ginsburgs, G., Domestic Law and International Law - Importing Superior Standards. *in* D. D. Barry (Hrg.), Toward the "Rule of Law" in Russia? Political and legal reform in the transition period. Armouk, New York, London, 1992.

Ginsburgs, G., From Soviet to Russian international law - Studies in continuity and change. Den Haag, 1998.

Göckeritz, W., Der russische Föderalismus in der Praxis – das Sverdlovski Gebiet, WiRO 1997, S. 298-301; 1998, S. 33-36.

Gorobec, V. D., Sistema Komitetov v komissij palat federal'nogo sobranija, GIP 1998, H. 8, S. 33-38.

Gorškova, S. A., Rossija i juridičeskie posledstvija rešenij Evropejskogo suda po pravam čeloveka, ŽRP 2000, Heft 5/6, S. 91-102.

Grävingholt, J., Regionale Autonomie und postsowjetischer Autoritarismus: Die Republik Baschkortostan, Berichte des BIOst 1999, Heft 16.

Grewe, W. G., Auswärtige Gewalt. *in* J. Isensee und P. Kirchhof (Hrg.), Handbuch des Staatsrechts. Heidelberg, 1988. Bd. 3 § 77; *zit.* HbStR.

Guboglo, M. N., (Hrg.), Federalism vlasti i vlast' federalisma. Moskau, 1997.

Haenel, A., Deutsches Staatsrecht. Leipzig, 1892.

Hailbronner, K., Kontrolle der auswärtigen Gewalt, (56) VVDStRL 1997, S. 7-37.

Halbach, U., Nationalitätenfrage und Föderation - Die "Explosion des Ethnischen" in der Sowjetunion, osteuropa 1990, S. 1011-1024.
Hartwig, M., Verfassungsgerichtsbarkeit in Rußland - Der dritte Anlauf, EuGRZ 1996, S. 177-189.
Hartwig, M., Moskau locuta-causa non finita, EuGRZ 1998, S. 369-373.
Hartwig, M., Vae victis - Völkerrechtliche Fragwürdigkeiten in der Argumentation des Russischen Verfassungsgerichts zum Beutekunst-Gesetz, EuGRZ 1999, S. 553-563.
Hazard, J. N., Soviet Republics in international law, (10) EPIL 1987, S. 418-423.
Heinemann-Grüder, A., Der heterogene Staat: Föderalismus und regionale Vielfalt in Rußland. Berlin, 2000; *zit.* 2000.
Heinemann-Grüder, A., Putins Reform der föderalen Strukturen - Vom Nachtwächterstaat zum Etatismus, osteuropa 2000, S. 979-990; *zit.* 2000a.
Henkin, L., (Hrg.), Foreign affairs and the United States Constitution. Oxford, 1997.
Henkin, L.,M. J. Glennon und W. D. Rogers, (Hrg.), Foreign Affairs and the U.S. Constitution. New York, 1990.
Huskey, E., The State-Legal Administration and the Politics of Redundancy, (11) Post-Soviet Affairs 1995, Heft 2, S. 115-143.
Huskey, E., Presidential Power in Russia. Armonk/New York, 1999.
Ignatenko, G. V. und O. I. Tiunov, Meždunarodnoe pravo - Učebnik dlja Vusov. Moskau, 1999.
Ipsen, K., Völkerrecht: ein Studienbuch. München, 1999.
Isensee, J. und P. Kirchhof, (Hrg.), Handbuch des Staatsrechts. Heidelberg, 1995; *zit.* Hb Staatsrecht.
Ivančenko, L. A. und V. F. Kalina, Aktual'nye Problemy rossijskogo federalisma i ich otraženie v zakonotvorčeskoj dejatel'nosti, ŽRP 1999, Heft 11, S. 3-14.
Ivanov, S. A., Primenenie Konvencij MOT v Rossii v perechodnyj period. Nekotorye problemy, GIP 1994, Heft 8-9, S. 70-75.
Jakovlev, V. F., Arbitražnye sudy Rossii s pozicii evropejskich pravovych norm, ŽRP 1997, Heft 7, S. 10-15.
Jellinek, G., Allgemeine Staatslehre. Darmstadt, 1913/1959.
Kälin, W., Das Prinzip des non-refoulement - Das Verbot der Zurückweisung, Ausweisung und Auslieferung von Flüchtlingen in den Verfolgerstaat im Völkerrecht und im schweizerischen Landesrecht. Bern, Frankfurt a. M., 1982.

Kappeler, A., Historische Voraussetzungen im Zarenreich. *in* A. Kappeler (Hrg.), Regionalismus und Nationalismus in Rußland. Baden-Baden, 1996.

Karapetjan, L., Voprosy federativnych otnošenij v rešenijach Konstitucionnogo Suda RF, RJuŽ 2001, Heft 10, S. 32f.

Karmanov, A. J. e., Dom na peske, ili neskol'ko myslej ob osnovach rossijskogo federalisma, ŽRP 2001, Heft 4, S. 26-32.

Kartaškin, V. A., Pravovy posledstvija ratifikacii Rossiej Evropejskoj Konvencii o saščite prav čeloveka i osnovnych svobod, REMP 1995, S. 139-146.

Kasanzew, M., Rechtliche Probleme der Wechselbeziehung zwischen der russischen Verfassung und dem Föderationsvertrag, OER 1994, S. 383-392.

Kayser, M. und D. Richter, Die neue schweizerische Bundesverfassung, (59) ZaöRV 1999, S. 985-1063.

Kelsen, H., Allgemeine Staatslehre. Berlin, 1925.

Kelsen, H., Principles of international Law. New York, 1952.

Kelsen, H., Principles of international Law. New York, 1966.

Kim, W.-J., Die Autonomiebestrebungen der sibirisch-fernöstlichen Regionen vor dem Hintergrund der Sibirien- und Fernostpolitik der Sowjetunion und der Rußländischen Föderation. Marburg, 1999.

Kimminich, O., Der Bundesstaat. *in* J. Isensee und P. Kirchhof (Hrg.), Handbuch des Staatsrechts der Bundesrepublik Deutschland. Heidelberg, 1987. Bd. 1 § 26; *zit.* Hb Staatsrecht.

Korkelia, K., New trends regarding to the relationship between international and national Law (With a special View towards the states of Eastern Europe), (23) CEEL 1997, Heft 3+4, S. 227-240.

Koslov, A. E., Federativnye načala organisacii gosudarstvennoi vlasti v Rossii. Moskau, 1996.

Koslova, E. I. und O. E. Kutafin, Konstitucionnoe pravo Rossii: Učebnik. Moskau, 2000.

Kovalev, A. A., Probleme der Abgrenzung der Vollmacht zwischen der Russischen Föderation und den Subjekten der Föderation hinsichtlich der Fragen des Abschlusses internationaler Verträge. *in* J. C. Traut (Hrg.), Föderalismus und Verfassungsgerichtsbarkeit in Rußland. Baden-Baden, 1997. S. 107-116.

Koževnikov, F. I., (Hrg.), Völkerrecht. Berlin (Ost), 1960.

Kozlov, A. J., Die staatliche Souveränität der Union und der Republiken. *in* G. Stuby (Hrg.), Föderalismus und Demokratie. Baden-Baden, 1992. S. 135-145.

Krjažkov, V. A. und L. V. Lazarev, Konstitucionnaja justicija v Rossijskoj Federacii. Moskau, 1998.

Krylov, B. S., Federalizm i ego buduščee, Ežegodnik Rossijskogo Prava 1999/2000, S. 162-167.

Kučer, A. N., Vnešneėkonomičeskaja dejatel'nost' RF i sub'ektov RF: problema rasgraničenija polnomočij, (11) GIP 1998, S. 80-86.

Kudrjavcev, J. V., Kommentarij k Konstitucii Rossijskoj Federacii. Moskau, 1996.

Kudrjavcev, V. N., V. S. Vereščetin und G. I. Tunkin, Kurs meždunarodnogo prava v semi tomach. Moskau, 1989.

Küpper, H., Starke Männer, Patriarchen oder Staatsnotare? Die Stellung des Staatspräsidenten in den Verfassungsystemen Osteuropas, osteuropa 2000, S. 1085-1096.

Kutter, J. V. und T. Schröder, Die Rechtsprechung des russischen Verfassungsgerichts 1995-1999: ausgewählte Entscheidungen zum Zivil-, Wirtschafts- und Verfahrensrecht. Berlin, 2000.

Lambroschini, S., Federation Council approves Putin-led reforms, RFE/RL Newsline Vol. 4, Nr. 133, Teil 1, 28. Juli 2000; *zit.* RFE/RL Newsline vom 28. Juli 2000.

Laptev, P. A., Nekotorye voprosy meždunarodnogo prava v praktike Federal'nogo Sobranija Rossijskoj Federacii, REMP 1998/1999, S. 283-287.

Lauterpacht, H., Oppenheim, L. (Hrg.): International Law – A Treatise. London, 1955.

Lazarev, V. V., Konstitucionnoe Pravo – Učebnik. Moskau, 1999.

Lejeune, Y., Le Statut international des collectives fédérées à la lumière de l'expérience suisse. Paris, 1984.

Lenin, W. I., Werke. Berlin (Ost), 1959.

Lenin, W. I., Werke. Berlin (Ost), 1960.

Lesage, M., La Constitution russe du 12 décembre 1993 et les six premiers mois du système politique, (6) Revue du droit public et de la science politique en France et à l'étranger 1994, S. 1735-1767.

Levitin, O., Moskau und der Kosovo, (28) Europäische Rundschau 2000, Heft 2, S. 73-83.

Luchterhandt, G., Ruckoj im Aufwind. Rußlands Vizepräsident und seine „Volkspartei Freies Rußland", osteuropa 1993, S. 1-11.

Luchterhandt, O., Die Einführung des Präsidialsystems in der UdSSR und in Rußland, Jb für Politik 1992, S. 273-318; *zit.* 1992.

Luchterhandt, O., Die Entstehung des „Föderationsvertrages" der Russländischen Föderation, (34) WGO-MFOR 1992, S. 155-166; *zit.* 1992 a.

Luchterhandt, O., Präsidentialismus in den GUS-Staaten. *in* O. Lucherhandt (Hrg.), Neue Regierungssysteme in Osteuropa und der GUS: Probleme der Ausbildung stabiler Machtinstitutionen. Berlin, 1996. S. 223-273.

Luchterhandt, O., Zum Entwicklungsstand des Föderalismus in Rußland. *in* Kappeler (Hrg.), Regionalismus und Nationalismus in Russland. Baden-Baden, 1996. S. 243-268.

Luchterhandt, O., Zum Entwicklungsstand von Rechtsstaat und Bürgergesellschaft. *in* BIost (Hrg.), Rußland in Europa?: innere Entwicklungen und internationale Beziehungen - heute. Köln, 2000. S. 75-86.

Luchterhandt, O., Präsidentialismus in den GUS-Staaten. *in* O. Luchterhandt (Hrg.), Neue Regierungssysteme in Osteuropa und der GUS. Berlin, 2002. S. 255-371.

Lukašuk, I. I., Legal foundations of international and foreign economic relations of subjects of the Russian Federation, (21) Review of Central and East European law 1995, Heft 6, S. 545-563; *zit.* 1995.

Lukašuk, I. I., Russia's Conception of International Law, Parker School J'l of EELaw 1995, Heft 2, S. 1-27; *zit.* 1995a.

Lukašuk, I. I., Primenenie norm meždunarodnogo prava v svete Federal'nogo zakona o meždunarodnych dogovorach Rossij, RJŽ 1996, Heft 4, S. 46-54.

Lukašuk, I. I., Normy meždunarodnogo prava v pravovoj sisteme Rossii. Moskau, 1997; *zit.* 1997.

Lukašuk, I. I., Treaties in the legal system of Russia, (40) GYIL 1997/1998, S. 141-163; *zit.* 1997 a.

Lukin, V. P. und Gosudarstvennaja-Duma, (Hrg.), Soverščenstvovanie zakonodatel'noj dejatel'nosti i učastie organov gosudarstvennoj vlasti v zakonodatel'nom processe. Moskau, 2001.

Lurii, J., The Appointment of a prime-Minister in Russia: The President, The Duma, the Constitutional Court, (25) Rev CEEL 1999, Heft 4, S. 585-610.

Lysenko, V. I., Rasvitie federacii i konstitucija Rossii : konstitucionnye ismenenija kak nazrevšaja potrebnost razvitija federativnych otnošenij, GIP 1997, Heft 8, S. 14-20.

Lysenko, V. N., Ustav Oblasti, Kraja, Goroda Federalnogo Značenija, Avtonomnogo Obrasovanija: kakim emu byt'?, GIP 1995, Heft 10, S. 62-67.

Macków, J., Jelzins Erbe: Die "präsidentielle Staatsgewalt" im politischen System Russlands, (31) ZParl 2000, Heft 3, S. 635-656.

Malinin, S. A., Operation of Rules of international law in the territory of Russia and the 1993 constitution, FinYbIL 1997, S. 336-339.

Mamsurov, T. D., Regionalism: glavnaja tendencija pravovoj ėvoljucii, ŽRP 2001, Heft 4, S. 12-20.
Mangott, G., Zur Demokratisierung Russlands. Baden-Baden, 2002.
Maročkin, S. J., Sootnošenie Juridičeskoj Sily Norm Meždunarodnogo i vnutrigosudarstvennogo Prava v Pravovoj Sisteme Rossijskoj Federacii, RJuŽ 1997, Heft 2, S. 34-52.
Maunz, Th.; G. Dürig; R. Herzog, Grundgesetz Kommentar, Stand 37. Ergänzungslieferung, August 2000; *zit.* Kommentar.
Maurach, R., Handbuch der Sowjetverfassung. München, 1955; *zit.* Hb Sowjetverfassung.
McWhinney, E., Canadian Federalism and the Foreign Affairs and Treaty Power - The impact of Quebec's quiet Revolution, Canadian Yearbook of International Law 1969, Heft , S. 3-5.
Meder, W., Das Sowjetrecht - Grundzüge der Entwicklung 1917-1970. Frankfurt am Main, Berlin, 1971.
Meissner, B., Die sowjetische Unionsverfassung unter Gorbatschow, (40 nF) JÖR 1991/1992, S. 191-289.
Meissner, B., Das Ende der Sowjetunion, der Abgang Gorbatschows und Jelzins „Revolution von oben", osteuropa 1992, S. 836-857.
Meissner, B., Sowjetföderalismus und staatsrechtliche Stellung der Nationalitäten der RSFSR bis 1991. *in* A. Kappeler (Hrg.), Regionalismus und Nationalismus in Rußland. Baden-Baden, 1996.
Menzel, E., (Hrg.), Drei sowjetische Beiträge zur Völkerrechtslehre. Hamburg, 1969.
Michajlow, V., Tatarstan: Jahre der Souveränität, osteuropa 1999, S. 366-372.
Mirošin, B. V., Soglasitel'nye parlamentskie procedury kak forma učastija regionov v federal'nom zakonodatel'nom processe, ŽRP 1998, Heft 7, S. 61-64.
Modžorjan, L. A., Subjekte des Völkerrechts. Göttingen 1963.
Mommsen, M., Wohin treibt Rußland? – Eine Großmacht zwischen Anarchie und Demokratie. München, 1996.
Morosova, L. A. (Hrg.), Rossijskaja pravovaja sistema i meždunarodnoe pravo: sovremennye Problemy vsaimodejstvija, GIP 1996, Heft 2, S. 3-28; *zit.* Runder Tisch GIP (2).
Morosova, L. A. (Hrg.), Rossijskaja pravovaja sistema i meždunarodnoe pravo: sovremennye Problemy vsaimodejstvija, GIP 1996, Heft 3, S. 8-32; *zit.* Runder Tisch GiP(3).
Mosler, H., Die völkerrechtliche Wirkung bundesstaatlicher Verfassungen – Eine Untersuchung zum Völkerrecht und zum vergleichenden Verfassungsrecht. Festschrift Richard Thoma. Tübingen, 1950. S. 129-172.

Moskauer Helsinki Gruppe der International Helsinki Federation for Human Rights, „Prava čeloveka v regionach Rossijskoj Federacii – doklad 2000“, Moskau, 2000, Band 1-5.

Muchamečin, F. C., Rossijskoj Federalizm: Problemy formirovanija otnošenij novogo tipa, GIP 1994, Heft 3, S. 49-59.

Muchamečin, F. C., Rossijskij Federalism: Problemy formirovanija federativnych otnošenij novogo tipa. *in* Polnomočnoe Predstavitel'stvo Respubliki Tatarstan v Rossijskoj Federacii Federacii (Hrg.), Suverennyj Tatarstan - Sovereign Tatarstan. Moskau, 1997. S. 76-92.

Muksinow, I., Die geschichtliche Entwicklung des sowjetischen Föderalismus und die Zukunft der Union der SSSR. *in* G. Stuby (Hrg.), Föderalismus und Demokratie. Baden-Baden, 1992. S. 33-42.

v. Münch, I., Grundbegriffe des Staatsrechts I. Stuttgart, 1982.

Nekrasov, S. I., Rossijskij Federalism i nekotorye problemy rasdelenija vlastnych polnomočij po vertikali, ŽRP 1999, Heft 10, S. 65-73.

Nešataeva, T. N., Arbitražnye sudy i nekotorye voprosy primenenija meždunarodnogo prava v Rossijskoj Federacii, REMP 1998/1999, S. 218-231.

Neuhold, H., Die Wiener Vertragsrechtskonvention 1969, (15) AVR 1971/1972, S. 1-55.

Nguyen, Q. D.,P. Daillier und A. Pellet, Droit International Public. Paris, 1999.

Nikravesh, B., Quebec and Tatarstan in International Law, (23) Fletcher Forum of World Affairs 1999, S. 227-234.

Nosdračev, A. F., Osnovnye charakteristiki ispolnitel'noj vlasti na Konstitucii Rossijskoj Federacii 1993 g., GIP 1996, Heft 1, S. 12-23.

Nußberger, A., Verfassungskontrolle in der Sowjetunion und in Deutschland. Baden-Baden, 1994.

Nußberger, A., Die Grundrechte in der Rechtsprechung des russischen Verfassungsgerichts - außergewöhnliche Entscheidungen aus den Jahren 1995-1997, EuGRZ 1998, Heft , S. 105-121.

Okun'kov, L. A.,J. A. Tichomirov und J. P. Orlovskij (Hrg.), Koncepcii rezvitija zakonodatel'stva. Moskau, 1998.

Okun'kov, L. A. u.a., Kommentarij k Konstitucii Rossijskoj Federacii. Moskau, 1996.

Perovic, J., Internationalization of Russian Regions and the Consequences for Russian Foreign and Security Policy, Working Paper "Regionalization of Russian Foreign and Security Policy" der Eidgenössischen Hochschule Zürich 2000, Heft 1, S. 55.

Petro, N. N. und A. Z. Rubinstein, Russian Foreign Policy. New York, 1997.

Pomeranz, W., The Russian Constitutional Court's Interpretation of Federalism: Balancing Center-Regional Relations, (Vol. 4) The Parker School Journal of East European Law 1997, Heft 4, S. 401-443.

Pounjin, S. M., The new Federal Law on International Treaties of the Russian Federation. *in* R. et. al. Müllerson (Hrg.), Constitutional Reform and International Law in Central and Eastern Europe. Den Haag, 1998. S. 267-278.

Pustogarov, V. V., Členy Federacii kak sub'ekty meždunarodnogo prava, Sovetskoe gosudarstvo i pravo 1992, Heft 1, S. 43-53; *zit.* 1992.

Pustogarov, V. V., Meždunarodnaja dejatel'nost Sub'ektov Federacii, MJIL 1992, Heft 2, S. 5; *zit.* 1992 a.

Pustogarov, V. V., O Koncepcii rasvitija meždunarodnych svasej subektov Rossijskoj Federacii, GIP 1997, Heft 2, S. 45-50.

Remington, T. F., Politics in Russia. New York et alia, 1999.

Remington, T. F.,S. S. Smith und M. Haspel, Decrees, Laws, and Inter-Branch Relations in the Russian Federation. *in* Remington et al. (Hrg.), Post-Soviet Affairs, 1998. S. 287-322.

Risse, T.,S. C. Ropp und K. Sikking, (Hrg.), The Power of human rights: international norms and domestic change. Cambridge studies in international relations. Cambridge, 1999.

Röhrich, W., Die politischen Systeme der Welt. München, 1999.

Rossi, M. und E. Syssoeva, Kulturgüter zwischen russischem Verfassungsrecht und Völkerrecht, (38) AVR 2000, S. 63-71.

Rousseau, C., Droit International Public. Paris, 1953.

Rüb, F. W., Schach dem Parlament! – Über semi-präsidentielle Regierungssysteme in einigen postkommunistischen Gesellschaften, Leviathan 1994, Heft 2, S. 260- 292.

Rudolf, W., Bundesstaat und Völkerrecht, (27) AdV 1989, S. 1-30.

Rudolf, W., Federal States, EPIL 1995, Band 2, S. 362-374; *zit.* Federal States, EPIL II.

Sakwa, R., Russian Politics and Society. London, New York, 1996.

Salikov, M. S., Konstitucionnoe pravo Rossijskoj Federacii: Sbornik sudebnych rešenij. Ekaterinburg, 1997.

Schaich, C., Der Ukaz im russischen Recht, OER 2000, S. 354-366.

Schiedermair, Der völkerrechtliche Status Berlins nach dem Viermächte-Abkommen vom 3. September 1971, 1975.

Schmidt, C., Die Entwicklung der sowjetischen Unionsverfassung, OER 1991, S. 89-104.

Schmidt, R., Das Kaliningrader Gebiet (Sonderwirtschaftszone Jantar): Kompetenzabgrenzungsvertrag einerseits und Föderalgesetz „Über die Son-

derwirtschaftszone Jantar" andererseits – Ein harmonisches Nebeneinander?, OER 2001, S. 1-14.
Schneider, E., Der zentrale politische Entscheidungsprozeß in Rußland. Bericht des BIOst, 1998.
Schneider, E., Das politische System der Russischen Föderation - Eine Einführung. Opladen, 1999.
Schneider, E., Probleme des Föderalismus in Rußland, Berichte des BIOst 1999, Heft 24.
Schneider, E., Putins Rezentralisierungsinitiativen, Aktuelle Analysen des BIOst 2000, Heft 29.
Schneider, E. und H. Vogel, Strukturschwächen der russischen Innenpolitik, Aus Politik und Zeitgeschichte 1999, Heft B 42, S. 3-13.
Schröder, H.-H., Instanzen sicherheitspolitischer Entscheidungsfindung in der Jelzin-Administration, Berichte des BIOst 1996, Heft 18.
Schröder, T., Anmerkungen zum Beschluß des Verfassungsgerichts der Russischen Föderation vom 6. April 1998, OER 1999, S. 44-48; *zit.* 1999.
Schröder, T., Völkerrecht als Prüfungsmaßstab? Zur Bedeutung des Völkerrechts in der Rechtsprechung des russischen Verfassungsgerichts seit 1995, Kieler Ostrechts-Notizen 1999, Heft 2, S. 22-24; *zit.* 1999 a.
Schröder, T., Wem gehört die Beutekunst? - Zum zweiten Beutekunst-Urteil des russischen Verfassungsgerichts, OER 2000, S. 29-35.
Schroeder, F.-C., Wandlungen der sowjetischen Staatstheorie. München, 1979.
Schützler, H. und S. Striegnitz, (Hrg.), Die ersten Dekrete der Sowjetmacht - Eine Auswahl von Erlassen und Beschlüssen vom 25. Oktober 1917 bis 10 Juli 1918. Berlin (Ost), 1987.
Schweisfurth, T., Sozialistisches Völkerrecht? Berlin, Heidelberg, New York, 1979; *zit.* 1979.
Schweisfurth, T., Verfassungsgebung und Verfassung in einem Staat des „realen Sozialismus", (39) ZaöRV 1979, S. 740-781; *zit.* 1979 a.
Schweisfurth, T., Die Neuregelung der Vertragsgewalt (Treaty-Making Power) in der Sowjetunion, (41) ZaöRV 1981, S. 366-381.
Schweisfurth, T., Der Start der Verfassungsgerichtsbarkeit in Rußland, EuGRZ 1992, S. 281-297; *zit.* 1992.
Schweisfurth, T., Vom Einheitsstaat (UdSSR) zum Staatenbund (GUS), (52) ZaöRV 1992, S. 541-702; *zit.* 1992 a
Schweisfurth, T., Die Verfassung Rußlands vom 12. Dezember 1993, EuGRZ 1994, S. 473-491.
Schweisfurth, T., Föderalismus in Russland. *in* H. N. Weiler (Hrg.), Antrittsvorlesungen III. Frankfurt (Oder), 1996. S. 107-140.

Schweisfurth, T. und R. Alleweldt, Die neuen Verfassungsstrukturen in Osteuropa. *in* G. Brunner (Hrg.), Politische und ökonomische Transformation in Osteuropa. 3. Aufl. Berlin, 2000. S. 47-109.

Schweitzer, M., Staatsrecht III - Staatsrecht, Völkerrecht, Europarecht. Heidelberg, 1997.

Sergunin, A., Regionen contra Zentrum – Ihr Einfluss auf die russische Außenpolitik, Internationale Politik 2000, Heft 5, S. 29-36.

Shabaev, Y., Komi faces severe budget problems after fiscal reform, (7) EWI RRR 2002, Nr. 15 vom 24. April 2002.

Simma, B., (Hrg.), The Charter of the United Nations. München, 1994.

Simon, G., Die Desintegration der Sowjetunion durch die Nationen und Republiken, Berichte des BIOst 1991, Heft 25.

Solov'ev, V. N., O nekotorych voprosach praktiki primenenija norm meždunarodnogo prava sudami Rossijskoj Federacii, REMP 1998/1999, S. 267-279.

Steffani, W., Semi-Präsidentialismus: ein eigenständiger Systemtyp? – Zur Unterscheidung von Legislative und Parlament, (26) ZParl 1995, H. 4, S. 621-641.

Stein, E., International Law in Internal Law: Toward Internationalisation of Central-Eastern European Constitutions?, (88) AJIL 1994, S. 427-435.

Steinberger, H., Constitutional Subdivisions of States or Unions and their Capacity to conclude Treaties - Comments on Art. 5 Para. 2 of the ILC's 1966 Draft Articles on the Law of Treaties, (27) ZaöRV 1967, S. 411-428.

Steingröver, U., Anfänge der Verfassungsgerichtsbarkeit in Rußland – Die erste Phase des Verfassungsgerichts der Rußländischen Föderation 1991-1993: Erfahrungen und Konsequenzen. Frankfurt am Main, 2000.

v. Steinsdorff, S., Die Verfassungsgenese der Zweiten Russischen und der Fünften Französischen Republik im Vergleich, (26) ZParl 1995, S. 486-504.

v. Steinsdorff, S., Kalkulierter Konflikt und begrenzte Kooperation – Zum Verhältnis von Präsident, Regierung und Parlament in Rußland, osteuropa 1999, S. 16-35.

Stepašin, S. V., Rossijskoj Federacii i puti formirovanija edinogo pravogo prostranstva, ŽRP 1998, Heft 3, S. 3-7.

Stern, K., Das Staatsrecht der Bundesrepublik Deutschland - Band 1 - Grundbegriff und Grundlagen des Staatsrechts, Strukturprinzipien der Verfassung. München, 1984.

Studenikin, S. S., Istorija Sovetskich Konstitucii v dokumentach 1917-1956. Moskau, 1957.

Sturny, T., Mitwirkungsrechte der Kantone an der Aussenpolitik des Bundes. Freiburg, Schweiz, 1998.
Suvorova, V. J., Federal'nyj zakon o koordinacii meždunarodnych i vnešneėkonomičeskich svjazej sub'ektov Rossijskoj Federacii, RJuŽ 1999, Heft 3, S. 30-42.
Talalaev, A. N., Sootnošenie meždunarodnogo i vnutrigosudarstvennogo prava i Konstitucija Rossijskoj Federacii, MJIL 1994, Heft 4, S. 3-15.
Talalaev, A. N., Konstitucionnyj sud Rossiskoj Federacii i nekotorie voprosy prava meždunarodnych dogovorov, VKS 1997, Heft 2, S. 25-29.
Talalaev, A. N., O termine „ne vstupivščie v silu meždunarodnye dogovory Rossijskoj Federacii", MJIL 1997, Heft 3, S. 19-21.
Talalaev, A. N., Dva voprosa meždunarodnogo prava v svjazi s Konstituciej RF, GIP 1998, Heft 3, S. 64-70.
Tereškova, V. V., Sudebnye Aspekty Neposredstvennogo primenenija Norm Meždunarodnogo Prava, RJuŽ 1997, Heft 2, S. 53-58.
Thomas, D. C., The Helsinki accords and political change in Eastern Europe. *in* T. Risse, S. S. Smith und M. Haspel (Hrg.), The power of human rights: international norms and domestic change. Cambridge, 1999. S. 205-232.
Tichomirov, J. A., Soglasovannost' i kollisii norm, MJIL 1996, H.2, S. 154-164.
Tiunov, O. I., Konstitucionnyj Sud Rossijskoj Federacii i meždunarodnoe pravo, REMP 1995, S. 179-191.
Tiunov, O. I., Rešenija Konstitucionnogo Suda RF i meždunarodnoe pravo, RJuŽ 2001, Heft 10, S. 14-16.
Tolstik, V. A., Obščepriznannye principy i normy meždunarodnogo prava v pravovoj sisteme Rossii, ŽRP 2000, Heft 8, S. 67-77.
Tolstych, V. L., Konstitucionno-pravovye osnovy meždunarodnoj dejatel'nosti sub'ektov Rossijskoj Federacii. Novosibirsk, 1997.
Tomuschat, C., Der Verfassungsstaat im Geflecht internationaler Beziehungen, (36) VVDStRL 1978, S. 7-63.
Topornin, B. N., Konstitucija Rossijskoj Federacii. Naučno-praktičeskij Kommentarij. Moskau, 1997.
Traut, J. C., (Hrg.), Verfassungsentwürfe der Russischen Föderation. Baden-Baden, 1994.
Tremblay, A., Droit Constitutionnel: Principes. Montréal, Québec, 1993.
Tschitschnikow, A. A., Die Integrität des Staates und seine Beziehung zum Föderalismus. *in* J.C. Traut (Hrg.), Verfassung und Föderalismus Russlands im internationalen Vergleich. Baden-Baden, 1995. S. 257-260.
Tumanov, V., Rußländische Verfassung und Verfassungsgerichtsbarkeit, JR 2000, Heft 2, S. 55f.

Tunkin, G. I., (Hrg.), Meždunarodnoe Pravo - Učebnik. Moskau, 1994.

Tusmuchammad, R., Einige Ungereimtheiten der russischen Verfassung. *in* J. C. Traut (Hrg.), Föderalismus und Verfassungsgerichtsbarkeit in Rußland. Baden-Baden, 1997. S. 81-89.

Umnova, I. A., Sovremennaja Konstitucionnaja Model' Rossijskogo Federalisma: Problemy soveršenstvovanija i Tendencii Ėvoljucii, GIP 1999, Heft 11, S. 5-12; *zit.* 1999.

Umnova, I. A. e., Sovmestnoe vedenie Rossijskoj Federacii i eë sub'ektov kak predmet konstitucionnogo regulirovanija, ŽRP 1999, Heft 11, S. 22- 35; *zit.* 1999 a.

Usenko, E. T., Sootnošenie i vsaimodejstvie meždunarodnogo i nacional'nogo prava i Rossijskaja Konstitucija, MJIL 1995, Heft 2, S. 13-27.

Uss, A. V., Rossijskij Federalism: Prioritety rasvitija, ŽRP 1999, Heft 9, S. 15-21.

Valeev, R. M., Federal'noe Zakonodatel'stvo i Problemy Dejstvija dogovora meždu Rossiej i Tatarstanom, RJuŽ 1999, Heft 3, S. 43-49.

Vel'jaminov, G., Pravovoj status sub'ektov Rossijskoj Federacii i problemy prisnanija, MJIL 1995, Heft 2, S. 3-12.

Verdross, A. und B. Simma, Universelles Völkerrecht: Theorie und Praxis. Berlin, 1984.

Vereščetin, V. S.,G. M. Danilenko und R. A. Müllerson, Konstitucionnaja reforma v SSSR i meždunarodoe pravo, SGIP 1990, Heft 5, S. 13-22.

Verosta, S., Die Vertragsrechts-Konferenz der Vereinten Nationen 1968/69 und die Wiener Konvention über das Recht der Verträge, (29) ZaöRV 1969, S. 670-686.

Višnjakov, V. G., Konstitucionnoe regulirovanie federativnych otnošenij, GIP 1998, Heft 12, S. 20-28.

Vitruk, N. V., La Cour Constitutionnelle de la Fédération de Russie et la protection des droits (constitutionnels) fondamentaux et des libertés des citoyens. *in* Venice Commission (Hrg.), La protection des droits fondamentaux par la Cour Constitutionnelle. Strasburg, 1996. S. 297-306.

Vitruk, N. V., Konstitucionnoe Pravosudie – Sudebnoe Konstitucionnoe Pravo i Process. Moskau, 1998.

Vitruk, N. V.,L. V. Lazarev und B. S. Ėbseev, Federal'nij konstitucionnij zakon o Konstitucionnom sude Rossijskoj Federacii. Kommentarij. Moskau, 1996.

Vollmer, J., Das „System Jelzin“, Europarundschau 1998, Heft 3, S. 53-65.

von Mangoldt, H., F. Klein und C. Starck , Das Bonner Grundgesetz – Kommentar, Bd. 2, Art. 20-78. München, 2000; *zit.* GG-Kommentar.

Vyšinskij, A. J., Pervaja sovetskaja konstitucija (Konstitucija RSFSR 1918 goda). Moskau, 1938.
Wendland, K., Spanien auf dem Weg zum Bundesstaat? – Entstehung und Entwicklung Autonomer Gemeinschaften. Baden-Baden, 1998.
White, S., Russia: Presidential Leadership and Yeltsin. *in* R. Taras (Hrg.), Postcommunist Presidents. Cambridge, 1997.
Wolfrum, R., Kontrolle der auswärtigen Gewalt, (56) VVdStR 1997, S. 38-66.
Wölk, C., Das Gesetzgebungsverfahren in Rußland, WiRO 1995, S. 441-445.
Zimnenko, B. L., Meždunarodnye dogovory v sudebnoj sisteme Rossijskoj Federacii, (34) MJIL 1999, Heft 2, S. 104-121.
Zimnenko, B. L., Meždunarodnoe Pravo i Rossijskoe Pravo: ich Sootnošenie, MJIL 2000, Heft 3, S. 162-168.
Zivier, E. R., Der Rechtsstatus des Landes Berlin - Eine Untersuchung nach dem Viermächteabkommen vom 3. September 1971. Berlin, 1973.
Zvekov, V. P. und B. I. Osminin, Kommentarij k federalnomu zakonu „O meždunarodnych dogovorach Rossijskoj Federacii". Moskau, 1996.

FSC
www.fsc.org
MIX
Papier | Fördert gute Waldnutzung
FSC® C083411

Kolibri 360 GmbH
Ferdinand-Jühlke-Straße 7
99095 Erfurt, Deutschland
produktsicherheit@kolibri360.de

Druck:
CPI Druckdienstleistungen GmbH
im Auftrag der
Kolibri 360 GmbH
Ferdinand-Jühlke-Str. 7
99095 Erfurt